फिल्मी जगत में

अर्धशती का रोमांच

(उपन्यास)

फ़िल्मी जगत में

अर्धशती का रोमांच

रामकृष्ण

वाणी प्रकाशन ग्रुप

भारतीय ज्ञानपीठ

वाणी प्रकाशन : भारतीय ज्ञानपीठ की पुस्तकों के एकमात्र प्रकाशक एवं वितरक

लोकोदय ग्रन्थमाला : ग्रन्थांक 722

सजिल्द पहला संस्करण : 2003
सजिल्द दूसरा संस्करण : 2006
सजिल्द तीसरा संस्करण : 2025

वाणी प्रकाशन ग्रुप | भारतीय ज्ञानपीठ

वाणी प्रकाशन : भारतीय ज्ञानपीठ की पुस्तकों के एकमात्र प्रकाशक एवं वितरक

वाणी प्रकाशन
4695, 21-ए, दरियागंज, नयी दिल्ली-110 002
दूरभाष : 011-23273167, 23275710
ईमेल : sales@vaniprakashan.in
www.vaniprakashan.com

ISBN : 978-93-7112-064-7

मूल्य : ₹ 495

फ़िल्मी जगत में अर्धशती का रोमांच
(आत्मकथा)
रामकृष्ण

FILMI JAGAT MEIN ARDHASHATI KA ROMANCH
(Autobiography)
by Rama Krishna

आवरण-चित्र : संदीप राशिनकर
मुद्रक : आर. टेक ऑफसेट प्रिंटर्स, दिल्ली-110 032

अग्रजतुल्य श्रीपत राय की स्मृति में

प्रेम और साहित्य में डूबते हुए

स्वतन्त्रता-प्राप्ति के तुरन्त बाद का समय, सुप्रसिद्ध भारतीय दार्शनिक डॉ. भगवानदास के आत्मज, होमरूल आन्दोलन की जन्मदात्री श्रीमती एनी बेसेण्ट के अनन्य अनुयायी और जवाहरलाल नेहरू के सहधर्मी, सहपाठी एवं सहयोगी श्रीयुत श्रीप्रकाश—जो कालान्तर में केन्द्रीय मन्त्री और अविभाजित असम, मद्रास व बम्बई जैसे प्रान्तों तथा बाद में महाराष्ट्र-जैसे प्रदेश के राज्यपाल बने—उन दिनों देश की अग्रिम पंक्ति के राजनेता थे। उस कालखण्ड के जिन लोगों को उनकी याद होगी वे अब तक उनके उस छाते को नहीं भूले होंगे, जो जाड़ा, गरमी व बरसात—हर मौसम और रात-दिन के अधिकांश समय उनके हाथों की शोभा ठीक उसी तरह बढ़ाता रहता था—जैसे किसी जमाने में ब्रिटिश प्रधानमत्री चेम्बरलेन का छाता उनके हाथ से कभी अलग नहीं दिखाई पड़ा। श्रीप्रकाश जी अपनी तरह के शायद ऐसे अकेले समाजसेवी-राजनेता थे, जिन्होंने अपने सार्वजनिक जीवन में कभी किसी को निराश नहीं किया। अगर याचक की माँग उनको वाजिब और तर्कसम्मत लगती और उसकी पूर्ति करना उन्हें सहज-सम्भव प्रतीत होता तो उसे तत्सम्बन्धित मदद करने में वे कभी कोई कंजूसी नहीं बरतते। वरिष्ठतम पदों पर कार्यरत होते हुए भी अपने नाम आये प्रत्येक पत्र का उत्तर वे स्वयं देते थे—वह भी तत्काल और स्वयं अपनी हस्तलिपि में। मेरे पास उनके शताधिक पत्र संगृहीत हैं, जिनमें तीन-चौथाई से अधिक हस्तलिखित हैं।

दरअसल, द्वितीय महायुद्ध के बीच एक भारवाहक समुद्री जहाज़ पर सवार होकर श्रीमती विजयलक्ष्मी पण्डित की बेटियाँ—चन्द्रलेखा और नयनतारा—जब अमरीका के मैसाचुयेट्स राज्य में स्थित वहाँ के सुप्रसिद्ध वेल्ज़ली कॉलेज में अध्ययन करने के लिए रवाना हुई थीं, तभी से मैं वहाँ के किसी कॉलेज में दाखिला लेने की योजना बना रहा था। मैं सोचता कि निरन्तर भीषण बमवर्षा के मध्य अगर उन जैसी नन्ही बच्चियाँ निपट अकेले विदेश, यात्रा की हिम्मत कर

सकती हैं तो आखिर मुझमें क्या खामी थी, जो मैं वैसा न कर सकूँ? पण्डित परिवार का वैसे भी मैं शुरू से ही मुरीद रहा हूँ, खासतौर पर पण्डित-पुत्रियों का। उन दिनों हम दोनों ही इलाहाबाद में रहते थे : मैं टैगोर टाउन में तथा पण्डित-परिवार निकटवर्ती मुखर्जी रोड पर। संयोग से दोनों के मकानों का नम्बर भी एक था—सैंतालीस, और दोनों घरों के बीच की दूरी भी बमुश्किल कुछ फर्लांग ही रही होगी। लेखा मुझसे तीन-चार वर्ष बड़ी थी, इसलिए उसमें मुझे हमेशा एक बहन की छवि देखने को मिली। तारा की अपेक्षा मैं लगभग छः महीने छोटा था, लेकिन उसके प्रति अपने परोक्ष अनुराग से मैं अब भी अपने को किंचित मुक्त नहीं कर पाया हूँ। रह गयी दो बरस छोटी ऋता, तो उसे निरी बच्ची से ज्यादा मैंने कभी कोई महत्त्व नहीं दिया, मेरे प्रति उसकी भावनाएँ भले ही कुछ भी क्यों न रही हों।

सन् 1950 से 1953 की अवधि में *संगम* और *धर्मयुग* जैसी प्रतिष्ठित पत्रिकाओं ने भी हम दोनों के कथित प्रेम-प्रसंगों को उजागर करने में किंचित कोई कोर-कसर नहीं छोड़ी, हालाँकि सच यही है कि वह सब मात्र उनकी कपोल-कल्पना थी और यथार्थ से उसका दूर का भी कोई रिश्ता नहीं था। आग में घी पड़ने की बात यह कि उन्हीं दिनों *अपना राज अपने आदमी* नामक मेरा जो कहानी संग्रह छपा, वह भी संयोग से ऋता प्रकाशन नामक संस्थान के अन्तर्गत निकला था और उसके साये में ऐसी अफवाहों को थोड़ी-बहुत गति मिलनी अस्वाभाविक नहीं थी। बी.के. करांजिया ने तो अपने साप्ताहिक *मूवी टाइम्स* में यहाँ तक लिख डाला कि हम दोनों कल्हण कृत *राजतरंगिणी* पर आधारित किसी फिल्म में साथ-साथ काम कर रहे हैं। इलाचन्द्र जोशी द्वारा सम्पादित *संगम* ने अपने आलेख के साथ हमारे चित्रों के *ब्लोअप* तक छाप डाले। *धर्मयुग* ने भी इस बीच अपने विश्वस्त सूत्रों के आधार पर इन कथित सम्बन्धों की पुष्टि करते हुए लिखा था—'श्रीमती विजयलक्ष्मी पण्डित द्वारा उनके बारे में बार-बार किये गये खण्डनों के बावजूद दिल्ली निवासी अभी उस दृश्य को नहीं भूल पाये हैं, जब एक निजी समारोह में उत्तर प्रदेश के उस चर्चित पत्रकार के साथ उनकी बेटी नृत्य करते हुए देखी गयी थी, और दूसरी सुबह राजधानी से प्रकाशित होनेवाले अधिकांश पत्रों के मुखपृष्ठ उनके युगल चित्रों से भरपूर था?'... कहने की जरूरत नहीं कि इस घटनाक्रम का जो प्रत्यक्ष प्रभाव पड़ा, वह यह था कि बगैर हर्र-फिटकरी लगाये उन लोगों ने भी मुझे पहचानना शुरू कर दिया, जिनके साथ मेरा दूर का भी कोई रिश्ता नहीं था, और न-न करते हुए भी दिल्ली और लखनऊ के सम्भ्रान्त समाज में मुझे सहज ही एक *सेलेब्रिटी स्टेटस* की प्राप्ति हो गयी। ऋता उन दिनों इण्डियन रेडक्रॉस सोसाइटी के दिल्ली स्थित मुख्यालय में जनसम्पर्क अधिकारी के रूप में कार्यरत थी।

ये सब काफी बाद की बातें हैं।

आपको ले चलता हूँ उस समय की ओर जब लेखा अपनी शिक्षा समाप्त कर भारत लौट चुकी थी, तारा के ग्रेजुएशन में दो बरस का समय बाकी था और ऋता महीने भर पहले संयुक्त राष्ट्र के पूर्वोत्तर सम्भाग में स्थित वरमॉण्ट नामक राज्य के पुटनी स्कूल में दाखिल करायी गयी थी। अपनी इच्छा जाहिर करते हुए मैंने उससे पूछा था—मैं अमरीका के किसी कॉलेज में प्रवेश पाना चाहता हूँ, इस हेतु मुझे क्या कुछ करना होगा। वह शायद अकेली ऐसी पण्डित-बहन थी, जिसके सम्मुख न अपने किसी दिमागी फितूर को खोलने में मुझे कभी कोई संकोच हुआ और न दिल में सिमटे गर्दगुबार को प्रकट करने में। लेखा ने तत्काल ही जवाब दिया कि वेल्ज़ली तो चूँकि पूरी तरह लड़कियों का शिक्षण संस्थान है, इससे उसमें मेरे प्रवेश का कोई सवाल ही नहीं उठता। लेकिन इसके साथ ही, आसपास स्थित दूसरे कई कॉलेजों की एक सूची उसने मुझे दी, और कहा कि उन्हीं में से किसी में अपने भाग्य को आजमाने का प्रयत्न मैं करूँ। उन कॉलेजों के *कैटलॉग*—विवरणपत्र—भी मैंने फौरन ही मँगवा लिये और उनसे खतो-किताबत शुरू कर दी। अमरीकी डॉलर का मूल्य उन दिनों ढाई रुपयों के आसपास था, इसलिए मध्यम आयवर्ग के लोग भी आसानी से वहाँ जाने की तमन्ना कर सकते थे। ऐसे समय श्रीप्रकाश जी की याद आनी सहज-स्वाभाविक थी। हर सम्भव सहायता करने की श्रीप्रकाश जी की ख्याति से मैं पूरी तरह परिचित था, इसलिए विभिन्न *कैटलॉगों* का अध्ययन करते ही मैंने उनको लिख डाला कि अमरीका जाकर पत्रकारिता का स्नातकोत्तर अध्ययन करने का मैं आकांक्षी हूँ और उस दिशा में वे मेरी मदद करें। जहाँ तक मुझे याद पड़ता है, श्रीप्रकाश जी उन दिनों पाकिस्तान में भारत के उच्चायुक्त के रूप में कार्यरत थे और विभाजन के बाद की विभीषिकाओं से उनको वहाँ जूझना पड़ रहा था, इसलिए अपनी नींद भी पूरी नहीं कर पाते थे। लेकिन तब भी सप्ताह भर के अन्दर ही उनका जवाब मुझे मिल गया। उन्होंने मुझे लिखा कि वहाँ के जिस कॉलेज में मैं दाखिला लेना चाहता हूँ, उसके विवरण के साथ अपना आवेदनपत्र मैं उन्हें भेज दूँ। वे न केवल इस बात का प्रयत्न करेंगे कि उसमें मेरा प्रवेश हो जाए, बल्कि इस बात को भी सुनिश्चित करेंगे कि अपना सामान्य खर्च चलाने के लिए किसी-न-किसी अनुदान की प्राप्ति भी मुझे हो सके।

श्रीप्रकाश जी को उन सभी विद्यालयों-महाविद्यालयों से सम्बन्धित अपने आवेदनपत्र मैंने भेज दिये, जिनका विवरण मेरे पास था, और लिखा कि इनमें जहाँ भी सम्भव हो, वे मेरा दाखिला कराने का प्रयत्न करें। मेरे आश्चर्य की सीमा नहीं रही, जब कुछ ही महीनों बाद मध्य-पश्चिम अमरीका में स्थित संयुक्त राष्ट्र के

उन्नीसवें राज्य, इण्डियाना, के ग्रीनकैसल नगर की डी-पॉ यूनिवर्सिटी ने न केवल मुझे अपने यहाँ प्रवेश की सूचना से अवगत कराया बल्कि विख्यात एडवर्ड रेक्टर फाउण्डेशन ग्राण्ट के लिए मुझे नामित भी कर डाला। बाद में मुझे मालूम हुआ कि समग्र एशिया में किसी पत्रकार को दी जानेवाली वह पहली वृत्ति थी—भारतीय भाषाओं से सम्बद्ध पत्रकारों में तो मेरे अतिरिक्त शायद ही किसी दूसरे को अब तक उससे नवाजा गया हो। वृत्ति चार सौ डॉलर प्रति मास की थी। भारतीय राशि में उन दिनों उसका विनिमय मूल्य एक हजार रुपये था, और आज की गणना के अनुसार बीस हजार रुपयों के आसपास।

उन दिनों विदेश, और खासतौर पर अमरीका जाकर पढ़नेवाले भारतीय छात्रों की संख्या नगण्य ही होती थी। इसी से एडवर्ड रेक्टर फाउण्डेशन के निर्देशक रॉबर्ट फारबर का यह सन्देश जब मुझे मिला कि विश्वविद्यालय द्वारा सम्बद्ध छात्रवृत्ति के लिए मेरा मनोनयन किया गया है और अपने वहाँ पहुँचने की निश्चित सूचना सत्र प्रारम्भ होने के कम से कम तीन महीने पहले मैं प्रवेश विभाग के अध्यक्ष डब्ल्यू.ई. अम्ब्राइट को भेज दूँ तो अचानक जैसे सारी दुनिया ही बदल गयी हो मेरे लिए। जुम्मा-जुम्मा उन्नीस-बीस की वय, हिन्दुस्तान को भी पूरी तरह घूमने-फिरने का मौका नहीं मिल पाया था तब तक मुझे, अमरीका जैसे सुदूर अंचल की तो बात ही दरकिनार। इसी से अमरीकी रहन-सहन, वहाँ के तौर-तरीकों, खानपान तथा पठन-पाठन के सम्बन्ध में जो भी जानकारी मुझे अपने परिचित वर्ग से मिल सकती थी, उसका संकलन करना शुरू कर दिया मैंने। और अपनी उसी खोजबीन के दरम्यान मेरी दैनन्दिनी में उस पृष्ठ का समावेश हुआ जिसकी याद कभी भुलायी नहीं जा सकती।

मेरे पड़ोस के मुहल्ले नजरबाग (लखनऊ) में उन दिनों रहा करती थीं—श्रीमती लक्ष्मी मेनन, जो बाद में केन्द्र सरकार में विदेश राज्यमन्त्री बनीं। हम लोगों का उनके यहाँ काफी आना-जाना रहता था। उनके सम्मुख भी मैंने अपनी बात रखी। जहाँ तक मुझे याद पड़ता है, वे स्वयं भी उन दिनों शायद अपनी पहली विदेश-यात्रा की तैयारी कर रही थीं, संयुक्त राष्ट्र संघ अधिवेशन में जानेवाले भारतीय प्रतिनिधिमण्डल की सदस्या के रूप में। तभी उन्होंने बताया कि उनकी अपनी यात्रा से सम्बन्धित तैयारियों की पूरी *टिप्स* उन्हें श्रीमती सरोजिनी नायडू से मिली है, और मेरे लिए भी उन्हीं से तत्सम्बन्धित सलाह-मशविरा करना ज्यादा अच्छा होगा। उनसे ज्यादा अच्छा मार्गदर्शक मुझे कोई दूसरा नहीं मिल सकता।

इतनी भूमिका के बाद अब मैं यह बताता चलूँ कि लखनऊ का राजभवन उन दिनों हम कुछ लोगों के लिए कॉफी-हाउस जैसा रूप धारण कर चुका था और लगभग प्रतिदिन हम वहाँ बैठकर दुनिया भर की अल्लम-गल्लम चर्चाओं

का जायजा लिया करते थे। हमारी टोली में पद्मासी—सुश्री पद्मजा नायडू—थीं (हम बच्चे उनको मासी के नाम से ही पुकारते थे), मैं था, चन्द्रलेखा थी, फ़ीरोज़ भाई थे, साहिरा (सिद्धार्थ) थीं, फ्रेंच चित्रशिल्पी रिबो और गुरुदेव रवीन्द्रनाथ ठाकुर की प्रपौत्री कृष्णा रॉय थीं और हम सभी को उस चकल्लस में भरपूर मजा आता था। हर रोज किसी न किसी समय हम लोग वहाँ एकत्र होते और जमाने भर की चर्चा चलती रहती हम सबके बीच—कुछ इतनी रंगीन और दिलचस्प कि न रात ढलने का आभास हमें मिल पाता था और न सूरज के निकलने का। साहित्य और कला, फिल्म और रंगमंच, राजनीति और समाजशास्त्र, मार्क्सवाद और पूँजीवाद—यहाँ तक कि भूतप्रेत, तन्त्र-मन्त्र, जादू-टोने और चोर-डकैतों की कहानियों तक कोई भी विषय हम लोगों की जबान से अछूता नहीं रह पाता था, और जब हम लोग अपनी-अपनी जगहों से उठते थे तो लगता था, जैसे दुनिया भर की सारी समस्याओं का समाधान एक साथ ही हमने कर डाला हो।

हमारी टोली का लगभग हर सदस्य तब तक विदेश-यात्रा कर चुका था, अधिकांश ने वहीं शिक्षा-दीक्षा भी पायी थी। इस दृष्टि से उन लोगों के मध्य में मेरी स्थिति बिलकुल उस गँवार जैसी थी, जो पहली बार शहर घूमने जा रहा हो और जिन दो-चार मनचले शहरियों से उसकी भेंट-मुलाकात है, वह उसी की कीमत पर उसका स्वाँग बनाने का प्रपंच रच रहे हों। रिबो ने सलाह दी कि यहाँ से निकलने के पहले फ्रेंच भाषा और साहित्य का सम्यक् अध्ययन कर डालना मेरे लिए जरूरी है, क्योंकि हिन्दुस्तान के बाहर स्थित किसी भी सभ्य देश में कोई अँग्रेजी नहीं जानता। कृष्णा डेटिंग की कला में प्रवीण होने पर जोर डाल रही थीं, और फ़ीरोज़ कह रहे थे कि अमरीका पहुँचकर भी मैं चिकन के कुर्ते-पायजामे में रहने की परम्परा को अपनाऊँ।

ऐसे ही एक दिन, श्रीमती लक्ष्मी मेनन के परामर्श के अनुसार, सरोजिनी जी के सम्मुख भी अपनी समस्या मैंने प्रस्तुत की। उनको हम लोग *अक्का* के नाम से सम्बोधित करते थे। सुनते ही, एकाएक गम्भीर हो आयी थीं वह। पूछा था—
"तुमने खुद अभी तक क्या तैयारियाँ की हैं उसके लिए?"

तब मैंने बतलाया था कि मैं तो फिलहाल ऐसे विवरणों की तलाश में हूँ, जिससे अमरीका की सही झाँकी मिल सके मुझे। उसके लिए अनेक लोगों से मिल-भेंट रहा हूँ, पुस्तकें भी काफी पढ़ डाली हैं, उस मुल्क के सम्बन्ध में। मेरी कामना है कि जब मैं वहाँ की जमीन पर पहला कदम रखूँ तो कोई भी मुझे वहाँ की सभ्यता-संस्कृति से अनजान न पाए।

"लेकिन खुद अपने देश के बारे में तुमने कितनी कुछ जानकारी इकट्ठा की है?" तत्क्षण ही पूछ बैठी थीं वे।

और उनके इस अजीब से लगनेवाले प्रश्न को सुनकर मैं अचानक ही चौंक उठा था : "यह भी कोई सवाल है भला? अपने देश के बारे भी जानने-समझने की कोई बात हो सकती है क्या?"

तभी अपनी बात बढ़ाते हुए वे बोलीं, "मुझे मालूम है कि तुम्हें पढ़ने-लिखने का शौक है। गीता से लेकर गौतम और गाँधी तक सबको तुम पढ़ चुके होगे, इसका भी मैं विश्वास कर सकती हूँ। लेकिन अपनी उस धरती—उस पर रहनेवाले लोगों—के बारे में तुम्हें कितनी कुछ जानकारी है, जिस पर तुम पैदा हुए, पले, पनपे और बड़े हुए?"

उसी समय उन्होंने मुझसे कहा, "अमरीका के लोग कैसे रहते हैं, कैसे बातचीत करते हैं, क्या खाते-पीते हैं, यह जानकारी इकट्ठी करने से कहीं ज्यादा जरूरी बात यह है कि तुम धरती की उस सोंधी सुगन्ध को आत्मसात करने की कोशिश करो, जिसके ऊपर तुम खड़े हो। अपने यहाँ की लोक-संस्कृति, अपने लोक-व्यवहार और लोक-साहित्य का मन्थन जब तक नहीं कर लोगे तुम, तब तक तुम्हारी विदेश-यात्रा व्यर्थ है?"

सरोजिनी जी की इस सीख ने, सच ही, मेरी सारी मान्यताओं को जैसे पलटकर रख दिया। फिर उसके बाद जो घटनाएँ घटीं, उनको भूल पाना भी सहज-सम्भव नहीं लगता।

दूसरे दिन से ही मैंने ऐसे साहित्य की खोजबीन शुरू कर दी, जिसके माध्यम से लखनऊ का वातावरण ध्वनित होता हो। इस अभियान में मेरी मार्गदर्शिका बनीं स्वयं पद्मासी। रतननाथ दर शरशार का नाम सबसे पहले पेश हुआ हमारे सामने—उनकी लिखी *आजाद कथा* को हम लोग अक्सर, और वह भी एक साथ बैठकर पढ़ा-सुना करते थे। फ़ीरोज़भाई ने तब मजाक में ही सरोजिनी नायडू से कहा था—"सात समन्दर पार क्या आप बच्चे को मियाँ खोजी बनाकर भेजना चाहती हैं?"

मुझे याद है, उस वक्त हम लोग राजभवन के ऊपरी भाग में अवस्थित राज्यपाल के निजी कक्ष में तफरीहबाजी कर रहे थे। अक्का खुद अपने पलंग पर लेटी थीं, फ़ीरोज़भाई उसके पार्श्व में पड़ी आरामकुर्सी पर बैठे थे, मैं फर्श पर अधलेटा-सा किसी मैगजीन के पन्ने पलट रहा था, और पद्मासी पूरी तरह रेडियोचालन में ध्यानमग्न थीं। उनकी उँगलियाँ लगातार उसकी सुई से खेलती जा रही थीं और समझ में नहीं आ पा रहा था कि आखिर क्या कुछ सुनने के लिए वह इतनी अधिक व्यग्र हैं।

तभी, एक खास जगह पर पहुँचकर, पद्मासी की उँगलियाँ एकदम से रुक गयीं। यों, जैसा कि उन्होंने बाद में बताया, उस स्टेशन को पकड़ने का इरादा नहीं

था उनका। यह तो संयोग की बात थी कि रेडियो की सूई जब उस स्थल पर पहुँची तो वहाँ से प्रसारित हो रहे कार्यक्रम की लोच, उसकी मिठास, उसकी शीरीं जबान और इन सबसे ज्यादा लखनऊ के अपने एक खास वातावरण की जीती-जागती प्रतिध्वनि, सबने मिलकर उनको उसी स्थल पर रुक जाने के लिए जैसे बाध्य कर दिया हो। इतना तो अब याद नहीं रह पाया है कि कार्यक्रम की विषयवस्तु क्या थी, लेकिन उसकी समाप्ति के बाद उससे सम्बद्ध जिस नाम का अनाउन्सर ने उद्घोष किया था, वह जरूर ही कुछ जाना-पहचाना नाम लगता था—अमृतलाल नागर।

कार्यक्रम को सुनकर पद्मासी बोल उठी थीं—तुम्हें नागर की किताबें पढ़नी चाहिए। लगता है यह आदमी अपने आसपास की चीजों को अच्छी तरह निहार सका है।

नागर जी के कृतित्व से वास्तविक परिचय का वह प्रथम अवसर था। वैसे उनके साहित्य से मैं पूरी तरह अपरिचित होऊँ, ऐसी बात भी नहीं थी। एक लेखक के रूप में उनका नाम मेरे लिए खासा जाना-सुना था, उनकी कृतियाँ भी मुझसे अछूती नहीं रह पायी थीं। हास्य-व्यंग्य के सफल रचयिता के रूप में उन दिनों भी वह समुचित लोकप्रियता अर्जित कर चुके थे और नगर के नवोदित साहित्यकारों के अन्तर्गत उनकी गणना की जाने लगी थी। लेकिन इस तथ्य के बावजूद जिस नये रूपरंग के साथ बाद में उनका रचनाशिल्प मेरी आँखों में समाया, वह उसके पहले मेरे लिए निश्चित ही अनजानी चीज थी। साहित्य में भी सुगन्ध होती है—धरती की सोंधी सुगन्ध, जिसके माध्यम से कृतिकार उसमें प्राणतत्त्व स्थापित करता है—इसका अनुभव मुझे तब तक नहीं हो पाया था, और न ही मैं यह जानता था कि फूलों की हँसती-विहँसती पंखुड़ियाँ भी ओस के आँसुओं से सराबोर हो सकती हैं और फानूस के टूट जाने पर भी उसका दीपक पूरे वेग के साथ जलने में सक्षम हो सकता था। सच तो यह है कि तब तक नागर जी को गम्भीरतापूर्वक मैं पढ़ ही नहीं पाया था। उनकी जो भी कृतियाँ मेरी नजरों से गुजरी थीं, उनमें मैंने सामान्य दिलबहलाव की ही चीजें पाने का प्रयत्न किया था, और उतने से ही मुझे तृप्ति भी हो गयी थी। रूई के गोलों जैसे उड़नेवाले उनके हल्के-फुल्के शब्दों की सतह में रजाई का भारीपन और मिर्जई की गरमी भी हो सकती है, इस तथ्य से मैं किंचित अभिज्ञ नहीं था।

तभी फ़ीरोज़भाई ने बताया था—''नागरजी *चकल्लस* या कोई अन्य मैगजीन भी निकाला करते हैं। उसे ढूँढ़कर पढ़ डालो। उसके जरिये कम से कम बोलचाल की रवानी तो तुम्हें मिल ही जाएगी?''

पता चला कि फ़ीरोज़भाई नागर जी से सर्वथा अपरिचित नहीं थे। किसी

फिल्म—शायद *झाँसी की रानी*—की शूटिंग देखने के बहाने उनके साथ वह बम्बई के चक्कर भी लगा चुके थे।

हफ्ता-पन्द्रह दिन बीतते-बीतते हम लोग पूरी तरह नागर-फैन हो गये। वैसे नागर जी तब तक ज्यादा मशहूर नहीं हो पाये थे। तब न *बूँद और समुद्र* का जन्म हो पाया था, न *सुहाग के नूपुर* का और न किन्हीं *कोठेवालियों* का। *महाकाल* के अतिरिक्त शायद ही कोई ऐसी कलाकृति निकल पायी थी, जिस पर जमकर चर्चा हो पायी हो। यहाँ मैं उनके *नवाबी मसनद* जैसे लघु-उपन्यासों का जिक्र नहीं कर रहा हूँ, गोकि एक खास पाठकवर्ग के अन्तर्गत उन्हें भी खासी लोकप्रियता मिल चुकी थी।

अक्का अक्सर कहा करती थीं हम लोगों से—इस लेखक में गजब की प्रतिभा लगती है। कायदे से चलता रहा तो एक दिन बगैर शक सबको पीछे छोड़ जाएगा।

विस्तृत तैयारियों और विचार-विमर्श के बावजूद, मैं देश की धरती छोड़ने में अन्ततः सफल नहीं हो पाया। पूरी तैयारियाँ करने के बाद अमरीका के लिए अपना वीजा प्राप्त करने जब मैं दिल्ली पहुँचा तो मुझे बताया गया कि भारत सरकार के परराष्ट्र विभाग द्वारा जारी एक उच्चस्तरीय आदेश के माध्यम से उसी सुबह मेरा पासपोर्ट निरस्त किया जा चुका है और अब किसी तरह का वीज़ा मिलने का कोई प्रश्न ही नहीं उठता। विदेश मन्त्रालय के सूत्रधार उन दिनों स्वयं जवाहरलाल नेहरू थे—देश के तत्कालीन प्रधानमन्त्री। उस समय मुझे पहली बार इस बात का एहसास हुआ कि आदमी-आदमी की ऊँचाई में भले ही हज़ार तरह के वैभिन्न्य हों, लेकिन नीचता में सभी बराबर होते हैं।

अक्का उन दिनों काफी अस्वस्थ चल रही थीं। सर्दियों के दिन यों भी वृद्धजनों के लिए काल के पर्याय होते हैं, उस पर उत्तर भारत की सर्दी। बहरहाल, दिन तेजी के साथ गुजरते रहे और हम लोगों को अपने कार्यक्रम के कार्यान्वयन का मौका ही नहीं मिल पाया। इसी बीच, अमरीका से वापसी के महीने भर के अन्दर ही बर्ड कम्पनी नामक ब्रिटिश फर्म में कार्यरत गौतम सहगल नामक एक पंजाबी व्यवसायी के साथ नयनतारा की सगाई घोषित हो गयी।

अपनी जर्जर शारीरिक अवस्था के बावजूद तारू के चटमँगनी पट-ब्याह की रस्म में शामिल होने अक्का इलाहाबाद गयीं, और उसके कार्यान्वयन में घर की बड़ी-बूढ़ियों की तरह उन्होंने दिलचस्पी ली। लेकिन लखनऊ वापस लौटने के बाद एक बार जब वह पुनः खाट पर पड़ीं तो उनका उठना सम्भव नहीं हो पाया।

महीने भर बाद ही वह भगवान को प्यारी हो गयीं, और उनके साथ ही हम सब लोगों के कहकहे, हमारी धमाचौकड़ी, उछलकूद भी शून्य में विलीन हो उठीं।

अक्का तो चली गयीं, लेकिन चलते-चलते अमृतलाल नागर के जिस बीजमन्त्र को वे मेरे कानों में फूँकती गयी थीं, उसमें किंचित गतिरोध नहीं आ पाया। नागर जी की लेखनी में जो नजाकत, नफासत और शीरींजुबाँ थी, उससे मैं निश्चित ही अभिभूत था। उन्हीं दिनों *बूँद और समुद्र* नामक उनकी उस कृति का प्रकाशन हुआ, जिसने समस्त लखनऊ के साहित्य-प्रेमियों को सहजरूप से एकबयक अपनी परिवृत्ति में आबद्ध कर डाला। उस उपन्यास में तत्कालीन लखनऊ के गली-मुहल्लों, उसके निवासियों, उनकी परम्पराओं और उसके परिवेश का जैसा जीवन्त चित्रण प्रस्तुत किया गया था, वह रतननाथ दर शरशार कृत *आजाद कथा* के बाद पहली बार किसी को पढ़ने को मिला होगा। लोगों की धारणा थी कि उसके अधिकांश पात्र असली थे—काल्पनिक नहीं, और उस समय भी उन्हें नगर के विभिन्न अंचलों में चलते, फिरते, घूमते और बतियाते देखा जा सकता था। बाबा राम जी इसकी एक ज्वलन्त मिसाल थे। नागर जी उनको अपना गुरु मानते थे। उनसे मिलने अपने एक मित्र के साथ मैं गोमती किनारे कुड़ियाघाट पर स्थित उनके स्थान पर गया भी और उनको मुजस्सिम वैसा ही पाया, जैसा *बूँद और समुद्र* में उनको चित्रित किया गया था। ताई और वनकन्या नाम के चरित्रों ने भी हमें बहुत प्रभावित किया था, चौक के आसपास के क्षेत्रों में काफी दिनों तक चक्कर लगाने के बाद ताई की ख़ोज करने में हमें कामयाबी मिल भी चुकी थी। ताई का असली नाम मुन्नी बीबी था और चौक-स्थित बड़ी काली जी के मन्दिर के नीचेवाली गली में वह रहती थीं। फिर एक-दो बार उन्होंने हम कुछ लोगों को खाने पर भी आमन्त्रित किया, और उनके अद्‌भुत पाक-कौशल के हम पहली बार में ही कायल हो गये। वनकन्या को ढूँढ़ने की कोशिशों में भी हम लगे हुए थे। लेकिन जो सर्वाधिक मनोरंजक चरित्र उस उपन्यास के माध्यम से हमारे सामने उभरकर आया था, वह निस्सन्देह कवि बिरहेश उर्फ बोरेश का चरित्र था। हम सब जी-जान से इस बात का पता लगाने में रत थे कि वह व्यक्ति आखिर कौन है, कहाँ रहता है और क्या करता है? तब तक नागर जी के साथ व्यक्तिगत रूप से मेरा परिचय नहीं हो पाया था, हालाँकि उनसे मिलकर तत्सम्बन्धित जानकारी प्राप्त करने की योजना हम लोग प्राय: रोज बनाया करते थे।

तभी एक शाम सहसा मैंने पाया कि भगवतीचरण वर्मा और सम्भवत: ज्ञानचन्द जैन के साथ नागर जी स्वयं मेरे दरवाजे पर थाप लगा रहे हैं। संयोग की बात यह कि उसी सुबह के शो में हम लोगों ने किशोर साहू कृत *कुँवारा बाप* नामक उस फिल्म को देखा था, जिसमें नागर जी ने खलनायक की भूमिका अभिनीत

की थी। 'साहित्यकार अगर चाहे तो अच्छा अभिनेता भी बन सकता है?' हम यह चर्चा कर ही रहे थे कि नागर जी के प्रत्यक्ष दर्शनों का सुयोग मिला। गिरिजा कुमार माथुर, भारतभूषण अग्रवाल और नरेश मेहता जैसे रेडियोकर्मियों से हालाँकि तब तक मेरी प्रगाढ़ मैत्री हो चुकी थी, लेकिन नागर जी मेरे लिए सर्वथा अनजान ही बने रह गये थे। दरवाजे पर खड़े-खड़े ही उन्होंने मुझसे सुप्रसिद्ध मासिक *सरस्वती* के भूतपूर्व सम्पादक पदुमलाल पुन्नालाल बख्शी के बारे में पूछताछ की। बख्शी जी कुछ दिनों पहले लखनऊ आये हुए थे और मेरे ही घर के एक हिस्से में किरायेदार के रूप में रहनेवाले श्री दीनदयालु श्रीवास्तव के साथ ठहरे हुए थे। मैंने उन तीनों को साग्रह अपने कमरे में बैठाया और आश्वस्त किया कि बख्शी जी को मैं वहीं बुलाकर लाता हूँ। लेकिन दीनदयालु जी से जब मैं मिला तो उन्होंने बताया कि कुछ ही घण्टे पहले झाँसी के रास्ते वह मध्य प्रदेश जानेवाली गाड़ी पर बैठ चुके हैं, और अब उनका पाना सम्भव नहीं है।

उस शाम कम से कम घण्टे-डेढ़ घण्टे का समय मैंने नागर जी और उनके बन्धुद्वय के सान्निध्य में गुजारा, और उस छोटी-सी अवधि में ही हम जैसे एक-दूसरे के होकर रह गये। वनकन्या और बोरेश के बारे में जब मैंने उनसे कुछ जानने की कोशिश की तो उस सवाल को उन्होंने अपने ठहाकों के बीच दबा डाला। बोले—इन धारणाओं में कोई तथ्य नहीं। *बूँद और समुद्र* उपन्यास है, आत्मकथा नहीं। उसमें जो लोग अपने असली नाम-पते के साथ अवतरित हुए हैं—यानी भगवती बाबू और ज्ञानचन्द—वह तुम्हारे सम्मुख मौजूद हैं। वनकन्या या बोरेश की परिकल्पना कहाँ से मेरे मस्तिष्क में आयी, यह मैं स्वयं नहीं जानता।

बूँद और समुद्र के पहले संस्करण में निश्चित ही भगवती बाबू भी थे, और ज्ञानचन्द जैन भी। अगले संस्करणों में उनको क्यों निकाल बाहर कर दिया गया, इस बात का अब तक पता नहीं चल पाया। शायद वे लोग प्रकाशक की अपनी कतर-ब्योंत के शिकार बन गये थे। बाद में हम लोगों ने बोरेश का भी पता लगा लिया। वे और कोई नहीं, बल्कि ब्रह्मनारायण शर्मा उर्फ विकल नाम के एक स्थानीय साहित्यकार थे, जो नागर जी के घर के पास ही चौक के बाग महानारायण में उन दिनों रहा करते थे। विकल से मुलाकात करायी थी नागर जी के पुराने घर के नीचेवाले हिस्से में रहनेवाले डॉ. कपूरिया नामक सज्जन ने, जिनका मनोरंजक चरित्र-चित्रण नागर जी ने अपनी *डॉक्टर फर्नीचरपलट* नामक कहानी में किया है। विकल ने भी यशपाल के *दादा कॉमरेड* के जवाब में *दीदी कॉमरेड* नामक उपन्यास की रचना की थी, जो उन दिनों पर्याप्त चर्चा का विषय था—कालान्तर में उनके साथ मेरे प्रगाढ़ मैत्री-सम्बन्ध स्थापित हो गये, और बरसों तक उन्होंने उत्तर प्रदेश फिल्म पत्रकार संघ के मन्त्री के रूप में भी मेरे साथ काम किया।

नागर जी से फिर नियमित रूप से मेरी भेंट होती रही, और उसी प्रफुल्लता के साथ उनका स्नेह-सान्निध्य मुझे सुलभ होता रहा। ऐसे अवसरों पर संस्कृत के सुचर्चित निबन्धकार नन्दकुमार उप्रेती भी अक्सर मेरे साथ हुआ करते थे। उन्होंने नागर जी के कतिपय संस्मरणों को लिपिबद्ध भी किया था। शरच्चन्द्र चट्टोपाध्याय जैसे शीर्षस्थ कथाकार से किस तरह उनकी मुलाकात हुई, और किस तरह वे उनके प्रभाव में आये कि साल में एक बार जब तक वह कलकत्ते का चक्कर न लगा लें, तब तक उनके मन को शान्ति नहीं मिलती थी, इन सब अन्त:कथाओं को सबसे पहले उप्रेती ने ही प्रकाशित किया। एक सर्वथा जर्जरित कागज का वह टुकड़ा भी नागर जी ने हमें दिखाया जिसमें अँग्रेजी, हिन्दी, मुड़िया और बाङ्ला लिपियों में शरच्चन्द्र ने कम से कम बीस बार नागर जी के नाम को लिपिबद्ध किया था। उन्होंने बताया कि अन्तिम बार मिलने पर एक तरह की नसीहत देते हुए शरच्चन्द्र ने उनसे कहा था, ''साहित्य सर्जक की राह बड़ी कँटीली-पथरीली होती है। इस पथ के यात्री का शरीर बेहद नुकीले, तेज धारवाले पत्थरों से छिल उठता है। लेकिन यदि तुम लेखक बनने का निश्चय कर ही चुके हो तो मेरी एक बात को याद रखना। किसी दूसरे के अनुभवों पर अपना रंग चढ़ाकर कभी कुछ लिखने की कोशिश न करना। जो घटनाएँ स्वयं तुमको सक्रिय पात्र बना दें, उन्हीं पर अपनी लेखनी चलाना ?''

नागर जी को वस्तुत: हिन्दी का पहला आंचलिक साहित्यकार कहा जा सकता है—हालाँकि तब तक लेखन के कोष में इस शब्द का किंचित प्रचलन नहीं हो पाया था। उन्होंने अपने रचनाधर्म का प्रारम्भ ही आंचलिकता के साथ किया था। *सेठ बाँकेमल* हो या फिर *बूँद और समुद्र,* सभी लखनऊ की बोली, मुहावरों, परिवेश व रीति-रिवाजों के सम्यक् चित्रण से भरपूर थे। स्वयं *बूँद और समुद्र* का अधिकांश कथा-फलक लखनऊ के ही इर्द-गिर्द सीमित था, गिने-चुने प्रसंगों के अलावा वह प्रदेशव्यापी भी नहीं बन पाया था। जबकि नागर जी स्वयं मूलत: ब्रजक्षेत्र के निवासी थे।

लेकिन कुछ ही दिनों बाद आंचलिक लेखन के क्षेत्र में एक बवण्डर की तरह फणीश्वरनाथ रेणु का उदय हुआ। उनकी कृतियों का नगमा छिड़ उठा था उन दिनों और वह नगमा हर हिन्दी पाठक के अन्तस् में उस शास्त्रीय संगीत की तरह गूँजता रह गया था, जिसे न समझ सकनेवाले व्यक्ति भी सिर्फ इसलिए गुनगुना उठते थे कि वे खुद कहीं अशास्त्रीय न करार दिये जाएँ। सम्भव है, रेणु को स्वयं इस बात का पता न रहा हो कि साहित्य की शास्त्रीयता क्या होती है। विशुद्ध लोकगीतों से पूरित उनके साहित्य का अफसाना अपने आप ही जैसे बहुत बड़ा हो गया हो!

रेणु के साथ मेरा सम्पर्क-सम्बन्ध बम्बई पहुँचने के बाद ही हो पाया था लेकिन उसके वर्णन के पहले यह बताना जरूरी है कि आखिर मैं स्वयं वहाँ कैसे पहुँचा ?

पत्रकारिता का प्रारम्भ

पाँचवें दशक के अन्त या छठे दशक के आरम्भ में लखनऊ के कुछ युवा पत्रकारों ने अँग्रेजी में एक-सान्ध्य दैनिक निकालने की पहल की थी। *होराइज़न* या कुछ ऐसा ही उसका नाम था। इतना तो अब स्मरण नहीं कि पत्र का सम्पादन कौन करता था, लेकिन कृष्णा रॉय से निश्चित ही उसका कुछ न कुछ सम्बन्ध था। कृष्णा ने नयनतारा के साथ अमरीका के सुप्रसिद्ध वेल्ज़ली कॉलेज से इतिहास में ग्रेजुएशन किया था, और फिर तफरीहन लखनऊ आने पर मात्र अपना समय काटने के इरादे से पत्रकारिता के क्षेत्र में प्रविष्ट हो गयी थीं। *होराइज़न* का कार्यालय मेरे घर के पास ही, अमीनुद्दौला पार्क के प्रेम प्रिण्टिंग प्रेस में अवस्थित था। प्रेस के प्रबन्धक मेरे एक पुराने परिचित मुंशी गुरुप्रकाश थे। मेरी अधिकांश शामें अक्सर वहीं गुजरतीं। चन्द्रलेखा के साथ लखनऊ से प्रकाशित होनेवाले *नेशनल हेरॉल्ड* में भी एक प्रशिक्षु पत्रकार के रूप में मैं कार्यरत था, जहाँ हर रोज दो-ढाई घण्टे का समय हम लोग गपशप और मौजमस्ती में बिताया करते। पत्र-समूह के प्रबन्ध निदेशक थे—फ़ीरोज़ गाँधी, जिनसे एक अग्रज के रूप में मुझे सदैव अप्रतिम प्यार-दुलार सुलभ होता रहा।

फिल्म पत्रकारिता के क्षेत्र में भी उन दिनों मैंने अपनी थोड़ी-बहुत पहचान बनानी शुरू कर दी थी। इलाहाबाद के लीडर प्रेस से प्रकाशित होनेवाले तब के सुप्रसिद्ध दैनिक *भारत* के अतिरिक्त लखनऊ से सद्यःप्रकाशित दैनिक *स्वदेश* के फिल्म स्तम्भ में मैं नियमित रूप से लिखा करता था। स्वदेश का सम्पादन उन दिनों अटल बिहारी वाजपेयी करते थे, और फिल्मों में उनकी अच्छी-खासी पैठ थी। मुझे याद है, दूसरी कई फिल्मों के अतिरिक्त केदार शर्मा द्वारा निर्देशित गोवा की भावभूमि पर आधारित एक फिल्म, जिसका नाम शायद *शोखियाँ* था और सुरैया के साथ प्रेमनाथ ने उसमें मुख्य भूमिकाएँ अभिनीत की थीं, लखनऊ के लालबाग स्थित बसन्त सिनेमाघर में हम लोगों ने एक साथ देखी थी। *सुहागरात* और *बावरे*

नयन जैसी फिल्मों का निर्माण करने के बाद केदार शर्मा मेरे आदर्श फिल्मकार बन चुके थे। शायद इसी वजह से उनकी वह फिल्म मुझे भी खासी अच्छी लगी थी, लेकिन अटल जी उसे पसन्द नहीं कर पाये थे। इस तथ्य के बावजूद मेरी लिखी तत्सम्बन्धित समीक्षा को काट-छाँट उन्होंने ज्यों-का-त्यों *स्वदेश* में छाप दिया था। मैंने उनसे जब कहा कि प्रेस में देने के पहले उसमें अपेक्षित कतरब्योंत उन्हें कर लेनी चाहिए थी, तो उन्होंने जवाब दिया कि अपनी व्यक्तिगत राय को किसी आधिकारिक राय के ऊपर हावी करने के पक्ष में वे नहीं हैं। चूँकि मैं *स्वदेश* का अधिकृत समीक्षाकार था, इसलिए मेरी सम्मति में परिवर्तन करना मेरे अधिकारों का अतिक्रमण करना होता।

दिवंगत अजीत उन दिनों अटल जी के पसन्दीदा हीरो थे और उनकी किसी फिल्म को शायद ही उन्होंने कभी छोड़ा हो। इस दिशा में एक घटना अब तक मेरी याद में पूरी तरह तरोताजा है। लखनऊ के सदर-सम्भाग में 2 अटल रोड स्थित *स्वदेश* प्रेस के बृहद् प्रांगण में स्थानान्तरित होने के पहले अटल जी बरसों मेरे पड़ोस में स्थित कलन्त्री-मन्दिर के एक कमरे में रहे थे। मेरे घर से उनके कमरे की दूरी मुश्किल से दस-पन्द्रह गज रही होगी। एक-दूसरे के यहाँ हम लोगों का आना-जाना निरन्तर लगा रहता था। एक रात दस-ग्यारह बजे के आसपास मेरे दरवाजों पर कुछ खड़खड़ाहट सुनाई दी। खोलकर देखा तो पाया कि अपने अनन्य मित्र गिरीशचन्द्र मिश्र के साथ—जो उन दिनों *पांचजन्य* का सम्पादन कर रहे थे—अटल जी सामने खड़े हैं। उनको अन्दर लाकर बैठाने पर पता चला कि दोनों के बीच दस-दस रुपये की एक शर्त लगी हुई है, और उसका निपटारा मेरे ही द्वारा सम्भव हो सकता है। बहस का मुद्दा यह था कि अजित किस प्रदेश से सम्बन्धित हैं—यू.पी. अथवा किसी अन्य प्रदेश से। अटल जी की मान्यता थी कि वे शाहजहाँपुर से ताल्लुक रखते हैं, और गिरीश जी का कहना था कि उनका घर हैदराबाद में है। इस प्रश्न पर जब दोनों में मतैक्य नहीं हो पाया तो उसके समाधान के लिए उन्होंने मुझे अपना पंच बनाने की सोची, और इसीलिए इतनी रात गये वे मेरे पास पहुँचे। मुझे मालूम था कि किसी न किसी सन्दर्भ में दोनों ही अपने स्थान पर सही हैं, इसी से काफी देर तक मैंने दोनों को उस बहस में उलझाये रखा। अन्त में जब मैंने उनको बताया कि अजित का पैतृक घर शाहजहाँपुर में है लेकिन उनका जन्म हैदराबाद में हुआ था, तो दोनों ही बेसाख्ता हँस पड़े। इस छोटी-सी घटना द्वारा आसानी से अनुमान लगाया जा सकता है कि उस जमाने में अटल जी फिल्मी दुनिया में कितनी दिलचस्पी रखते थे। जहाँ तक मुझे पता चला है, उनकी वह दिलचस्पी बाद में भी कायम रही। लालकृष्ण आडवाणी ने किसी समारोह में बताया था कि पचास के दशक में उनकी मोटर बाइक के पीछे लदकर अटल जी

नियमित रूप से दिल्ली के सिनेमाघरों की खाक छाना करते थे और उस कालावधि में प्रदर्शित ऐसी कोई फिल्म शायद ही बची हो जिसे उन दोनों ने न देखा हो।

उन्हीं दिनों कृष्णा रॉय ने मुझे इस बात के लिए प्रेरित किया कि प्रदेश में जो इने-गिने फिल्म पत्रकार हैं, उनका एक संगठन बनाने की मैं कोशिश करूँ, जिससे समय-समय पर फिल्म-विषयक विचार-गोष्ठी-जैसे कार्यक्रम आयोजित हो सकें और उनके माध्यम से अच्छी फिल्मों के प्रति लोगों की आस्था को जाग्रत किया जा सके। अटल जी ने भी उस प्रस्ताव को अपनी सहमति प्रदान की, और कुछ ही दिनों में हम लोगों ने उत्तर प्रदेश फिल्म जर्नलिस्ट्स एसोसिएशन का एक लेटरपैड छपवा डाला—अँग्रेजी अखबार के प्रेम प्रेस या स्वदेश प्रेस से, इतना याद नहीं। उन लेटरहेडों का इस्तेमाल कुछ फिल्म कलाकारों या स्टूडियो को छिटपुट पत्र लिखने के अलावा हुआ हो, मुझे याद नहीं पड़ता। तत्सम्बन्ध में मात्र एक घटना का मुझे स्मरण है, और वह घटना अपने आपमें काफी दिलचस्प मानी जा सकती है।

मोतीलाल उस ज़माने के नामी अभिनेता थे, हालाँकि उनके उरूज की ढलान शुरू हो गयी थी। तभी मुझे किसी ने बताया कि वह जल्दी ही लखनऊ आनेवाले हैं और आर. डी. माथुर नामक अपने सम्बन्धी के साथ उनके फैजाबाद रोड स्थित वासस्थान पर ठहरेंगे। माथुर उन दिनों लखनऊ फ्लाइंग क्लब के मुख्य कर्ताधर्ता थे और उनके प्रशिक्षण में बीसियों नवयुवकों ने वायुयान-चालन का कोर्स पूरा किया था। मोतीलाल स्वयं भी एक दो-सीटर हवाई जहाज के स्वामी थे तथा उनको हवाई जहाज उड़ाने का खासा शौक था। उनकी यह लखनऊ यात्रा भी शायद उसी सिलसिले में होनेवाली थी। जैसे ही मुझे यह समाचार मिला, मैंने बम्बई के पते पर तत्काल उन्हें एक पत्र लिख डाला कि उनके लखनऊ आगमन पर मैं उनसे मिलना चाहता हूँ, साथ ही अपने पत्रों के लिए उनका इण्टरव्यू लेना भी। पत्र चूँकि उत्तर प्रदेश फिल्म जर्नलिस्ट्स एसोसिएशन के लेटरहेड पर लिखा गया था, इससे उसका प्रत्युत्तर भी तत्काल ही मुझे मिल गया। मोतीलाल ने उसके माध्यम से इस बात की पुष्टि की थी कि अपने वायुयान-चालन के प्रशिक्षण के सम्बन्ध में ही वह लखनऊ आ रहे हैं, और अमुक तिथि को अमुक समय पर मैं उनसे लखनऊ फ्लाइंग क्लब के प्रांगण में मिल सकता हूँ।

मोतीलाल का पत्र मिलते ही मैं उनसे मिलने की तैयारी में जुट गया। अब तक न मैं किसी फिल्म स्टार से मिला था और न किसी से कोई भेंटवार्ता की थी। यहाँ तक कि मोतीलाल की किसी फिल्म को भी मैंने नहीं देखा था, उनको पहचानने की तो बात ही दरकिनार। एक फिल्म पत्रकार के रूप में भी तब तक मेरी कुछ प्रतिष्ठा होने लगी थी और मुझे लगता था कि भविष्य में मुझे उसी विधा

को अपनाना है। ताँगे पर सवार होकर उस दिन जब मैं फ्लाइंग क्लब पहुँचा तो देखा कि वहाँ प्रदेश के तत्कालीन मुख्यमन्त्री श्री गोविन्दवल्लभ पन्त दिल्ली जाने के लिए किसी हवाई जहाज का इन्तजार कर रहे हैं। *पायनियर* के नगर संवाददाता श्री शाह भी वहाँ पर मौजूद मिले।

मोतीलाल ने मुझे शायद सुबह ग्यारह बजे का समय दिया था। जब बारह बजने को आये तो मैंने अपने पड़ोस में बैठे सज्जन से माथुर साहब के सम्बन्ध में पूछताछ की और जानना चाहा कि कब तक उनसे मुलाकात हो सकती है? जवाब में उन्होंने बताया कि वह तो अपने प्रशिक्षण में व्यस्त हैं, और शाम के पहले उनको छुट्टी मिलनी मुश्किल है। मैंने उनसे डरते-डरते पूछा कि असल में उनके साथ अभिनेता मोतीलाल ठहरे हुए हैं, और उन्हीं से भेंट करने के इरादे से मैं वहाँ आया हुआ हूँ। जवाब में एक बड़ा-सा ठहाका सुनने को मिला। बोले—"मैं ही मोतीलाल हूँ जनाब, और इस समय एक पत्रकार के इन्तजार में यहाँ बैठा हूँ। कमबख्त इतनी देर बाद भी यहाँ नहीं पहुँचा। लखनऊ के लोग क्या अब भी इतने ही लेटलतीफ होते हैं?"

उसके बाद क्या हुआ, मैं आपकी कल्पना पर छोड़ता हूँ।

होराइज़न और *स्वदेश* दोनों पत्र कुछ ही महीनों चलकर बन्द हो चुके थे। कृष्णा रॉय अपने ब्वॉयफ्रेण्ड रिबो की अंकशायिनी बनकर पेरिस में बस गयी थीं, फ़ीरोज़ गाँधी *इण्डियन एक्सप्रेस* के प्रबन्ध-निदेशक के रूप में दिल्ली स्थानान्तरित हो गये थे, चन्द्रलेखा ने जेनेवा यूनिवर्सिटी के किसी कोर्स में दाखिला ले लिया था, और अटल जी *वीर अर्जुन* के सम्पादक बनकर दिल्ली कूच कर चुके थे। बच रहा था अकेला मैं, और मुझे समझ में नहीं आ पा रहा था कि एसोसिएशन के कार्यक्रम को मैं आगे कैसे बढ़ाऊँ? प्रदेश के बहुत कम पत्रों में उन दिनों फिल्म स्तम्भ का प्रकाशन होता था, और मैं नहीं समझता कि प्रदेश में मेरे अतिरिक्त भी कोई ऐसा पत्रकार रहा होगा, जिसे फिल्म सम्बन्धी लेखन कार्य में रुचि हो।

उन्हीं दिनों पृथ्वीराज कपूर का लखनऊ आगमन हुआ। उनके पृथ्वी थिएटर के साथ मैं काफी दिनों सम्बद्ध रह चुका था, और उस अवधि में राजकपूर, शम्मी, सज्जन और प्रेमनाथ जैसे लोगों के साथ मेरा जो घरोपा स्थापित हो गया था, वह आजीवन बना रहा।

तब तक भारत और स्वदेश में अर्जित अपने अनुभवों को ठोस आकार देने के उद्देश्य से *सिने-न्यूज़ एण्ड फ़ीचर्स सिण्डिकेट* के भारी-भरकम नाम से मैंने एक फीचर-सर्विस भी स्थापित कर डाली थी, जिसका पीर-बावर्ची-भिश्ती और खर मैं स्वयं था—यानी फिल्म विषयक आलेखों के लेखन, सम्पादन, टंकण और प्रेषण का समस्त कार्य मैंने खुद अपने कन्धों पर उठा लिया था। कालान्तर में जब मैंने

सिने-न्यूज़ ऐण्ड फ़ीचर्स सिण्डिकेट को *न्यूज़फ़ीचर्स ऑफ़ इण्डिया* के नाम से परिवर्तित कर उसे विविध-विषयक रूप दिया, तब हमारी आय में भी वृद्धि हुई और ग्राहकों की संख्या में भी।

पृथ्वीराज जी के लखनऊ आगमन पर अपनी उसी फ़ीचर एजेन्सी के तत्त्वावधान में मैंने एक स्वागत समारोह का आयोजन किया। गंगाप्रसाद मेमोरियल हाल उन दिनों लखनऊ का अकेला ऐसा स्थल था, जहाँ इस तरह के समारोह आयोजित हुआ करते थे। गाँधीजी और जिन्ना सरीखे राजनेताओं ने भी किसी जमाने में उसी के मंच से लखनऊ की जनता को सम्बोधित किया था और सुप्रसिद्ध गाँधी-जिन्ना पैक्ट ने वहीं अपने जन्म की पहली सुबह देखी थी। तो उसी हाल में मैंने पृथ्वीराज जी का अभिनन्दन करने की योजना बनायी। अध्यक्षता के लिए मैंने राजा सर महाराज सिंह से बात की, और वह फौरन तैयार भी हो गये। महाराज सिंह बम्बई प्रान्त के पहले राज्यपाल थे, और कुछ ही दिनों पहले उन्हें अपने पद से मुक्ति मिली थी। लेकिन ऐन वक्त पर लखनऊ विश्वविद्यालय द्वारा आयोजित किसी कार्यक्रम में उनका भाग लेना जरूरी हो गया, और अपनी असमर्थता उन्होंने मुझे सूचित कर दी। साथ ही उन्होंने मुझसे यह भी कहा कि यदि विश्वविद्यालय के अधिकारियों को मैं मना लूँ तो उन्हें निश्चित ही हमारे समारोह में भाग लेकर प्रसन्नता होगी।

उन दिनों लखनऊ विश्वविद्यालय के कुलपति प्रो. काली प्रसाद थे, जो रिश्ते में मेरे मौसा लगते थे। उनसे तत्सम्बन्ध में जब मैं मिला तो राजा साहब को मुक्त करने से उन्होंने साफ मना कर दिया। विश्वविद्यालय द्वारा आयोजित यह ऐसा महत्त्वपूर्ण समारोह था, जिसमें योरोप और अमरीका से भी कई प्रतिनिधिमण्डल आये हुए थे, और चूँकि महाराज सिंह यूनिवर्सिटी कार्यकारिणी के वरिष्ठतम सदस्य थे, इसलिए शाम के उस कार्यक्रम में उनकी उपस्थिति अनिवार्य थी। लाचार होकर मुझे अपने जमाने की सुप्रसिद्ध राजनेत्री बेगम ऐज़ाज़ रसूल से बात करनी पड़ी। बेगम साहिबा भी उन दिनों राज्य सभा की एक महत्त्वपूर्ण सदस्या थीं, और स्वयं पृथ्वीराज भी। पृथ्वी जी ने जब यह समाचार सुना तो उन्हें स्वाभाविक रूप से बड़ी खुशी हुई और संसद में बेगम साहिबा के साथ होनेवाली अपनी झड़पों के कई किस्से उन्होंने मुझे सुना डाले।

नवनिर्मित भोपाल हाउस—जहाँ पृथ्वी थिएटर के लोग ठहरे हुए थे—से गंगाप्रसाद मेमोरियल हाल तक पृथ्वीराज जी को मैं स्वयं अपने साथ लाया था। हाल का प्रत्येक कोना श्रोताओं से लबालब भरा हुआ था, उनके बीच से निकलते हुए किसी तरह मैंने पृथ्वी जी को मंच तक पहुँचाया और उनका परिचय देने की कोशिश की। सुयोग से लखनऊ के दूसरे वरिष्ठ साहित्यकारों और पत्रकारों के

साथ—जिनमें यशपाल का नाम मुझे अब तक याद है—अमृतलाल नागर भी वहाँ उपस्थित थे, और पृथ्वीराज के साथ उनका पुराना सम्बन्ध था। उनसे मैंने अनुरोध किया कि मंच के संचालन का कार्य अब वह स्वयं अपने जिम्मे लें, और उन्होंने मेरे आग्रह को स्वीकार भी कर लिया। सभास्थल पर उत्तर प्रदेश सरकार के कतिपय वरिष्ठ मन्त्री भी उपस्थित थे। मुझे स्मरण है, उनमें से एक—जगनप्रसाद रावत—बार-बार मेरी ओर उँगली उठाते हुए यह संकेत करने की चेष्टा कर रहे थे कि उनको भी पृथ्वी जी के स्वागत में बोलने का अवसर दिया जाए। बाद में रावत जी को जब मंच पर बुलाया गया तो तुमुल हर्ष ध्वनि के बीच उन्होंने बताया—"मुख्यमन्त्री श्री गोविन्दवल्लभ पन्त स्वयं इस समारोह में शामिल होने के लिए उत्सुक थे, लेकिन अपेक्षित आमन्त्रणपत्र के अभाव में अब उन्होंने मुझे इस बात के निर्देश किये हैं कि उनकी मंगलकामनाओं के साथ मैं खुद अपनी हाजिरी दर्ज कराते हुए इस अवसर पर उनका प्रतिनिधित्व करूँ।"

आज के समय इस तरह के किसी सौजन्य प्रदर्शन की परिकल्पना भी की जा सकती है क्या?

लखनऊ से पहुँचा बम्बई

कुछ ही दिनों बाद मैंने भी लखनऊ से विदा लेने का निश्चय कर लिया, और कागज, कलम और अपने दोनों टाइपराइटरों को साथ लेकर पहुँच गया सीधे बम्बई। बम्बई शहर मुझे शुरू से ही मनभावन लगता रहा था, लेकिन स्थायी रूप से वहाँ बसने का इरादा इसके पहले मैंने कभी नहीं किया था। दरअसल मेरे बम्बई-प्रयाण के पार्श्व में भी मूलतः श्रीप्रकाश जी का ही प्रमुख योगदान था। उन्होंने ही मुझे लिखा था कि लखनऊ के स्थान पर बम्बई को अगर मैं अपना कार्यक्षेत्र बनाऊँ तो मेरे लिए अपेक्षित सुविधाओं की व्यवस्था करना उनके लिए निश्चित ही सम्भव हो सकता है। कुछ ही समय पहले संयुक्त बम्बई प्रेसीडेन्सी के राज्यपाल के रूप में उनकी नियुक्ति हुई थी, और महाराष्ट्र तथा गुजरात के रूप में प्रान्त का विभाजन होने के उपरान्त भी वह अपने उसी पद पर प्रतिष्ठित रहे। तब मैंने उनको जवाब दिया था कि जहाँ तक आवासीय व्यवस्था का प्रश्न है, उसका प्रबन्ध मैं स्वयं कर लूँगा, लेकिन एक पत्रकार के रूप में शासकीय मान्यता

और वरीयता के आधार पर एक टेलीफोन दिलाने की व्यवस्था अगर वे कर सकें तो उनके निर्देशों को शिरोधार्य करने में मुझे कतई कोई दिक्कत नहीं होगी। उन दिनों बम्बई में टेलीफोन मिलना उतना ही दुष्कर था जितना हिमालय का लंघन करना। हजारों रुपये की रिश्वत देने के बावजूद किसी को आसानी से उसकी प्राप्ति नहीं हो पाती थी। पत्रोत्तर में श्रीप्रकाश जी ने मुझे आश्वस्त किया था कि इसकी समुचित व्यवस्था वह निश्चित ही कर सकेंगे, इसलिए दोनों सुविधाओं के लिए अपने औपचारिक आवेदनपत्र मैं उन्हें फौरन रवाना कर दूँ। कहने की जरूरत नहीं कि अपने वायदे को उन्होंने पूरी तरह निभाया, और बम्बई पहुँचने के कुछ ही दिनों के अन्दर मुझे टेलीफोन मिल गया और शासकीय मान्यता भी—सिर्फ मुझे ही नहीं, बल्कि मेरे दो सहयोगियों को भी।

उनके इस आश्वासन के पार्श्व में ही मैंने लखनऊ से विदा लेने का निर्णय किया था।

बम्बई पहुँचते ही अपने आने की सूचना सबसे पहले अपने मित्र राजेन्द्र अवस्थी को दी। वे उन दिनों *टाइम्स ऑफ इण्डिया* से प्रकाशित होनेवाले कथा मासिक *सारिका* के सह-सम्पादक थे। अवस्थी के साथ मेरी पहली भेंट 1959-60 के आसपास हुई थी। उन दिनों वह नागपुर से निकलनेवाले *नवभारत* के रविवासरीय परिशिष्ट का सम्पादन कर रहे थे। नवभारत में चूँकि मेरी रचनाएँ प्रकाशित हुआ करती थीं, इसलिए उनके साथ थोड़ी-बहुत जान-पहचान हो गयी थी। उस साल दिसम्बर के आसपास तिरुवनन्तपुरम. में *हिन्दुस्तान टाइम्स* के सम्पादक लाला दुर्गादास की अध्यक्षता में सम्पन्न होनेवाले अखिल भारतीय समाचार-पत्र सम्पादक सम्मेलन के अधिवेशन में भाग लेने के लिए मैं भी आमन्त्रित था, और मेरी गाड़ी चूँकि नागपुर का स्पर्श किये बिना आगे नहीं बढ़ सकती थी, इससे अवस्थी को इस बारे में मैंने पूर्व सूचना दे दी थी। नागपुर स्टेशन पर पहली बार मैंने उन्हें देखा। उनके हाथ में दो सन्तरे देखे, जो उन्होंने बड़े स्नेह के साथ मुझे अर्पित किये। उस दिन हम लोगों के बीच जो थोड़ा-बहुत परिचय हो पाया, उसने शीघ्र ही स्थायित्व ग्रहण कर लिया और हम लोगों के पत्र-व्यवहार में खास अपनापन आने लग गया।

कुछ ही दिनों बाद अवस्थी बम्बई आकर *सारिका* से सम्बद्ध हो गये, और उन्हीं दिनों मैंने भी बम्बई जाने का निश्चय किया। मेरा इरादा कोई छोटा-मोटा फ्लैट खरीदकर स्थायीरूप से वहाँ स्थानान्तरित होने का था, और उस दिशा में अवस्थी ने मेरी पूरी मदद की थी। मुझे याद है, बम्बई पहुँचकर हमेशा की तरह मैं वहाँ के एम.एल.ए. हॉस्टल में ठहरा हुआ था। अवस्थी को मैंने उनके दफ्तर टेलीफोन किया तो वह फौरन ही प्रेम कपूर के साथ मुझसे मिलने वहाँ आ पहुँचे।

जब बम्बई में कोई घर खरीदने का अपना मन्तव्य मैंने उन्हें बताया तो उनको बड़ी प्रसन्नता हुई थी। दूसरे-तीसरे दिन से ही हम लोगों ने नयी-नयी इमारतों में बननेवाले या बन चुके फ्लैटों का निरीक्षण-परीक्षण शुरू कर दिया, और आखिर में खार-सान्ताक्रुज के बीच लिंकिंग रोड-नार्थ एवेन्यू के नुक्कड़ पर नवनिर्मित आनन्दकुंज नामक अपार्टमेण्ट का एक फ्लैट हमें भा गया। बिल्डर ने बड़ी शान के साथ हम लोगों को बताया था कि मेरे फ्लैट से बिलकुल लगे हुए फ्लैट को उस जमाने के मशहूर अभिनेता राजेन्द्र कुमार खरीद चुके हैं और निर्माण कार्य पूरा होते ही वह उसमें रहने आ जाएँगे। तब तक पूरी तरह चूँकि वह इमारत बन नहीं पायी थी, इससे उसका आरक्षण कराने के बाद मुझे भी लखनऊ वापस आ जाना पड़ा।

बिल्डर ने हमें बताया था कि उसके पूरा होने में अभी कम से कम साल भर का समय लगेगा। लेकिन साल-छः महीनों के अन्दर ही उसके निर्माण कार्य पूरा होने की खबर मिली, और मैं स्थायी रूप से बम्बई स्थानान्तरित हो गया। वहाँ पहुँचने के बाद स्वभावतः ही अवस्थी के साथ मेरी रब्तजब्त भी बढ़ने लगी। *टाइम्स ऑफ इण्डिया* के कार्यालय में तो अक्सर ही उनसे मिलना-जुलना होता रहता था, मेरे यहाँ भी वह हर दूसरे-तीसरे दिन आ जाया करते थे। कभी-कभी मैं स्वयं घाटकोपर की सिन्धुवाड़ी स्थित उनके वासस्थान पर पहुँच जाता था, और फिर तमाम तरह की गपशप के बीच हम लोग अपना वक्त गुजारने में लगे रहते थे। बम्बई के सबसे ज्यादा शानदार आवासीय क्षेत्र में मैं रहने लगा था, महाराष्ट्र के मुख्यालय पर एक मान्यताप्राप्त पत्रकार होने के नाते वहाँ पहुँचने के पन्द्रह-बीस दिनों के अन्दर ही मुझे टेलीफोन की भी प्राप्ति हो गयी थी। उन दिनों बम्बई में किसी की हैसियत उसकी शानदार मोटरगाड़ी से नहीं, बल्कि इस बात से आँकी जाती थी कि उसके पास टेलीफोन की सुविधा सुलभ है या नहीं। लेकिन अपनी सारी जमापूँजी अपने फ्लैट की खरीद में लगा देने के बाद मेरी वित्तीय स्थिति इस कदर जर्जर बन चुकी थी कि कभी-कभी जेब में इतना पैसा भी नहीं रह जाता था कि किसी छोटे-मोटे ढाबे में रुपये-सवा रुपये में मिलनेवाली राइस-प्लेट से ही अपना पेट भर सकूँ। ऐसे मौकों पर अक्सर ही मैं अवस्थी के घर पहुँच जाता, वहीं खाता-पीता, रात्रि-विश्राम करता और नाश्ते के साथ सवेरे की चाय पीकर वापस घर लौट आता।

इन प्रारम्भिक वेदनाओं के बावजूद एक फिल्म पत्रकार के रूप में तब तक मैं थोड़ा-बहुत नाम कमा चुका था, इसलिए बम्बई के फिल्मी क्षेत्रों में अपने को स्थापित करने में मुझे कोई खास दिक्कत नहीं महसूस हुई। कुछ ही समय के अन्दर एक प्रखर पत्रकार के रूप में मेरी पर्याप्त ख्याति हो चुकी थी। मेरे घर पर

स्थायी पत्रकारों, साहित्यकारों और फिल्मकारों ने नियमित रूप से आना-जाना शुरू कर दिया था। अवस्थी को भी *सारिका* में काम करते हुए फिल्मी दुनिया में अपनी पैठ जमाने का चस्का लगा, और वह चस्का बाद में तब अपने शीर्ष पर पहुँच पाया, जब *सारिका* की नौकरी से मुक्त होने के बाद उन्होंने दादर के रणजीत स्टूडियो में बाकायदा एक कमरा लेकर फिल्म में काम करने के इच्छुक लड़के-लड़कियों (लड़के कम-लड़कियाँ ज्यादा) के इण्टरव्यू लेने का अपना धन्धा प्रारम्भ किया। वैसे प्रारम्भ से ही उन्हें फिल्म संसार के प्रति लगाव था और उनकी दिली तमन्ना थी कि कथालेखन की तरह उसमें भी वह कुछ धमाका कर सकें। उन्हें उम्मीद थी कि उस दिशा में शायद मैं उनकी कुछ मदद कर सकूँगा।

जीनियस केदार शर्मा

वस्तुतः मैं सामान्य पत्रकार नहीं, बल्कि फिल्म पत्रकार के रूप में बम्बई पहुँचा था। तब तक हिन्दी में फिल्म सम्बन्धी कोई स्तरीय पत्रिका नहीं निकलती थी, न बम्बई और न दिल्ली से। दिल्ली से *रंगभूमि, युगछाया* या *चित्रलेखा* जैसी जो पत्रिकाएँ निकलती भी थीं, वे अपने पूरे अंक में विविध फिल्मों की कहानी और संवाद छापकर ही अपने कर्तव्य की इतिश्री समझ लेती थीं। फिल्मों के विवेचनात्मक या विश्लेषणात्मक पक्ष से उनको कुछ भी लेना-देना नहीं था। *टाइम्स ऑफ इण्डिया* ग्रुप द्वारा प्रकाशित *सुचित्रा* (कालान्तर में *माधुरी*) मेरे बम्बई प्रवास के अन्तर्गत ही निकली थी और अपने पहले ही अंक में उसने हमारी किसी संगोष्ठी की रपट को विस्तार से छापा था।

मेरी योजना थी कि न केवल परदे के ऊपर दिखनेवाले अभिनेता-अभिनेत्रियों, बल्कि परदे के पीछे रहकर उसे सफल बनानेवाले लोगों को भी फिल्म पत्रिकाएँ अपने पन्नों पर समुचित स्थान दें। कतिपय सम्पादकों से जब मैंने इस सम्बन्ध में बात की तो उन्होंने कहा कि ऐसी गम्भीर रचनाओं का प्रणयन करनेवाले पत्रकारों की संख्या हिन्दी में नहीं के बराबर है। मेरे इस आश्वासन पर कि उसकी व्यवस्था मैं कर सकता हूँ, उन्होंने उसके समुचित उपयोग की हामी भरी और मैं अपने मन्तव्य की पूर्ति में जुट गया।

मैंने फिल्म संसार से सम्बद्ध ऐसे प्रमुख लोगों की एक सूची तैयार की, जो उन दिनों समीक्षात्मक दृष्टि से प्रशंसित थे, साथ ही, लोकप्रिय भी। उनसे इण्टरव्यू लेने के काम में जुट गया। जिन लोगों को मैंने अपनी भेंटवार्ताओं के लिए चुना, वे स्वयं भी मेरी योजना के प्रति आशान्वित प्रतीत हुए। उन्होंने कहा कि ऐसा करने से फिल्म पत्रकारिता को निश्चित ही एक नयी दिशा मिल सकेगी। लघु और मध्यम श्रेणी की पत्र-पत्रिकाओं ने भी मेरे प्रस्ताव का न्यूनाधिक समर्थन किया, हालाँकि उन्होंने स्पष्ट शब्दों में पहले ही बता दिया था कि प्रारम्भ में वह शायद अपेक्षित पारिश्रमिक देने में समर्थ न हो सकें। लेकिन अपनी सामग्री की पहली किश्त जब मैंने उनको भेजी तो न केवल वे पूरी तरह उसे उपयोग में लाये, बल्कि दूसरी खेप की माँग करते हुए थोड़ी-बहुत पारिश्रमिक राशि से भी हमें उपकृत किया। यह मेरे लिए निश्चित ही एक सुखद संयोग था।

जैसा मैं पहले ही कह चुका हूँ, केदार शर्मा उन दिनों मेरे पसन्दीदा निर्देशक थे और मेरी मान्यता थी कि उनके स्तर का फिल्मकार न तब तक कोई हुआ है और न आगे होने की कोई सम्भावना है। उनके द्वारा निर्मित और निर्देशित *सुहागरात* नामक फिल्म मैंने कम से कम पचास बार देखी थी, और हर बार उसे देखकर मुझे नया आनन्द मिला था। जब लखनऊ में था, तब भी मेरी सबसे बड़ी तमन्ना उनसे मिलने-भेंटने, उनके साथ बात करने की ही थी, और बम्बई पहुँचकर सबसे पहले मैंने उसी को साकार करने का प्रयत्न किया। शर्मा जी उन दिनों माहिम में शीतलादेवी मन्दिर के पास रहा करते थे। एक दिन मैंने उनके टेलीफोन की घण्टी बजायी और फिर अपने एक सहकारी के साथ धड़कते दिल से पहुँच गया उनके द्वार। बहुत मामूली-सा घर था उनका, मेरी कल्पनाओं से मीलों दूर। उस आवास, और फिर उनके व्यक्तित्व को देखकर मुझे कुछ आघात भी लगा। उनकी आवाज पूरी तरह स्त्रैण थी और उनके बोलने के लहजे से भी पुरुषत्व का आभास नहीं मिलता था।

अपनी बातचीत शुरू करते हुए जब मैंने उनसे पूछा कि आज की फिल्में इतनी तेजी से पतनोन्मुख क्यों होती जा रही हैं तो लगा, जैसे एकाएक वह अपना सन्तुलन खो बैठे हों। उन्होंने सहसा कविता की भाषा में बोलना प्रारम्भ कर दिया, लेकिन कविता की उस भाषा में आवेग अधिक था और तर्क कम। इसी कारण शुरू में यह बात मेरी समझ में एकदम नहीं आ पायी। उनकी इस भड़ास को लिपिबद्ध करने से लाभ भी क्या होगा? हम जानना चाहते थे कि फिल्मों ने अपना स्तर आखिर कैसे खोल दिया है, और अब केदार शर्मा जैसे वे व्यक्ति भी, जो किसी जमाने में *चित्रलेखा, सुहागरात, बावरे नयन* और *जोगन* जैसी चित्रकृतियाँ भारतीय दर्शकों को दे चुके हैं, एकाएक मौन कैसे हो गये हैं?

हमारे इस प्रश्न के उत्तर में केदार शर्मा सर्वथा मौन रह गये हों, ऐसी बात नहीं थी। बहुत कुछ कह डाला था उन्होंने चर्चा छिड़ते ही। लेकिन उनके सम्पूर्ण कथन का आशय महज इतना था कि फिल्म जगत की परिस्थितियाँ अब पहले जैसी नहीं रह गयी हैं, और फिल्म निर्माण का उद्देश्य भी आज के दिन काफी बदल चुका है। वैसे जहाँ तक खुद उनका अपना ताल्लुक है, इन विषम परिस्थितियों में भी वह सिर्फ पैसे बटोरनेवाली फिल्मों का निर्माण नहीं करते, उससे कहीं ज्यादा अपने दर्शकों को उन्होंने देने की कोशिश की है।

मैंने कहना चाहा था—हैट्स ऑफ टु यू, शर्मा जी। लेकिन फिर खयाल आया, उनकी नयी चित्रकृति तो मैंने अभी तक देखी ही नहीं। सो उस खयाल को अपने दिमाग से झटककर मैंने पूछ ही लिया—'अच्छी फिल्म बनाने के मार्ग में कौन-सी बाधाएँ आया करती हैं, इतना तो बता ही सकेंगे आप?'

शर्मा जी ने जवाब दिया था—"इस बात को निश्चित ही मैं सबसे अच्छी तरह बता सकूँगा, क्योंकि राग-रंग और थोथे यौन प्रदर्शन की परिपाटी से अलग हटकर किसी फिल्म के निर्माण की परम्परा मैंने ही शुरू की थी। लेकिन फिल्मों के खरीददार मेरे ऑफिस से सिर्फ यह कहकर भाग खड़े हो जाते हैं—शर्मा जी, यू आर अ ग्रेट जीनियस! मतलब यह कि आज के दिन जीनियस होना जैसे इस दुनिया में अच्छा-खासा गुनाह हो।

"और आर्टिस्ट कहे जानेवाले लोग भी जब यहाँ मोलभाव की कला को ही निखारने में लगे हों तब अच्छी फिल्म की बात सोची भी कैसे जा सकती है? अभी पिछले ही दिनों मैंने एक उभरती हुई अभिनेत्री को अपनी फिल्म में लेना चाहा था। उसे उसका पूरा पारिश्रमिक देने का वायदा भी किया था मैंने। इसके बावजूद अभिनेत्री मुझसे पूछ बैठी—'फिल्म का हीरो कौन होगा?' उसके इस सवाल को सुनकर अपने मन में कहने की तबीयत हुई थी कि 'अभी-अभी विलायत से एक अच्छा-सा पिल्ला मँगाया है। वही होगा आपका हीरो।'

मेरे खयाल में शर्मा जी ने यह कहने से अपने को रोककर अच्छा नहीं किया था। वह हीरोइन तो विलायती पिल्ले के नाम पर सीधी तरह उनकी फिल्म में काम करने के लिए राजी हो जाती। विलायती माल भारत में नहीं चले तो चलेगा भी कहाँ? शर्मा जी ने भी स्वीकार किया था, "विलायत की ओर ताकते रहने की इस प्रवृत्ति ने ही आज हमारी फिल्मों में कूड़ा भर दिया है।"

मैंने फिर सवाल किया, "क्या वजह है कि आज हमारे फिल्म निर्माता विदेशी फिल्मों की इतनी ज्यादा नकल करने पर उतारू हैं? भारतीय चेतना और संस्कृति से उनके इस पलायन का आखिर क्या कारण है?"

जवाब में शर्मा जी बोले थे, "विदेशी फिल्मों की नकल करनेवाले लोग

भारतीय संस्कृति और उसकी चेतना से पलायन नहीं करते। वह तो ऐसा महज इसलिए करते हैं कि यहाँ की मिट्टी से उनका कोई परिचय ही नहीं है। उनके पास न कोई चिन्तन है और न कोई अध्ययन। फिर तुरत-फुरत धनवान बन जाने का लोभ भी उनसे मनमानी करा ले जाता है।''

''और जनरुचि व जन मनोरंजन का सवाल क्या पूरी तरह झूठा है?'' मैंने उनसे पूछा था—''हमारे अधिकांश निर्माता तो यही कहा करते हैं न कि हमारे देश का दर्शक वर्ग किंचित प्रबुद्ध नहीं, उसकी रुचि ही विकसित नहीं हो पायी है अब तक। जब तक उसकी रुचि में परिष्कार नहीं आता, तब तक अच्छी फिल्मों के निर्माण की बात ही पूरी तरह बेमानी है।''

केदार शर्मा बोले, ''मैं इस आंशिक सत्य को कुछ देर के लिए स्वीकार भी कर लेता हूँ। लेकिन क्या यह एक हकीकत नहीं है कि लोकरुचि को बिगाड़नेवाली गन्दी फिल्मों के निर्माता ऐसे ही लोग हैं? फिर हमारी लोकरुचि पूरी तरह विकृत हो चुकी है, ऐसा मानने के लिए भी मैं तैयार नहीं। दर्शकों ने अच्छी फिल्मों को भी अपना प्यार दिया है, अपने अनन्य स्नेह और सम्मान से उन्हें विभूषित किया है, उनकी यादों को अपने दिल-दिमाग में ताजा रखने की कोशिश की है। वरना कोई कारण नहीं था कि आज के दिन आपको मेरी याद आयी होती।''

सचमुच, आज का समय केदार शर्मा जैसे व्यक्तियों के लिए किंचित महत्त्व का नहीं रह गया है। वह जमाना बीत गया, जब निर्देशक कलाकारों के लिए ब्रह्मा हुआ करता था और कलाकार ऐसे जीवित पुतले हुआ करते थे, जिनका काम निर्देशक के इशारों पर चलना भर होता था। उन पुतलों में केदार शर्मा-जैसे निर्देशक ही जान डाला करते थे। लेकिन फिर वक्त ने पलटा खाया और जो कलाकार थोड़ा-सा भी नाम कमाने में सफल रहा] वह अपने आप फिल्मी दुनिया का खुदा बन बैठा। अब वह निर्देशकों को बनाता है और फिल्मों को बिगाड़ता है। ऐसा कैसे हो गया आखिर?

केदार शर्मा ने जवाब दिया, ''ऐसा धन के लोभी उन निर्माताओं की वजह से हुआ जिन्होंने कलाकारों की लोकप्रियता का गलत आकलन किया। उन्होंने परदे पर चमकनेवाले अभिनेताओं को तो बड़ी-बड़ी कीमतें दे डालीं, लेकिन परदे के पीछे रहकर काम करनेवालों का कुछ भी मूल्य नहीं समझा—जबकि अभिनेता की चमक कभी उनकी अपनी नहीं रही, उसका प्रकाशन हमेशा निर्देशक और कथाकार के बल पर हुआ। लेकिन आम दर्शक इन सब बातों को कहाँ समझ पाता है? दर्शकों को यह बात समझाने की कोशिश अगर कभी की भी गयी तो बहुत गलत ढंग से।

''जहाँ तक तस्वीरों का प्रश्न है, वह बुद्धि से अधिक प्रखर, मुखर और

चमकीली हुआ करती हैं। हमारी पत्रिकाएँ भी परदे पर चमकनेवाली तस्वीरों को ही प्रमुखता प्रदान करती रहीं और उनके सम्मुख बुद्धि गौण हो गयी। निर्देशकों, कथाकारों और फोटोग्राफरों का अधिक प्रचार नहीं हो पाया, उनकी कीमतें नहीं बढ़ पायीं—और जिनका कोई मूल्य नहीं, उन्हें पूछेगा भी कौन? आज के युग की इस सच्चाई को क्या कहा जाए कि जिसके पास धन होता है वही मानसम्मान का अधिकारी भी बन बैठता है। कलाकारों के पास धन था, उन्हें मान की प्राप्ति हुई और वह पलछिन में महान बन गये। अब फिल्में उनके नाम से बनती हैं, उनके नाम पर चलती हैं। अब फिल्म कलाकारों की होती है, कलाकार फिल्म के नहीं होते, इसी से ये विसंगतियाँ हैं। आज के दिन हमारी फिल्में अभिनेताओं के हाथ, पाँव, मुँह, दाँत, वक्ष, नितम्ब की *शोपीस* बनकर रह गयी हैं। फिल्मी दुनिया में आये इस अन्धेर की जगमगाहट से जैसे लोग खुद-ब-खुद अन्धे होकर रह गये हों।''

केदार शर्मा की बातें भले ही उफान से भरी हों, लेकिन उनमें एक तल्ख सच्चाई भी थी। उनकी हर टिप्पणी उनके निजी अनुभवों को प्रतिध्वनित करती थी। दरअसल, हम लोग उनकी विफलताओं का जिक्र छेड़ने नहीं, बल्कि सिर्फ यह जानने के लिए उनके पास आये थे कि फिल्मी दुनिया का यह अँधेरा आखिर कभी मिटेगा या नहीं और तत्सम्बन्धित असंगतियों को ठीक करने के क्या उपाय हो सकते हैं?

शर्मा जी ने उत्तर दिया, ''मैं तो हमेशा ही उसके प्रति विद्रोह करता रहा हूँ, उसके चक्रव्यूह को तोड़ने की कोशिश करता रहा हूँ। अब छोटे कलाकार, सार्थक कहानी, सजीव धरातल और निर्माण का सुख, बस यही मेरे जीवन-साथी रह गये हैं।''

''बात सिर्फ आपकी नहीं, फिल्म निर्माण की समस्त धारा को बदलने की है। क्या मैं यह समझूँ कि फिल्म उद्योग में स्वस्थ प्रवृत्ति का जन्म अब कभी होगा ही नहीं? क्या अब अपने देश की संस्कृति, जीवन और तत्सम्बन्धित समस्याओं को केन्द्रित कर जीवन्त फिल्मों के निर्माण के सारे रास्ते अवरुद्ध हो चुके हैं? स्वस्थ मनोरंजन और मानसिक आहार देनेवाली फिल्मों के नाम पर हमारे सामने क्या एक बड़ा शून्य ही झूलता रह जाएगा?''

''ऐसा तो नहीं होना चाहिए। अपेक्षित परिवर्तन के लिए तो हम सभी आकुल-व्याकुल हैं।''

''लेकिन यह परिवर्तन आखिर आएगा कैसे और किस तरह? क्या उसके लिए सरकार को अध्यादेश लाने पड़ेंगे?''

''सरकार से तो इस दिशा में मुझे कतई कोई उम्मीद नहीं। उसे मालूम है

कि फिल्मी मुगलों के पास ढेरों ब्लैक मनी है, तब भी वह मात्र फिल्मों और फिल्म दर्शकों पर ही टैक्स लगाती जाती है। फिल्म उद्योग से रुपया वसूलना उसे आता ही नहीं है शायद।''

''तो क्या हम यह समझ लें कि फिल्मों का यह परिवर्तन कोई वक्त ही लेकर आएगा, या उस वक्त के आने के पहले भी, यहाँ कोई आन्दोलन उठ सकता है?''

''जहाँ तक सक्रिय आन्दोलन का प्रश्न है, कभी-न-कभी उसकी शुरुआत तो होगी ही। लेकिन उसकी प्रतीक्षा में हम निष्क्रिय क्यों रहें? किसी भी आन्दोलन को जन्म देने के पहले अपने विचारों में क्रान्ति लानी पड़ती है, और अच्छा हो अगर उस क्रान्ति का प्रारम्भ हम अभी से कर दें।''

''उस वैचारिक क्रान्ति की शुरुआत तो हो भी चुकी है?''—हम लोग शर्मा जी से बोले थे।

प्रयोगवादी बलदेवराज

हमारे दूसरे टार्गेट थे सुप्रसिद्ध निर्माता-निर्देशक बलदेवराज (बी.आर.) चोपड़ा। हिन्दी फिल्मकारों के अन्तर्गत चोपड़ा को उन दिनों भी एक प्रयोगवादी की संज्ञा दी जा सकती थी। फिल्म निर्माण की विधा में जब वे शामिल हुए थे तो लोगों ने उनकी सफलता में सन्देह व्यक्त किया था। बहुतों ने आक्षेप भी किया कि वे रूखे-सूखे वृत्तचित्र बना रहे हैं, हरी-भरी फीचर फिल्में नहीं। लेकिन उस समय फिल्म निर्माण सम्बन्धी उत्साह का बाहुल्य उनमें था, और इसीलिए लोगों की आलोचना-प्रत्यालोचना उन्हें किंचित हतोत्साहित नहीं कर पायी।

नये-नये प्रयोग वैसे कभी बलदेवराज चोपड़ा की सफलता में बाधक नहीं बन सके थे, लेकिन सहसा एक अवरोध तब उठा खड़ा हुआ, जब आचार्य चतुरसेन शास्त्री के सशक्त उपन्यास *धर्मपुत्र* पर आधारित उनकी फिल्म टिकट खिड़की पर पूरी तरह विफल होकर रह गयी। *धर्मपुत्र* की इस अप्रत्याशित असफलता ने चोपड़ा को पूरी तरह अस्त-व्यस्त कर डाला था। एक सर्वथा असामयिक कथानक का फिल्मीकरण भला सफल भी कैसे हो सकता था? अपनी उस भूल को दबी जुबान से बाद में उन्होंने स्वीकार भी किया, लेकिन इस बात को मानने के लिए

वह कतई तैयार नहीं हो पाये कि उनकी उस फिल्म में सचमुच कोई खामी थी।

अच्छी फिल्म हम किसे कह सकते हैं? वह जो हर स्तर के दर्शकों का मनोरंजन कर उनके दिलोदिमाग को प्रभावित कर सके, या वह जिसे एक विशेष वर्ग देखे और फिर लगातार देखता ही रह जाए या वह जिसे संस्कृति-सम्पन्न व्यक्ति अत्यधिक उच्चकोटि की फ़िल्म स्वीकार करने के बावजूद दुबारा देखना पसन्द न करे, या फिर वह जो अपने निर्माताओं की तिजोरियाँ धनधान्य से परिपूर्ण करने में पूरी तरह सफल रहे?

बलदेवराज चोपड़ा ने यही तो कहा था—"हमारे जैसे निर्माता फिल्मों द्वारा पैसे बनाते हैं, पैसों द्वारा फिल्म नहीं?" हालाँकि यह बिलकुल अलग बात है कि उनकी खुद की फिल्मों ने पैसे बनाये हैं, और साथ ही, दर्शकों के मन-मस्तिष्क में अपना एक विशिष्ट स्थान भी।

"मगर क्या यह प्रारम्भ से नहीं होता आया है कि अधिकांश निर्माताओं ने पैसा बनाने पर अधिक जोर दिया है और फिल्मों के कलात्मक पक्ष को उन्होंने कभी अपेक्षित वरीयता नहीं प्रदान की?"

"नहीं। पहले ऐसा नहीं था। तब लोग फिल्मों का निर्माण करते थे, पैसों का नहीं।"

"लेकिन समय के साथ उस उद्देश्य में परिवर्तन क्यों होता गया?"

"कई कारण हैं इसके?" कुछ सहमते, कुछ सोचते जवाब दिया था श्री चोपड़ा ने—"इसकी सबसे बड़ी वजह यह है कि पहले फिल्म का निर्माण निर्माता किया करता था और आज वह अपने फाइनेन्सर के हाथों की कठपुतली मात्र है।"

किस तरह यह फाइनेन्सर तबका अपना दूषित प्रभाव लेकर फिल्मी दुनिया में प्रवेश करता है, इसका एक बहुत अच्छा उदाहरण दिया था श्री चोपड़ा ने। कुछ दिनों पहले उनके पास किसी फिल्म का प्रपोजल लेकर ऐसा ही एक धन्नासेठ आया था। बोला था—"देखिए जी, इन-इन स्टारों को लेकर एक फिल्म बनानी है। म्यूजिक अमुक की होगी और गाने अमुक के। कहानी आप जो चाहें छाँट सकते हैं। लेकिन हाँ, वह कुछ रोमाण्टिक, कुछ प्रोग्रेसिव, कुछ डिटेक्टिव और कुछ स्टण्ट होनी चाहिए?"

श्री चोपड़ा ने तो, खैर उसे उलटे पैरों अपने ऑफिस से वापस भगा दिया था, लेकिन, मान लीजिए, उसके प्रस्ताव को उन्होंने मंजूर कर लिया होता तो फिल्म बनाने की कोरी जिम्मेदारी के अलावा उनके हाथ में बचता भी क्या? और उस जिम्मेदारी को निभाने की कीमत बहुत ज्यादा हो, ऐसी बात भी नहीं। लाभ के कुल पन्द्रह प्रतिशत का ही भागीदार हो पाता है बेचारा निर्माता।

इन फाइनेन्सरों की गुलामी से छुटकारा पाने के लिए श्री चोपड़ा ने कुछ दिनों

पहले एक सुझाव दिया था कि निर्माताओं की एक केन्द्रीय समिति बनायी जानी चाहिए। निर्मातागण अगर एकबद्ध हो जाते तो उनकी अनेक समस्याएँ स्वत: हल हो सकती थीं। तब व्यापार की अपेक्षा अपने कार्य की गुणवत्ता पर उनका ध्यान अधिक केन्द्रित होता और निर्मातागण फाइनेन्सर के हाथों की कठपुतली बनने से बच जाते। वैसा करने से जो दूसरा प्रमुख लाभ होता वह यह कि फिल्म-निर्माण के कार्य में जो मनमाना रुपया व्यय हो रहा है, उस पर स्वयमेव रोक लग जाती और तीसरा लाभ यह कि उस समिति के माध्यम से फिल्मों की अधिकतम लम्बाई का निर्धारण सहज ही सम्भव हो सकता।

"लेकिन सहयोग की यह भावना पारस्परिक प्रतिस्पर्द्धा की स्थिति में सफल भी हो पाती क्या?" श्री चोपड़ा से मैंने पूछा था।

"शायद नहीं।" श्री चोपड़ा ने उत्तर दिया था, "इसी से मेरे प्रस्ताव को बहुमत से ठुकरा भी दिया गया। जब तक आपस में सहयोग की कोई भावना नहीं होगी, तब तक फाइनेन्सरों के पंजों से मुक्त भी कैसे हुआ जा सकता है?"

फाइनेन्सरों का मायाजाल तो अच्छी फिल्मों के निर्माण में अवरोधक है ही, फिल्मों की गिरती हालत का दूसरा सबसे बड़ा कारण स्वयं दर्शकों के बौद्धिक स्तर का हीन होना है। मान लीजिए, दो निर्माता एक साथ दो फिल्में बनाना शुरू करते हैं। उनमें से एक फार्मूला फिल्म होती है और दूसरी प्रयोगात्मक होने के साथ किसी सार्थक उद्देश्य से प्रेरित। फार्मूला फिल्म जहाँ जुबलियाँ मनाती है, वहीं प्रयोगात्मक फिल्म को अभिजातवर्ग के इने-गिने लोगों द्वारा प्रशंसित होने के बावजूद टिकट खिड़की पर पूरी तरह मात खानी पड़ती है। ऐसी हालत में किस उत्साह के साथ दूसरा निर्माता सोद्देश्य फिल्मों के निर्माण की दिशा में आगे बढ़े? व्यवसाय को फिल्म निर्माण की विधा से सर्वथा अछूता तो नहीं रखा जा सकता?

इस व्यावसायिक भावना की ही उपज है—स्टार सिस्टम। जाने-माने कलाकार रहेंगे तो फिल्म ज्यादा चलेगी और आर्थिक दृष्टि से निर्माता फायदे में रहेगा। अपने व्यापार-व्यवसाय में ज्यादा से ज्यादा लाभ कौन नहीं चाहता? फिर, चाहने पर भी तो इस स्टार सिस्टम से छुटकारा पाना प्राय: असम्भव है, क्योंकि फिल्में तो हर साल तीन सौ के आसपास बनती हैं और उनमें काम करने के लिए इतनी बड़ी संख्या में नये और अच्छे कलाकारों को ढूँढ़ निकालना कतई आसान नहीं।

"सबसे बड़ी दिक्कत तो यहाँ यह है कि किसी नये कलाकार को स्टार बनने में यहाँ कुछ भी देरी नहीं लगती। गिनी-चुनी फिल्मों में काम करने के बाद उनको फौरन स्टार-स्टेट्स मिल जाता है, फिर किसी के लिए उनकी आँख से आँख मिलाना आसान बात नहीं रह जाती। यह स्टार सिस्टम तो हर जगह है—अपने भारत की अपेक्षा कहीं अधिक जटिल। विदेशों में एक स्टार की कीमत यहाँ

के स्टार की बनिस्बत कहीं ज्यादा है, इस बात से किसी को भी इनकार नहीं हो सकता।'' श्री चोपड़ा ने स्टार सिस्टम की अनिवार्यता की ओर ध्यान दिलाते हुए कहा था।

आज की अधिकांश हिन्दी फिल्में, हर दृष्टि से, हॉलीवुड में निर्मित फिल्मों की फूहड़, कुरूप और भोंडी नकल ही लगती हैं। संगीत, अभिनय और कथावस्तु—सभी विधाओं में इस नकलबाजी का बोलबाला देखा जा सकता है। लेकिन इस प्रवृत्ति की ओर जब मैंने श्री चोपड़ा का ध्यान आकृष्ट करने की कोशिश की तो कोई जवाब देने के बदले वे खुद मुझसे ही पूछ बैठे—''जनाब, अगर हॉलीवुड की नकलबाजी सचमुच ही आपको इतनी नागवार गुजरती है तो धोती छोड़कर आप पैण्ट क्यों पहनते हैं? वह भी तो एक तरह की नकल ही है न?''

उनका मतलब शायद यह था कि अगर हम लोग पैण्ट पहन सकते हैं तो विदेशी फिल्मों की नकल भी हमारे लिए किंचित वर्जित नहीं होनी चाहिए। इसीलिए उस प्रवृत्ति को सर्वथा समुचित ठहराते हुए वे बोल उठे—''नकल की परम्परा तो इस दुनिया में हमेशा से ही चलती आयी है। सभी एक-दूसरे की नकल कर गर्व का अनुभव करते हैं। आप अपनी कहिए, क्या पत्रकार भी नकल की खामियों से बरी हैं? आज के साहित्यकार विदेशी साहित्य-सृजन के प्रभाव से अपने को मुक्त रख पाये हैं?

''आज विदेशी संगीत, विदेशी नृत्य, विदेशी रंग-ढंग और विदेशी चाल-ढाल से आम आदमी को किंचित कोई परहेज नहीं, उसी के बीच वह जीना चाहता है, इसलिए फिल्मों को भी उनके प्रभाव से बचा पाना मुमकिन नहीं लगता?'' श्री चोपड़ा उत्तेजना के स्वर में बोले थे। उनके अनुसार विदेशी फिल्मों की नकल करने का दायित्व निर्माता का बिलकुल नहीं, दर्शकों की दूषित रुचि ही उसके लिए पूरी तरह जिम्मेदार है।

''पहले हमारी जिन्दगी में यह विदेशीपन कहाँ था? तब न यह आधुनिक होटल-रेस्तराँ थे, न जाज़ संगीत के कैसेट और न वह डिस्को, जिसमें आज लड़के-लड़कियाँ पूरी तरह आलिंगनबद्ध होकर उछलते-कूदते हैं। इस जमाने में किसी भी कला को देश-विदेश की सीमाओं में बाँधकर रखा भी नहीं जा सकता था। दुनिया-जहान के लोग अब इतना नजदीक आ चुके हैं कि उनको एक-दूसरे की सभ्यता और संस्कृति अपनानी ही पड़ेगी। समाज का पोंगापन्थी तबका भले ही उसका प्रखरतम विरोध करता रहे।''

श्री चोपड़ा द्वारा नकलबाजी का इस कदर पक्ष लेते देख मुझे आश्चर्य हुआ, खासतौर पर इसलिए कि खुद अपनी फिल्मों में तब तक उन्होंने नकल करने की दुष्प्रवृत्ति को कभी कोई प्रश्रय या प्रोत्साहन नहीं दिया था।

लेकिन उस हल्की–सी उत्तेजना के बाद जब गीतविहीन फिल्मों पर बातचीत चली तो श्री चोपड़ा फिर संयत हो गये। कानून के रूप में उन्होंने पहली बार किसी गीतविहीन चित्र का निर्माण किया था, और उसे दर्शकों व समीक्षकों की प्रशंसा भी मिली थी। फिल्मों में जब गाने ही नहीं रहेंगे तो विदेशी धुनों का सवाल भी कैसे उठ सकता है? उस दिशा में श्री चोपड़ा स्वयं पहली बार अग्रसर हुए और उनकी फिल्म को बॉक्स–ऑफिस पर सफलता भी मिली। किसी गीतविहीन फिल्म का निर्माण अपने आपमें एक बड़ा रिस्क था, इस बात को उन्होंने स्वयं भी स्वीकार किया।

गीत से आयी बात कथानक पर। चोपड़ा की फिल्में अपनी कथावस्तु की दृष्टि से भी कभी कमजोर नहीं रहीं, इस बात को सभी मानेंगे। कहानी–कला का उन्हें सम्यक् ज्ञान है, क्योंकि फिल्म क्षेत्र में आने के पहले वे खुद एक अच्छे कथाकार रह चुके हैं। *धर्मपुत्र* के अतिरिक्त जो भी फिल्में उन्होंने बनायी थीं, उन सबकी कहानियाँ व्यावसायिक फिल्म कथाकारों द्वारा ही लिखी गयी थीं। किसी उत्कृष्ट साहित्यिक कृति का फिल्मीकरण उन्होंने पहली बार किया था *धर्मपुत्र* के रूप में, और वह उनके लिए असफलता का ही पर्याय सिद्ध हुई।

''क्या सफल साहित्यकारों की सफल कृतियों पर सफल फिल्मों का निर्माण कभी नहीं किया जा सकता?'' यह प्रश्न मैंने सहज ही उनसे किया था, क्योंकि उनके अतिरिक्त जिन अन्य निर्माताओं ने इस प्रकार की कृतियों का फिल्मांकन करने का प्रयास किया था, उन्हें भी हमेशा निराशा ही हाथ लगी थी।

''अच्छी साहित्यिक रचनाओं का फिल्मीकरण सफलतापूर्वक नहीं किया जा सकता, यह मानने के लिए मैं कतई तैयार नहीं। *धर्मपुत्र* की विफलता का एकमात्र कारण था, उसकी कथावस्तु का असामयिक होना।'' श्री चोपड़ा बोले थे।

''लेकिन दूसरे निर्माताओं द्वारा प्रस्तुत इस प्रकार की फिल्में क्यों असफल रहीं?''

''उनका कथाचयन दोषपूर्ण होगा। वैसे हर फिल्म के साथ यह बात लागू नहीं होती। उपयुक्त कथानक होने के बावजूद जिन फिल्मों को सफलता नहीं मिली, उसके पीछे यह कारण हो सकता है कि निर्देशक ने उन्हें समुचित ट्रीटमेण्ट न दिया हो।''

श्री चोपड़ा के इस विचार से किसी के लिए भी असहमत होना कठिन है, क्योंकि अब तक जिन क्लासिक्स पर फिल्मों का निर्माण किया गया है, उनमें से अधिकांश फिल्मी टेकनीक की दृष्टि से दोषरहित नहीं थीं। ''श्रेष्ठ रचनाओं के फिल्मीकरण की ओर अगर हमारे निर्माता अग्रसर हों तो उन्हें निश्चित ही अपेक्षित सफलता मिल सकती है?'' यह श्री चोपड़ा का दृढ़ विश्वास है।

राधू कर्मकार : सिनेमाटोग्राफी से आगे

किसी फिल्म के निर्माता-निर्देशकों के नाम भले ही आम दर्शक को याद रह जाते हों, लेकिन परदे के पीछे अपना जलवा दिखानेवाले अधिकांश टेकनीशियन, मसलन सिनेमाटोग्राफर, एडीटर और साउण्ड रेकार्डिस्ट जैसे प्रविधिवेत्ता सामान्य दर्शक से हमेशा अपरिचित ही रह जाते हैं—फिर किसी फिल्म की सफलता में कितना ही महत्त्वपूर्ण योगदान उन्होंने किया हो। ऐसे ही लोगों की श्रेणी में आते थे राधू कर्मकार—*आवारा, बूट पॉलिश, श्री 420, जिस देश में गंगा बहती है, संगम, मेरा नाम जोकर* और *बॉबी* जैसी फिल्मों के प्रख्यात छायाकार। राधू से मिलते ही ये सब फिल्में जैसे एकाएक कौंध उठती हों दिल-दिमाग में—उन चित्रों की मुखर प्रकाश और छाया, उनकी गति, उनका कैनवस, उनकी थिरकन—वह सब जानी-अनजानी चीजें जो कैमरा के माध्यम से रुपहले परदे को प्राणदान करती हैं। और तब लगता है जैसे राधू बम्बई फिल्मों के उन छायाकारों में अग्रतम थे, जिनके छायांकन में कविता जैसा प्रवाह होता था। इसी से उनकी फिल्मों को देखने के बाद जब हम सिनेमाघर से उठते थे तो प्रतीत होता था, जैसे हम सपने के किसी संसार से निकल रहे हों।

आम दर्शक ने राधू को भले ही *जिस देश में गंगा बहती है* जैसे चित्र के निर्देशक के रूप में पहली बार जाना हो, लेकिन मूल रूप से वह सिनेमाटोग्राफर ही थे। उस चित्र के प्रदर्शन के पहले अधिकांश दर्शकों का उनके नाम से कोई खास परिचय नहीं था, हालाँकि बरसात के बाद राज कपूर ने जिन फिल्मों का निर्माण किया, उनमें प्रमुख छायाकार के रूप में राधू का नाम ही मोटे-मोटे हरूफों में पर्दे पर आता रहा था। दर्शक को सबसे ज्यादा याद रहती है अभिनेता-अभिनेत्री की, उसके बाद क्रम आता है गीत-संगीतकार, निर्देशक या निर्माता का। इन गिने-चुने लोगों के अलावा दूसरे किसी व्यक्ति को जैसे याद रखने की कोई जरूरत ही न हो। इसी वजह से हिन्दी फिल्मों के प्रख्यात छायाकार होने के बावजूद राधू कर्मकार भी दर्शकों की आँखों से पूरी तरह अछूते रह गये।

"ऐसा नहीं कि हमारी उपेक्षा मात्र दर्शक करते हों। एक लमहे के लिए मान भी लें कि उनकी नजरों में टेकनीशियनों का महत्त्व अभी अंकित नहीं हो पाया है, लेकिन अफसोस की बात यह है कि फिल्म उद्योग के हमारे अपने रहनुमाओं ने भी हमारी तरफ से अपनी आँखें पूरी तरह बन्द की हुई हैं, सरकार और सरकारी अमले की तो बात ही दरकिनार?" राधू ने कहा था।

राधू के इस कथन में निश्चित ही एक तथ्य था। टेकनीक की दृष्टि से भले

ही हमारे देश के फिल्म उद्योग ने आशातीत उन्नति कर ली हो, लेकिन इस बात से कोई भी इनकार नहीं कर सकता कि जिन लोगों के माध्यम से यह विकास सहज सम्भव हुआ है, वही व्यक्ति सर्वाधिक उपेक्षित रहे हैं हमारे फिल्म संसार में। जिस मान-सम्मान का अधिकारी उनको होना चाहिए था, उसकी प्राप्ति किसी भी स्रोत से उनको नहीं हो पायी—न दर्शकों की ओर से, न निर्माताओं द्वारा और न ही अपने शासन के कर्णधारों से।

''लेकिन बीते कल में ऐसी स्थिति नहीं थी,'' राधू ने इस बात को आगे बढ़ाते हुए कहा था, ''तब फिल्म उद्योग के ढाँचे में निश्चित ही टेकनीशियनों का एक विशिष्ट महत्त्व हुआ करता था और बड़े से बड़े कलाकार के लिए भी यह सम्भव नहीं था कि वह उनको *ओवरशैडो* कर सके। सिनेमाटोग्राफर या दूसरे टेकनीशियनों की तरह अभिनेता-अभिनेत्रियाँ भी तब निर्माण संस्था के वेतनभोगी कर्मचारी हुआ करते थे, और दोनों के मध्य किसी तरह के भेदभाव की किंचित कोई गुंजाइश नहीं रहती थी। आज तो इस फिल्मी दुनिया में कलाकार ही सब कुछ बन बैठे हैं, और हम जो उन्हें सजा-सँवारकर दर्शकों के सम्मुख पेश करते हैं, उनके हाथों की कठपुतली मात्र बनकर रह गये हैं।''

सच ही कहा था राधू कर्मकार ने। आज की फिल्मी दुनिया का केन्द्रबिन्दु मात्र उसका अभिनेता वर्ग है। ऐसी हालत में किसी दूसरे के लिए अपनी प्रतिभा के प्रदर्शन का प्रश्न ही कहाँ उठता है?

''सिर्फ कलाकार ही इस पतन के जिम्मेदार नहीं।'' राधू बोलते जा रहे थे, ''अधकचरे दिमागवाले निर्देशक भी हमारे काम में इतने अड़ंगे डालते रहते हैं कि फिर कोई नयी चीज पेश करने की प्रेरणा ही नहीं बच पाती। खुदा-न-खास्ता अगर कलाकार फोटोग्राफर को कैमरा-ऐंगल बताने से चूक जाता है तो खुद निर्देशक महोदय उसकी कमी पूरी कर देते हैं, और वह भी उस स्थिति में जब फोटोग्राफी का ककहरा न कलाकार ने कभी पढ़ने की जहमत की है और न उसके निर्देशक ने।

''लेकिन विदेश की स्थिति यहाँ से सर्वथा भिन्न है। वहाँ छायाकार अपने कैमरा-कोणों का चयन खुद करता है, अभिनेता या निर्देशक नहीं। इसी से पाश्चात्य फिल्म उद्योग में विकास की सम्भावनाएँ भी यहाँ की अपेक्षा कहीं अधिक रहती हैं। वैसे इस विचित्र परिस्थिति में भी फिल्म सम्बन्धी दूसरी विधाओं की बनिस्बत हम लोग कहीं अधिक अपना विकास करने में सफल रहे हैं। पिछले कुछ दशकों में सिनेमाटोग्राफी की कला ने भारत में जो उन्नति की है वह किसी के लिए भी श्लाघ्य हो सकती है।''

राधू कर्मकार सन् 1936 के आसपास फिल्मों में शामिल हुए थे। अपनी

प्रारम्भिक शिक्षा-दीक्षा उन्होंने कलकत्ता स्थित राधा सिनेटोन में अर्जित की, और 1941 में उनकी नियुक्ति बम्बई के कारदार स्टूडियो में हुई। राज कपूर के साथ वे सन् 1950 में जुड़ गये। उन दिनों *आवारा* का निर्माण शुरू ही होनेवाला था, और राधू ने आते ही उसके छायांकन की बागडोर सँभाल ली थी। तब से जीवन पर्यन्त वह आर.के. फिल्म्स के साथ जुड़े रहे।

निर्देशन के क्षेत्र में राधू ने *जिस देश में गंगा बहती है* के माध्यम से प्रवेश किया था। फिल्म को पर्याप्त प्रशंसा मिली और परिणामस्वरूप राधू भी अतुल यश के भागी बने। वैसे राधू ने उस फिल्म का निर्देशनमात्र किया था, सिनेमाटोग्राफी उनके सहायक तारूदत्त की थी। इसी से मैं उनसे पूछ बैठा, ''आपने स्वयं उस फिल्म का छायांकन क्यों नहीं किया? दो काम एक साथ करना क्या आपके लिए सम्भव नहीं?''

''पूरी तरह सम्भव है, लेकिन वैसा करने से अपने काम में मैं अपेक्षित निखार नहीं ला सकता था। अनेक जिम्मेदारियों से घिरने के बाद किसी काम को ईमानदारी के साथ सम्पन्न करना क्या मुमकिन है?'' राधू खुद मुझसे सवाल कर बैठे थे।

तभी बात रंगीन और श्वेत-श्याम फिल्मों पर पहुँचकर रुक गयी। ''आज तो श्वेत-श्याम फिल्मों को लोग भूल ही चुके हैं, प्राय: शत-प्रतिशत फिल्मों का निर्माण ईस्टमैन कलर में हो रहा है। लेकिन तब भी उन फिल्मों में एक बहुत बड़ी कमी दिख जाती है : उनके माध्यम से वह गहराई, गम्भीरता हमें नहीं मिल पाती, जो श्वेत-श्याम फिल्मों में सहज ही सन्निहित रहती थी। कोशिश करने पर भी किसी रंगीन फिल्म में वह प्रभाव नहीं परिलक्षित किया जा सकता, जो सादी फिल्मों में अनायास देखा जा सकता था। क्या वजह है इसकी? इस विसंगति का जिम्मेदार निर्माता है या उसका रंगप्रेम?''

मेरे इस प्रश्न के उत्तर में राधू कर्मकार बोले, ''रंगीन फिल्म का निर्माण अपेक्षाकृत अधिक मुश्किल माना जाएगा, क्योंकि उसके रंगों का बाहुल्य फिल्म की अन्यान्य खूबियों पर सहज ही हावी हो सकता है...?''

''तो क्या इससे हम यह समझें कि रंगीन फिल्मों में अपेक्षित गाम्भीर्य या गहराई लाना कतई मुमकिन नहीं?''

राधू ने इस तथ्य को स्वीकार किया था। बोले, ''हाँ, रंगीन फिल्मों में उस गहराई को आसानी से नहीं लाया जा सकता। ऐक्शन, डांस-ड्रामा जैसी चीजें ही उसमें ज्यादा भली लगती हैं और आज ऐसी ही फिल्मों का बाहुल्य है। वैसे इसके मानी यह हर्गिज नहीं कि रंगीन फिल्में अच्छी बन ही नहीं सकतीं। रंगों को फिल्म के अन्यान्य कलातत्त्वों पर हावी होने से अगर बचा लिया जाए तो बेशक अच्छी

से अच्छी रंगीन फिल्मों का निर्माण किया जा सकता है। इसी साल *गर्म हवा, अंकुर* या *रजनीगन्धा* जैसी जो रंगीन फिल्में बनीं, वह अपनी गहराई में क्या किसी भी श्वेत-श्याम फिल्म से कम हैं?''

वैसे फिल्म रंगीन हो या सादी, जब तक स्टार-सिस्टम का भूत हमारे निर्माताओं पर सवार है, तब तक किसी भी फिल्म में वांछित गहराई का आना सम्भव नहीं—यह राधू का रेखांकित मत था। उन्होंने कहा, ''विदेश में कोई कलाकार स्टार होने के बावजूद निर्देशक या छायाकार के कार्य में किसी तरह का हस्तक्षेप नहीं करता। वहाँ हर व्यक्ति की अपनी जिम्मेदारियाँ होती हैं और अपना कार्यक्षेत्र। लेकिन भारत में चूँकि व्यक्तिविशेष की तानाशाही प्रवृत्ति फिल्म संसार में भी बखूबी घर कर गयी है, इससे मैं समझता हूँ कि हमारा फिल्म उद्योग तब तक सर्वांग उन्नति नहीं कर सकता जब तक उससे सम्बन्धित प्रत्येक विशेषज्ञ को अपेक्षित मान्यता न दी जाए।''

किंचित मुस्कराते हुए व्यंग्यात्मक अन्दाज में उन्होंने अपनी बात समाप्त की थी—''मुझ जैसे लोगों का अस्तित्व आज इसीलिए है न कि निर्देशक और कलाकार छायांकन का ककहरा भी नहीं जानते? मान लीजिए, दूसरी बहुतेरी विधाओं की तरह इस क्षेत्र में भी अगर वह किंचित माहिर होते तो क्या हमारी कोई जरूरत बची होती इस फिल्मी दुनिया में?''

साहिर लुधियानवी : परिचित परिपाटी के विरुद्ध

साहिर लुधियानवी हिन्दी फिल्मों के अब तक शायद अकेले ऐसे गीतकार रहे हैं जिन्होंने संगीतकारों द्वारा निर्देशित धुनों पर अपने किसी भी गीत की रचना नहीं की और स्वयं स्वर-संयोजकों को उनकी लिखित पंक्तियों को अपने संगीत में ढालने के लिए विवश होना पड़ा। एक अन्य दिशा में भी अपने झण्डे गाड़कर साहिर ने गीतकारों के मान-सम्मान में अभिवृद्धि की। तब तक विभिन्न गीतकारों को फिल्म में प्रयुक्त उसके गानों को संख्या के हिसाब से पारिश्रमिक का भुगतान किया जाता था। साहिर ने उस प्रचलित परिपाटी के विरुद्ध बगावत की और पूरी फिल्म के लिए एकमुश्त रकम लेने का समारम्भ किया—उस फिल्म के लिए उनको चाहे एक गाना लिखना पड़ा हो, चाहे दस।

यह एक आम शिकायत है कि आज की फिल्मों ने प्राविधिक विधाओं में चाहे जितनी तरक्की कर ली हो, लेकिन अपनी कलात्मक अभिव्यक्ति की दिशा में वह निरन्तर पिछड़ती जा रही हैं—विदेशी फिल्मों के मुकाबले ही नहीं, बल्कि अपने ही देश में निर्मित पुरानी फिल्मों के मुकाबले भी। लेकिन साहिर लुधियानवी से मुलाकात होने पर उनके सम्मुख इस आम शिकायत को जब मैंने पेश किया तो वह उन विचारों के धुर विपरीत दिखाई दिये। तब वे बोले, ''इस शिकायत में कतई कोई दम नहीं। हमारे उद्योग ने जिस तरह तकनीकी क्षेत्रों में उन्नति की है, उसी तरह ऐक्टिंग और आर्ट की दिशा में भी हम किसी से कम नहीं।''

''लेकिन पुराने जमाने में फिल्मों का निर्माण आज के मुकाबले क्या ज्यादा ईमानदारी और लगन के साथ नहीं किया जाता था, और क्या उनमें ऐसे तत्त्व नहीं रहते थे जो आँखों को अच्छे लगने के साथ ही दिल को भी पूरी तरह आलोड़ित कर डालें?'' सवाल को थोड़ा आगे बढ़ाते हुए मैंने साहिर से पूछा था।

उत्तर में उन्होंने कहा, ''ईमानदारी और लगन के साथ अब भी फिल्में बनायी जाती हैं, और मुझे लगता है कि दिमाग को कुछ सोचने के लिए वे मजबूर भी करती हैं। छिछली और ओछी फिल्मों का निर्माण पहले भी होता था, और आज भी हो रहा है। लेकिन पुरानी फिल्मों को देखकर जहाँ हम आँसू बहाते थे, वहीं आज की फिल्में जिन्दगी की दौड़ में आगे बढ़ने के लिए हमें उत्प्रेरित करती हैं।''

''मगर ऐसी फिल्में साल-दो साल में बनती ही कितनी हैं, एक या दो। आम फिल्में तो ऐसी ही होती हैं, जिन्हें कूड़ा कहना भी उनकी इज्जत करना होगा।'' यह कहते हुए साहिर का ध्यान उन निरर्थक फिल्मों की ओर आकृष्ट करने की चेष्टा मैंने की थी, जिनका निर्माण सबसे अधिक होता है।

साहिर अपने विचारों पर दृढ़ थे। बोले, ''रद्दी फिल्मों की संख्या तो उस जमाने में भी कम नहीं थी, क्योंकि निरर्थक चीजों का निर्माण हमेशा ही ज्यादा होता आया है। साहित्य को ही लीजिए। स्टैण्डर्ड किताबों के मुकाबले क्या उसमें भी जासूसी नॉवेल ज्यादा लिखे और पढ़े नहीं जाते? फिल्मों को भी उसी सतह पर रखकर देखना चाहिए। दरअसल मुकाबला किया जा सकता है तो सिर्फ दोनों जमानों की अच्छी फिल्मों के दरम्यान। और तब, मेरे खयाल में, आज की एक अच्छी फिल्म कल की एक अच्छी फिल्म के मुकाबले कहीं ज्यादा अच्छी है—अभिव्यंजना और तकनीक, दोनों नजरिए से। आज भी साहित्यिक कृतियों की बनिस्बत फुटपाथी लेखन ज्यादा होता है, लेकिन इसके मानी यह तो नहीं कि हम उसी को जमाने का मयार समझ लें? यही स्थिति फिल्मों की भी है।''

''लेकिन विदेशी फिल्मों के मुकाबले हमारी फिल्में अब भी बहुत पीछे हैं,

इस हकीकत को तो आप मानेंगे न ?''

''तकनीकी दृष्टि से भले ही ऐसा हो, भावाभिव्यक्ति के नजरिये से ऐसी कोई बात नहीं है। वैसे यह बात भी मैं यहाँ की अच्छी फिल्मों को लेकर ही कह रहा हूँ, कूड़ा फिल्मों को लेकर नहीं। विदेशों में बनी अच्छी फिल्में भी यकीनन बहुत अच्छी होती हैं। लेकिन यहाँ की अच्छी फिल्में किसी भी तरह उनके पीछे हैं, यह मानने के लिए मैं कतई तैयार नहीं। गलती उस वक्त होती है जब विदेश की स्तरीय फिल्मों का मुकाबला हम अपनी मामूली फिल्मों के साथ करना शुरू कर देते हैं। मेरी समझ में तो विदेश की सामान्य फिल्म यहाँ की आम फिल्मों के मुकाबले कहीं ज्यादा चीप और वल्गर होती हैं—सच।''

''लेकिन आपकी नजर में अच्छी फिल्म की परिभाषा क्या है ?''

''वह जो जनसामान्य का मनोरंजन करने के साथ ही उनके दिमाग को भी किसी निश्चित उद्देश्य की ओर ले जाने में कामयाब हो, और उद्देश्य ऐसा होना चाहिए जिससे समाज का भला हो ?''

''आपके खयाल में फिल्म की मुख्य वस्तु उसकी कथावस्तु ही मानी जाएगी, क्योंकि निश्चित उद्देश्य का सर्जन तो उसी के ऊपर निर्भर रहता है।'' मैंने पूछा था।

''बेशक।''

''और संगीत और तकनीक ?''

''उन चीजों का भी फिल्म के विकास में बहुत महत्त्वपूर्ण योगदान है, लेकिन जब तक कथानक सुनिश्चित और स्पष्ट नहीं होगा तब तक संगीत और तकनीक का प्रभावपूर्ण होना किसी तरह मुमकिन नहीं।''

''इसके मानी यह कि सफल साहित्यिक कृतियों पर किसी फिल्म का निर्माण अगर किया जाए तो उसको कामयाबी मिल सकती है ?''

''ऊपरी तौर पर तो इसे पूरी तरह मुमकिन माना जाना चाहिए। लेकिन आज फिल्मी टेकनीक की जरूरतों को ध्यान में रखते हुए अच्छी कहानियाँ, अच्छे नावेल लिखे ही कहाँ जा रहे हैं।'' साहिर ने संक्षिप्त-सा उत्तर दिया था।

उनके बोलने के ढंग से ऐसा ध्वनित हो रहा था, जैसे उन्हें इस बात का सख्त अफसोस हो कि हमारा साहित्य इस दिशा में आखिर क्यों नहीं अपेक्षित प्रगति कर रहा है, हालाँकि उनको स्वयं उस बीच कुछ पढ़ने का मौका मिल गया था या नहीं, इस बात को उन्होंने बिलकुल नहीं बताया।

इस सिलसिले में अपनी बात को आगे बढ़ाते हुए मैंने उनसे पूछा, ''आपके विचार से स्टार-सिस्टम का फिल्मों के स्वाभाविक विकास पर क्या असर पड़ता है ?''

''कुछ भी नहीं। यह स्टार-सिस्टम किस मुल्क में नहीं है, जनाब ? सिर्फ

फिल्म ही नहीं, हर तबके में किसी न किसी आदमी की स्टार-वैल्यू होती ही है। पॉलिटिक्स और अदब, इन दोनों क्षेत्रों में स्टारों की कोई कमी रही है? जवाहरलाल नेहरू और प्रेमचन्द को अपने-अपने क्षेत्रों का स्टार मानने में आपको क्या कोई एतराज है? ऐसा होना तो नेचुरल है, भाईजान, पूरी तरह नेचुरल। फिर स्टार तो वही बनता है, जिसमें स्टार बनने की कूवत होती है। वैसे यह मैं जरूर मानता हूँ कि कोई फिल्म अगर दर्शकों का मनोरंजन करने में नाकामयाब रहती है तो बड़ा से बड़ा स्टार भी उसकी लोकप्रियता बढ़ाने में कामयाब नहीं हो सकता।''

इस सम्बन्ध में उन्होंने कुछ मिसालें भी दीं। बोले, ''आपको याद होगा, *बरसात, अनहोनी, आवारा* और *श्री 420* जैसी फिल्में अपने जमाने में कितनी पापुलर हुई थीं। नरगिस और राज कपूर उन दिनों अपनी लोकप्रियता की उच्चतम मंजिल पर थे। उन्हीं दिनों, बिलकुल इसी जोड़ी को लेकर, दूसरी कई फिल्मों का भी निर्माण किया गया— *पापी, आशियाना, धुन* वगैरह-वगैरह। अब स्टारों का नाम ही अगर किसी फिल्म को चलाने के लिए काफी है तो ये फिल्में आखिर क्यों फ्लॉप साबित हुईं? इसके साफ मानी यह हैं कि स्टारों के नामों से फिल्मों को थोड़ा-बहुत सहारा भले ही मिलता हो, लेकिन उनकी कामयाबी उनके ऊपर कतई मुनहसिर नहीं।''

''लेकिन अच्छे स्टारों को साथ लेकर घटिया फिल्मों का निर्माण करना दर्शक को सरासर बेवकूफ बनाना नहीं है क्या?''

''मैं आपकी बात से पूरी तरह इत्तफाक नहीं करता। फिल्म अगर अच्छी नहीं है तो किसी भी हालत में कामयाब नहीं हो सकती, भले ही उसमें लाख स्टारों ने काम किया हो। स्टार-कास्ट का फिल्म की सफलता पर कोई खास असर पड़ता है, यह मानने के लिए मैं बिलकुल तैयार नहीं।''

लेकिन कुछ देर रुकने के बाद उन्होंने स्वयं उस बात को आगे बढ़ाया। बोले, ''स्टार-सिस्टम अगर फिल्म उद्योग के स्वाभाविक विकास में बाधक भी है तो उससे मुक्ति नहीं पायी जा सकती। कोई न कोई व्यक्ति तो स्टार बन ही बैठता है, चाहे आर्टिस्ट हो, निर्माता हो या गीत-संगीतकार।''

''इस हकीकत के बावजूद आर्टिस्टों को ही फिल्म निर्माण की विधा में सबसे ज्यादा महत्त्व दिया जाता है, इस बात से आप सहमत हैं या नहीं?''

''बेशक सहमत हूँ। सरसरी नजरों से देखा जाए तो आर्टिस्ट ही किसी फिल्म की जान होते हैं, हम गाने लिखते हैं तो उनकी सूरत को ध्यान में रखते हुए, संवाद लिखे जाते हैं तो उन्हीं के बोलने के लिए, कैमरा चलता है तो सिर्फ उन्हीं के इर्द-गिर्द। फिल्मों में दूसरों की बनिस्बत उनको अगर ज्यादा महत्त्व दिया जाता है तो उसमें गैर-वाजिब बात क्या है?''

साहिर की यह मान्यता मेरे लिए निश्चित रूप से आश्चर्यजनक थी। सभी मानते हैं कि स्टार-सिस्टम आधुनिक फिल्म उद्योग की प्रमुख समस्याओं में अन्यतम है, लेकिन फिल्मों के विकास की दिशा में वह किंचित बाधक नहीं, यह साहिर की जबान से ही मैंने पहली बार सुना।

स्टार-सिस्टम के समकक्ष जो दूसरी समस्या फिल्म उद्योग को जहर की तरह खाये जा रही है, वह है—उसके झूठे प्रचार की। अब रद्दी से रद्दी फिल्मों का इस कदर जोर-शोर से विज्ञापन किया जाने लगा है कि जैसे वही दुनिया की सबसे बड़ी शाहकार है। कहने की जरूरत नहीं है कि थोथे प्रचार के इस अन्दाज से हमारे अशिक्षित और अर्द्धशिक्षित दर्शक वर्ग पर प्रभाव भी खूब पड़ता है। "विदेशी फिल्मों की अन्धाधुन्ध नकल, कोरी विज्ञापनबाजी और सर्वथा भ्रामक प्रचार, ये बातें हमारी प्रगति की सूचक हैं या मजबूरी की," हल्की-सी उत्तेजना के साथ मैंने साहिर से सवाल किया था—"भुलावा देनेवाले ये विज्ञापन और उनकी झूठी प्रचार-पट्टिकाओं का प्रदर्शन भोले-भाले दर्शक की जेब काटने का धन्धा नहीं है क्या?"

जवाब वही हस्बदस्तूर। अपनी पहली वाली संजीदगी को बरकरार रखते हुए जवाब दिया था साहिर ने—"सच में किसी को बेवकूफ बनाना किसी के लिए भी मुमकिन है क्या आज की तारीख में? वैसे नकलबाजी का यह दौर यकीनन बेहद खतरनाक है, लेकिन उससे छुटकारा पाया भी कैसे जाए? यों मैं समझता हूँ कि अच्छे फिल्मकार—चाहे संगीतकार हों या कथाकार—कभी विदेशी पर्यायों की अन्धी नकल नहीं करते और अच्छे से मेरा मतलब सिर्फ अच्छे से ही है, कामयाब से नहीं।"

"तो ऐरा-गैरा फिल्मी प्रचार क्या कुछ भी अहमियत नहीं रखता आपकी नजरों में? सच बात तो यह है कि आज के जमाने में प्रचार और विज्ञापन का जो बोलबाला है, उसका जितना फायदा फिल्मी दुनिया ने उठाया है, उतना किसी भी दूसरे वर्ग ने नहीं। कूड़ा से कूड़ा फिल्मों का निर्माण करने के बाद उनकी पब्लिसिटी इस तरह की जाती है मानो स्वर्ग की परी को हम पहली बार देखने जा रहे हों। एक अच्छी-खासी सीमा तक दर्शक भी उस प्रचार से प्रभावित होते हैं। आपकी क्या राय है इस बारे में?" मैंने उनसे पूछा।

मेरे इस कथन को साहिर पूरी तरह स्वीकार नहीं कर पाये थे। उन्होंने कहा, "एडवरटाइजिंग और पब्लिसिटी के महत्त्व को मैं जरूर समझता हूँ, लेकिन उनके जरिये भी किसी को उतना धोखा नहीं दिया जा सकता, जितना लोग समझते हैं। किसी भी नजरिये से उनका महत्त्व पार्सल पैकिंग से ज्यादा नहीं। पैकिंग की सुघड़ता किसी आदमी को भले ही लमहे भर के लिए आकृष्ट कर डाले, लेकिन

अन्दर का सामान अगर कूड़ा निकला तो वह उस दुकान से दुबारा कोई माल खरीदना पसन्द नहीं करेगा। इसी तरह मैं मानता हूँ कि जो फिल्म अपने दर्शकों का मनोरंजन करने में नाकामयाब है, उसे किसी भी प्रचार के बल पर लोकप्रिय नहीं बनाया जा सकता—और अपनी इस मान्यता का ऐलान मैं डंके की चोट पर कर सकता हूँ।''

सवाल यह है कि उस डंके की आवाज किसी के कानों तक न पहुँची, तो? साहिर शायद इस बात को मानने के लिए तैयार नहीं थे। इस बात को मानने के लिए वे तैयार नहीं हुए कि थोथा फिल्म प्रचार दर्शकों को भ्रमित करने में कभी सफल हो सकता है। इसी तरह यह मानने से भी उन्होंने साफ इनकार कर दिया कि हमारी फिल्मों में अश्लीलता का दौर आज बढ़त पर है—हालाँकि इस तथ्य को स्वीकार करने से उन्होंने कोई गुरेज नहीं किया कि विदेशी फिल्मों की नकलबाजी का वर्तमान दौर भारतीय फिल्म उद्योग के लिए नितान्त हानिकर है, लेकिन आज के माहौल में उस चीज से किसी तरह नजात पायी जा सकती है। यह मानने के लिए वे कतई तैयार नहीं हो पाये।

इसी तरह ब्लैक मनी की समस्या उनके समक्ष रखते हुए जब मैंने कहा कि आज का हर सफल फिल्मकार—फिर चाहे वह निर्माता हो, कलाकार हो या संगीत-निर्देशक—अपनी आमदनी की नब्बे प्रतिशत राशि काले पैसों के जरिये ही लेता है, आखिर ऐसा क्यों? उत्तर में साहिर बोले, ''ब्लैकमनी को तो कोई भी समझदार इन्सान माकूल नहीं मान सकता। लेकिन जिन्दगी में बहुतेरी ऐसी बातें भी होती हैं जिन्हें गलत समझते हुए भी हम अपनाने के लिए मजबूर हो जाते हैं, और ब्लैकमनी भी उनमें से एक है। दरअसल फिल्मी दुनिया का तानाबाना ही कुछ इस तरह बना है कि यहाँ का कोई भी आदमी अपने भविष्य की चिन्ता से किंचित मुक्त नहीं हो पाता। बहार के ऐसे दिन इने-गिने ही होते हैं, जब उसे यहाँ काम मिले और शोहरत भी। जाहिर है कि अपनी बहार के दौरान अगर वह कुछ भी गाफिल हुआ तो उसकी सारी जिन्दगी अँधेरे में ही खतम हो जाएगी। इससे बहार के उन दिनों में वह पैसा इकट्ठा न करे तो जाए भी कहाँ? उसके भविष्य की जिम्मेदारी कौन लेगा? ऐसी हालत में गैर-मुनासिब होते हुए भी उस तौर-तरीके को बुरा-भला कैसे कह सकते हैं आप?''

इतना कहते-कहते साहिर कुछ उत्तेजित दिखने लगे थे, इससे उस आग में मैंने थोड़ा और घी डालने की जुर्रत कर डाली। मेरा आखिरी सवाल था फिल्म और राजनीति के पारस्परिक सम्बन्धों को लेकर।

मैंने उनसे पूछा कि फिल्म संसार के शीर्षस्थ व्यक्ति आम चुनावों के अवसर पर किसी दल के प्रति उत्साह के साथ अपनी प्रतिबद्धता व्यक्त करते हुए उनकी

सहायता के लिए आगे बढ़ते हैं, वह क्या ठीक है? साहिर चूँकि स्वयं भी उस दिशा में अग्रतम रहते आये थे, इससे मेरा प्रश्न पूरी तरह सटीक था।

उन्होंने तुरन्त उत्तर दिया, ''दूसरे नागरिकों की तरह फिल्मकारों को भी इस बात का पूरा हक है कि वे राजनीतिक गतिविधियों में खुलकर अपना योगदान करें। आखिर हमने क्या गुनाह किया है कि एक सामान्य नागरिक के अधिकार भी हम उपयोग में न ला सकें?''

''लेकिन यह क्या अनुचित प्रभाव डालने जैसी बात नहीं हुई?''

''हो सकता है, ऐसी बात हो, लेकिन हर किसी की जिन्दगी में एक मौका ऐसा भी आता है जब इस तरह के कदम उठाने के लिए उसे मजबूर हो जाना पड़ता है—खासतौर पर ऐसी हालत में जब वह देखता है कि दूसरे लोग भी अपने पैसे और प्रभाव का बेजा फायदा उठाकर जनता को बहकाने की कोशिश में लगे हुए हैं। क्या राजनेता अपने कर्तव्यों का समुचित ध्यान रखते हैं? हम भी अपने देश के सामान्य नागरिक हैं और हमें भी अपनी पसन्दगी-नापसन्दगी जाहिर करने का उतना ही हक है जितना किसी दूसरे को?''

फिल्म उद्योग की वर्तमान समस्याओं के सम्बन्ध में साहिर के खयालात हालाँकि आम लोगों से नितान्त भिन्न थे, लेकिन उन प्रश्नों को साहिर ने जो नया रूप दिया था, उसमें भी एक सच था। ऐसी अनेक समस्याएँ जिन पर आज का आम पढ़ा-लिखा आदमी गहन चिन्तन और मनन करने पर मजबूर हो जाता है, साहिर के लिए कोई विशेष महत्त्व नहीं रखती थीं। शायद यही कारण था कि इतनी विस्तृत बातचीत के मध्य भी फिल्म उद्योग के उज्ज्वल भविष्य के प्रति वह एक क्षण के लिए भी निराश या हताश नहीं दिखे।

बलराज साहनी : कृतियों की आत्मा तक

इण्टेलेक्चुअल दर्शकों का पुराना आरोप है—आज की अधिकांश हिन्दी फिल्मों को देखकर उबास आती है, सिर भिन्नाता है, और फिर अपने वक्त और पैसों की बरबादी पर अफसोस होने लगता है। हो सकता है उनके लिए यह बात शत-प्रतिशत सही हो, लेकिन इसका क्या किया जाए कि अधिकांश लोग इन्हीं फिल्मों को पूरी रुचि और आकर्षण के साथ देखते हैं। जिस मुल्क में ऐसे फिल्म दर्शकों

का बाहुल्य हो, वहाँ अच्छी फिल्म, ऊँचे स्तर की फिल्म या प्रयोगात्मक फिल्म की बात सोची भी कैसे जा सकती है भला?

हमें फिल्म निर्माण की उस सतही सच्चाई से वाकिफ करा रहे थे बलराज साहनी, जो आम आदमी की समझ में आसानी से समा सकती है। लेकिन हमने तो उन्हें हमेशा एक प्रबुद्ध व्यक्ति के रूप में ही जाना था। वह इन्सान जो रवीन्द्र की विश्वभारती से चलकर गाँधी जी के सेवाग्राम तक पहुँचा हो और फिर सतत नयी दिशाओं, नये क्षेत्रों की तलाश में निरन्तर भटकता रहा हो, उसका धुन्धभरे फिल्म संसार में आना आश्चर्य ही नहीं, प्रसन्नता की भी बात थी। ''जो फिल्में यहाँ बन रही हैं वे न तो ठीक तरह का मनोरंजन दे पाती हैं और न कोई अनुभूति, ज्ञान और विज्ञान तो खैर, बहुत दूर का सपना है।''—हमने बलराज साहनी से प्रश्न किया था कि फिल्मों की इस अधोगति के कारण क्या हैं?

हमारी जिज्ञासा श्री साहनी के उत्तर से कुण्ठित हो गयी। उनका कथन एक ऊपरी सच्चाई को ही प्रतिबिम्बित करता नजर आ रहा था, और हम उनकी ओर ताकते ही रह गये। वे कहते चले जा रहे थे—''हिन्दी फिल्मों की स्थिति की तो गनीमत कहिए। दक्षिण भारतीय भाषाओं में अब भी जो फिल्में बनती हैं, उनमें एक दर्जन गाने होते हैं और आधे दर्जन नृत्य। दर्शक आते हैं, मूँगफलियाँ तोड़ते हैं और बहुत सब्र और शौक से उन फिल्मों को देख जाते हैं। ऐसी हालत में कोई उन्हें प्रयोगात्मक फिल्म दिखाने की ठान ले, तो?''

हमने कबूल कर लिया उस सतही सच्चाई को भी। फिल्मों के घटियापन के जिम्मेदार हमारे दर्शकगण ही हैं। इस विसंगति के लिए क्या फिल्म देखनेवाला ही अकेला जिम्मेदार है—यह सवाल अचानक ही कौंध गया हमारे दिमाग में। दर्शक तो मात्र दर्शक होता है, वह स्रष्टा तो नहीं। अगर उसकी रुचि बचकानी है तो क्या उसका परिष्कार नहीं किया जा सकता? हमने बलराज साहनी से एक बार फिर पूछने की हिमाकत कर डाली—''दर्शकों की रुचि को क्या धीरे-धीरे मोड़ा नहीं जा सकता? क्या ऐसे किसी रास्ते पर चल पाना हमारे लिए मुश्किल है कि फिल्म भी अच्छी बने और उसके दर्शकों में भी कोई कमी न आए?''

हमारे इस सवाल को सुनकर बलराज साहनी अचानक ही बदल उठे थे। लगा, बातचीत की औपचारिकता बस इसी एक बिन्दु पर पहुँचकर समाप्त हो गयी हो। जैसे अपराधी फिल्म निर्माताओं की श्रेणी में उन्होंने खुद को भी लाकर खड़ा कर दिया हो और कहते चले जा रहे हों—''भैया, लेकिन इतनी गहरी बातें यहाँ सोचता ही कौन है, और सोचने की फुरसत भी किसे मिलती है? हम क्रान्ति और परिवर्तन की बातें जरूर करते हैं, उसे लेकर शोर-शराबा भी करते रहते हैं? लेकिन जब कुछ करने का मौका हाथ आता है, तब समाज-कल्याण और फिल्म-

सुधार की बातों को दरकिनार कर सीधे-सीधे जरपरस्ती पर उतारू हो उठते हैं हम। चाँदी की दीवारों में जब आदमी घिर जाता है तो सोने की खनक ही उसे सुहानी लगती है। इसमें भी उसकी विवशता ही है।''

बलराज साहनी के इस कथन में भी सच्चाई थी—ठीक उनके पहले विश्लेषण जैसी सच्चाई। लगा, जैसे एक छिछली सतह से दूसरी छिछली सतह पर आकर हमारे प्रश्नों का समाधान करने की कोशिश कर रहे हों वे। उसी दम हमें अपनी भूल का आभास हो आया। हम लोग बलराज साहनी से कोई विवाद करने नहीं गये थे, कुछ महत्त्वपूर्ण प्रश्नों पर उनकी राय भर जाननी थी हमें। हम दोनों के मध्य उन प्रश्नों की एक तालिका थी, और वे चाह रहे थे कि जल्दी-से-जल्दी उन सभी सवालों को निबटा दिया जाए। विवाद का अवसर तो हम दोनों के बीच कहीं था भी नहीं।

''अपनी परिस्थितियों के सामने यहाँ का हर आदमी लाचार है। फिल्म-प्रोड्यूसर के पास अपनी कोई ताकत नहीं बची है। अब भी वह फार्मूलाओं के चक्कर में ही उलझा हुआ है, कलाकार ही नहीं, बल्कि वितरकों की मर्जी पर निर्भर रहने के लिए अपने को पूरी तरह मजबूर पाता है। रह गयी निर्देशन की बात, सो निर्देशक हमारे यहाँ सिर्फ अपनी बुद्धि या कौशल के सहारे नहीं बन पाता कोई। आज का निर्देशक खुशामदी प्राणी है। अप्रेण्टिस पीरियड में उसे कुछ सीखने-गुनने का मौका ही नहीं मिल पाता। इसीलिए जब वह फिल्म बनाने लगता है तो उसकी अधकचरी बुद्धि अधरास्ते ही पछाड़ खाकर गिर जाती है—और फिर वही होता है जिसे हम हर दिन देख रहे हैं अपनी आँखों से।''

''आज क्या-क्या नहीं देख रहे हैं हम ? किस्सा तोता-मैना से लेकर आधुनिक भरत-मिलाप की कथाएँ ही सामाजिक फिल्मों के नाम पर हमारे सिर पर थोप दी जाती हैं—और थोपने का ढंग भी इतना भोंडा कि एस्प्रो की टिकियों की बिक्री खुद-ब-खुद बढ़ जाए। लोग कहते हैं कि विदेशी फिल्मों में ऐसा बहुत कम हो पाता है—लेकिन विदेशी फिल्मों के साथ ऐसी कौन-सी बात है ?'' बलराज साहनी से आगे हमारा यही सवाल था।

विदेशी फिल्म—यानी हॉलीवुड, अमरीका की फिल्म, इटली की फिल्म, जर्मनी की फिल्म, ब्रिटिश फिल्म, जापानी फिल्म। इन सब फिल्मों के बारे में बलराज साहनी को शायद बहुत ज्यादा जानकारी थी। तभी तो इस प्रश्न को सुनकर न वे ज्यादा गम्भीर हुए और न ही उन्होंने चिन्तन की कोई मुद्रा बनायी। इसके विपरीत बहुत ही सीधे-सादे तरीके से उन्होंने कहा, ''पाश्चात्य देशों में नाटक और फिल्मों की परम्परा इतनी पुरानी पड़ चुकी है कि वहाँ भारतीय फिल्म उद्योग की इस संक्रान्ति जैसे किसी काल का अवतरण ही नहीं हो पाया। फिल्म कला का

आविष्कार तो अभी हाल की ही घटना मानी जाएगी, लेकिन उन देशों में इस आविष्कार का प्रारम्भ भी रंगमंच के विकास के रूप में ही हुआ था। रंगमंच की जो पुरानी परम्पराएँ वहाँ चलती आ रही थीं, उसके अनुभव का सदुपयोग लोगों ने फिल्म के माध्यम से किया। वे परम्पराएँ अब भी वहाँ विच्छिन्न नहीं हो पायी हैं—हालाँकि उनका विघटन वहाँ भी अब प्रारम्भ हो चुका है।

''और भारत में तो, फिल्मों के प्रारम्भ के समय, रंगमंच की कोई विकसित परम्परा थी ही नहीं। एक बहुत पहले परम्परा थी बहुत पहले, और वह काफी समुन्नत और सुदृढ़ थी। लेकिन फिल्मों के प्रारम्भ होने के बहुत पहले ही उस परम्परा का अन्त हो चुका था। इसीलिए फिल्मों का श्रीगणेश जब यहाँ हुआ, तब उसके अग्रभाग में एक बड़े शून्य के अलावा कुछ भी नहीं था उस समय। हमारे पास कोई भी ऐसी शृंखला नहीं थी, जिसके माध्यम से आगे-पीछे का समन्वय हो सकता, और परिणामस्वरूप फिल्म निर्माण क्या विधा होती है, इसका ककहरा भी हम नहीं जान पाये। इसके विपरीत पाश्चात्य जगत में अब तक लोग फिल्म बनाना जान चुके हैं। कथ्य चाहे कुछ भी न हो, कथा कोई भी हो, वह उसे इस सुनियोजित रूप से पर्दे पर प्रस्तुत कर देंगे कि दर्शक क्षण भर के लिए भी बोर न होने पाये। जब हमारे यहाँ भी ऐसा होने लगेगा तो मैं समझूँगा कि फिल्म क्राफ्ट की एबीसीडेरियन नॉलेज हमें आ गयी।

''फिल्म का सफल निर्माण इसके अलावा और कुछ है भी नहीं शायद। हमें भी आज ऐसी ही चित्रकृतियों की जरूरत है जो हमें अपनी विषयवस्तु में तन्मय कर डालें। हमारी फिल्मों में प्राणतत्त्व नहीं होता, यही शायद उसका सबसे प्रमुख दोष है।''

''लेकिन फिल्मों में यह प्राणतत्त्व आता कहाँ से है?'' हमने पूछा था।

''अच्छी कहानी से?'' बलराज का उत्तर था।

''और अच्छी कहानी क्यों नहीं होती फिल्मों में?''

''क्योंकि अच्छी कहानी की तलाश किसी निर्माता को होती ही नहीं। होती भी है, तो उसे लेखक नहीं मिलते। जो लेखक फिल्म की कहानियाँ लिखा करते हैं, आमतौर पर उनके पास अनुभव नाम की कोई चीज नहीं होती। अनुभव प्राप्त होता है—दुनिया देखने से, उसमें जीने से। लेकिन वैसे लेखक हमारी फिल्मी दुनिया में हैं ही नहीं।''

''लेकिन वैसी कहानियाँ तो हैं। हिन्दी की कहानियाँ हैं, उर्दू की कहानियाँ हैं, ठीक वैसी ही कहानियाँ हैं, जैसी शरत की होती थीं, ऑस्कर वाइल्ड की होती थीं, गस्ताव फ्लावेयर की होती थीं, या पर्ल बक की होती थीं। उन कहानियों को क्यों नहीं फिल्माया जाता?''

''उन कहानियों को समझता ही कौन है, भाई?'' बलराज जी का उत्तर, उनकी झुँझलाहट का आवरण धारण कर, एक प्रश्न के रूप में ही उपस्थित हुआ था हमारे समक्ष। लेकिन वह बोलते ही गये, ''यहाँ का निर्माता खुद कभी कोई चीज नहीं पढ़ता। जब उसे फिल्म बनानी होती है तभी वह अच्छी कहानी की तलाश शुरू करता है। साहित्यिक उपन्यास और कथाओं को पढ़कर उनकी आत्मा तक पहुँचने की किंचित क्षमता उसमें नहीं होती। वह तो अपनी फिल्म में बस कोई हाईलाइट चाहता है। और उस हाईलाइट की तलाश में अगर कोई साहित्यिक कृति उसके हाथ आ भी लगी तो बड़ी आसानी से वह उसकी मिट्टी पलीद कर डालता है।''

''लेकिन साहित्यिक कृतियों का यह हनन वैध है क्या?''

''हर जगह नहीं। लेकिन हमारे पास अगर कुशल पटकथा-लेखक हों तो उनकी आत्मा के हनन का कोई मौका ही नहीं आ पाएगा। सच तो यह है कि कुशल पटकथा-लेखक के अभाव में ही अधिकांश साहित्यिक कृतियाँ चौपट हुई हैं और फिर परदे पर फ्लॉप?''

श्री बलराज साहनी से ऐसे स्पष्ट उत्तर की आशा नहीं थी हमें। उन्होंने बताया, ''मैं इसी डर से महान कृतियों पर आधारित फिल्मों में काम करने से कतराता हूँ। कुछ ही दिन पहले एक निर्माता-निर्देशक प्रेमचन्द की कृति को लेकर मेरे पास आया था। लेकिन प्रेमचन्द की उस मौलिक कृति को वह इस कदर बिगाड़ चुका था कि मेरी हिम्मत ही उस फिल्म में काम करने की नहीं हो पायी। मतलब यह कि आज की मौजूदा हालत में साहित्यिक कृतियों के लिए अच्छे आसार नहीं दिखाई देते। उनका फिल्म-विन्यास हो सकता है, फिल्म-निर्माण नहीं?''

''और इस स्थिति में कोई सुधार नहीं आ सकता क्या?''

''सुधार तो होगा ही, लेकिन वह कब और कैसे होगा इसे कोई नहीं बता सकता। नारे, लेख और आलोचनाएँ इस दिशा में कतई कारगर नहीं साबित हो सकी हैं। अगर अच्छे लोग, अच्छी भावनाओं के साथ फिल्मों में आना शुरू कर दें तो स्थिति में काफी कुछ परिवर्तन हो सकता है।''

बहुत सच कहा था बलराज साहनी ने। इस फ़िल्मी दुनिया में अच्छे लोगों की बड़ी जरूरत है।

हरिकृष्ण कौल : जमीनी फिल्मकार

उन्हीं दिनों एक ऐसे दिलचस्प फिल्मकार से भी मेरी भेंट हुई थी, जिसने हालाँकि पूरे पैंतीस बरस फिल्म संसार में बिताने के बावजूद एक भी फिल्म का निर्माण या निर्देशन नहीं किया था, फिर भी अपना, अपने परिवार और अपनी कथित यूनिट का भरण-पोषण करने में उसे कभी कोई दिक्कत नहीं महसूस हुई। इन सज्जन का नाम था—हरिकृष्ण कौल। अंधेरी के प्रकाश स्टूडियो में उनका एक छोटा-सा ऑफिस था। व्यवसाय से फिल्म निर्देशक, निहायत ही आकर्षक और मधुर व्यक्तित्व के मालिक, लम्बा-चौड़ा शरीर, गोरा-दमकता रूप-रंग, उत्फुल्ल और हमेशा हँसते रहनेवाला चेहरा, मिलनसारिता और व्यवहारविद्या के धनी।

कौल साहब ने यह ऑफिस पच्चीस-तीस साल पहले लिया था। वह खुद बताते थे कि जब से उन्होंने वह ऑफिस लिया, उन्हें कहीं भटकना नहीं पड़ा। लक्ष्मी का वरदहस्त सदैव उन पर रहा।

कौल साहब के ऑफिस का एक ही प्रवेश-द्वार था और वह सबके लिए हमेशा खुला रहता था। संघर्षरत, थके-हारे, जो भी लोग प्रकाश स्टूडियो आते, वे उनसे भी मिलने पहुँच जाते। कौल साहब सबके साथ प्यार से मिलते, चाय-पानी पूछते, और अपनी अगली फिल्म में काम देने का पक्का वायदा कर, उन लोगों के बुझे चेहरों पर आशा की किरण जगाकर प्रसन्न-मन उन्हें दरवाजे तक छोड़ आते।

धीरे-धीरे अपने आप उनकी एक यूनिट बन गयी थी, जिसमें कहानीकार, संगीत-निर्देशक, फोटोग्राफर, आर्ट डाइरेक्टर, प्रचारक और हीरो-हीरोइनें—सभी शामिल थे। काम माँगनेवालों के अलावा उनके पास नियमित रूप से निर्माता बनने के इच्छुक व्यक्ति भी पहुँचते रहते थे। ऐसे लोगों को भी कभी उनके यहाँ निराश नहीं होना पड़ा। जो व्यक्ति जितने भी पैसे लेकर आता, उसे वह उसी के अनुसार प्रपोजल बनाकर दे देते। अगले दिन वह उस निर्माता को नकद रकम के साथ अपने ऑफिस आमन्त्रित करते। इसके साथ ही वह अपनी यूनिट के लोगों को भी वहाँ पहुँचने का निर्देश भिजवा देते। निर्माता के सामने ही सबका पारिश्रमिक तय किया जाता, कितनी किश्तों में उसका भुगतान किया जाएगा, यह बात भी निश्चित हो जाती, और उसके बाद अनुबन्ध-पत्र पर हस्ताक्षर कराके सबको साइनिंग-अमाउण्ट दे दिया जाता। यह साइनिंग-अमाउण्ट कितना हो, यह कौल साहब ही तय किया करते थे। हस्ताक्षर-राशि निर्माता की आर्थिक स्थिति को ध्यान में रखते हुए ही निर्धारित की जाती थी। यह राशि कभी प्रति व्यक्ति मात्र ग्यारह रुपये होती

थी, कभी एक सौ-एक रुपये, और कभी-कभी पाँच सौ एक रुपयों से लेकर एक हजार एक रुपये तक भी।

अनेक बार साइनिंग-अमाउण्ट बाँटने के बाद निर्माता का मुखड़ा ही नहीं दिखाई देता था। कभी-कभी दो-चार दिन की शूटिंग भी वह कर लिया करते थे। कुछ निर्माता तीस-चालीस दिन तक की शूटिंग कर जाते थे, गानों की रिकार्डिंग भी हो जाती थी और फिर खण्डाला या महाबलेश्वर जैसी जगहों पर उनका फिल्मांकन भी। जब मैं उनसे मिला तो उस समय उनकी तीन-चार फिल्में लगभग पूरी होनेवाली थीं। कौल साहब की सभी लोग तारीफ किया करते थे, क्योंकि वह स्वयं तो अपना मेहनताना लेते ही थे, साथ ही, यूनिट के दूसरे लोगों को भी उनके पारिश्रमिक की कुछ-न-कुछ किश्तें दिलवाते रहते थे। यूनिट के इन सभी सदस्यों का रोजमर्रा का खर्चा कौल साहब के जरिये ही चलता था, और यह सिलसिला बरसों से चला आ रहा था। फिल्म शुरू न हो पाए, आधी बनकर रुक जाए या पूरी होते-होते रह जाए, इन सब बातों से कौल साहब को कोई सरोकार नहीं था। उनका काम कम-से-कम लागत में फिल्म बनाना था—फिल्म की बिक्री करना, पैसों का इन्तजाम करना या शूटिंग का प्रबन्धन करना—यह सब निर्माता की जिम्मेदारी होती थी।

जिन दिनों उनसे मेरी पहली भेंट हुई, उन दिनों वह *रोमियो इन बाम्बे* नामक फिल्म निर्देशित कर रहे थे। उस फिल्म के नायक थे—आज के विख्यात फिल्म-लेखक और जाने-माने हीरो सलमान खाँ के पिता, सलीम खाँ। फिल्म का निर्माता भी अक्सर कौल साहब के दफ्तर में ही जमा रहता था। उसका असली नाम भूल रहा हूँ, लेकिन उसकी चर्चा चूँकि अभी चलनी है, इसलिए थोड़ी देर के लिए कल्पना कर लीजिए कि उसका नाम मुहम्मद भाई था।

इस बीच आपको बताता चलूँ कि कौल साहब कुँवारे नहीं थे। सिर्फ अकेले थे। उनकी पत्नी और बच्चे उनके पैतृक घर, हैदराबाद में रहते थे। जोगेश्वरी उपनगर की एक चाल में उन्होंने एक कमरा ले रखा था। वहाँ उन्हें केवल सोने के लिए जाना पड़ता था। शाम को कौल साहब की महफिलें जरूर जमती थीं—कभी इस अड्डे पर, कभी उस अड्डे पर। एक दिन उनकी महफिल अब्दुल भाई के अड्डे पर जमी थी। अब्दुल मियाँ कई अड्डों के मालिक थे। साथ ही बहुत-सी जमीन हथियाकर उन पर झोंपड़ियों का निर्माण कर उन्हें किराये पर उठा रखा था। जोगेश्वरी के सबसे बड़े दादाओं में उनकी गिनती होती थी। रंग-बिरंगी लुंगी और उस पर उतना ही दमदार कुर्ता पहनकर वह शान के साथ अपने इलाके में घूमते थे। अब्दुल भाई को जब मालूम हुआ कि कौल साहब फिल्म निर्देशक हैं और अपने ही इलाके के फलों की दुकानवाले मुहम्मद मियाँ की फिल्म का निर्देशन

वह कर रहे हैं तो उनका माथा ठनका। अब्दुल भाई बहुत दिनों से देख रहे थे कि मुहम्मद मियाँ की वेशभूषा और चाल-ढाल में गजब का अन्तर आ गया है। अब मुहम्मद मियाँ अपनी दुकान पर शायद ही कभी बैठते हों। सामनेवाले ईरानी होटल में उनके लिए एक टेबल आरक्षित रहती थी। वहाँ सजे-सँवरे लोग बड़े आदर के साथ उन्हें सलाम कर उनके साथ जाम पीते थे। पूरी जोगेश्वरी में मुहम्मद मियाँ अब फिल्म निर्माता के रूप में मशहूर हो गये थे।

अब कलाकारों का चयन भर शेष रह गया था। मुहम्मद मियाँ की फिल्म *रोमियो इन बाम्बे* में, जैसा पहले ही बताया जा चुका है, प्रिन्स सलीम हीरो का काम कर रहे थे। उन्हें जब कौल साहब की इस नयी फिल्म के बारे में खबर मिली तो वह भी उसमें काम पाने के लिए उनके पीछे पड़ गये। लेकिन इस बार तो कहानी का नायक एक रिक्शावाला था और सलीम न केवल अपने नाम के पहले प्रिन्स जोड़ चुके थे बल्कि सूरत-शक्ल में भी वह सचमुच एक राजकुमार जैसे दिखाई देते थे, इसलिए उस भूमिका में उनको फिट करने का कोई सवाल ही नहीं बचता था। इसी बीच कौल साहब की तेज निगाह खुद अब्दुल मियाँ के मँझले लड़के की ओर पड़ गयी। रिक्शावाले की भूमिका के लिए एक ऐसा पात्र चाहिए था, जो शक्ल से ही गँवार, अनपढ़ और गरीब दिखाई दे, और हसन मियाँ उस भूमिका में पूरी तरह खरे उतर रहे थे। हसन का फिल्मी नाम रखा गया शेखर। हीरोइन के लिए सर्वसम्मति से यह तय किया गया कि कानुपर में ही किसी वेश्या का चयन उस भूमिका के लिए कर लिया जाएगा। मुहल्ले के दादा का अभिनय करने के लिए खुद अब्दुल भाई को मना लिया गया।

पूरी यूनिट साजो-सामान के साथ कानपुर पहुँच गयी। ठहरने के लिए माल रोड का एक पूरा होटल पहले से ही बुक करा लिया गया था। वहीं पर अब्दुल मियाँ ने हरदोई से अपने दोस्तों और रिश्तेदारों को भी बुला लिया। फिर कानपुर के कोठों पर जाकर हीरोइन की तलाश शुरू कर दी गयी। जरीना नाम की एक लड़की उस काम के लिए मिल भी गयी। उसके साथ शर्त यह रखी गयी कि जब तक शूटिंग चलेगी, तब तक उसे यूनिट के साथ ही रहना होगा।

शूटिंग का काम शुरू हो गया। इस बीच पैसों की खातिर कई बार अब्दुल भाई को बम्बई के चक्कर भी लगाने पड़े। शूटिंग के दौरान ही एक अध्यापिका के साथ कौल साहब का इश्क हो गया, और उन्होंने उससे शादी भी कर ली। इधर हसन मियाँ उर्फ शेखर, भी जरीना के प्रेमजाल में फँस चुके थे और उधर खुद अब्दुल भाई का दिल भी जरीना पर आ गया था। जिस दिन जरीना का काम नहीं होता, वह होटल में ही पड़ी रहती और उस दिन अब्दुल मियाँ भी लोकेशन पर चलने से मना कर देते। जरीना का यह खेल कुछ दिनों तक बहुत अच्छी तरह

चलता रहा। चूँकि तब तक उसमें कई लाख रुपये लग चुके थे, इससे फिल्म तो पूरी करनी ही थी। किसी तरह शूटिंग शुरू की गयी। लेकिन तब तक अब्दुल भाई के सारे पैसे खर्च हो चुके थे, इससे मजबूरन उन्हें फिर बम्बई लौटना पड़ा। उधर कौल साहब की नयी बीवी कुछ दिनों तक तो उनके साथ रही लेकिन फिर खुद ही परेशान होकर कानपुर वापस लौट गयी। कौल साहब यही चाहते भी थे।

फिर एक दिन कौल साहब का सन्देश मुझे मिला कि वह एक नयी फिल्म की शूटिंग के सिलसिले में सिक्किम जा रहे हैं। निर्माता सिक्किम का है और सारे कलाकार भी वहीं के होंगे। अपनी कुछ व्यस्तताओं के कारण उस बार मैं उनके साथ नहीं जा सका। चार-पाँच महीने बाद वह फिल्म की शूटिंग पूरी करके फिर बम्बई आ गये। इस बार वह सिक्किम की एक सुन्दरी को ब्याहकर लाये थे। उसने चाल में रहना स्वीकार कर लिया था।

शीघ्र ही एक दिन फिर कौल साहब का बुलावा आ गया। पहुँचा तो देखा कि उनके ऑफिस में एक गुण्डा-सा आदमी बैठा हुआ है। कौल साहब उसका परिचय कराते हुए मुझसे बोले, ''ये दाऊद साहब हैं, खाड़ी के देशों में मजदूर सप्लाई करने का ठेका इनके पास है। ये फिल्म शुरू कर रहे हैं।'' फिर कुछ दिनों बाद दाऊद मियाँ की फिल्म शुरू भी हो गयी। वही खातिर-तवाजो, वही शान-शौकत, वही हल्ला-गुल्ला। अब्दुल मियाँ इस बार प्रोडक्शन का काम सँभाल रहे थे। सारा इन्तजाम उन्हीं के हाथों में था।

दाऊद मियाँ थे तो औरंगाबाद के किसी गाँव के रहनेवाले, लेकिन अपने को वे अरब का शेख समझते थे। एक दिन मैंने उनसे बातों ही बातों में कह डाला कि वे हम लोगों को अरब का खाना खिलवाएँ। बस, फिर क्या था, अगले दिन की शूटिंग रोक दी गयी। सुबह से ही उनके सभी साथी-संगी दावत के इन्तजाम में लग गये। शाम हुई, दारू की बोतलें खुलीं, दस्तरख्वान बिछाया गया और एक बड़ी-सी परातनुमा थाली सामने लायी गयी। उसमें एक पूरा का पूरा बकरा रक्खा हुआ था और उसके चारों तरफ बिरियानी भरी हुई थी। लोग उसके इर्द-गिर्द बैठकर उसे नोच-नोचकर खाने लगे। दाऊद मियाँ खाने के लिए इसरार पर इसरार करते रहे, लेकिन खाने की तो बात ही दरकिनार, हम कुछ लोग तो उसे देखते ही बेहोश होने लगे थे।

अगले दिन फिर शूटिंग शुरू हुई। देखा, कौल साहब शॉट ले रहे हैं, संवाद बोले जा रहे हैं, लेकिन न तो वहाँ पर कोई साउण्ड-रिकार्डिस्ट था और न टेप-रिकार्डर। कैमरे के अन्दर रोल था या नहीं यह पूछने की हिम्मत मुझे नहीं पड़ी।

इधर प्रकाश स्टूडियो बिक गया और उसके स्थान पर गगनचुम्बी इमारतें बनना शुरू हो गयीं। कौल साहब को भी अपना ऑफिस खाली करना पड़ा। मालूम

हुआ, चाल के अपने उस कमरे को भी पगड़ी पर देकर वह किसी दूसरी जगह रहने चले गये हैं। उनका अता-पता कहीं से नहीं मिल पाया और मैं उन्हें भूल ही चला था कि अम्बीवली से उनका एक पत्र मुझे मिला, जिसमें उन्होंने सूचित किया था कि वह एक नयी फिल्म शुरू करनेवाले हैं और मैं उनसे फौरन ही मिल लूँ।

अम्बीवली कल्याण से भी दो स्टेशन आगे है, बम्बई से लगभग सौ किलोमीटर दूर। स्टेशन पर ही कौल साहब से मुलाकात हो गयी। उस दिन मैं उन्हीं के घर रह गया। अगले दिन वे अपने नये प्रोड्यूसर से मिलाने मुझे उल्हासनगर ले गये थे, जो उनके घर से सात-आठ किलोमीटर की दूरी पर रहता था। प्रोड्यूसर सिन्धी था, बेहद पैसेवाला और शानदार कोठी का स्वामी। उसके तीन लड़के थे। उनमें से दो तो काम पर लग चुके थे, लेकिन तीसरा अभी भटक रहा था। भटकते हुए उस लड़के की मुलाकात कौल साहब से हो गयी। कौल साहब ने उस भटकते हुए लड़के को काम से लगा दिया, यानी उसे अपनी अगली फिल्म का प्रोड्यूसर बना दिया। फिल्म का नाम रखा गया : *यह बम्बई है प्यारे।* मुख्य कलाकार थे भोजपुरी फिल्मों के हीरो कुणाल और रजनी शर्मा, जिसने कालान्तर में शक्ति सामन्त कृत *बालिका वधू* में मुख्य भूमिका अभिनीत की थी। फिल्म की पहली शूटिंग उल्हासनगर में ही हुई, फिर पास ही टिटवाला में, जहाँ गणेश जी का एक बहुत बड़ा मन्दिर है। फिल्म तेज गति से आगे बढ़ रही थी। हम लोग कौल साहब को छेड़ते—इस बार आपका रिकार्ड टूट जाएगा और फिल्म पूरी होकर रहेगी। निर्माता सुभाष ग्रोवर असली व्यापारी थे, कहाँ कितना खर्च करना है, यह उन्हें अच्छी तरह मालूम था।

सप्ताह भर बाद ही कौल साहब का एक सहायक मेरे पास आया। उससे मैं कुछ पूछता, इसके पहले ही अपनी जेब से उसने एक लिफाफा निकाला। उसमें कौल साहब की आठ-दस तस्वीरें थीं। उन तस्वीरों को मुझे विभिन्न पत्र-पत्रिकाओं में प्रकाशनार्थ भेजना था। तस्वीरों के साथ लिखा था—निर्देशक हरिकृष्ण कौल की हृदयगति रुकने से अचानक मृत्यु हो गयी है। वह सत्तावन वर्ष के थे और उनकी फिल्म *यह बम्बई है प्यारे* समाप्ति की ओर थी।

फिल्म पत्रकारिता का एक प्रसंग

वह जमाना फिल्मी दुनिया में राज कपूर के चरमोत्कर्ष का था, और शंकर-जयकिशन के साथ ही शैलेन्द्र और हसरत जयपुरी भी अपनी लोकप्रियता में तब आसमान छू रहे थे। उन दिनों निर्मित होनेवाली कम से कम पचास प्रतिशत फिल्में ऐसी ही होती थीं, जिनमें शंकर-जयकिशन का संगीत हुआ करता था और हसरत-शैलेन्द्र के गीत। इन दोनों जोड़ियों का सहयोग जो निर्माता प्राप्त कर लेता था, उसके लिए जैसे भाग्य के द्वार खुल जाते थे। ऐसी शायद बहुत ही कम फिल्में होंगी, जिनमें इन जोड़ियों का सहयोग रहा हो और वे असफल सिद्ध हुई हों।

बम्बई पहुँचने के बाद हालाँकि मेरी मुलाकात पहले हसरत से हुई थी, लेकिन राहरस्म शैलेन्द्र से ही ज्यादा रही। जहाँ तक मेरा अपना प्रश्न है, शैलेन्द्र के लिखे गीत मुझे ज्यादा भाते थे, और हसरत के साथ अपनी अपेक्षाकृत पुरानी जान-पहचान के बावजूद उसको मैं ज्यादा गम्भीरता से नहीं ले पाया था। इसी से एक दिन शैलेन्द्र ने जब मेरे घर पर फिल्म जर्नलिस्ट्स एसोसिएशन के उस लेटरपैड का आखिरी पन्ना देखा, जो अन्य कागज-पत्रों के बीच पड़कर मेरे साथ लखनऊ से बम्बई पहुँच गया था, तो अचानक ही उसके दिमाग में एक दिलचस्प योजना कौंध गयी।

वह शायद सन् 1963 के मार्च का पच्चीसवाँ या छब्बीसवाँ दिन था, और पहली अप्रैल आने में दो-तीन दिन की देर थी। शैलेन्द्र ने मुझसे कहा कि क्यों न उस लेटरहेड पर एक पत्र मैं हसरत को लिखकर उसे इस बात की खुशखबरी दे दूँ कि उत्तर प्रदेश के पत्रकारों ने वर्ष के सर्वश्रेष्ठ गीतकार के रूप में उसका चयन किया है, और इस तरह उसे पोस्ट करूँ कि ठीक पहली अप्रैल के दिन वह उसके हाथ लगे। मजाक में निश्चित ही मौलिकता थी, और मैंने फौरन ही उसके लिए हामी भर दी। लेटरहेड का न केवल वह आखिरी कागज था। बल्कि पूरी तरह जर्जर भी हो चुका था, लेकिन तब भी उसका उपयोग मैंने किया। फिर बी.टी. स्टेशन जाकर किसी आर.एम.एस. के डिब्बे में उस लिफाफे को शैलेन्द्र ने स्वयं डाला, जिससे बम्बई की मुहर उसमें न पड़ने पाये और लगे कि जैसे लखनऊ से ही वह पोस्ट किया गया है। दूसरे ही दिन शैलेन्द्र के सामने मैंने हसरत को टेलीफोन किया कि लखनऊ से मुझे सूचना मिली है कि वर्ष के सर्वश्रेष्ठ गीतकार होने का पुरस्कार उसे दिया गया है, और तत्सम्बन्धित औपचारिक पत्र उसे एक ही दो दिनों में मिलता होगा।

हसरत तो मेरा टेलीफोन पाकर जैसे बाग-बाग हो उठा हो। जिन्दगी का

शायद वह पहला अवार्ड था, जिसकी प्राप्ति उसे होनेवाली थी। इसके पहले किसी भी संस्था ने उसे पुरस्कृत नहीं किया था, और तत्सम्बन्धित मेरा टेलीफोन पाकर उसे जो अन्दरूनी खुशी हुई थी, उसका अन्दाजा लगाना मुश्किल था। इसी से ठीक पहली अप्रैल के दिन जब उसे वह पत्र मिला तब वह सपने में भी इस बात को नहीं सोच पाया होगा कि किसी ने उसे एप्रिल फूल बनाने की चेष्टा की है। उस पत्र को अपने साथ लेकर वह फौरन भागा *स्क्रीन* के कार्यालय में, और उसके अगले ही अंक में प्रमुखता के साथ यह खबर छप गयी कि उत्तर प्रदेश फिल्म जर्नलिस्ट्स एसोसिएशन ने वर्ष के सर्वश्रेष्ठ गीतकार होने का पुरस्कार हसरत जयपुरी को प्रदान करने का निर्णय किया है।

शैलेन्द्र के लिए तो *स्क्रीन* जैसे बहुप्रसारित पत्र में इस खबर का छपना आग के गोले के मानिन्द था। उसका उद्देश्य तो मेरे माध्यम से हसरत को उल्लू भर बनाना था, उससे ज्यादा कुछ नहीं। इस बात की तो उसे रत्ती भर आशंका नहीं थी कि वह खबर अखबारों तक में छप जाएगी और हसरत का *सेनसेक्स* अचानक उछल पड़ेगा। मुझसे जब उसने इस बात का जिक्र किया तो मैंने यही जवाब दिया कि मजाक का फायदा अगर हसरत को मिल रहा है तो उसके चिन्तित होने की कोई बात नहीं, क्योंकि जब तक सचमुच उसे कोई ट्राफी नहीं मिलती, तब तक तो वह खबर मात्र खबर ही बनी रहेगी। लेकिन शैलेन्द्र मेरी बात से सहमत नहीं हुआ, और दु:खी मन के साथ मुझसे विदा लेते हुए चला गया।

उन दिनों बम्बई से *उर्वशी* नाम से एक फिल्म साप्ताहिक निकला करता था, जिसके स्वामी और सम्पादक रामराज नाहटा थे। रामराज नाहटा किसी जमाने में साल में छ: की दर से फिल्मों का थोक निर्माण करनेवाले बी.के. आदर्श नामक निर्माता-निर्देशक के छोटे भाई थे, और शैलेन्द्र के साथ उन लोगों की अच्छी राहरस्म थी। आदर्श की बीवी जयमाला, जो उनकी प्राय: हर फिल्म में हीरोइन हुआ करती थी, शैलेन्द्र के प्रशंसकों में थी, हालाँकि उसके अनेकानेक अनुरोधों के बावजूद शैलेन्द्र ने उसकी किसी फिल्म के लिए कोई गीत नहीं लिखा था।

मुझसे बात करने के बाद शैलेन्द्र शायद रामराज के पास गया होगा, क्योंकि अगले ही हफ्ते *उर्वशी* के बैनर-लाइन में कहा गया था कि उत्तर प्रदेश फिल्म पत्रकार संघ के नाम से हसरत को अवार्ड देकर उसे *एप्रिल फूल* बनाने का षड्यन्त्र किया गया है। खबर को पढ़ते ही हसरत मेरे पास दौड़ा आया, और चूँकि मैंने खुद अपने को संघ का मुख्य कर्ताधर्ता बताया था, इससे उसने तत्सम्बन्ध में मुझसे ही कैफियत तलब की। हसरत की वह जवाब-तलबी न केवल वाजिब, बल्कि पूरी तरह स्वाभाविक थी। उसे सपने में भी इस बात का सन्देह नहीं हो सकता था कि उस मामले में उसके साथ किसी तरह की धोखाधड़ी की गयी है। तुषारकान्ति

घोष की अध्यक्षता में बंगाल फिल्म पत्रकार संघ का उदय डेढ़-दो दशक पहले हो चुका था, और उसके द्वारा प्रदत्त पुरस्कारों ने जो ख्याति और विश्वसनीयता अर्जित की थी, उसके सम्मुख *फिल्मफेयर* द्वारा दिये जानेवाले अवार्ड भी फीके साबित हुए थे। फिर उत्तर प्रदेश हिन्दी फिल्मों की सबसे बड़ी मण्डी थी, और वहाँ के पत्रकार संगठित होकर फिल्मकारों को पुरस्कृत करने की किसी योजना का यदि कार्यान्वयन करते, तो उन पुरस्कारों की गरिमा बंगाल से भी आगे बढ़ सकती थी। शैलेन्द्र इस तथ्य से परिचित था। इसी से हसरत ने अपने नामित पुरस्कार को प्रचारित करने की जब पहल की तो शैलेन्द्र का चिन्तित होना स्वाभाविक था। वह नहीं चाहता था कि उत्तर प्रदेश फिल्म पत्रकार संघ का कोई अवार्ड प्रमाणित रूप से उसके किसी प्रतिस्पर्द्धी को सुलभ हो सके।

लेकिन तीर हाथों से निकल चुका था, और संयोग की बात यह थी कि वह तीर शैलेन्द्र की तरकस से ही निकला था—मैं तो उसका निमित्त मात्र था। शैलेन्द्र ने बहुतेरी कोशिश की कि मैं *स्क्रीन* को औपचारिक रूप से यह सूचित कर दूँ कि हसरत ने अपने पुरस्कार का झूठा प्रचार किया है और उत्तर प्रदेश फिल्म पत्रकार संघ या उसकी पुरस्कार समिति का उसमें कोई योगदान नहीं है, लेकिन मेरे लिए वैसा करना अपनी नजरों में स्वयं ही अपनी प्रतिष्ठा के साथ दुष्कर्म करने जैसा था।

लेकिन मेरी प्रतिष्ठा से ज्यादा वह प्रश्न अब शैलेन्द्र की प्रतिष्ठा का बन चुका था। यह जरा-सी बात उसकी समझ में नहीं आ पा रही थी कि पुरस्कार की घोषणा के बाद भी अगर पुरस्कार-समर्पण की रस्म पूरी नहीं की जाती, तो उस पुरस्कार का न कोई महत्त्व हो सकता है, न स्थायित्व। इस दिशा में अगर वह पूरी तरह निस्पृह और निर्लिप्त होकर बैठ जाता तो मामला शायद वहीं ठण्डा भी हो गया होता। लेकिन नियति ने तो शायद उस खेल-तमाशे के माध्यम से ही उत्तर प्रदेश फिल्म पत्रकार संघ नामक संस्था को प्राणदान करना निर्धारित कर रखा था।

शैलेन्द्र से जब कई दिनों तक मेरी मुलाकात नहीं हुई तो मैंने समझा कि मामला जहाँ का तहाँ दबकर रह गया है, लेकिन वह मेरी भूल ही थी। क्योंकि पन्द्रह-बीस दिनों बाद ही *उर्वशी* का जो ताजा अंक देखने को मिला, उसका मुखपृष्ठ शुरू से आखिर तक मुझे ही समर्पित था। लाल स्याही में रेखांकित और पूरे आठ कॉलमों में फैली बहत्तर प्वाइण्ट की जो हैडलाइन थी, उसमें इंगित किया गया था कि उत्तर प्रदेश के फिल्म पत्रकारों के नाम पर जालसाजी की जा रही है। नीचे तीन कॉलम लम्बे दो पंक्तियों के उपशीर्षक में लिखा था कि रामकृष्ण नामक छद्म पत्रकार पुरस्कारों के माध्यम से लोगों को बेवकूफ बनाकर अपना उल्लू सीधा करने के प्रयास में रत है, और मुख्य समाचार में फिल्मी दुनिया को उन झूठे पुरस्कारों के प्रति सावधान रहने का परामर्श देते हुए बेहद अशोभन और पूरी तरह

गँवार भाषा और शैली में व्यक्तिगत रूप से मेरे नाम के उल्लेख के साथ न केवल मुझे भरपूर गालियाँ दी गयी थीं, बल्कि समूचे फिल्म संसार में मेरी प्रतिष्ठा का हनन करने के लिए जितने कुत्सित और कुरुचिपूर्ण विशेषणों से मेरी भर्त्सना सम्भव थी, उसे करने में कोई संकोच नहीं किया गया था। और यह उर्वशी के मात्र एक अंक में किया गया हो, ऐसी बात भी नहीं थी। क्योंकि बाद के लगातार तीन-चार अंकों में सिर्फ मेरी ही चर्चा-परिचर्चा *उर्वशी* में होती रही। वह चर्चा हालाँकि पूरी तरह स्वयं मुझे बदनाम करने के लिए ही की गयी थी, लेकिन वस्तुत: उसके माध्यम से मेरा और उत्तर प्रदेश फिल्म पत्रकार संघ का जो प्रचार-प्रसार हुआ, वह अपनी दुर्भावनाओं के बावजूद शायद बरसों वहाँ अपनी एड़ियाँ रगड़ने और लाखों रुपये खर्च करने के बाद भी उपलब्ध होना कठिन था। *उर्वशी* उन दिनों बम्बई का सर्वाधिक लोकप्रिय फिल्म साप्ताहिक था, और फिल्म उद्योग का अदना से अदना व्यक्ति भी उसे पूरी रुचि और उत्सुकता के साथ पढ़ा करता था।

मुझे मालूम था, यह सब *उर्वशी* या उसके स्वामी-सम्पादक रामराज नाहटा की करतूत नहीं, स्पष्ट रूप से शैलेन्द्र और उसके उन समर्थकों की कारगुजारियाँ थीं, जो मुझे फिल्मी दुनिया से दूर कर देना चाहते थे। *उर्वशी* की आड़ लेकर एक शिखण्डी की भाँति शैलेन्द्र द्वारा मुझ पर किये गये प्रहार मुझे झकझोर गये थे। मुझे प्रतीत हुआ कि फिल्मी दुनिया—और उसके बाहर भी—अपनी प्रतिष्ठा बचाने का एकमेव रास्ता मेरे सम्मुख सिर्फ यह बचा है कि समस्त षड्यन्त्र का पर्दाफाश करने के लिए मैं न्यायालय का सहारा लूँ। मुकदमेबाजी का किंचित कोई अनुभव तब तक मुझको नहीं था। मुझे तो यह बात भी नहीं मालूम थी कि दीवानी और फौजदारी अदालतों में आखिर क्या अन्तर होता है। तब भी बम्बई में कोई कार्रवाई शुरू करने के स्थान पर मैंने लखनऊ को ही अपनी तत्सम्बन्धित गतिविधियों का केन्द्र बनाने का निर्णय किया और फिर शीघ्र ही वहाँ पहुँच गया।

अपने अनेक परिचितों और मित्रों की राय लेकर मैंने *उर्वशी-परिवार* के विरुद्ध अपने दावे तो दायर कर दिये, लेकिन उस समय मेरे सम्मुख उसके निबटाने का प्रश्न उतना प्रमुख नहीं था, जितना यह कि सचमुच में पुरस्कार-समारोह का संयोजन कर अपनी विश्वसनीयता को कैसे कामय रखा जाए? वैसे भी मुकदमे के दौरान रामराज नाहटा और आदर्श कई बार लखनऊ आये, और उनकी बातों से मेरे इस अनुमान को पर्याप्त बल मिला कि पूरा घटनाक्रम मात्र शैलेन्द्र के इर्द-गिर्द केन्द्रित रहा है, *उर्वशी* का महत्त्व निमित्त से किंचित अधिक नहीं। आदर्श और रामराज, दोनों ही राजस्थान के भोले-भाले व्यवसायी थे। उनमें वणिक बुद्धि तो थी, लेकिन किसी प्रकार की कुटिलता का उनमें पूरा अभाव था। दोनों भाइयों ने स्वीकार किया कि *उर्वशी* के माध्यम से मेरी मानहानि करने के खतावार तो वे

जरूर हैं और अपने उस कृत्य के लिए माफी माँगने में भी उन्हें कोई एतराज नहीं होगा। उसके पन्नों पर जो कुछ छपा है, उसके बारे में किसी भी तरह की कोई अग्रिम जानकारी उनको नहीं थी। अपने इस वक्तव्य को एक व्यक्तिगत पत्र के रूप में भी लिखकर उन्होंने मुझे दिया और बाद में मजिस्ट्रेट के चैम्बर में भी अनौपचारिक रूप से उन्होंने उसकी ताईद की—हालाँकि तब भी वे इस बात के लिए कतई तैयार नहीं हुए कि अपने उस कथन को *उर्वशी* में ज्यों-का-त्यों छाप दें। *अगर यह बात छप गयी तो हमारी जो रही-सही साख बची है, वह भी खत्म हो जाएगी, और तब उर्वशी को हमेशा के लिए बन्द करने के अलावा हमारे सामने कोई चारा नहीं बचेगा*—उन्होंने लगभग करबद्ध होते हुए हम लोगों से निवेदन किया था। तब तक मुकदमा चलते हालाँकि छः महीनों का समय बीत चुका था, लेकिन तब भी अधिकांश गवाहों के बयान होने बाकी थे। फिर मुकदमे की आये दिन की पैरवी भी मेरे लिए जी का जंजाल बन चुकी थी—उस मद में समय, श्रम और अर्थ का जो निरर्थक व्यय हो रहा था, उसकी तो बात ही दरकिनार, चूँकि आदर्श और रामराज द्वारा घटना के सारे तथ्य मुझे शुरू में ही पूरी तरह बताये जा चुके थे, इससे ज्यादा कुछ जानने की कोई जरूरत ही मेरे लिए नहीं बच पायी थी। ऐसी अवस्था में उस वाद को वापस लेना ही मैंने श्रेयस्कर समझा और अपने मुकदमे मैंने उठा लिये। कालान्तर में *इम्पा* (इण्डियन मोशनपिक्चर प्रोड्यूसर्स एसोसिएशन) का अध्यक्ष चुने जाने पर बधाई देते हुए जब मैंने रामराज को लिखा कि उसकी और *उर्वशी* की कृपा से ही उत्तर प्रदेश फिल्म पत्रकार संघ इतनी तीव्र गति से बढ़ पाया है कि देश के बाहर भी उसकी चर्चा होने लगी है तो बहुत मासूमियत के साथ उसने जवाब दिया था कि उसकी अपनी याद में तो कोई ऐसी घटना नहीं दिख रही है, जब उसने हमारी कोई मदद की हो।

लखनऊ में फिल्म पुरस्कार समारोह

जैसा पहले ही बता चुका हूँ, सन् 1952 के आसपास पृथ्वीराज कपूर के लखनऊ आगमन पर गंगाप्रसाद मेमोरियल हाल में उनके स्वागतार्थ मैंने एक समारोह आयोजित किया था, लेकिन वह स्थानीय स्तर का कार्यक्रम था और उसमें मुझे किसी के व्यापक सहयोग की आवश्यकता नहीं पड़ी थी। पृथ्वीराज जी के साथ

मेरे पुराने सम्बन्ध थे, आगरा और ग्वालियर में उनके थिएटर से कुछ दिनों मैं संलग्न भी रहा था, और उसके अधिकांश कलाकार मेरे हमप्याला भले ही न हो पाये हों, लेकिन हमनिवाला जरूर बन चुके थे।

लखनऊ में शायद मई मास के पहले सप्ताह में पहुँचा था। वहाँ पहुँचते ही सबसे पहले मैंने पत्रकार संघ की एक तदर्थ समिति का गठन किया, और प्रदेश के लगभग सभी प्रमुख समाचार-पत्रों के सम्पादक उसमें बाखुशी शामिल हुए। इन पत्रकारों में *पॉयनियर* के सम्पादक सुरेन्द्रनाथ घोष, स्वर्गीय गणेशंकर विद्यार्थी द्वारा संस्थापित *दैनिक प्रताप* के वयोवृद्ध सम्पादक सुरेशचन्द्र भट्टाचार्य—जो किसी जमाने में भगत सिंह और चन्द्रशेखर आजाद प्रभृति क्रान्तिकारियों के अनन्य साथी और सहयोगी रह चुके थे, *भारत*-सम्पादक शंकरदयालु श्रीवास्तव, *अमृतपत्रिका*-सम्पादक विद्याभास्कर, *अमर उजाला*-सम्पादक डोरीलाल अग्रवाल, *आज*-सम्पादक रामकृष्ण रघुनाथ खाडिलकर, *स्वतन्त्र भारत*-सम्पादक योगीन्द्रपति त्रिपाठी और *दैनिक जागरण* के सम्पादक राजेन्द्र गुप्त प्रमुख थे। सभी मेरे अग्रज थे, और सभी का मेरे प्रति स्नेह था। इनमें कोई भी व्यक्ति यद्यपि व्यावहारिक रूप से फिल्म पत्रकार नहीं था, लेकिन चूँकि कुछ न कुछ फिल्म सामग्री हर एक के पत्र में प्रकाशित हुआ करती थी, इसलिए उनको फिल्म पत्रकारिता के साथ जोड़ा जा सकता था। इस बात का लाभ मुझे न हुआ हो, ऐसा भी नहीं। इतने भारी-भरकम नामों को देखकर *उर्वशी* द्वारा दिन-प्रतिदिन मुझे दिये जानेवाले गाली-गलौज में न केवल अप्रत्याशित शिथिलता आयी, बल्कि जिस तेजी के साथ वह मेरे विरुद्ध अनर्गल प्रचार करने में संलग्न थी, उसकी गति में भी किंचित विराम आने लगा।

लखनऊ मैं मई में पहुँचा था, और दो महीने बाद ही—29 जुलाई को—हमने अपने पुरस्कार समारोह की तिथि निर्धारित कर डाली। इतना कम समय किसी फिल्मकार को आमन्त्रित करने के लिए पर्याप्त नहीं माना जा सकता, लेकिन प्रत्यक्ष और अप्रत्यक्ष रूप से जिन व्यवधानों और विपरीत परिस्थितियों का हमें सामना करना पड़ रहा था, उसे देखते हुए समारोह के आयोजन में जरा-सा भी विलम्ब हमारे लिए प्राणघातक सिद्ध हो सकता था। उधर बम्बई की विरोधी लॉबी प्राणपण से इस बात के लिए सक्रिय और सचेष्ट थी कि किसी भी हालत में अपना समारोह हम सम्पन्न न करने पाएँ, अपने उस मन्तव्य की पूर्ति के लिए उसने हजारों रुपये व्यय कर डाले (उन दिनों का हजार आज के लाख से भी अधिक था), और जाहिर है कि वह सब धन मात्र शैलेन्द्र की जेब से निकला होगा, न *उर्वशी* को उससे कुछ लेना-देना था और न स्वयं रामराज नाहटा को।

उन लोगों ने विविध नामों से लखनऊ के स्थानीय प्रशासन को तार और

टेलीफोन करवाये कि प्रस्तावित सभी अवार्ड जाली हैं और भोले-भाले फिल्मकारों को फँसाकर अपना उल्लू सीधा करने के लिए ही उनकी घोषणा की गयी है। उन्होंने नगर के सभी सिनेमाघरों को इस बात की चेतावनी दी कि अपने किसी हाल में वे उस समारोह को सम्पन्न न होने दें, अन्यथा धोखाधड़ी और जालसाजी के आरोपों से उनका बचना मुश्किल हो जाएगा। शासन के आला-अफसरों को उन्होंने आगाह किया कि अगर वे समारोह के कार्यान्वयन पर तत्काल रोक नहीं लगाते तो समस्त उत्तर प्रदेश की छवि धूमिल होने का डर है। और इन सब बातों का उन पर कोई प्रभाव न पड़ा हो, ऐसा भी नहीं। उसके जाल में फँसकर मैं स्वयं अपने ही नगर में शंका की दृष्टि से देखा जाने लगा था। हाँ, लखनऊ के जनमानस को प्रभावित करने में वे समर्थ नहीं हो पाये। लखनऊ में तब तक किसी तरह का कोई फिल्म समारोह आयोजित नहीं हुआ था, और लोग उत्सुकता के साथ इस बात की प्रतीक्षा कर रहे थे कि हमारे उस समारोह में किन फिल्मकारों के दर्शन उनको सुलभ होते हैं।

उन दिनों लखनऊ में ऐसा कोई प्रेक्षागृह नहीं था, जिसमें इस तरह के कार्यक्रमों का आयोजन किया जा सके। रवीन्द्रालय का कुछ ही महीने पहले शिलान्यास हुआ था, और कैसरबाग बारादरी पहले से ही किसी शादी-ब्याह के लिए आरक्षित हो चुकी थी। ऐसी विषम परिस्थिति में हमारी सहायता के लिए आगे बढ़े प्रदेश के तत्कालीन मुख्यमन्त्री श्री चन्द्रभानु गुप्त। गुप्त जी से मेरा तब का परिचय था, जब वे लखनऊ की नगर काँग्रेस के अध्यक्ष थे, और मैं एक स्कूली छात्र के रूप में पास-पड़ोस और मुहल्लेवालों से काँग्रेस की प्रारम्भिक सदस्यता के मद्दे चार-चार आने वसूल कर उस धन को गुप्त जी तक पहुँचाया करता था। गुप्त जी तब अमीनाबाद अवस्थित फलवाली गली के ऊपर बने दो कमरों के एक छोटे से मकान में रहते थे, और महीने-दो महीने में जब भी दो-ढाई रुपये मेरे पास जमा हो जाते थे, उन्हें मैं गुप्त जी के हवाले कर आता था। मेरी आपदा को सुनकर उन्होंने तत्काल अपने प्रशस्त मोतीमहल के निःशुल्क उपयोग की अनुमति हमें प्रदान कर दी। मोतीमहल नवाबों के जमाने में निर्मित एक भव्य राजप्रासाद था, और नगर की सुप्रसिद्ध मोतीलाल मेमोरियल सोसाइटी वहीं से अपनी लोकोपयोगी गतिविधियों का संचालन करती थी। सोसाइटी के अध्यक्ष और संरक्षक गुप्त जी स्वयं थे।

गुप्त जी को सिनेमा की दुनिया से न कोई दिलचस्पी थी, और न तत्सम्बन्ध में कोई जानकारी। तब भी उन्होंने मुझे आश्वस्त किया कि हमारे समारोह में वह असन्दिग्ध रूप से शिरकत करना चाहेंगे, "हालाँकि मेरा यह मुखौटा चमकते-दमकते सितारों के बीच फब भी पाएगा क्या?"—उन्होंने हँसते हुए मुझसे प्रश्न

किया था। मैंने भी उसी लहजे में जवाब देते हुए उनसे कहा था—"गुप्त जी, आपको भले ही उनके बीच किसी हीन-भावना का सामना करना पड़े, लेकिन अपने बीच आपको पाकर वह जरूर सुपिरियॉरिटी कॉम्पलेक्स से ग्रस्त हो जाएँगे, इसमें सन्देह नहीं।" बात आयी-गयी हो गयी और मैं प्रफुल्ल मन वापस लौट आया।

28 जुलाई की सुबह मुझे स्थानीय प्रशासन से एक नोटिस मिली, जिसमें कहा गया था कि प्रदेश के किन्हीं नियमों की किन्हीं धाराओं के अनुसार हमारा प्रस्तावित कार्यक्रम सर्वथा अवैध है, और अगर उसे सम्पन्न करने का प्रयास किया गया तो हमारे प्रति कठोरतम कानूनी कार्रवाई की जाएगी। एक अन्य सूत्र से हमें यह बात भी मालूम हुई कि इस बात की सूचना बम्बई के उन फिल्मकारों को भी भेज दी गयी है, जिन्होंने हमारे समारोह में भाग लेने की स्वीकृति दी थी, और विभिन्न तौर-तरीकों से उन्हें यह समझाने का प्रयत्न किया जा रहा है कि वह अब लखनऊ के अपने कार्यक्रम को स्थगित कर दें। इस खबर को सुनने के बाद हम सबका चिन्ताग्रस्त होना सहज स्वाभाविक था। तब तक टेलीफोन पर एस.टी.डी. की सुविधा का प्रचलन नहीं हो पाया था, और किसी को ट्रंककाल बुक करने के बाद घण्टों उसके कार्यान्वयन की प्रतीक्षा करनी पड़ती थी। तब भी मैंने अपने एक सहकारी को उस काम के लिए टेलीफोन पर बैठा दिया और कहा कि इस समाचार का खण्डन करते हुए सम्बन्धित पुरस्कार-विजेताओं को वस्तुस्थिति से अवगत कराने की कोशिश वे करें, लेकिन अपने काम में उन्हें कोई विशेष सफलता नहीं मिल पायी। कोई शूटिंग के लिए निकल चुका था, किसी की नींद तब तक पूरी नहीं हो पायी थी, कोई अपने बाथरूम में आराम कर रहा था और कुछ दूसरे घण्टे-दो घण्टे पहले ही लखनऊ की गाड़ी पकड़कर यहाँ के लिए रवाना हो चुके थे।

अन्तिम समाचार निश्चित ही हमारे लिए उत्साहवर्धक था, लेकिन उस चिन्ता से हमें तब भी मुक्ति नहीं मिल पायी थी, जिसने प्रशासकीय नोटिस के माध्यम से हमें ग्रस्त कर डाला था। प्रदेश के तत्कालीन गृहमन्त्री नवलकिशोर से मेरे घरेलू सम्बन्ध थे। स्थानीय-स्तर के प्रशासकीय अधिकारियों से कुछ कहना-सुनना निरर्थक समझकर रात नौ-दस बजे मैं उनके यहाँ दौड़ा गया। सरकारी आदेशों के सम्बन्ध में तब तक उन्हें कोई जानकारी नहीं थी, लेकिन मेरी दारुणगाथा को सुनकर उन्हें निश्चित ही आश्चर्य हुआ। स्वयं मुख्यमन्त्री ने जिस समारोह में उपस्थित होने की स्वीकृति प्रदान की हो, उसमें निम्नस्तरीय कर्मचारियों द्वारा व्यवधान लगाना हमारी ही तरह उनके समझ के भी बाहर की बात थी। बहरहाल उन्होंने उस सिटी मजिस्ट्रेट को तत्काल वहाँ बुला भेजा, जिसने उक्त नोटिस को जारी किया था, और गृहमन्त्री के स्तर पर वह नोटिस उसी क्षण पूरी तरह निरस्त

कर दी गयी। नवलकिशोर ने ही मुझे यह भी बताया कि किसी आवश्यक कार्यवश दिल्ली जाने के कारण गुप्त जी शायद हमारे समारोह में शामिल नहीं हो सकेंगे, लेकिन जाते-जाते वे स्वयं उनको और स्वास्थ्य मन्त्री महावीर प्रसाद श्रीवास्तव को इस बात के स्पष्ट निर्देश दे गये हैं कि हमारे समारोह के संयोजन में किसी तरह का कोई व्यवधान न उत्पन्न हो और तत्सम्बन्ध में जो भी सहायता हमें अपेक्षित हो, तत्काल दी जाए।

आकाश के रास्ते लखनऊ आनेवाले हमारे पुरस्कार-विजेता भले ही बम्बई से न निकल पाये हों, लेकिन जिन लोगों को रेलगाड़ी से आना था, 28 जुलाई की रात यहाँ सानन्द-समंगल पहुँच गये। उनकी संख्या हालाँकि उँगलियों पर ही गिनने लायक थी, लेकिन सन्तोष इस बात का था कि इतने लम्बे-चौड़े षड्यन्त्रों के बावजूद उन्होंने अपने वचन का पालन किया और हर प्रकार के अवरोधों का सामना करते हुए उन्होंने यहाँ पहुँचने में कोई कोर-कसर नहीं उठा रखी। आज के दिन ये नाम भले ही ज्यादा महत्त्व न रखते हों, लेकिन समारोह के दिन पूरा लखनऊ उनके स्वागत में अपने पलक-पाँवड़े बिछाये दिखाई दे रहा था। लखनऊ के महापौर डॉ. पुरुषोत्तम दास कपूर ने नगर निगम की ओर से उन लोगों का नागरिक अभिनन्दन किया, उच्च न्यायालय के बार और बेंच दोनों ने औपचारिक रूप से उनकी अभ्यर्थना की। हाईकोर्ट के अनेक न्यायाधीश भी उस समारोह में सम्मिलित हुए थे, जिससे अनजाने ही हमारे कार्यक्रमों पर एक तरह की कानूनी मुहर-सी लग गयी।

समारोह का समय हमने रात दस बजे रक्खा था। *फिल्मफेयर* सहित सभी दूसरे अवार्ड फंक्शन उन दिनों आमतौर पर आधी रात के आस-पास ही सम्पन्न हुआ करते थे, जिससे अपना डिनर लेने के बाद लोग पूरे इत्मीनान के साथ उसमें शरीक हो सकें। इतनी रात के बाद भी हजारों लोग मोतीमहल गेट पर पुरस्कार-विजेताओं की झलक पाने के लिए एकत्र हो गये थे, उससे साबित होता था कि लखनऊ का आदमी उतना आरामतलब नहीं है, जितना वह आमतौर पर चित्रित किया जाता रहा है। हालाँकि नवलकिशोर और महावीर प्रसाद श्रीवास्तव दोनों ही मन्त्री उस अवसर पर वहाँ उपस्थित थे, लेकिन तब भी हमने कथाकार अमृतलाल नागर से पुरस्कार-समर्पण का कार्य सम्पन्न कराया। मुझे दुःख है कि वह परम्परा आगे लगातार जारी नहीं रह सकी। भगवतीचरण वर्मा से एक बार मैंने इस बात की प्रार्थना भी की थी कि हमारे दूसरे समारोह की अध्यक्षता कर वह हमारा मानवर्द्धन करें, लेकिन उसके लिए उन्होंने दो टूक इनकार कर दिया था। उनकी धारणा थी कि चूँकि वह नागर जी से अधिक वरिष्ठ साहित्यकार हैं, इसलिए पहला मौका उन्हीं को मिलना चाहिए था।

दूसरी सुबह निकले प्रायः सभी अखबार हमारे समारोह की खबरों से भरे हुए थे—हिन्दी ही नहीं, अँग्रेजी और उर्दू के अखबार भी। कलकत्ता से प्रकाशित होनेवाले लोकप्रिय फिल्म साप्ताहिक *सिने एडवांस* ने अपने प्रथम पृष्ठ के पूरे तीन कॉलम हमारे समारोह को प्रदान किये थे, लेकिन सबसे ज्यादा कमाल की बात तो की थी *धर्मयुग* ने, जिसने अपने पूरे एक पृष्ठ में उसका विस्तृत विवरण प्रकाशित किया था—चार-छः तस्वीरों के साथ। यह *टाइम्स ऑफ इण्डिया* ग्रुप की तत्कालीन उस रीति-नीति के सर्वथा विपरीत था जिसके अनुसार उससे सम्बद्ध पत्र-पत्रिकाएँ *फिल्म-फेयर* अवार्डों के अतिरिक्त किसी अन्य पुरस्कार से सम्बन्धित समाचारों का प्रकाशन करने के लिए अधिकृत नहीं थीं। लेकिन धर्मवीर भारती ने उन नियमों की स्पष्ट अवहेलना करते हुए हमारे समारोह को न केवल प्रमुखता प्रदान की बल्कि आगे भी वह नियमित रूप से हमारे कार्यक्रमों की रिपोर्टें छापते रहे। किसी पत्र के संगठन में उसके सम्पादक का कितना महत्त्वपूर्ण स्थान उन दिनों रहा करता था, यह उस बात की एक ज्वलन्त मिसाल थी।

शैलेन्द्र और हसरत के साथ

अब शैलेन्द्र और हसरत के साथ हुए खेल-तमाशे का विवरण कुछ विस्तार से।

शैलेन्द्र और हसरत, दोनों की दास्तान आज भी मेरी यादों में उतनी ही तरोताजा है जितनी वह आज से चार दशक पहले रही होगी। जैसा पहले ही बता चुका हूँ, स्थायी रूप से बम्बई बसने के इरादे से सन् 1961 के मध्य में मैं वहाँ पहुँचा था। छिटपुट रूप से उसके पहले भी मैं वहाँ काफी रह चुका था, लेकिन फिल्मी दुनिया से सम्बन्धित लोगों से अच्छी-खासी राहरस्म होने के बावजूद शैलेन्द्र से मैं पहले क्यों नहीं मिल सका, यह मुझे अब भी समझ में नहीं आ पाया। उसके नाम से मैं परिचित न होऊँ, यह बात भी नहीं थी। फिल्म गीतकार बनने के पहले भी *हंस* और *जनयुग* आदि पत्रिकाओं में छपी अपनी इक्की-दुक्की रचनाओं के माध्यम से वह पर्याप्त लोकप्रिय हो चुका था। मुझे स्वयं उसकी उन कविताओं ने बहुत प्रभावित किया था, जिनके माध्यम से बम्बई में बसनेवाले मजदूर तबके के दैनन्दिन जीवन से सम्बन्धित समस्याओं का चित्रण वह किया करता था। बाद में मुझे मालूम हुआ कि वह स्वयं भी उसी वर्ग से सम्बन्धित था और साथ ही मिल मजदूरों के ट्रेड-यूनियन आन्दोलनों की दिशा में भी उसने

सक्रियता से भाग लिया था। सचमुच यह मेरे लिए एक खुशी की बात थी। इसलिए राज कपूर ने जब *बरसात* में उसके गीतों को स्वर व्यंजित करने की घोषणा की तो लगा था जैसे फिल्मी गीत संसार में भी इन्कलाब का समावेश हो गया हो। शैलेन्द्र की कलम उन दिनों सच ही आग बरसाती थी।

लेकिन वह आग फिर बरस नहीं सकी। *बरसात* की फुहार शायद इतनी जोरदार थी कि इन्कलाबी आग की चिनगारियाँ उसके प्रभाव में पूरी तरह ठण्डी होकर बुझ गयीं, साथ ही उस शैलेन्द्र का भी खात्मा हो गया, जो किसी जमाने में धुएँ और सीलन और पसीने की बदबू से भरी मजदूर बस्ती में बैठकर क्रान्ति का राग अलापा करता था। शैलेन्द्र से पहली बार जब मेरी जान-पहचान हुई, तब निश्चित ही उस 'शैलेन्द्र' से वह सर्वथा भिन्न मिला जिसकी तस्वीर *हंस* और *लोकयुद्ध* पढ़कर मेरे मन में बना करती थी।

लेकिन शैलेन्द्र से हुए अपने उस प्रारम्भिक परिचय की चर्चा करने के पहले हसरत के साथ हुई अपनी उस अनोखी लुकाछिपी का जिक्र करना भी जरूरी है।

हसरत—यानी फिल्मी गीत-लेखन के क्षेत्र में शैलेन्द्र का जोड़ीदार, हसरत जयपुरी। स्वभाव से ही नहीं, रहन-सहन और चाल-ढाल—सभी दृष्टियों से भरपूर शायर। क्रान्ति के गीत हालाँकि उसने अपनी जिन्दगी में कभी नहीं गाये थे, लेकिन रस की जिस अनुभूति की बदौलत सामान्य व्यक्ति कवि के रूप में परिवर्तित हो जाता है उसकी कमी उसके अन्तर में कभी नहीं रही। आश्चर्य की बात तो यह थी कि फिल्मी दुनिया की चकाचौंध भी अपनी परिवृत्ति में उसे कभी बाँध नहीं पायी, और न अपरिमित यश, मान-सम्मान और धन-दौलत इकट्ठा करने के बावजूद उसके व्यक्तित्व में किंचित अन्तर आ पाया। मैं कह नहीं सकता कि शैलेन्द्र से मुलाकात होने के पहले ही हसरत से मैं कैसे अपना मेजलोल बढ़ा बैठा था, लेकिन इतना जरूर है कि अपनी पहली ही भेंट में हम दोनों खासे दोस्त बन बैठे थे।

उस दोस्ती के पहले चरण की ही बात है। *सरिता* उन्हीं दिनों एक नियमित फिल्म-स्तम्भ का प्रकाशन शुरू करनेवाली थी, और उसके सम्पादक विश्वनाथ ने मुझे लिखा था कि उस दिशा में कुछ रोचक सामग्री मैं उन्हें भेजूँ। हसरत चूँकि मेरा नया-नया दोस्त बना था और ईमानदारी के साथ मुझे यह बात महसूस हो रही थी कि साहित्य के नामधारी पाण्डे उसके साथ पूरा अन्याय कर रहे हैं, इससे *सरिता* के लिए अपना पहला फीचर मैंने उसी के बारे में तैयार किया। फीचर क्या था, डेढ़-दो पन्नों का एक छोटा-सा रेखाचित्र था वह जिसमें बहुत हलके-फुलके ढंग से हसरत के व्यक्तित्व को उभाड़ने की चेष्टा करते हुए फिल्मी गीत-साहित्य के विकास में किये गये उसके योगदान की चर्चा मैंने की थी। प्रकाशन के लिए भेजने के पहले अपने उस आलेख को मैंने स्वयं हसरत को सुनाया, और उसने

उसे खासा पसन्द भी किया। 'मेरे बारे में यह पहली बार किसी ने *टु द प्वाइण्ट आर्टिकल* लिखा है।'—लेख को सुनने के बाद उसने मुझसे कहा। उसकी इस प्रशंसा में ईमानदारी की भावना निहित थी।

लेख का छपना था कि फिल्मी दुनिया के चुन्ने-मुन्ने धरातल पर जैसे ज्वार-सा आ गया हो। लोगों ने कहना शुरू कर दिया कि उसके जरिये जान-बूझकर हसरत का मखौल मैंने उड़ाया है, यह बात इतनी चर्चित हो गयी कि हसरत भी आखिर उस पर यकीन करने लगा। विश्वनाथ को उसने लगातार तीन चिट्ठियाँ लिख डालीं, जिनमें यह आरोप लगाया गया था कि उस लेख के माध्यम से जानबूझ कर मैंने उसको बेइज्जत करने की कोशिश की है तथा वह मुझसे या मेरे नाम से कतई वाकिफ नहीं है, भूल से भी अगर मैं उसके सामने पड़ गया तो मुझे अपनी जान से हाथ धोना पड़ सकता है। अपने पहले पत्र में उसने विश्वनाथ को लिखा :

जनाबेमन. आपका पर्चा मैं तो कभी पढ़ता नहीं, अलबत्ता मेरे बहनोई म्यूजिक-डाइरेक्टर सरदार मलिक साहब (आज के जाने-माने संगीतकार अनु मलिक के पिता) जरूर उसके शैदाई हैं। लिहाजा उनके घर आपका जम्हूरियत नम्बर नजर से गुजरा, जिसमें मेरी निस्बत एक मकाला था, एक फिल्मी शायर के उन्मान से।

खुदा जाने ये रामकिशन साहब कौन हैं? मालूम होता है कि निहायत ही बत्तमीज किस्म के आदमी हैं। मेरी निस्बत उन्होंने जो भी तहरीर की है, वह गलत है। आपने इतना घटिया मकाला आखिर क्यों शाया किया? इस बात का बराएकरम आप फौरन जवाब दें, वरना मैं कानूनी कार्रवाई करूँगा, और इन हजरत का पता भी लिखें। अगर बम्बई में रहते हैं तो मैं जरूर समझ लूँगा। सैकड़ों खतूत मेरे पास आये हैं, इस बेहूदा मकाले को पढ़कर। मेरे हमदर्दों में हलचल मची हुई है कि यह रामकिशन साहब आखिर हैं कौन?

सरितावालों ने हसरत के इस पत्र का क्या जवाब दिया, यह तो मुझे मालूम नहीं, क्योंकि विश्वनाथ सिर्फ हसरत के लिखे पत्र मुझे भेजते थे, अपने प्रत्युत्तर नहीं। वैसे, जो कुछ जवाब भी उन्होंने दिया हो, उसकी प्राप्ति-स्वीकृति हसरत ने तत्काल की थी। अपने दूसरे पत्र में उसने उनको लिखा :

अभी आपका खत मिला। जवाब फौरन दे रहा हूँ। मेरे खयाल में यह मजमून बेहद शर्मनाक है, आप एक बार फिर गौर से पढ़ें। रामकिशन ने न सिर्फ मेरा बल्कि मेरे घर का मजाक उड़ाने की भी कोशिश की है। जिस आदमी को चश्मेबद्दूर जैसे अलफाज का पता न हो, उसकी अकल पर पत्थर पड़ जाएँ, तभी बेहतर होगा। क्या कोई किसी का इण्टरव्यू इस तरह तहरीर करता है, जिस तरह रामकिशन ने किया है? मैंने कभी अपनी तारीफ खुद नहीं की। मेरा काम मेरे

दुश्मनों से भी मेरी तारीफ कराता है। इस बात को आप भी जानते होंगे कि इस साल किसके गाने सबसे ज्यादा कामयाब रहे। बराएकरम उस मकाले को फिर से पढ़ते हुए अपने चार साथियों से पूछिए कि मैं कहाँ तक दुरुस्त हूँ। उम्मीद करता हूँ कि इस तरह बगैर सोचे-समझे आप किसी का मकाला कभी शाया नहीं करेंगे। रामकिशन जहाँ भी हों, मेरा हवाला देते हुए उनको खत लिखिए और कहिए कि जरा वह मेरे पास तो तशरीफ लाए। आपको मालूम हो जाएगा कि किस तरह मैंने उनकी मिजाजपुरसी की है।

आपकी दानिश्त में वह मकाला भले ही अच्छा होगा, मेरे लिए किसी गाली से कम नहीं। मेरे कलाम पर कोई तनकीद करता तो मैं मान लेता। मेरे फाल से, मेरे घरबार से, मेरी गुजरी हुई जिन्दगी से आखिर किसी का क्या वास्ता, इस बात पर आप खुद गौर फरमाएँ, बेकार में मुसन्नफ की हिमायत न करें। उससे पूछें कि आखिर किस बेहूदा जज्बे के तहत उसने ऐसा मकाला लिखा। मुकर्रर अर्ज है कि इस बेइज्जती को मैं हरगिज बरदाश्त नहीं कर सकता, और उसका बदला जरूर रामकिशन से लूँगा।

इस सम्बन्ध में विश्वनाथ को सम्बोधित उसकी तीसरी चिट्ठी का मजमून था :

करमफरमा-ए-मन, आपका नवाजिशनामा मिला। बात बहुत बढ़ चुकी है। उस पर बराएकरम आप पर्दा न डालें। रामकिशन की जाहिल कलम पर मैंने पता लगा लिया है कि वह किस किस्म का और कैसा बेहूदा आदमी है। घर भी तलाश लिया है। अब मैं हूँ और वो। जो होगा, सुन लीजिएगा। फिर भी आपसे मेरी यही इल्तजा है कि इस किस्म का मकाला कभी किसी और के वास्ते शाया न करना। उससे आपके रिसालों की शोहरत और इज्जत पर हरफ आएगा। आप बिलावजह उस रामकिशन की हिमायत न करें। उसने जो चिट्ठी आपको लिखी है, वह बिलकुल लगो है, गलत है। आजकल तो मेरे डर से छिपा-छिपा फिर रहा है। मुकर्रर फिर अर्ज कर रहा हूँ कि उसको मैं हरगिज नहीं जानता। रामकिशन ने अपने गन्दे तसव्वुर के तहत ही मेरे गरीबखाने का खाका खींचा है। जिस आदमी को इतना तक नहीं मालूम कि चश्मेबद्दूर किस शै का नाम है, वह शायरी को क्या खाक समझेगा?

इस अप्रिय प्रसंग की समाप्ति कब हुई और हम दोनों पहले से भी ज्यादा पक्के दोस्त और साथी कैसे बन गये, इसका जिक्र बाद में आएगा, लेकिन शैलेन्द्र से अपनी पहली मुलाकात होने तक उस दौर से चूँकि मुझे पूरी तरह मुक्ति नहीं मिल पायी थी, इससे उसकी भूमिका में इसका उल्लेख आवश्यक था। बम्बई की फिल्मी दुनिया में वह मेरे बिलकुल शुरू-शुरू के दिन थे, लेकिन पैसों का अपरिमित कोष आदमी से क्या कुछ करा सकता है, उसकी जानकारी मुझे थी।

यों इस बात का मुझे पूरा विश्वास था कि उस घटना को लेकर जो कुछ हुआ है या हो रहा है, उसमें हसरत की बनिस्बत उन निहित तत्त्वों का ही अधिक योगदान था, जो अपने पूरे बलबूते के साथ फिल्मी रंगमंच से मुझे नीचे उतारने के लिए कटिबद्ध थे और हसरत बजाते-खुद उनकी स्वार्थपूर्ति के निमित्त एक कठपुतली बनकर रह गया था। मैं यह भी जानता था कि हसरत की समझ में जैसे ही यह बात आयी, वैसे ही वह अपना जबर्दस्ती का पहना हुआ मुखौटा उतारकर एक बार फिर पहले जैसा यारबाश और हमदर्द दोस्त बन जाएगा—बाद की घटनाओं ने मेरी इस धारणा को सिद्ध भी कर दिया—लेकिन तात्कालिक रूप से मेरे सम्मुख जो संकट पैदा हो गया, उसकी उपेक्षा भी सहज-सम्भव नहीं थी। फलस्वरूप अपने तईं काफी सतर्क होकर रहना मैंने शुरू कर दिया और इस बात की कोशिश जारी रखी कि हसरत के साथ मेरा सामना ही कभी न होने पाए।

शैलेन्द्र से उन्हीं दिनों पहली बार मेरी भेंट हुई। ब्लिट्ज के हिन्दी संस्करण का प्रकाशन कुछ ही दिनों पहले शुरू हुआ था, और उसके सम्पादक होकर आये थे मुनीश सक्सेना। मुनीश के स्वागत में ख्वाजा अहमद अब्बास ने अपने घर पर एक परिचय-गोष्ठी आयोजित की थी। शैलेन्द्र के साथ मैं भी उस समारोह में आमन्त्रित था, और वहीं पर हम लोगों ने शायद पहली बार एक-दूसरे की शक्ल देखी। वापसी में शैलेन्द्र न सिर्फ अपनी गाड़ी पर मुझे अपने फ्लैट तक पहुँचाने आया बल्कि घण्टे-दो घण्टे वहाँ बैठा भी, और अपनी आदत के विपरीत अपनी तीन-चार कविताएँ भी उसने मुझे सुना डालीं। आकस्मिक रूप से उस दिन उसका वह सान्निध्य पाकर मुझे प्रसन्नता हुई थी और सन्तोष भी। मुझे लगा था जैसे फिल्मी माहौल में इतने दिनों रहने के बावजूद वह पूरी तरह फिल्मी नहीं हो पाया है। हसरत के सम्बन्ध में गम्भीरतापूर्वक उस दिन शैलेन्द्र से मेरी कोई विस्तृत बातचीत नहीं हो पायी थी, लेकिन उसकी जो हलकी-फुलकी चर्चा हम लोगों के मध्य हुई थी, उससे लगता था कि उस काण्ड की खासी जानकारी उसे है।

इस घटना के कुछ ही दिनों बाद मैंने स्वयं बम्बई के लेखक-पत्रकारों की एक अनौपचारिक मिलन गोष्ठी अपने घर पर आयोजित की थी, और ख्वाजा अहमद अब्बास, अली सरदार जाफरी, नरेन्द्र शर्मा, कृश्नचन्दर, सलमा सिद्दीकी, राजेन्द्र सिंह बेदी, पण्डित सुदर्शन, धर्मवीर भारती, मुक्ता राजे, फणीश्वरनाथ रेणु, राजेन्द्र अवस्थी, कन्हैयालाल नन्दन, गुलाबदास ब्रोकर, ओंकारनाथ श्रीवास्तव और दूसरे अनेक जाने-अनजाने बन्धुओं के साथ शैलेन्द्र भी उस दिन उसमें सम्मिलित हुआ था।

फणीश्वरनाथ रेणु की कहानी *तीसरी कसम* उर्फ *मारे गये गुलफाम* पर उन्हीं दिनों शैलेन्द्र ने *तीसरी कसम* नामक फिल्म का निर्माण शुरू किया था।

तीसरी कसम खानेवाले हीरामन ने इस बात की कसम कभी नहीं खायी थी कि वह बम्बई की फिल्म नगरी में अपनी बैलगाड़ी लेकर नहीं जाएगा, इसलिए जब उस पर फिल्म बनाने की चर्चा का श्रीगणेश हुआ तो रेणु की पीठ में भी गुदगुदी उठने लगी। वह बम्बई आते और वहाँ हर रोज कसम खाते—'नहीं, अब बम्बई नहीं।' लेकिन गुलफाम को मारे बगैर कौन जाने देता वहाँ से? रेणु का प्राण छटपटाता रहता अपनी प्यारी पटना नगरी लौट जाने के लिए, और वहाँ के निर्माता-निर्देशक उनको रोज घेरे रहते—'रेणु जी, अपनी तीसरी कहानी भी छोड़ते जाइए न यहाँ!'

यों तो शायद कोई भी कृतिकार ऐसा नहीं होगा, जो अपने पात्रों को परदे पर चलते-फिरते और बोलते-देखने की तमन्ना न रखता हो, लेकिन रेणु के साथ जो दुर्घटना घटी, उसने अकस्मात ही बहुत से कहानीकारों को भाग्यवादी बना डाला। रेणु जब *तीसरी कसम* का सृजन करने बैठे थे तब उन्हें सपने में भी इस बात की आशंका नहीं थी कि कोई फिल्म निर्माता उनके पास आएगा और हीरामन को पकड़कर बम्बई की फिल्मी दुनिया में ले जाएगा। लेकिन तभी फारबिसगंज वालों ने सुना कि एक बम्बइया हीरामन उनके गाँव की दुनिया में आनेवाला है। बम्बइया हीरामन, यानी राज कपूर बम्बई से उड़नेवाला है अपने आरामदेह हवाई-जहाज पर, हीरामन बनकर पूर्णिया की सुनसान सड़कों पर बैलगाड़ी हाँकने के लिए। और उस बैलगाड़ी पर बैठेंगी वहीदा बाई। बाई का अर्थ बम्बई से कलकत्ता की दौड़ में जगह-जगह बदलता रहता है, यह बात शायद आपको भी मालूम होगी। लेकिन *तीसरी कसम* के लिए इससे अधिक उपयुक्त जोड़ी बम्बई की फिल्मी दुनिया में मिल भी कहाँ सकती थी? इसी जोड़ी की तलाश में तो पूरा एक बरस गँवा दिया था फिल्म के निर्माता शैलेन्द्र ने।

हजार मील दूर पटना नगरी में विराजनेवाले फणीश्वरनाथ रेणु के साथ शैलेन्द्र की यह जोड़ी बन भी पाएगी कभी, इसे तो उसके निर्देशक बासु भट्टाचार्य ने सपने में भी कभी नहीं सोचा होगा। बासु भट्टाचार्य—बम्बई का एक बेकार नौजवान। कवि, पत्रकार और सह-निर्देशक का एक भरा-पूरा जीवन व्यतीत कर लिया था उसने बम्बई में। लेकिन उसकी एक धुन तब भी बाकी थी—क्यों न इस भरी जवानी में किसी फिल्म के निर्देशन का सुख भी भोग लिया जाए! भारतीय चलचित्र जगत में कितनी ही फिल्मों को बनते और बिगड़ते देखा था उसने। अच्छे-अच्छे चित्रों के निर्माण में विमल रॉय सरीखे फिल्मकारों तक को अपना सक्रिय सहयोग दे चुका था तब तक वह। लेकिन जब तक किसी फिल्म के निर्देशन का मौका उसे खुद न नसीब हो, तब तक फिल्म-निर्माण का कुछ भी मजा नहीं।

सो, उसने शैलेन्द्र को बहकाना शुरू कर दिया—''शैलेन्द्र, तुमने अब तक लाखों कमाये हैं, आगे और भी कमाओगे। लेकिन एक फिल्म के निर्माण की जो कमाई होती है, उसका मजा कुछ दूसरा ही होता है। फिर तुम्हीं क्यों पीछे रहे जा रहे हो?'' और आश्चर्य की बात, शैलेन्द्र उसके इस प्रस्ताव को फौरन मान भी गया। न मानता तो आखिर गुलफाम की मौत कैसे होती? और फिर, इसके तत्क्षण बाद फिल्माने के लिए उपयुक्त कहानी की तलाश शुरू हो गयी।

बासु भट्टाचार्य गलत अँग्रेजी ही नहीं, गलत हिन्दी बोलने का भी आदी था उन दिनों। जाननेवाले तो यह भी बताते हैं कि बासु बाबू को बाङ्ला भी गलत बोलने की आदत थी—हालाँकि यह बात कितनी सही थी, इसे कोई बाङ्लादाँ ही बता सकता है। विश्वविद्यालय की अर्जित डिग्री ने उसकी बस इतनी मदद की थी कि उसे अच्छी तरह लिखना-पढ़ना आ गया था। और पढ़ते-पढ़ते ही एक दिन जिस कहानी पर उसकी नजर पड़ी, वह थी *तीसरी कसम, उर्फ मारे गये गुलफाम*। बस, उसकी पीठ में भी गुदगुदी होनी शुरू हो गयी—''शैलेन्द्र, कहानी है तो सिर्फ वह, बाकी सब बकवास।''

शैलेन्द्र ने भी उसकी हाँ में हाँ मिलायी। लेकिन इस बात का पता लगाने में ही दोनों का खासा वक्त बरबाद हो गया कि *तीसरी कसम* का कथाकार जुम्मा-जुम्मा आठ दिनों पहले ही अवतीर्ण हुआ था, हिन्दी-लेखन के संसार में, कभी वह पाटलिपुत्र के राजेन्द्रनगर में पड़ा मिलता था, तो कभी प्रयागराज के सिविल लाइन्स स्थित कॉफी हाउस में। बाद में पता चला कि कभी-कभार दिल्ली के होटल-रेस्तराओं में भी उसकी खोजबीन की जा सकती है—होटल-रेस्तराओं के अलावा बाकी शहर से उसका कोई वास्ता नहीं रहता। यकीन दिलाने की बात नहीं है कि बासु ने शैलेन्द्र के खर्चे पर उस लेखक को पकड़ने के लिए इन सभी जगहों की अनेकानेक हवाई यात्राएँ भी कर डाली थीं, इस अवधि में, और बारे-खुदा करते-करते आखिर उसकी गिरफ्त में आ ही गये थे रेणु एक दिन।

रेणु उर्फ मारे गये गुलफाम

हिन्दी फिल्मों के इतिहास में रेणु के रूप में सम्भवतः पहली बार कोई जीवित रचनाकार अपनी ही किसी गैर-फिल्मी कृति पर कलम चलाने के लिए उसके

प्लेटफॉर्म पर उतरा था। लेकिन कथाकार फणीश्वरनाथ रेणु को तब तक यह बात नहीं मालूम हो पायी थी कि फिल्मी दुनिया में किसी कहानी को नया रूप देना कितना आसान या कितना कठिन हुआ करता है। कलम पकड़े-पकड़े महीनों निकलते गये और *तीसरी कसम* की गाड़ी जहाँ की तहाँ खड़ी रह गयी। कहानी की पुरानी लीक पर फिल्म की गाड़ी को चला पाना आसान भी नहीं हुआ करता। इसके पहले भी बम्बई में ऐसी अनेक दुर्घटनाएँ हो चुकी थीं, जब फिल्म का निर्माता किसी साहित्यिक कृति पर फिल्म-निर्माण की दुहाई देकर एक नयी ही देन दे बैठा था देखनेवालों को। फणीश्वरनाथ रेणु को अचानक ही अपनी पटना-नगरी का विरह सताने लगा और वे उस दिन को कोसने लगे, जब अपने गाँव सिमराहा के किसी एकान्त कोने में बैठकर उन्होंने हीरामन को नौटंकीवाली बाई के रूपजाल में उलझने के लिए उकसाया था। लेकिन तब छुटकारे का उपाय भी क्या बच रहा था?

रेणु के लिए सन्तोष की अगर कोई बात थी तो सिर्फ यह कि *तीसरी कसम* का पटकथा-लेखक काफी गम्भीर किस्म का आदमी था। नाम था नवेन्दु घोष। उम्र पचास के पार। पटकथा-लेखन ही नहीं, उपन्यास और कहानियों की दुनिया में भी मशहूर। और नवेन्दुबाबू ने फणीश्वरनाथ रेणु के साथ किस कदर गहरी दोस्ती गाँठ ली थी, इसका सबूत मिला तब जब *तीसरी कसम* के साथ ही रेणु के ख्यातिप्राप्त उपन्यास *मैला आँचल* के फिल्माने की वार्ता का उन्होंने श्रीगणेश किया। अनेक फिल्मों को सफलता अर्जित कराने के बाद नवेन्दुबाबू की तमन्ना हो उठी थी, स्वयं एक अच्छी फिल्म का निर्माण करने की, और *तीसरी कसम* की पटकथा के साथ ही *मैला आँचल* की सौदा-पाती भी उन्होंने तैयार कर डाली थी। रेणु की इन दो कृतियों पर फिल्म-निर्माण की पक्की घोषणा हो जाने के बाद इस अफवाह का उड़ना भी स्वाभाविक था कि साहित्य संसार को तिलांजलि देकर अब वे पूरी तरह से फिल्मी दुनिया के हमराही बननेवाले हैं। करेला-नीमचढ़ा की बात यह कि उसी दरम्यान उन्होंने अपनी रेडियोवाली नौकरी भी छोड़ दी, और स्थायी रूप से बम्बईवासी होने की तैयारियों में वे व्यस्त हो गये। सुननेवालों को भी इस बात पर विश्वास आने लगा था, लेकिन उस विश्वास के पकने के पहले ही रेणु-लिखित आधा दर्जन कहानियाँ एकबयक शीर्ष स्थानीय साहित्यिक पत्र-पत्रिकाओं में प्रकाशित हुईं। यह सम्भवतः इसकी पुष्टि थी कि रेणु फिल्म लोक में बसेंगे नहीं, भले ही कुछ दिनों के लिए उसका अस्तित्व उन्होंने स्वीकार कर लिया हो। गौर करने की बात थी तो सिर्फ यह कि रेणु ने तब तक विशुद्ध रूप से एक भी फिल्मी कहानी नहीं लिखी थी, उनकी साहित्यिक कृतियों पर ही निर्माताओं का ध्यान आकर्षित होने लगा हो तो दूसरी बात है। फिर, *तीसरी कसम* के संवाद-लेखन

के बाद ही रेणु का बिहार लौट जाना यकीनी था, और इसी वजह से वे कई बार बिहार गये और कई बार वहाँ से वापस लौटे।

लेकिन *तीसरी कसम* के फिल्म-निर्माण की कहानी रेणु के बम्बई-पटना गमनागमन की कथा से ही पूरी नहीं होगी। उसकी पटकथा तैयार करने में लेखकों का जो वक्त जाया हुआ, उसकी तो बात ही दरकिनार, परेशानी इस बात की भी थी कि उनको कोई हीरोइन तब इस भूमिका के उपयुक्त नहीं मिल पा रही थी। बम्बई में दर्जनों हीरोइनें रहती हैं, लेकिन कोई जरूरत से ज्यादा व्यस्त थी तो कोई अपने अभिभावकों के शिकंजों में आबद्ध। मीनाकुमारी को आजीवन इस बात का अफसोस रहा कि वह *तीसरी कसम* की हीराबाई नहीं बन पायी। उसके भाग्य की बागडोर उन दिनों पतिरूपी एक बड़े निर्माता-निर्देशक के हाथों बँधी हुई थी और उसने पूर्णिया जाकर मेले-ठेले में आँखें मटकाने की इजाजत उसे देने से साफ इनकार कर दिया—हीराबाई का अपना नसीब जैसे उसके व्यक्तिगत जीवन में भी चरितार्थ हो आया हो। यह बात उस अभिनेत्री के लिए पछतावे की ही बनकर रह गयी थी लेकिन उस तरह की स्थिति में किया भी क्या जा सकता था?

तीसरी कसम का निर्देशक भी पूरी तरह मस्त-मलंगा साबित हुआ। अच्छे पारिश्रमिक के साथ इतनी महत्त्वपूर्ण फिल्म का निर्देशन कार्य प्राप्त करने के बावजूद चारमीनार पीने और आनन्दकुंज के सामनेवाले फुटपाथ की सुनसान पुलिया पर बैठकर अपने साथियों के सामने दिनदहाड़े बड़ी-बड़ी गप्पें मारने की उसकी आदत तब भी नहीं जा पायी थी। अपनी फिल्म के लिए उसे किसी लड़की की नहीं बल्कि बड़ी-बड़ी आँखोंवाली किसी खूबसूरत औरत की तलाश थी—एक ऐसी परिपक्व औरत, जिसकी अनुभवी आँखें किसी प्रौढ़ व्यक्ति के कुमार-हृदय में पहली ही नजर में कशमकश पैदा कर दें। उस औरत की तलाश में मेरे जैसे अपने साथियों के साथ वह गली-गली डोलता फिरा। सान्ताक्रुज से चर्चगेट तक के सभी होटलों में उसने अड्डेबाजियाँ शुरू कर दीं, और एक दिन जब किसी अनुभवी आँखोंवाली औरत से चप्पलें खाने की नौबत आ गयी तो उसने भी हीरामन की तरह कसम खा ली—'नहीं, अब किसी औरत की तलाश नहीं होगी!'

तभी *प्यासा* की प्यासी और *साहब, बीबी और गुलाम* की जवा वहीदा रहमान ने एक दिन उसकी तलाश को आखिर खतम ही कर दिया। लेकिन राज कपूर बैलगाड़ी हाँकने की तमन्ना को छोड़कर बम्बई से लन्दन और लन्दन से स्विट्ज़रलैण्ड की ओर उड़ने में ही तल्लीन रह गये और फिल्म का निर्माण जहाँ का तहाँ पड़ा रह गया। शैलेन्द्र अपने गीतों को शब्द देने के उपरान्त हाथ पर हाथ रखकर बैठा ही रह गया और बासु भट्टाचार्य को चारमीनार के कशों से किंचित नजात नहीं मिल पायी। तब तक *तीसरी कसम* की चर्चा आरम्भ हुए तीन वर्ष से

अधिक का समय बीत चुका था, और रेणु के गाँववाले इस बात की प्रतीक्षा ही करते रह गये थे कि राज कपूर के रूप में हीरामन नामक गाड़ीवान अपनी बैलगाड़ी में किसी सुन्दरी को बैठाकर गीत गाते हुए उनकी सुनसान सड़कों से आखिर कब गुजरेगा?

लेकिन फ़ारबिसगंज, जिला पूर्णिया, की सड़कों से कभी नहीं निकल पाया हीरामन गाड़ीवान, और वहाँ के निवासी उसकी प्रतीक्षा ही करते रह गये। हाँ, मध्य प्रदेश के बीना-सागर सम्भाग के किसी गाँव में फ़ारबिसगंज की नकली गलियों का निर्माण अवश्य किया गया, जहाँ सिर्फ हीरामन ही नहीं, हीराबाई भी उसकी बैलगाड़ी पर बैठी देखी गयी।

और उसके बाद का किस्सा तो जगजाहिर है! उसे आप रुपहले पर्दे पर देख और पत्र-पत्रिकाओं में पढ़ चुके हैं। शैलेन्द्र की असामयिक मौत की मुख्य जिम्मेदार इस फिल्म ने टिकट-खिड़की पर पूरी तरह असफल रहने के बावजूद जितना नाम कमाया, वह अब इतिहास की चीज बन चुका है—भले ही पैसा कमाने की दिशा में वह पूरी तरह नाकारा ही क्यों न सिद्ध हुई हो। गुलफाम को तो आखिर मरना ही था, उसे बचा भी कौन सकता था?...

रेणु से जब मेरी मुलाकात हुई तो वे बम्बई में खार-रोड स्टेशन के बाजू में स्थित एवरग्रीन (बाद के गुरु) होटल में रह रहे थे। उनके कृतित्व से मूलतः मुझे नेमिचन्द्र जैन ने परिचित कराया था। उनके द्वारा लिखित पहला उपन्यास *मैला आँचल* तब निकला ही निकला था और निकलते ही लोगों की चर्चा-परिचर्चा का विषय बन गया था। पुस्तक का प्रकाशन शायद रेणु ने स्वयं किया था। नेमि उन दिनों केन्द्रीय संगीत-नाटक अकादमी में कार्यरत थे। दिल्ली में अचानक एक दिन जब उनसे भेंट हुई तो वे पूरी तरह रेणुमय दिखे। उन्होंने तब कहा था—''रामकृष्ण, ऐसा रचनाकार युगों बाद पैदा होता है, उसे सामान्य लेखक समझने की भूल कभी नहीं करना।'' *मैला आँचल* की एक प्रति तब भी उनकी मेज पर थी। सस्ता कागज, स्तरहीन ले-आउट, फूहड़ छपाई, कस्बई गेट-अप, रद्दी बाइण्डिग—लेकिन तब भी उसे जो लोकप्रियता मिल रही थी, वह अनन्य थी। उसको पढ़ने का मौका मुझे काफी दिनों बाद मिल पाया—वह भी बम्बई पहुँचने पर। पुस्तक के दूसरे संस्करण का प्रकाशन तब तक हो चुका था, राजकमल या राजपाल ने उसे छापा था। इसीलिए उस नवीकृत संस्करण की प्रति जब मुझे देखने को मिली, तब वह पूरी तरह नागर रूप धारण कर चुकी थी—सर्वथा परिष्कृत, परिमार्जित और परिवर्द्धित।

रेणु से मेरी पहली भेंट कन्हैयालाल नन्दन के साथ हुई थी, लेकिन बाद में तो उनके सान्निध्य में अपनी हर शाम बिताना जैसे मेरा नित्य नियम बन गया।

तीसरी कसम चूँकि रेणु की ही एक कहानी *मारे गये गुलफाम* पर आधारित थी, इसलिए शैलेन्द्र ने उनको भी बम्बई बुला लिया था। वह शायद रेणु की पहली बम्बई यात्रा थी। ग्रीन होटल की ऊपरी मंजिल के एक बिलकुल मामूली-से लगनेवाले कमरे में उनको ठहराया गया था। बम्बई का अदना से अदना फिल्म लेखक भी जब ताज या नटराज या सन-एन-सैण्ड या ऐसे ही दूसरे होटलों में रहकर उन दिनों स्टोरी डिस्कशन के नाम पर अल्लम-गल्लम खर्च कराने का आदी रहा था और उसके नाज-नखरों का रखरखाव करना उसके प्रोड्यूसर की पैदाइशी जिम्मेदारी मानी जाती थी। रेणु को उस कमरे में देखकर सच ही अचरज हुआ था। बाद में पता चला कि रेणु खुद भी वहाँ रुककर सुखी नहीं थे, लेकिन उनका स्वभाव चूँकि बेहद शर्मीला था—या कम-से-कम अपनी उस नाखुशी का सार्वजनिक प्रदर्शन करना उन्हें अच्छा नहीं लगता था—इसलिए उसकी शिकायत न कभी उन्होंने अपनी फिल्म के निर्माता से की और न निर्देशक से।

रेणु से मिलने जब हम लोग ग्रीन होटल पहुँचे, उस समय *तीसरी कसम* के पटकथा-लेखक नवेन्दु घोष शायद वहीं थे, और बासु भट्टाचार्य और बासु चटर्जी भी, जिनके जिम्मे उस फिल्म के निर्देशन का भार था। दोनों बासु चूँकि मेरे परम मित्रों में थे, इसलिए उस दिन रेणु के यहाँ पहुँचकर मुझे बिलकुल ऐसा नहीं लग पाया था, जैसे मैं किसी अपरिचित से मिलने आया हूँ। अपनी पहली मुलाकात में रेणु मुझे वैसे नहीं लगे थे जैसा उन्हें लगना चाहिए था। साहित्यिक की लगन, जलन, दम्भ, ईर्ष्या, आवेश, सौजन्य और वैमनस्य की सभी भावनाओं से दूर इतने साधारण किस्म के आदमी वे लगे थे कि उन्हें और किसी रूप में देखना खुद अपने ही मन के साथ छलावा करना होता।

साहित्य का आडम्बर और उसका प्रदर्शन हमें चाहे जितना आकृष्ट कर लेता हो, लेकिन निखालिस व्यक्तित्व से ज्यादा आकर्षक कोई दूसरी चीज नहीं हो सकती। सुगमता और सरलता का एक आनन्द होता है—एक पृथक्-सी तन्मयता जिसमें व्यक्ति को कभी बाह्य आघातों-व्याघातों की कोई चिन्ता नहीं सताती। और रेणु भी जब मिले, तब पूरी तरह आत्म-तन्मय थे, कुछ इस तरह कि दूसरों के साथ दुराव रख पाना उनके लिए और भी मुश्किल बात बन जाए। इस कारण थोड़ी ही देर पहले *मैला आँचल* और *परती परिकथा* के लेखक का जो विराट स्वरूप मन पर शून्य-नि:सृत आकाश की तरह छाया हुआ था, वह नजर में समाते ही एक छोटे शुक्र तारे की तरह टिमटिमाता रह गया।

और उस तारे का साथ मन से इस तरह जुड़ा कि सर्वथा अलग-थलग रहने पर भी, लगता था, जैसे बरसों से हम दोनों साथ रहते आये हों। इसी वजह से मुलाकात के पहले जिस रेणु का नाम मैंने सुन रखा था वह कई रेणुओं में बिखर

गया। कहना पड़ेगा कि रेणु को मैंने कई रंगों में देखा है—अकेले, फिल्म निर्देशकों और पटकथा-लेखकों के बीच, और उन लोगों के साथ भी, जो साहित्य के कर्णधार चाहे न बनते हों, लेकिन अपने आपको उसका सूत्रधार बताने में जिन्हें कोई झिझक नहीं होती। इन सब रंगों में मैंने देखा कि रेणु में सरलता, संकोच, व ऐसी स्पष्टवादिता है, जो उनके व्यक्तित्व की कई परतों को खोलकर रख देती हैं और जिसके साथ उनकी कृतियों के समस्त पृष्ठ एक साथ ही फड़फड़ा उठते हैं।

साहित्य जगत में रेणु का प्रवेश सचमुच ही अजीब तरह से हुआ था। मंच पर आ विराजने के पूर्व किसी को उनके विषय में यह भी पता नहीं था कि कहाँ और किस कोने में वे खड़े हैं। और जब वह वहाँ आ चमके तो लगा कि जैसे हिन्दी साहित्य के क्षितिज पर कोई गागारिन चमक उठा हो। एक गुमनाम आदमी रातों-रात विख्यात हो गया था और देखनेवालों को लगा था कि जैसे पुस्तक प्रकाशकों ने हिन्दी साहित्य को कोई लेखक नहीं, बल्कि सितारा भेंट कर दिया हो। इसीलिए उन दिनों जितनी निरख-परख रेणु की हुई, बहुत ज्यादा हुई, और बहुत ज्यादा होकर भी बहुत कम हुई—क्योंकि रेणु का मूल्यांकन कुछ और होना अपेक्षित था।

उस बार रेणु जब तक बम्बई में रहे, रोज ही हम लोगों में कहीं-न-कहीं भेंट होती रही। कभी उनके होटल में, कभी मेरे अपने फ्लैट पर, कभी शैलेन्द्र के *रिमझिम* में और कभी उन गोष्ठियों-समारोहों में जो हर दूसरे-तीसरे दिन किसी न किसी के द्वारा रेणु के स्वागत में आयोजित हुआ करते थे। और ऐसी ही एक गोष्ठी की याद अब तक मेरे दिल-दिमाग में तरोताजा है। सुप्रसिद्ध साहित्यकार सरदार महीप सिंह उन दिनों किंग्स-सर्किल के पासवाले खालसा कॉलेज में हिन्दी का अध्यापन करते थे। *सिंहनाथम्* नामक उनकी एक संस्था भी थी जिसके माध्यम से वह विभिन्न पत्र-पत्रिकाओं को प्रकाशन सामग्री का भी वितरण करते थे, और गाहे-बगाहे उसी के झण्डे तले साहित्यकारों-कलाकारों का अभिनन्दन भी कर लिया करते थे। रेणु के बम्बई पहुँचने पर उन्होंने भी उनके सम्मान में एक समारोह आयोजित कर डाला। अपनी आदत के अनुसार रेणु पहले तो उसमें सम्मिलित होने के लिए ना-नुकर ही करते रहे, और फिर अपनी आदत के अनुसार ही वहाँ जाना भी उन्होंने स्वीकार कर लिया। चलते-चलते उन्होंने कहा था—"भई, इन गोष्ठियों में जाने से जी घबराता है। समझ में नहीं आता कि उनका सचमुच कोई प्रयोजन होता है, या सिर्फ अपने मनोरंजन के लिए लोग वहाँ आते-जाते हैं?"

महीप सिंह की महफिल में उस दिन कई नये चेहरे दिखाई दिये थे मुझे—हिन्दी उपन्यास-जगत के उस बहुचर्चित धूमकेतु को देखने, चुटकियाँ लेने और तालियाँ बजाने भर के लिए। रेणु थे कि वहाँ जैसे पूरी तरह छुई-मुई बन बैठे हों।

तथाकथित साहित्य-सर्जकों से भरे ड्राइंगरूम में सुसज्जित लहीम-शहीम सोफे पर जो वे एक बार धँसे तो लगा कि जैसे उनके आकार को ही वह थोड़ी देर में निगल जाएगा। चौड़ा पाजामा, लम्बा कुरता, कुछ उचकाकर और कुछ उलझाकर सँवारे हुए उनके घुँघराले बाल और सुनहरे फ्रेम से झाँकती उनकी दो गोल-गोल आँखें अपने आपमें सिकुड़ उठी थीं, और उन सबके बीच उनका बेगानापन कोटरों के बाहर आँखें पसारकर झाँकने लगा था, शरमायी हुई अवस्था में।

गोष्ठी के बीच में ही एक अफसर की पत्नी ने उनसे पूछा था—"आखिर ऐसे लेखन से क्या लाभ, जिसके शब्दों के अर्थ किसी डिक्शनरी में ढूँढ़े भी न मिलते हों, या जिन्हें समझने के पहले फुटनोट पर नजर डालना जरूरी हो जाए?" बहुत इत्मीनान से मुस्कराते हुए उन्होंने जवाब दिया था—"तो कौन कहता है कि आप मेरी रचनाओं को बाँचें ही? बिना पढ़े भी तो उनको कूड़े के ढेर में फेंका जा सकता है?"

उस दिन की गोष्ठी खामोशी में नहीं, हँसी-खुशी में विसर्जित हुई, और हम एक-दो लोग उन्हें उनके होटल की ओर लेकर चल पड़े। लेकर चल पड़े इसलिए कि बम्बई में हर कदम पर रेणु को किसी रहनुमा की जरूरत पड़ जाया करती थी। वे जब वहाँ की सड़कों पर चलते थे तो ऐसा लगता था, जैसे सड़कें सचमुच अजगर बनी बैठी हैं और उस अजगर के सैकड़ों मुँह हैं और हजारों दाँत। बहुत सँभल-सँभलकर चलना पड़ता था, रेणु को उन सड़कों पर। इसीलिए अगर वे किसी चौराहे पर ठिठक गये तो सौ-पचास बसों, कारों और टैक्सियों को बिना रास्ता दिखाये वे आगे नहीं बढ़ सकते थे।

उस तरह की किसी भी राह पर रेणु के साथ जब मैंने अपने कदम रखे तो हमेशा मुझे ऐसा लगता रहा, जैसे बम्बई में कभी नहीं जी पाएँगे रेणु। जिनकी व्यथा-कथा लिखकर रेणु ने नाम कमाया था, उनसे किसी भी मानी में वे एक कदम आगे नहीं बढ़ पाये थे, तब तक। कहने को वे भले ही बम्बई, दिल्ली और कलकत्ता की सैर कर आते हों, लेकिन उनका गँवईपन उनका प्राणतत्त्व था। उनके इस गँवईपन की वजह से उनकी रुचियों और प्रकृति को समझ पाना आसान नहीं था।

बिहार के उन गर्दभरे गाँवों में रेणु ने न केवल अपना जीवन ही बिताया था, बल्कि वहाँ नेतागिरी भी की थी। वह नेतागिरी भी तब के समाजवादी दल की। जिसका नाम सुनते ही लगता था, जैसे कीचड़ से भरे पथ पर कोई धूल-धूसरित व्यक्ति अकेला ही चला जा रहा हो। यही सब सुनकर सरदार महीप सिंह ने उनके आने-जाने की व्यवस्था लोकल ट्रेन से कर दी थी। गाँव का नेता यदि बैलगाड़ी छोड़ दे तो रेलगाड़ी की सवारी तो कर ही लेगा। लेकिन उस दिन बम्बई की हार्बर

लाइन की उस खचड़ा ट्रेन की जो आकुल-व्याकुल प्रतीक्षा रेणु को करनी पड़ी थी और जिस गर्दगुबार का सामना उनको फर्स्ट क्लास के डिब्बे में भी करना पड़ गया था, उस कारण उनका दम-सा घुटने लग गया था। इसीलिए रास्ते भर इत्र से डूबी रूमाल उनकी नाक की सवारी करता ही रहा।

बहुत ही साधारण ढंग से कुरता-पाजामा पहना करते थे रेणु। लेकिन कुरते पर हलका-सा दाग या पतली-सी सिकुड़न भी उनको गवारा नहीं हो पाती थी। उस दिन पहनने के लिए जो नया कुरता-पाजामा निकाला था उन्होंने उस पर नजर पड़ते ही वे कुलबुला उठे थे। लॉण्ड्रीवाले ने पाजामे पर पाजामे की तरह, नहीं, बल्कि पतलून की तरह इस्तरी फेर दी थी। बम्बई का वह फैशन उन्हें बहुत देर तक सालता रह गया था। रेणु से पहली मुलाकात में अगर उनकी सादगी बोलती थी तो दूसरी मुलाकात में उस सादगी की नफासत अचम्भे में डाल देती थी।

बहुत पैसा है इस फिल्मी दुनिया के पास। अगर फँसा लिया इस अलकानगरी ने अपने मायाजाल में कहीं रेणु को, तो उन रेणु का क्या होगा जो सड़क पर ठिठक जाते हैं, रेल में बौखला उठते हैं। एकदम यही सवाल पूछा था मैंने रेणु से, एक शाम खार-पाली रोड के उस सुनसान रास्ते पर चलते हुए। लेकिन उन्होंने इस सवाल को किंचित गम्भीरता से नहीं लिया था। गोकि उनकी दो कृतियाँ तब तक बिक चुकी थीं और तीसरी का गाहक मैं खुद ही जुटाने के फेर में लगा हुआ था। एक अभिनेत्री भी उनसे मिलने के लिए व्याकुल थी, और रेणु हर बार उसके यहाँ जाने से रह जाते थे। रेणु का प्रचार फिल्मलोक में आँधी की तरह फैला था, सो कई निर्माता भी उनके विषय में कुछ जानने-सुनने के लिए आतुर थे। मगर यह सब घटनाएँ उन्हें कुछ भी प्रभावित नहीं कर पायी थीं। टहलते-टहलते उन्होंने मुझसे कहा था—"भई, मैं बम्बई आ सकता हूँ, सिर्फ एक व्यापारी की तरह—वह भी कभी-कभार। लेकिन यहाँ जीना, रहना मेरे बस की बात नहीं होगी। चौबीस घण्टों में चार घण्टे भी तो मेरा मन यहाँ नहीं लग पाता। अगर इन चार घण्टों में भी कहीं रम पाता तो जमने की बात सोची जा सकती थी।"

और सचमुच जमने की कोई बात सोचे बिना ही वह वहाँ से विदा भी हो गये। कच्चे व्यवसायी की तरह अपनी एक कहानी और एक उपन्यास ही बेच पाये थे वे। जिस अभिनेत्री से वे मुलाकात नहीं कर सके थे उससे फिर कभी मिल भी नहीं पाये। उसे कहानी नहीं दी, एक संवाद भर छोड़ गये उसके नाम—तुम मुझे अच्छी लगी हो, तुम्हारी फिल्मों को भी मैंने देखा है।

फिर कुछ ही दिनों बाद रेणु का फिल्मलोक में आना-जाना दुबारा शुरू हो गया था। वैसे अपनी उन लघुयात्राओं में बम्बई की उमस, वहाँ की भागदौड़, वहाँ का कोलाहल ही देख पाये थे वे।

विमल मित्र : जीवन का उपन्यास रचते हुए

तीसरी कसम यद्यपि *साहब, बीबी और गुलाम* की समकालीन फिल्म थी, लेकिन प्रदर्शन की दौड़ में पीछे रह जाने के कारण उसे हम अपनी पहली पुरस्कार सूची में शामिल नहीं कर पाये थे। उस वर्ष सर्वश्रेष्ठ फिल्म होने का गौरव प्राप्त हुआ था *साहब, बीबी और गुलाम* को। फिल्म से सम्बद्ध दूसरे प्रमुख विजेता उसके रचनाकार विमल मित्र थे। विमल मित्र भी उन दिनों बम्बई में ही रह रहे थे, पाली हिल स्थित गुरुदत्त के भव्य आवास में। वे बाङ्ला के स्थापित साहित्यकार थे, उनके दर्जनों उपन्यास तब तक प्रकाश में आ चुके थे, और बंगाल का जनमानस उनकी कृतियों के पीछे दीवाना था। उनके परिवेश और रेणु के रहन-सहन को देखकर तत्काल दो भाषाओं का अन्तर समझ में आ जाता था, साथ ही उनके प्रशंसकों के बीच का अन्तर भी। विमल मित्र प्रबुद्ध समाज के अतिरिक्त अपने प्रदेश के जनसामान्य के बीच पूरी तरह प्रतिष्ठित थे। उन्हीं दिनों मैं विमल मित्र से भी मिला।

मुझे याद है, बहुत ही सकुचाये हुए मिले थे विमल मित्र—इतना अधिक संकोच कि एक बार कविवर सुमित्रानन्दन पन्त भी उनसे हार मान लेते। लेकिन वह स्थिति अधिक देर तक स्थायी नहीं रह पायी, क्योंकि शनैः-शनैः संकोच का वह आवरण स्वतः ही हटता गया और फिर महसूस होने लगा, जैसे विमल मित्र अपने नाम के दोनों शब्दों को पूरी तरह सार्थक कर रहे हों। इतने विमल, निर्मल और विकारहीन जैसे कमल की पंखुड़ियों पर बिखरे ओसकण, और मित्र ऐसे कि क्षणिक परिचय के बाद ही हृदय की गहन परतों के बीच अपना अविस्मरणीय स्थान बना लें। हम हिन्दीभाषी, वे बाङ्ला बोलनेवाले। बाङ्ला बोलने-समझने में हम नितान्त असमर्थ, और हिन्दी में अपने विचारों को अभिव्यक्ति देने में विमल मित्र भी पूरी तरह सक्षम नहीं लेकिन अँग्रेजी का माध्यम वे स्वीकार नहीं कर पाये, और अपनी टूटी-फूटी हिन्दी में जो वह बोले, वह बहुत ही मधुर लगा, बहुत ही प्रिय।

विमल मित्र की कुछ कहानियों को पढ़ने का मौका मुझे मिला था, और उनकी सभी कहानियाँ रह-रहकर मन-मस्तिष्क में मँडराती रही थीं। इससे मिलते ही पूछ बैठा था—"कुछ दिनों पहले आपकी एक कहानी पढ़ी थी, शीर्षक था *यह भी देखा*। पढ़ना शुरू किया तो एक साँस में ही उसे पूरी तरह पढ़ डाला। सीधे जाकर दिमाग पर चोट कर बैठी थी वह। लगा था, उस विदेशी के साथ मैंने भी कुछ देख लिया है। वह सब देख लिया, जिसे देखने के बाद अनदेखा कर दिया

करता था अब तक। कैसे लिख लेते हैं इस तरह की कहानियाँ आप?''

मेरे सवाल को सुनकर मन्द-मन्द मुस्काये थे विमल मित्र। बोले थे, ''ऐसी कहानी न लिखूँ तो तुम लोग उसे पढ़ोगे ही क्यों? आज के युग में अनेक बोझों से दबा हुआ है इन्सान, फिर कहानी पढ़ने का अवकाश किसे मिल पाता है? उन झंझटों से निकलकर वह बहुत कम समय दे पाता है पढ़ने-पढ़ाने में, और इसलिए लेखक को चाहिए कि थोड़े समय में बहुत कुछ कहने की आदत वह सीख सके।''

''लेकिन थोड़े समय में बहुत कुछ कह देना ही तो काफी नहीं होता, बल्कि उससे तो बोझिलता बढ़ ही जाती है। आपकी रचनाओं में जरूर कोई ऐसी चीज है जो लगातार पढ़नेवालों को बाँधे रहती है, जबकि अन्य लेखकों की रचनाओं में सामान्यत: वह चीज नहीं मिल पाती। एक सस्पेंस-सा रहता है आपकी कहानियों में अन्त तक, और उन्हें पढ़ने के बाद सहज ही एक वेदना फैल जाती है मन के रेशे-रेशे में।''

विमल मित्र ने जवाब दिया था, ''सस्पेंस ही तो मुख्य गुण होता है कथा-कहानी का। वह न हो तो पाठकों के मन को बाँधना सम्भव भी कैसे हो पाएगा? एक-दो पंक्तियों को पढ़कर यदि पाठक किसी कहानी या उपन्यास को कोने में फेंक दे तो लेखक का उद्देश्य हल नहीं हो सकता। वह तो लेखक की पराजय ही मानी जाएगी।''

फिर कुछ रुकने के बाद वह बोले थे, ''इस सस्पेंस को हासिल करने में काफी समय लग गया था मुझे। मैंने जब लिखना शुरू किया तो बहुत कुछ लिख गया, लेकिन जब कभी उसे पढ़ता तो खुद को एक कमी-सी महसूस होती उसमें। लगता था, पाठकों के बीच ऐसे लोकप्रिय नहीं हो पाऊँगा, और इसीलिए एकाएक लिखना बन्द कर दिया। पूरे दस बरसों तक कलम भी नहीं पकड़ी। उस विधि की तलाश करता रहा इतने दिनों, जिसके माध्यम से कथा में प्रवाह ला सकूँ, मेरी रचना पाठक के मन को बाँधने में समर्थ रह सके। दस बरस बाद पकड़ पाया उस तकनीक को मैं...''

''और उन दस बरसों तक क्या-क्या करते रहे आप?''

''नौकरी कर ली थी रेलवे के भ्रष्टाचार-निरोधक विभाग में। कहीं पढ़ा था कि अफ्रीका से लौटने के बाद और स्वतन्त्रता की लड़ाई शुरू करने के पहले गाँधीजी ने तीसरे दरजे का टिकट कटाकर पूरे हिन्दुस्तान की यात्रा कर डाली थी, क्योंकि कोई ठोस कदम उठाने के पहले वे देश की आम जनता से परिचित हो लेना चाहते थे। मुझे भी महसूस हुआ कि लेखक बनने के पहले मुझे अपने देशवासियों से पूरी तरह परिचित हो लेना जरूरी है, और इस काम के लिए मुझे

सबसे अच्छी नौकरी लगी रेलवे की। नौकरी की, मुफ्त में घूमने को मिला और साथ ही अपने पात्र-पात्राओं को देखने का मौका भी ?''—इस बार विमल मित्र खुलकर हँसे, कि जैसे पहाड़ी झरना एकबयक बह चला हो।

''इस तरह तो देश का काफी बड़ा हिस्सा देख लिया होगा आपने, लगभग सारा हिन्दुस्तान ही ?''

''सारा हिन्दुस्तान तो नहीं देख पाया, हाँ, उसका एक बहुत बड़ा भाग जरूर ही घूमने को मिल गया था उस अरसे में। पंजाब और कश्मीर का इलाका बिलकुल ही छूट गया था। वैसे इतना घूमकर भी आम आदमी की नाड़ी तो पहचान ही सका हूँ।''

''तो आप लिखते भी रहे, और नौकरी भी करते रहे ?''

''नहीं, जब लिखना शुरू किया तो नौकरी छोड़ दी।''

''नौकरी छोड़ने में कोई परेशानी नहीं हुई आपको ?''

''परेशानी क्या होती ? नौकरी तो यही सोचकर की थी न कि उसे छोड़ना है। हाँ, अपनी आवश्यकताओं को बहुत ही सीमित कर देना पड़ा, जब कलम हाथ में पकड़ी, और फिर जोर-शोर से लिखना शुरू कर दिया। नौकरी के बन्धन को स्वीकार कर लिखना सम्भव नहीं था मेरे लिए। जब तक नौकरी की, एक शब्द भी नहीं लिखा। खूब घूमा, खूब अध्ययन किया। लिखने की जब सही तरकीब मालूम हो गयी तो नौकरी को नमस्कार कर दिया।''—बहुत ही इत्मीनान के साथ बताया था विमल मित्र ने।

''जरूरतों को बढ़ाकर एकाएक उन पर लगाम लगा देना आसान काम तो नहीं ?''—मैंने साश्चर्य पूछा था उनसे। उत्तर में फौरन बोले थे, ''तो लेखक बनना भी तो आसान काम नहीं ? सुख-सुविधाओं और रुपयो-पैसों को दिमाग में रखकर तो लेखन-कार्य सम्भव नहीं हो सकता। इस दुनिया में रहकर भी लेखक को अपनी एक नयी दुनिया बनानी पड़ती है, जहाँ से वह सब कुछ देखता है, सब कुछ महसूस करता है, लेकिन सबसे अलग रहता है।''

और विमल मित्र की दुनिया भी अलग थी। कोलकाता जैसी महानगरी में रहते हुए भी वे अपने को आधुनिक युगीन समस्याओं से पूरी तरह दूर रख सके थे। आज के युग का सबसे बड़ा अभिशाप पैसा है। पैसा, पैसा, पैसा और पैसा। आदमी की मान्यताएँ, समाज में उसका स्तर, समस्याओं और परिस्थितियों को मूल्यांकित करने का उसका ढंग, हर चीज का आधार बस पैसा ही रह गया है। और पैसे के इसी बदलते हुए स्थान को अपनी कहानियों का आधार बनाया था विमल मित्र ने। अपने उपन्यास—*कौड़ी दिये किनलाम*—हिन्दी में *खरीदी कौड़ियों के मोल*—में उन्होंने पैसे से आक्रान्त व्यक्तियों की मानसिक अवस्था का बहुत

मार्मिक चित्रण किया था। *कौड़ी दिये किनलाम* के अर्थ होते हैं—पैसा देकर क्या पाया?

"लेकिन पैसों के माध्यम से केवल मानसिक अशान्ति ही खरीदी जा सकती है न?" वे बोले थे।

पहली बार लिखना शुरू किया था विमल मित्र ने बीस-इक्कीस वर्ष की अवस्था में। दुबारा लिखना शुरू किया तीस वर्ष की उम्र में, और अपेक्षित ख्याति के स्वामी बने वे अपने चालीसवें वर्ष में। *साहब बीबी और गुलाम* ने उन्हें प्रसिद्धि के सर्वोच्च शिखर पर ला बिठाया था। पूरे बीस बरसों के घोर संघर्ष में रत रहना पड़ा था उनको।

और अपने उसी संघर्ष की याद करते हुए वे बोल उठे थे, "पाठकों के दिल-दिमाग में बैठना आसान काम नहीं। पहले के जमाने में किसी लेखक को चमकने में अगर पाँच साल लगते थे तो अब पन्द्रह लगते हैं, और कुछ ही दिनों बाद वह अवधि पच्चीस बरसों की हो जाएगी। और अगर ईमानदारी के साथ उसने कुछ लिखा है तो एक न एक दिन उसे पहचानना ही पड़ेगा। रूस में पुश्किन को उसके अवसान के पचास वर्ष बाद पहचाना गया, और इटली में एक कवि को उसकी मृत्यु के तीन सौ बरस बाद ही पहचान सके वहाँ के निवासी। धन, यश, सुविधा, आदर, सम्मान सबको भुलाकर जो लेखक अपना कार्य करता है उसी को सफलता मिलती है। वह पहचाना ही जाएगा—भले ही वह दिन उसकी मौत के बाद ही क्यों न आए!"

फिर कुछ देर रुककर पूछ बैठे थे विमल मित्र—"हिन्दी साहित्य में क्या हो रहा है आजकल? सुना है, भाषा का झमेला हल नहीं हो पा रहा?"

"भाषा का कैसा झमेला?"

"यही कि कुछ लोग संस्कृतनिष्ठ हिन्दी के पक्षधर हैं, और कुछ लोग उर्दू मिश्रित हिन्दी के?"

मैंने हामी भरी तो बोल उठे थे विमल मित्र—"यह झगड़ा मुझे तो समझ में नहीं आ रहा। साहित्य की भाषा वही होनी चाहिए, जिसे आम आदमी बोलता है—बोले जानेवाले शब्द चाहे संस्कृत के हों या उर्दू के। पाठक के दिमाग को भी तभी बाँधा जा सकता है, जब उसे स्वयं अपनी भाषा में साहित्य की प्राप्ति हो, अन्यथा वह साहित्य क्यों पढ़ेगा—सिनेमा, रेडियो और टीवी जैसे अनेक साधन हैं उसके पास अपने मनोरंजन के लिए। इन सभी चीजों से अधिक आकर्षण होना चाहिए साहित्य में।"

कोई जवाब नहीं दे पाया था मैं विमल मित्र को। जो कुछ उन्होंने कहा था, ठीक ही था। हम भ्रमित ही तो हैं एक सीमा तक। और बात को टालने की गरज

से मैं स्वयं ही प्रश्न कर बैठा था विमल मित्र से—''कलकत्ता जैसे बड़े शहर में रहकर साहित्य की सृष्टि करने में आपको क्या कोई असुविधा नहीं होती?''

''मुझे तो नहीं होती, लेकिन शहर से कहीं ज्यादा गाँव उपयुक्त होते हैं लेखन कार्य के लिए।''

''लेकिन गाँव में रहकर संसार की दैनन्दिन गतिविधियों के बारे में पूरी जानकारी तो नहीं रह पाएगी लेखक को? इस दृष्टि से तो शहर ही उसके लिए अधिक उपयुक्त होना चाहिए?'' मैंने अपनी राय व्यक्त करते हुए कहा था।

''अगर गाँवों में पढ़ने-लिखने की सुविधा नहीं मिल सकती है तो लेखक को चाहिए कि वह शहर में ही गाँव का वातावरण बनाकर अपना काम करे। ऐसा करने से ही उसका मस्तिष्क अपेक्षाकृत शान्त रह सकेगा। शहर का आकर्षण तब उसे आकृष्ट नहीं कर पाएगा। सरकार को चाहिए कि तरह-तरह के अवार्ड बाँटने के बदले लेखकों के लिए ऐसी व्यवस्था करे कि स्वाध्याय तथा लेखन दोनों सुविधाएँ उन्हें उपलब्ध हों।''

''तो इन पुरस्कारों के पक्ष में आप नहीं हैं क्या?'' मैंने पूछा था।

''हाँ, मेरे खयाल में तो लेखकों को इस तरह के अवार्ड लेने से इनकार कर देना चाहिए। किसी भी रचना का मूल्यांकन गिने-चुने व्यक्ति नहीं कर सकते। उसका निर्णय तो समय ही करेगा।'' बहुत ही संयत स्वर में, एक-एक शब्द को तौलते हुए बोले थे विमल मित्र। मुझे लग रहा था, जैसे उनके मुख से युग-सरस्वती बोलती जा रही हो।

कहने को तो काफी कुछ कह गये थे विमल मित्र, लेकिन लगा था कि जैसे किसी भी तरह का आकर्षण उनको अपनी ओर खींचने में सफल नहीं हो सकता। वे लगे हुए थे अपने उद्देश्य के पीछे। दो बजे अपराह्न से रात आठ बजे तक वे कलकत्ता के राष्ट्रीय पुस्तकालय में पढ़ने-लिखने में व्यस्त रहा करते, और कभी-कभी उनकी पूरी रात लिखने में बीत जाती। उन्हीं दिनों दो हजार पन्नों का एक बृहद् उपन्यास उन्होंने पूरा किया था और अपना नया उपन्यास शुरू करने जा रहे थे। उपन्यास हालाँकि प्रेस में गया नहीं था, तब भी अनेक भाषाओं के अनुवादकर्ता अपनी-अपनी भाषाओं में उसका रूपान्तर करने के लिए प्रस्तुत थे। धारावाहिक रूप से वह उपन्यास बाङ्ला के सुप्रसिद्ध साप्ताहिक *देश* में दो बरसों तक लगातार प्रकाशित होता रहा, और उसे पाठकों ने इतना अधिक पसन्द किया कि विमल मित्र के टेलीफोन की घण्टी मिनट-मिनट पर घनघनाती ही रहती। उसका जवाब देने के लिए खासतौर पर एक आदमी नियुक्त करना पड़ा था।

तीसरी कसम का एक प्रसंग

वैसे *तीसरी कसम* का निर्माणकाल मात्र अवसाद और अवरोध ही नहीं, कभी-कभार हलके-फुलके मनोरंजन के क्षणों से भी भरपूर हो जाया करता था। फिल्म जब सेट पर उतरी थी, तब की बात है। एक शाम बासु भट्टाचार्य छायाकार सुब्रत मित्र के साथ पूरी तरह हड़बड़ाता हुआ मेरे पास आया। पता चला कि शैलेन्द्र के एक मित्र ठाकुर नारायण सिंह *तीसरी कसम* के विक्रम सिंह नामक उस ज़मींदार की भूमिका अभिनीत करने के लिए बम्बई आये हुए हैं, जिसकी जागीर में वहीदा रहमान अपनी नौटंकी लेकर जाती है। दरअसल *तीसरी कसम* को फिल्माने की योजना ज़ब बनी थी, तब शैलेन्द्र और बासु दोनों का ही यह इरादा था कि फिल्म सर्वथा नये कलाकारों को लेकर पूरी की जाएगी, और प्रयत्न यही होगा कि उसके प्रत्येक रोल की भूमिका ऐसे ही लोग निभाएँ जिनको वास्तविक रूप से अपने किरदार का व्यक्तिगत अनुभव हो। लेकिन उनकी इस परिकल्पना को साकार होना सम्भव नहीं था, क्योंकि बगैर स्टार-कास्ट की फिल्म को कोई भी वितरक खरीदने के लिए तैयार नहीं था। अन्ततः राज कपूर और वहीदा रहमान जैसे सितारों को उसमें लेने के लिए बाध्य होना पड़ा। शैलेन्द्र ने पहले ही ठाकुर साहब से इस बात का वादा कर लिया था कि फिल्म में ज़मींदार की भूमिका उन्हीं को अभिनीत करनी है। ठाकुर साहब झाँसी के नामी-गिरामी ज़मींदारों में माने जाते थे। उनकी वहाँ तम्बाकू की खेती-बाड़ी थी। सो जब उन्होंने अखबारों में पढ़ा कि फिल्म का निर्माण-कार्य शुरू होनेवाला है तो वे बगैर किसी औपचारिक आमन्त्रण अपने लाव-लश्कर समेत बम्बई पहुँच गये और शैलेन्द्र को उनका स्वागत करने के लिए बाध्य होना पड़ा। *रिमझिम* के अतिरिक्त खार में ही शैलेन्द्र का एक अन्य मकान भी था— *पार्वती सदन*। मुझे इस बात की जानकारी नहीं कि शैलेन्द्र उस मकान का मालिक था या सिर्फ किरायेदार, लेकिन अपने यहाँ आने-जानेवाले सगे-सम्बन्धियों को वह अक्सर वहीं ठहराया करता था। शैलेन्द्र की सलहज नन्दिता ठाकुर भी उन दिनों उसके ऊपर के हिस्से में रहा करती थी, जिसने कालान्तर में कमलेश्वर की प्रेम कपूर निर्देशित फिल्म *बदनाम बस्ती* में हीरोइन का रोल अदा किया। ठाकुर साहब के पहुँचते ही मकान के नीचे का पूरा मेहमानखाना उनके सुपुर्द कर दिया गया, और अपने अमलों-कारिन्दों के साथ वहाँ पर वे आरामफ़र्मा हो गये।

बासु और सुब्रत की परेशानी यह थी कि ठाकुर साहब को न अभिनय का ककहरा आता था, और न ही *तीसरी कसम* की कहानी उनकी नजरों से कभी गुजरी थी। उनको यह मुगालता भी था कि फिल्म के निर्माता जैसे महत्त्वपूर्ण

किसी व्यक्ति ने अगर उनका चयन कर लिया है तो उसमें किसी तरह का अवरोध उत्पन्न करने का अधिकार न निर्देशक के पास रह जाता है और न छायाकार के पास। इसी से बासु और सुब्रत जब उनसे मिलने के लिए *पार्वती सदन* पहुँचे तो ठाकुर साहब ने उनको किसी तरह की कोई तरजीह नहीं दी। उनका मेरे पास आने का उद्देश्य सिर्फ इतना था कि चूँकि मैं भी यू.पी. से सम्बन्धित हूँ, इसलिए उनसे मिलकर मैं इस तरह उनको हताश करने की कोशिश करूँ कि वे स्वयं ही फिल्म में उतरने से मना कर दें। शैलेन्द्र से यह सब कहने में उनको कुछ संकोच का अनुभव हो रहा था।

उस दिन तो नहीं, लेकिन दूसरी सुबह उनका सान्निध्य प्राप्त करने के उद्देश्य से मैं निश्चित ही *पार्वती सदन* पहुँच गया। बाहर ही मुझे शैलेन्द्र की इमेज मेकर्स का एक कर्मचारी मिला, जिसे शायद ठाकुर साहब की देखरेख के लिए वहाँ नियुक्त किया गया था। उसी से पता चला कि ठाकुर साहब उस समय अपने नौकर-चाकरों के द्वारा अपने बदन की तेल-मालिश करवाने में लगे हुए हैं। मैंने उससे कहा कि अन्दर जाकर वह ठाकुर साहब को इस बात की इत्तिला दे दे कि कोई पत्रकार उनसे मिलने के लिए आया हुआ है, लेकिन साथ ही इस बात की जानकारी उनको हरगिज नहीं होनी चाहिए कि मैं उसका या शैलेन्द्र का परिचित हूँ।

ठाकुर साहब इस बात को सुनते ही कि कोई पत्रकार उनसे मिलने के लिए आया हुआ है, बेहद प्रसन्न हो उठे। बम्बई की धरती पर उनको पहुँचे कुल दो या तीन दिन हुए होंगे, और इतने कम समय में अगर पत्रकारों ने उनसे मिलने के प्रयत्न शुरू कर दिये हैं तो निश्चित ही उससे उनके महत्त्व का परिचय मिलता है। उन्होंने फौरन तेल मालिशवालों को वहाँ से विदा किया, बदन पोंछकर कपड़े बदले और मुझे अपने हुजूर में पेश होने की इजाजत अता कर दी।

पहली नजर में देखने पर ठाकुर साहब मुझे निहायत सीधे-सादे और भोले-भाले व्यक्ति प्रतीत हुए थे, और मुझे लगा था कि उनको समझने में जरूर ही बासु और सुब्रत को कोई गलतफहमी हुई होगी। अपने साथ वे दो-चार नौकर-चाकर जरूर लाये थे, लेकिन वह तो उस जमाने में बड़े आदमियों की रवायत थी। मैंने देखा, उनमें न किसी जमींदार की ठसक थी और न ही मिथ्या-अभिमान की कोई झलक। मेरे पहुँचते ही बड़ी गर्मजोशी के साथ उन्होंने मेरा स्वागत किया। उनको यह जानकर खुशी हुई कि मैं भी उनके अपने प्रदेश से आया हूँ और जब उनको इस बात का पता चला कि स्वयं झाँसी के अनेक ऐसे लोगों से मैं परिचित हूँ, जो उनके भी परम मित्रों में हैं तो औपचारिकता के सारे बन्धन एकाएक टूट गये और हम दोनों में सहज ही एकात्मकता आ गयी। झाँसी से प्रकाशित होनेवाले

दैनिक जागरण के स्वामी-सम्पादक राजेन्द्र गुप्त उन दिनों बम्बई आये हुए थे और मैरीन ड्राइव स्थित होटल सी-ग्रीन में ठहरे हुए थे। जब मैंने उनका उल्लेख किया तो ठाकुर साहब ने बताया कि उनके साथ तो झाँसी क्लब में उनका रोज का खाना-पीना है। राजेन्द्र गुप्त मेरे बहुत पुराने मित्रों में थे।

खैर, उस दिन तीन-चार घण्टे तक न केवल मैं ठाकुर साहब के साथ रहा, बल्कि दोपहर का खाना भी हम लोगों ने साथ-साथ ही लिया। यह बात मैंने जरूर उन पर जाहिर नहीं होने दी कि *तीसरी कसम* के निर्माताओं से मेरा कोई सम्बन्ध है, या उनमें से किसी के निर्देश पर मैं उनसे मिलने आया हूँ। जब मैंने उनको बताया कि अभी कुछ ही दिनों पहले मैं बम्बई पहुँचा हूँ और धीरे-धीरे फिल्मी समुदाय से जान-पहचान बढ़ाने की कोशिश कर रहा हूँ तो उन्होंने मुझे तहेदिल से आश्वस्त किया कि अगर हर दूसरे-तीसरे दिन उनके यहाँ मैं पहुँच जाया करूँ तो न केवल अपने साथ स्टूडियो चलने का मौका वह मुझे देंगे, बल्कि विभिन्न फिल्म-निर्माताओं और कलाकारों आदि से वह मेरा परिचय भी कराते रहेंगे।

ठाकुर साहब जैसे नेकदिल इन्सान से मुझे यह कहने की हिम्मत नहीं पड़ी कि वे ऐक्टिंग जैसे पचड़ों का मोह छोड़कर झाँसी वापस चले जाएँ और वहाँ अपनी खेती-बाड़ी का काम फिर से शुरू कर दें। शाम को चलते समय स्वाभाविक रूप से मैंने उनसे यह जरूर पूछ लिया कि *तीसरी कसम* का स्क्रिप्ट क्या उन्होंने पढ़ा है? जवाब में जब उन्होंने प्रश्न किया कि स्क्रिप्ट आखिर क्या बला होती है, तब निश्चित ही मैं चौंक उठा। एक-दो दिन के अन्दर ही फिल्म की शूटिंग होनेवाली है, और अब तक इनको उसकी कहानी का ही अता-पता नहीं! कुरेदने पर उन्होंने आगे बताया कि वहीदा रहमान नामक हीरोइन के साथ उनको काम करना है, और वह एक बड़ी स्टार मानी जाती है।

अब मैंने कुछ मजाक करने की कोशिश की—"तो आपके प्रोड्यूसर ने अब तक क्या वहीदा से भी आपकी भेंट नहीं करायी है?"

"अभी तक तो मैंने उसकी सूरत तक नहीं देखी है।"

"फिर आप उसके साथ काम कैसे कर पाएँगे?"

"क्यों?"

"किसी के साथ काम करने के पहले उससे इण्टीमेसी की जरूरत होती है। अगर वह नहीं है तो अभिनय में निखार नहीं आ सकता। आप फौरन शैलेन्द्र जी से इस सम्बन्ध में बात कीजिए, अन्यथा आपका बंटाधार हो जाएगा।"—मैंने उनको राय दी।

ठाकुर साहब को यह बात समझ में आ गयी। बोले, "आज ही उसको पकड़ता हूँ। आपने अच्छी बात बता दी।"

शाम को बासु और सुब्रत जब उनके पास पहुँचे तो बगैर किसी लाग-लपेट उन्होंने उन दोनों को डाँटना शुरू कर दिया। बोले, "शैलेन्द्र भी कैसे अजब-अजब लोगों को फिल्म का डाइरेक्टर बना देते हैं। हीरोइन से मुलाकात तक नहीं करायी, और फिर कहेंगे कि उसकी आँख-से-आँख मिलाकर उसके साथ ऐक्टिंग करो। कमाल है!"

यह घटना रात ही में बासु-सुब्रत ने मुझे बता दी थी।

अगले सप्ताह तयशुदा प्रोग्राम के अनुसार मैं फिर ठाकुर साहब के पास पहुँच गया। स्टूडियो की गाड़ी उनको लेने के लिए वहाँ आयी हुई थी। कुछ ही दिनों में ठाकुर साहब ने कुछ और चमचे बना लिये थे, और उनके साथ मैं भी स्टूडियो के लिए रवाना हो गया। स्टूडियो पहुँचने के बाद वहाँ उपस्थित लोगों से उन्होंने मेरा परिचय कराया—शैलेन्द्र और बासु से भी। हम लोग मन-ही-मन इस रस्म पर मुस्कराते रहे थे। आश्चर्य की बात यह थी कि न मेरे चेहरे पर ठाकुर साहब को उस मुस्कराहट की कोई रेखा मिली, और न शैलेन्द्र या बासु के चेहरों पर।

ठाकुर साहब को उस दिन अपना पहला शॉट देना था। सीन यह था कि नौटंकीवाली बाई वहीदा रहमान के तम्बू में ठाकुर साहब का पदार्पण होता है और उनका स्वागत करने के बाद वह उनको पान पेश करती है। जवाब में ठाकुर साहब उससे फरमाते हैं, "अपने हाथ से पान खाना मुझको नहीं सुहाता। अपनी नरम-नाजुक-नाजनीन उँगलियों से तुम खुद अगर पान का बीड़ा मेरे मुँह में रख सको, तो तुम्हारा यह दावतनामा मुझे बाखुशी कुबूल हो सकता है।"

संवाद-लेखक नवेन्दु घोष ने उस सीन के लिए कुछ ऐसे ही डॉयलाग लिखे थे। वहीदा रहमान जैसी टॉप-क्लास हीरोइन के हाथों पान खाने को मिले, इससे ज्यादा खुशी की बात हो भी क्या सकती थी ठाकुर नारायण सिंह के लिए? मगनमस्त होठों से उन्होंने अपने डॉयलाग को दुहराया और वहीदा अपनी उँगलियों में पान की गिलौरी को थामे हुए उनके होठों तक ले गयी। शॉट पूरी तरह ओ.के. हो रहा था, फलतः निर्देशक बासु भट्टाचार्य ने छायाकार सुब्रत मित्र को आदेश दिये—"कट।" कट के अर्थ होते हैं शॉट समाप्त हुआ, कैमरे को बन्द करो।

लेकिन ठाकुर साहब कट को सुनकर समझे कि वह निर्देश स्वयं उनको सम्बोधित किया गया है, और पान के साथ अपने मुँह के अन्दर पहुँची वहीदा की उँगलियों को उन्होंने अपने दाँतों से तत्काल ही काट लिया। सेट पर उपस्थित हम जैसे लोग ही नहीं स्वयं वहीदा रहमान भी उनकी इस अनोखी हरकत से लोट-पोट हो गयी थी। लेकिन ठाकुर साहब का कहना था कि उन्होंने निर्देशक के आदेशों का ही पालन किया है। वहीदा की उँगली काटने के लिए जब स्वयं बासु

भट्टाचार्य ने उनको निर्देशित किया था, तब इतनी हायतोबा आखिर क्यों?

इस कट का परिणाम अन्ततः यह हुआ कि ठाकुर साहब का किरदार पूरी तरह फिल्म से काट दिया गया। बाद में अभिनेता इफ्तिखार ने वह भूमिका अभिनीत की—स्वयं ठाकुर साहब द्वारा लाये गये उस बेशकीमती कुरते को पहनकर, जिसे वे खासतौर पर अपने साथ झाँसी से लाये थे। तब तक फिल्म में वे ठाकुर साहब के नौकर का काम कर रहे थे और स्थल पर मौजूद थे। बाद में ठाकुर साहब को नौकर की वेशभूषा पहनाकर उनसे इफ्तिखार का किरदार करवाने की कोशिश की गयी। लेकिन उसमें भी वह सफल नहीं रह पाये और अन्त में उन्हें इस आश्वासन के साथ झाँसी वापस कर दिया गया कि जरूरत होने पर उनको फिर बुलवा लिया जाएगा। मुझे याद है, झाँसी लौटने के बाद एक पत्र में उन्होंने मुझको लिखा था—"फिल्म की शूटिंग में मेरी धोती को बहुत ऊँचा करके दिखाया गया है। उसे देखकर झाँसी के लोग चूँकि बहुत हँसेंगे, इससे एडिटिंग के वक्त उसे थोड़ा नीचा करवा देना।"

बेचारे भोले-भाले और सीधे-सादे ठाकुर साहब!

बासु, दिलीप कुमार, रिंकी

नये साल की उस नयी सुबह सबसे पहली जो खबर हमें मिली वह यह थी कि विमल दा ने अपने टेलीफोन की लाइन कटवा दी है, और बासु-रिंकी के मध्य रहा-सहा सम्पर्क भी अब पूरी तरह टूटकर रह गया है। उसके तत्काल बाद यह खबर भी मिली कि रिंकी उसी दिन अपने सगे-सम्बन्धियों के पास कलकत्ते पहुँचनेवाली है और वहाँ हफ्ते भर के अन्दर ही किसी धनी-मानी, अभिजातकुलीन नवयुवक के साथ उसका गठबन्धन करा दिया जाएगा। तीसरा समाचार था कि आनन्दकुंज और बापू निवास—जहाँ बासु की एक छोटी-सी कोठरी थी—दोनों को विमल दा के आदमियों ने घेर रखा है, और अब हम लोगों की कोई गतिविधि उनसे अछूती नहीं रह पाएगी।

इन परिस्थितियों की आशंका हमें न हो, ऐसी बात नहीं। लेकिन इतनी जल्दी वह सब कुछ हो जाएगा, इसका अन्दाजा हमें सचमुच नहीं था। बासु तो जैसे सर्वथा पंखहीन होकर रह गया हो। जाहिर है कि उस स्थिति में उसके मन-

मस्तिष्क की अवस्था ऐसी नहीं रह गयी थी कि शूटिंग का कोई भी काम वह चालू रख सके, और शूटिंग स्थगित करने के मतलब थे लाखों रुपये का नुकसान। शैलेन्द्र बासु से भी ज्यादा बेजान लगा। उसकी आँखें फटी-फटी रह गयी थीं और जबान बिलकुल निस्वर। महीनों इन्तजार के बाद राज कपूर और वहीदा रहमान से हफ्ते भर की तारीखें मिली थीं, और अगली तारीखें पाने के लिए फिर महीनों की प्रतीक्षा करनी पड़ती। विमल दा का यह जवाबी हमला, निश्चित ही, शैलेन्द्र को बहुत महँगा पड़ा था। लेकिन सवाल अब उससे मुकाबला करने का नहीं, उससे अपने को बचाने का था।

बासु सुबह ही घर से निकल गया था। अपने से अधिक चिन्ता उसे रिंकी की थी, और उस चिन्ता को अस्वाभाविक भी नहीं कहा जा सकता था। परिस्थितियों के जिस भँवर में अचानक ही वह फँस गया था, वह किसी का भी मानसिक सन्तुलन अस्थिर करने के लिए पर्याप्त था। निश्चित ही विमल दा से वह खुलकर लड़ाई मोल लेना नहीं चाहता था, लेकिन उसकी यह कोशिश थी कि बगैर किसी तूल-तवालत वह झगड़ा खत्म हो जाए। अपने लक्ष्य की प्राप्ति के लिए कोई बड़ा बावेला खड़ा करना उस परिस्थिति में न उसके लिए सम्भव था, और न ही उचित।

उसी दोपहर बारह या एक बजे के आसपास मुझे एक टेलीफोन मिला। टेलीफोन किया था, उस जमाने में *ब्लिट्ज* के कार्टूनिस्ट और आज के प्रख्यात फिल्म निर्देशक बासु चटर्जी ने। एक अजीब, रहस्यमय आवाज में उसने मुझसे कहा था—"ठीक चार बजे यूसुफ के घर, पाली हिल पहुँच जाओ।" और जब तक मैं पूछूँ कि आखिर क्यों और किस काम के लिए, उसने एकाएक टेलीफोन ऑफ कर दिया था।

यूसुफ यानी दिलीप कुमार के साथ निश्चित ही मेरी थोड़ी-बहुत राहरस्म थी, लेकिन उनके घर मेरा कभी ज्यादा आना-जाना नहीं हुआ। इसी से चटर्जी के उस सन्देश से मुझे अचम्भा भी हुआ और अचरज भी। यूसुफ भाई को अगर सचमुच मुझसे कोई काम था तो वह स्वयं मुझे टेलीफोन कर सकते थे, चटर्जी के माध्यम से मुझे बुलाने की क्या जरूरत थी? वैसे उस दिन पलभर के लिए भी घर से बाहर निकलना मेरे लिए सम्भव नहीं था। किसी भी क्षण किसी का भी टेलीफोन वहाँ आ सकता था, और उसको सुननेवाला मैं अकेला था। इसी जरूरत को ध्यान में रखते हुए मैं सुबह बासु के साथ भी नहीं निकला था, हालाँकि उसकी जो स्थिति थी उसमें उसका कहीं भी अकेले जाना न उचित था और न सुरक्षित।

ब्लिट्ज कार्यालय मैंने टेलीफोन किया तो मालूम हुआ कि चटर्जी लम्बी छुट्टी पर गया हुआ है और सप्ताह भर के पहले उसके वापस लौटने की कोई उम्मीद नहीं है। शैलेन्द्र के घर तब तक टेलीफोन लाइन नहीं आ पायी थी,

इसलिए उससे कुछ पूछताछ कर पाने का सवाल ही नहीं पैदा होता था। बासु की भी कोई खबर सुबह उसके घर से निकलने के बाद नहीं मिल पायी थी—हालाँकि उसने कहा था कि हर पन्द्रह-बीस मिनट पर वह मुझसे सम्पर्क स्थापित करता रहेगा। इस सबके अतिरिक्त मैं स्वयं उस समय जिन ज्ञात-अज्ञात आशंकाओं से घिरा हुआ था उसकी कल्पना आसानी से की जा सकती है। सब तरफ से हारने के बाद आखिर में मुझे यूसुफ के यहाँ टेलीफोन करने के अलावा दूसरा कोई रास्ता नहीं दिखाई दे पाया।

टेलीफोन पर सईदा मिली थी—यूसुफ की छोटी बहन। मैंने पूछा, "क्या शाम चार बजे तुम्हारे यहाँ कोई फंक्शन है?"

"आपको कैसे मालूम हुआ?" वह अचम्भे से बोली थी।

जब मैंने पूरा किस्सा उसे बताया तो उसने कहा, "हाँ, आपा सुबह विमल दा के यहाँ गयी थीं। उनके कहने पर रिंकी को किसी तरह यहाँ तक आने की इजाजत विमल दा ने दे दी है। भाईजान को तो वह अपना ही आदमी समझते हैं न? तीन-चार बजे के आस-पास उसके यहाँ आने की उम्मीद है। बासु भी उस समय यहीं होगा। हो सकता है, किसी छोटे-मोटे जलसे को करने की जरूरत पड़ ही जाए..."

और इतना कहते-कहते वह इस तरह खिलखिला दी थी, जैसे कोई बहुत रहस्यपूर्ण बात निकल गयी हो उसकी जबान से।

मैंने उससे फिर कुछ ज्यादा पूछताछ नहीं की। आशा का जो संकेत उसकी इस जरा-सी सूचना में निहित था, वह एकबयक मेरे दिल-दिमाग को फूल जैसा हलका कर गया। मुझे लगा, जैसे कठिनाइयों की वह दीवार, जो सुबह-सुबह अचानक ही हमारे सामने पहाड़ बनकर खड़ी हो गयी थी, उसमें दरारें पड़ना शुरू हो गयी हैं, और उसकी सुराखों से नये साल का नया सूरज हमारी अगवानी करने के लिए तत्पर है।

लेकिन वह भी एक भ्रम ही था हमारा—एक बहुत बड़ा भ्रम!

चार बजे के आस-पास जब मैं यूसुफ के घर पहुँचा तो वहाँ हमेशा की तरह सन्नाटा था। बाहर मुझे सिर्फ सईदा दिखाई पड़ी, बेहद परेशान और दुःखी। आँसू जैसे उसकी आँख की पलकों में बरफ बनकर जम गये हों। काफी रुक-रुककर, रुँधे हुए गले से उसने जो कुछ मुझे बताया, उसका सार यह था कि दोपहर उसने जो कुछ मुझसे टेलीफोन पर कहा-सुना था, उसकी खबर विमल दा को हर्फ-बहर्फ मिल गयी थी, और तीन बजे के बोइंग से रिंकी को उन्होंने कलकत्ते भिजवा दिया है। जहाँ तक बासु का सवाल है, वह न तो वहाँ आया ही और न उसकी कोई खबर है।

इस जानकारी के बाद एक क्षण के लिए भी मेरा वहाँ रुकना मुमकिन नहीं था। टैक्सी लेकर मैं सीधे शैलेन्द्र के घर पहुँचा।। बेहद उनींदी अवस्था में उसने अपना दरवाजा खोला था। उसे देखने से मालूम होता था, जैसे वह जीवन के हर पहलू से हार मान चुका है। मेरी बातों को सुनने की न उत्सुकता ही दिखी उसके चेहरे पर, न कोई व्यग्रता, और जिस बेइन्तहा बेकरारी के साथ उसे मैंने सारा घटनाक्रम सुनाने की कोशिश की, उतने ही इत्मीनान और उदासीनता के साथ उसने उसे ग्रहण किया।

कुछ देर रुकने के बाद उसने मुझसे कहा, "इन बेकार के पचड़ों में पड़ने से अब कोई फायदा नहीं है, रामकृष्ण। हम-तुम चाहकर भी बासु की कोई मदद नहीं कर सकते। जो कुछ उसने किया है उसका फल उसे खुद भुगतने दो।"

शैलेन्द्र के इस अप्रत्याशित उत्तर ने मुझे अचानक ही स्तब्ध कर डाला था। मुझे लगा, जैसे वह बासु का दोस्त शैलेन्द्र नहीं, फिल्मों का संवेदनशील गीतकार शैलेन्द्र भी नहीं, बल्कि *तीसरी कसम* नामक निर्माणाधीन फिल्म का निर्माता शैलेन्द्र बोल रहा है।

मैंने कहा, "लेकिन बासु का पता लगाना तो जरूरी है। सुबह उसकी हालत क्या हो गयी थी, यह तुमने अपनी आँखों देखा है। ऊपर से विमल दा के आदमी उसके पीछे लगे हैं। उसे अगर कहीं कुछ हो गया..."

मेरी बात पूरी होने के पहले ही शैलेन्द्र बोल उठा, "उन सबकी फिक्र करने की कोई जरूरत नहीं है, रामकृष्ण। बासु दूध-पीता बच्चा नहीं है, जो कोई उसे गोद में लेकर आसमान में उड़ जाएगा। अपनी देखभाल खुद करने की ताकत उसमें है।"

"लेकिन इस वक्त वह आखिर कहाँ है, यह तो बतलाओ। सुबह वह तुम्हारे साथ ही मेरे घर से निकला था, और तुम्हें जरूर इस बात का पता होगा कि वह कहाँ गया हुआ है"—मैंने उससे फिर पूछने की कोशिश की।

"यकीन मानो, मुझे इस बात का कुछ भी पता नहीं कि वह कहाँ है, क्या कर रहा है या आगे क्या कुछ करने का इरादा है उसका?" शैलेन्द्र की आवाज में पहले जैसी ही निस्पृहता थी और पहले ही जैसा इत्मीनान। कुछ ही देर बाद उसने बात आगे बढ़ायी थी—"यों परेशान होने की कोई बात नहीं। जैसे ही मुझे उसकी कोई खबर मिली, उसकी इत्तला मैं तुम तक पहुँचा दूँगा।"

रात में शैलेन्द्र स्वयं मेरे घर पर आया और ढाई-तीन घण्टे हम लोग साथ ही रहे। तब तक, बकौल खुद उसके, बासु का पता उसे नहीं लग पाया था—हालाँकि तब भी उसके चेहरे पर चिन्ता या परेशानी की कोई रेखा मुझे नहीं दिखाई दी। दूसरा दिन भी इस अनिश्चय की स्थिति में ही बीत गया, और शायद

तीसरा दिन भी। शैलेन्द्र के साथ इस बीच हालाँकि हर दिन मेरी भेंट होती रही थी, लेकिन हर बार वह यही दुहराता रह गया था कि बासु के सम्बन्ध में उसे तब तक भी कुछ नहीं मालूम हो पाया है।

चौथे दिन शायद सुबह की बात है। मैं सोकर उठा भी नहीं था कि संगीतकार अनिल विश्वास मेरे घर पर आ पहुँचे। बासु के अचानक गायब होने की खबर से उन्हें जो परेशानी थी, वह तो अपनी जगह थी ही, सबसे ज्यादा दुःख उन्हें इस बात से था कि विमल दा और बासु दोनों ही उन्हें एक-दूसरे का आदमी समझते थे और इससे दोनों का ही उन पर अविश्वास था। ''मुझे समझ में नहीं आता कि क्या करूँ इस गलतफहमी को मिटाने के लिए?''—बेहद दुःख भरे स्वरों में उन्होंने मुझसे कहा था, ''विमल दा के यहाँ इस बीच कई बार मैं गया। रिंकी निश्चित ही बम्बई में नहीं है, लेकिन बासु कहाँ गायब हो गया, आखिर इसके बारे में वहाँ भी किसी को कुछ नहीं मालूम।''

तभी अनिल दा बोले, ''मीना कह रही थी कि पहली तारीख की शाम को उसने बासु को मोहन राकेश के साथ चर्च गेट के आसपास देखा था। राकेश से मेरी तो कोई जान-पहचान नहीं, तुमसे अगर परिचय हो तो उनसे निश्चित ही कुछ पता लग सकता है।''

मुझे यह बात तो मालूम थी कि राकेश बासु के मित्रों में हैं, लेकिन रिंकी-काण्ड को लेकर बासु ने कभी उनकी चर्चा नहीं की थी, इसलिए मैं यह नहीं समझता था कि उन्हें बासु के इस पलायन के बारे में कोई जानकारी होगी। राकेश उन दिनों *सारिका* का सम्पादन कर रहे थे और रहते थे चर्चगेट स्थित चैट्यू विण्डसर में। अनिल दा के कहने पर तत्काल ही मैंने उन्हें टेलीफोन किया। जवाब में उन्होंने जो कुछ बताया, उससे ध्वनित होता था कि बासु के सम्बन्ध में उनको काफी कुछ जानकारी है।

उस शाम राकेश से जब मेरी मुलाकात हुई, तब पता चला कि बासु तो उसी रात, जिस दिन रिंकी यहाँ से रवाना हुई थी, कलकत्ते पहुँच चुका है, और शैलेन्द्र भी उस तथ्य से नावाकिफ नहीं। राकेश के अनुसार बासु ने मुझे भी टेलीफोन पर पाने की कोशिश की थी, लेकिन उसमें वह नाकामयाब रहा। मेरे यहाँ से कोई प्रत्युत्तर उसे नहीं मिल पाया था।

राकेश के यहाँ से जब मैं वापस लौटा तो मेरे दिमाग में निश्चित ही बेहद हलकापन आ चुका था। बासु मजे में है, किसी सम्भावित दुर्घटना का शिकार वह नहीं हुआ, उसकी गतिविधियाँ पूर्णत: अज्ञात नहीं, यह सभी तथ्य उस बोझ को पूरी तरह चाक करने के लिए पर्याप्त थे, जो गत चार दिनों से मेरे दिल पर छाया हुआ था। लेकिन इसके साथ ही जिस नयी मानसिक उथल-पुथल ने मेरे दिमाग

की नसों पर छापा मारकर अचानक ही उसे अपनी गिरफ्त में ले लिया था, उसने मुझे चिन्तित भी कर दिया और किंचित भ्रमित भी। मुझे समझ में नहीं आ पा रहा था कि बासु के बारे में पूरी जानकारी रखते हुए भी शैलेन्द्र इतने दिनों तक मुझसे आखिर झूठ क्यों बोलता रह गया?

शैलेन्द्र से फिर लगातार काफी दिनों तक मेरी मुलाकात नहीं हुई। एक दिन शैलेन्द्र से अपने ही घर पर पुनः मेरी मुठभेड़ हो गयी। बासु से बात करने के बाद भी करीब पन्द्रह-बीस मिनट वह मेरे साथ रहा। पिछले घटनाक्रम का कोई जिक्र न मैंने स्वयं उससे किया, और न उसी ने उसकी कोई चर्चा की। उन बातों को मैं बिलकुल भूल जाना चाहता था।

तभी उसने मुझसे पूछा था, ''स्क्रीन में *बन्दिनी* का रिव्यू तुमने लिखा है?''

''मैं तो यही समझता हूँ।'' मैंने जवाब दिया था, ''स्क्रीन ही क्यों, दस-बारह और अखबारों में भी वह सिण्डिकेट होकर छपा है। लेकिन क्यों?''

''उसमें तुमने लिखा है कि गुलजार मुझसे ज्यादा काबिल लिरिक-राइटर है, उसके सिर्फ एक गाने ने मेरे आधा दर्जन गीतों को मात दे दी है, उसका फ्यूचर बेहद ब्राइट है और मेरा पूरी तरह डार्क?''

''बिलकुल गलत कहते हो तुम,'' मैंने किंचित रोष में जवाब दिया था—''यकीनन मैंने यह लिखा है कि गुलजार का भविष्य अत्यधिक उज्ज्वल है, लेकिन इसके मानी यह तो नहीं कि तुमको मैंने अँधेरे में ढकेल दिया? उसमें तुम्हारे कलम पर तो मैंने कोई खास कमेण्ट भी नहीं किया है। हाँ, गुलजार की लाइनें मुझे बहुत पसन्द आयी थीं, इसलिए मैंने उनकी तारीफ जरूर की है।''

''और कमेण्ट करने के लिए बचा ही क्या था तुम्हारे पास? क्या यह लिखते कि शैलेन्द्र फूहड़ है, उसे कलम पकड़ने की तमीज नहीं, वह नक्काल है, वह दूसरों के बल पर जीता है, वह शंकर-जयकिशन का पैरासाइट है?'' करीब एक ही साँस में बोल गया था वह।

''समझने की कोशिश करो, शैलेन्द्र।'' मैंने कुछ शान्तचित्त होते हुए उससे कहा था, ''किसी दूसरे आदमी की लिखी लाइनों को दाद देने के अर्थ यह तो नहीं हैं कि मैं तुम्हारा दुश्मन हूँ। मैं अब भी समझता हूँ कि गुलजार ने उस फिल्म में जो गीत दिया है, वह बेहद प्यारा है और उसकी तारीफ करनी ही चाहिए—सिर्फ मुझे ही नहीं, तुम्हें भी, फिर वह एक नया गीतकार है, उसे प्रशंसा और प्रोत्साहन देने की जरूरत है, उपेक्षा की नहीं।''

शैलेन्द्र ने जैसे मेरी सारी बात सुनी-अनसुनी कर दी हो। अपनी रौ में वह बोलता गया, ''सब बेकार की बातें हैं, रामकृष्ण। मुझे मालूम है कि तुम मुझे गिराने पर तुले हो।''

शैलेन्द्र को मैंने कोई जवाब नहीं दिया था। जवाब देने की न कोई जरूरत बच रही थी और न कोई इच्छा। अपनी आलोचना के प्रति शैलेन्द्र इतना अधिक संवेदनशील है, यह बात मेरे लिए अज्ञात नहीं थी।

नागार्जुन के आकर्षण

नागार्जुन उन दिनों मेरे ही साथ रह रहे थे। अपने स्वभावानुसार शैलेन्द्र के किसी कविता संग्रह के सम्पादन प्रकाशन की योजना शायद उन्होंने बनायी थी और उसी सिलसिले में उनसे बातचीत करने वह वहाँ आया-जाया करता था। मुहूर्त्तों, फिल्मी पार्टियों में भी कई बार हम लोगों का आमना-सामना हुआ, लेकिन औपचारिक वन्दन-अभिवादन के अतिरिक्त हम लोग एक-दूसरे से सर्वथा अपरिचित ही बने रहे। बाद में तो उसने घर के बाहर निकलना ही बन्द कर दिया, और उसके परिणामस्वरूप अपरिचय की वह हलकी-सी शृंखला भी पूरी तरह टूटकर रह गयी।

नागार्जुन असल में बम्बई इस उद्देश्य से आये थे कि जिस तरह रेणु की *तीसरी कसम* का फिल्मांकन हो रहा है, उसी तरह उनके *बलचनमा* नामक उपन्यास को भी कोई निर्माता चित्रपट का रूप दे दे। नागार्जुन रेणु की अपेक्षा वरिष्ठ साहित्यकार थे और उनकी मान्यता थी कि अगर रेणु की किसी कहानी पर फिल्म बन सकती है तो उनकी कहानियों को उस सुयोग से किंचित वंचित नहीं होना चाहिए। *बलचनमा* के साथ मैंने राज कपूर और चेतन आनन्द जैसे कतिपय फिल्म निर्माताओं से उनकी भेंट भी करायी, लेकिन कहीं कोई काम नहीं बन सका। हाँ, शैलेन्द्र ने उनको जरूर आश्वस्त किया कि *तीसरी कसम* के बाद वह निश्चित ही उनके उस उपन्यास के फिल्मीकरण का प्रयत्न करेंगे, और उस आश्वासन के सहारे नागार्जुन ने न केवल बम्बई से विदा लेने का अपना कार्यक्रम रद्द कर दिया, बल्कि शैलेन्द्र के कविता-संग्रह की तैयारी में भी वे पूरी तरह जुट गये। पिछले दिनों का घटनाक्रम भी चूँकि मेरे मन-मस्तिष्क को सर्वथा बोझिल बना चुका था, इससे मैंने भी अपने दोनों हाथों को फैलाकर नागार्जुन का स्वागत किया, और वह स्थायी रूप से मेरे यहाँ रहने लगे।

मुझे पता था कि न शैलेन्द्र *बलचनमा* को फिल्माने के अपने आश्वासन के

प्रति गम्भीर हैं, और न स्वयं नागार्जुन शैलेन्द्र के प्रस्तावित कविता-संग्रह के प्रकाशन के प्रति। दोनों इस बात के लिए सतत प्रयत्नशील रहते थे कि छद्म रूप से ही सही, दोनों की ही आकांक्षाओं-अभिलाषाओं को अपेक्षित हवा मिलती रहे, जिससे अगर किसी तरह का कोई फायदा उठाने का अवसर कभी उपस्थित हो तो उसे लपककर वे अपने हाथों में थाम लें। उनकी पारस्परिक प्रशंसा के आधार में यही मूल बात थी।

अपने इसी अभियान के सिलसिले में नागार्जुन ने शैलेन्द्र का जन्म-दिवस मनाने की योजना बनायी। शैलेन्द्र को अपना जन्मदिन मनाने का बहुत शौक था, और स्वयं मेरे आनन्दकुंज में पिछले कई बरसों से उसका आयोजन किया जाता रहा था। नागार्जुन ने मुझसे जब इस बात का अनुरोध किया कि एक बार फिर मैं उस समारोह को अपने फ्लैट में आयोजित करने की स्वीकृति उन्हें दे दूँ तो मैं इनकार नहीं कर पाया था। उसी अवधि में अपने किसी काम से चूँकि मुझे दिल्ली, और फिर लखनऊ जाना था, इससे स्वयमेव उस समारोह में शामिल होने का कोई प्रश्न ही मेरे सम्मुख नहीं उठता था। नागार्जुन को मैंने इस बात की खुली छूट दे दी कि मेरी अनुपस्थिति में वे जैसे चाहें, मेरे घर का उपयोग करें। शैलेन्द्र को भी वहाँ आने में कतई कोई एतराज नहीं था।

दिल्ली के एक समारोह में अचानक मेरी भेंट तत्कालीन केन्द्रीय मन्त्री और काँग्रेस के वरिष्ठ नेता बाबू जगजीवन राम से हो गयी। मुझे मालूम था कि जगजीवन बाबू शैलेन्द्र के प्रशंसकों में थे। कुछ समय पहले बम्बई में सम्पन्न एक फिल्म पुरस्कार समारोह में उन्होंने शैलेन्द्र की भूरि-भूरि अनुशंसा भी की थी। मुझे मालूम था कि नाम से वे भले ही मुझे न जानें, शक्ल से जरूर पहचानते थे, और उनको यह बात भी मालूम है कि मैं शैलेन्द्र के परिचितों में हूँ। इसीलिए मिलने पर उन्होंने जब शैलेन्द्र के बारे में पूछताछ की, और मैंने उनको बताया कि अगले ही सप्ताह बम्बई में शैलेन्द्र की जयन्ती मनायी जा रही है तो वे स्वभावतः बहुत प्रसन्न हुए। उन्होंने कहा कि सन्त रविदास के बाद वे शैलेन्द्र को ही हिन्दी का सबसे बड़ा कवि मानते हैं, और इसका उन्हें गर्व भी है।

उनकी इस बात को सुनकर मैं चौंक उठा था। मुझे समझ में नहीं आ पाया कि सन्त रविदास और शैलेन्द्र में आखिर समानता की बात क्या है। तब भी मैंने उनसे अनुरोध किया था कि उस अवसर के लिए वे अपना कोई सन्देश दे सकें तो उस समारोह में चार चाँद लग जाएँगे। जब उन्होंने पूछा कि सन्देश किसके नाम और किस पते पर भेजना है तो नागार्जुन के स्थान पर अचानक मैं बदरी काँचवाला का नाम बता बैठा। बदरी काँचवाला उन दिनों मराठी और गुजराती के अनेक पत्रों के साथ हिन्दी में भी *रस नटराज* के नाम से एक फिल्म साप्ताहिक निकाल रहे

थे और उसकी प्रसार संख्या *उर्वशी* के मुकाबले कम-से-कम दोगुनी थी। बाबू जी ने अपने सहायक को यह बात नोट करा दी और आश्वस्त किया कि दूसरे ही दिन अपने सन्देश को वे बम्बई भिजवा देंगे।

दिल्ली रहते हुए ही मैंने बदरी काँचवाला को इस बात से अवगत करा दिया था। उनसे मैंने कहा था कि मेरे या शैलेन्द्र के घर टेलीफोन कर वे यह पता लगा लें कि जयन्ती समारोह कब और किस समय है, और जगजीवन बाबू का सन्देश अगर उन्हें समय से प्राप्त हो जाए तो उसे साथ लेकर वे न केवल उस समारोह में सम्मिलित हों, बल्कि अपने पत्र में समारोह का पूरा कवरेज देने की व्यवस्था भी करें। मैंने उनसे कहा था कि मेरे या शैलेन्द्र के मध्य भले ही कुछ मनमुटाव हो गया हो, लेकिन चूँकि हिन्दी फिल्मों के गीत-लेखन का वह एक सशक्त हस्ताक्षर है, इसलिए उसकी अभ्यर्थना होनी ही चाहिए।

लखनऊ पहुँचने के एक-दो दिन बाद जब मैंने *रस नटराज* का ताजा अंक देखा तो उसके प्रथम पृष्ठ पर समारोह की विस्तृत रपट के साथ ही जगजीवन बाबू की शुभकामनाएँ भी छपी हुई थीं। अपने सन्देश में उन्होंने अपना वही पुराना अभिमत दुहराया था—सन्त रविदास के बाद शैलेन्द्र हिन्दी के सर्वाधिक लोकप्रिय हरिजन कवि हैं, और उनके जन्मदिवस के अवसर पर मैं उनका शतशत अभिनन्दन करता हूँ।

सुनते हैं, इसके बाद शैलेन्द्र ने अपने घर से बाहर निकलना पूरी तरह बन्द कर दिया था और उसके सार्वजनिक जीवन पर अचानक जैसे एक लगाम-सा लग गया था।

जब शैलेन्द्र के अवसान का समाचार लखनऊ में मिला तो उसे सुनकर मुझे अन्दरूनी तकलीफ हुई थी। सच कहूँ तो मुझे अब भी शैलेन्द्र की बहुत याद आती है। मुझे लगता है कि स्वयं बहुत नेकदिल और अच्छा इन्सान होने के बावजूद आदमी को पहचानने की कला में वह नितान्त अनाड़ी था, और अपनी इसी कमजोरी की वजह से वह आजीवन दुःखी और त्रस्त रहा। अपने जो भी साथी और सहयोगी उसने चुने, उनमें एक भी निहित स्वार्थ से मुक्त नहीं था। खुशामद और चापलूसी को वह प्रशंसा समझता रहा, और किसी ने निःस्वार्थ भाव से यदि उसे कुछ समझाने की कोशिश की तो वह हमेशा उसकी उपेक्षा और उदासीनता का शिकार बना। उसके जीवन-दर्शन की यही त्रासदी उसे पूरी तरह ले डूबी। अन्यथा चवालीस बरस की उम्र किसी के मरने की नहीं होती।

लालबहादुर स्मृति

उत्तर प्रदेश फिल्म पत्रकार संघ के प्रथम पुरस्कार-समर्पण का वर्णन मैं पहले ही कर चुका हूँ। राष्ट्रीय स्तर पर पत्रकार जगत में उसने शुरू में ही पर्याप्त प्रतिष्ठा अर्जित कर ली थी। दूसरा समारोह आयोजित करने की हमें कोई विशेष जल्दी नहीं थी, किन्तु समय पर उसका भी आयोजन सम्पन्न हुआ, और तत्कालीन राष्ट्रपति सर्वपल्ली राधाकृष्णन तथा उपराष्ट्रपति डॉ. जाकिर हुसैन ने समारोह की सफलता के लिए अपनी व्यक्तिगत शुभकामनाओं से हमें अनुगृहीत किया। वस्तुत: समारोह की अध्यक्षता के लिए लालबहादुर शास्त्री ने लखनऊ आने का पूरा वायदा किया था, लेकिन उन्हीं दिनों अचानक उनको प्रधानमन्त्री की कुरसी सँभालनी पड़ गयी। प्रेमचन्द की अमर कृति पर आधारित, त्रिलोक जेतली द्वारा निर्मित-निर्देशित और राजकुमार-कामिनी कौशल द्वारा अभिनीत *गोदान* को हमने वर्ष की सर्वश्रेष्ठ फिल्म के रूप में अभिहित किया था, और *धर्मयुग* ने अपने पूरे एक पृष्ठ पर तत्सम्बन्धित टिप्पणी प्रकाशित की थी। अन्तरराष्ट्रीय ख्यातिप्राप्त कवि, गायक, अभिनेता और सांसद हरीन्द्रनाथ चट्टोपाध्याय का आगमन उस वर्ष की हमारी विशिष्ट उपलब्धि थी। उन्होंने न केवल पुरस्कार-समर्पण समारोह बल्कि दूसरी सुबह स्थानीय *कैपिटॉल थिएटर* में सम्पन्न *गोदान* के विशेष प्रदर्शन के अवसर पर भी अपनी कविताओं का सस्वर पाठ कर सहज ही श्रोताओं का मन मोह डाला। प्रधानमन्त्री के रूप में लालबहादुर जी ने समारोह की सफलता के लिए अपना जो सन्देश उस समय हमें भेजा था, वह अब भी हमारे लिए एक प्रकाश स्तम्भ का काम कर रहा है। अपने उस स्वहस्ताक्षरित सन्देश में उन्होंने कहा था—*प्रेमचन्द जी की प्रसिद्ध रचना गोदान पर आधारित फिल्म को पुरस्कृत कर उत्तर प्रदेश फिल्म पत्रकार संघ साहित्यिक कृतियों के फिल्मीकरण को अपरिमित प्रोत्साहन दे रहा है। प्रेमचन्द जी के उपन्यासों और कहानियों ने राष्ट्रीय जागृति को फैलाने और स्वतन्त्रता आन्दोलन को सफल बनाने में जो योगदान किया था, वह किसी से छिपा नहीं। मुझे विश्वास है कि इस तरह के आयोजनों से सत्साहित्य और फिल्म-जगत निश्चित रूप से एक-दूसरे के निकट आएँगे और उसके परिणामस्वरूप हमारी फिल्मों का स्तर ऊँचा होगा।*

लालबहादुर जी के साथ मेरा दस-बारह साल पुराना परिचय था। देश के पहले आम निर्वाचन के समय रफी अहमद किदवई की अध्यक्षता में प्रदेश काँग्रेस ने अपना जो चुनाव बोर्ड स्थापित किया था, उसके वे सचिव थे, फ़ीरोज़ गाँधी

ने उसके जनसम्पर्क का भार सँभाला था, और मैं था उनका सहकारी। बोर्ड का कार्यालय कैसरबाग के एक पुराने भवन में स्थित था, और वहाँ लगभग हर रोज लालबहादुर जी के सान्निध्य की प्राप्ति होती थी। उस समय उनको देखकर कोई इस बात की कल्पना भी नहीं कर सकता था कि किसी दिन वे देश के प्रधानमन्त्री भी हो सकते हैं। सरल स्वभाव, साधारण रहन-सहन, सहज लिबास, हर एक के साथ सामान्य स्तर का मैत्री भाव और किसी भी समस्या के साथ शान्तिपूर्वक जूझने की क्षमता। किसी तरह के दिखावे में उनको किंचित विश्वास नहीं था। कार्यालय आने-जाने के लिए वह इक्कों—या फिर नये-नये शुरू हुए रिक्शों का उपयोग करते थे, और जब कभी वे सुलभ नहीं हो पाते तो अपना रास्ता पैदल पूरा करने में भी उनको कोई संकोच नहीं होता था।

मुझे स्मरण है, एक बार इलाहाबाद से उनका सन्देश मिला कि किसी जरूरी काम से उनको दिल्ली जाना पड़ रहा है, और पंजाब मेल द्वारा लखनऊ से होकर गुजरेंगे। उन दिनों लखनऊ से दिल्ली तक कोई सीधी रेलगाड़ी नहीं चलती थी, मुरादाबाद में उतरकर नयी गाड़ी को पकड़ना पड़ता था। उन्होंने बताया कि चुनाव से सम्बन्धित कुछ कागज-पत्रों को उन्हें अपने साथ वहाँ ले जाना है, और चूँकि उनके टेलीफोन को मैंने ही उठाया था, इससे उस सामग्री को उन तक पहुँचाने का भार स्वभावतः मुझे ही उठाना पड़ा। गाड़ी लखनऊ स्टेशन पर पहुँची तो उसमें बेहद भीड़ थी। मैं उनको इधर-उधर ढूँढ़ने की कोशिश कर ही रहा था कि उनकी दृष्टि मुझ पर पड़ गयी और आवाज देकर उन्होंने मुझे अपने डिब्बे के पास बुला लिया। वह तृतीय श्रेणी का डिब्बा था, शुरू से अन्त तक यात्रियों से लबालब भरा हुआ। दरवाजे को खोलकर बाहर निकलना चूँकि पूरी तरह असम्भव था, इसलिए खिड़की के रास्ते कूदकर उनको बाहर आना पड़ा। उन दिनों रेलगाड़ी की खिड़कियों पर किसी तरह की रेलिंग नहीं लगा करती थी, और भीड़ होने पर लोग उसी के रास्ते प्लेटफॉर्म पर उतरा करते थे। खैर, अपने साथ जो सामग्री मैं ले गया था, उसे उन्होंने अपने हाथों में पकड़ा, कार्यालय के हालचाल पूछे, और गाड़ी के चलने पर फिर उसी खिड़की के रास्ते अपने डिब्बे में चढ़ गये।

सुनने में यह कोई बड़ी बात नहीं लगती। हजारों यात्री ऐसा कर चुके होंगे। लेकिन किसी भी तरह की परेशानी का प्रदर्शन किये बगैर जिस सहज-स्वाभाविक रूप से उन्होंने ऐसा किया था, उसका निश्चित ही एक विशेष महत्त्व है। तब तक मन्त्री या प्रधानमन्त्री वे भले ही न बन पाये हों, लेकिन प्रादेशिक स्तर के नेताओं में तो उनकी गणना होने ही लगी थी। आज के दिन क्या आप किसी ऐसे छोटे-से-छोटे नेता की कल्पना कर सकते हैं, जो उनकी तरह सर्वथा आडम्बरहीन होकर अपना जीवन-यापन कर सके?

दिल्ली से लौटकर जिस उत्साहबहुलता के साथ उन्होंने वहाँ की तस्वीर प्रस्तुत की, उसकी याद मैं अब तक नहीं भूल पाया हूँ। लगता था, जैसे वह दिल्ली नहीं, बल्कि विश्वयात्रा करने के बाद वापस आये हैं।

गम्भीर विचार-गोष्ठियों के दौर

1964 का अधिकांश समय वस्तुतः हम लोगों ने फिल्म की विधा पर केन्द्रित विचार-गोष्ठियों और चर्चा-परिचर्चाओं के आयोजन में बिता डाला। हम जानते थे कि प्रचार की दृष्टि से इन संगोष्ठियों का दायरा जितना व्यापक होता है, उतना फिल्म समारोहों का हरगिज नहीं हो सकता, क्योंकि फिल्म समारोह तो सिर्फ एक रात अपनी चमक बिखेर कर बाकी के पूरे साल को रीता छोड़ जाते हैं, लेकिन गोष्ठियों की चर्चा बहुत दिनों तक अखबारों की सुर्खियों में तरोताजा रहती है। फिर अपने संगठन की स्थापना जब हम लोगों ने की तो हमारा मूल उद्देश्य ही विभिन्न चर्चा-परिचर्चाओं के माध्यम से अच्छी फिल्मों का उत्साहवर्धन करना था—पुरस्कार समर्पण की जिम्मेदारी तो हमें घाते में मिल गयी थी। जैसा सबको मालूम है, आज का आम दर्शक फिल्मों के अध:पतन की पूरी जिम्मेदारी उसके निर्माता-निर्देशकों पर डालता है, और निर्माता-निर्देशक उस जिम्मेदारी को उन दर्शकों की सस्ती अभिरुचि पर पलटकर थोप देता है। लेकिन इन दोनों के बीच भी एक ऐसी कड़ी है, जो उन्हें जोड़ने का काम करती है, और वह है फिल्म पत्रकारिता। हालाँकि फिल्म निर्माण से उसका कोई सीधा ताल्लुक नहीं है, लेकिन इस तथ्य से इनकार करना किसी के लिए भी कैसे मुमकिन होगा कि फिल्मी परदे पर हम आज जो कुछ भी देखते हैं, उसकी तह में निश्चित ही एक प्रेरणाशक्ति छिपी होती है, और उस प्रेरणाशक्ति की बुनियाद में वे समीक्षाएँ होती हैं, जो सम्बद्ध फिल्मों को केन्द्रित कर लिखी और छापी जाती हैं। उन समीक्षाओं से फिल्म-निर्माता को तारीफ की ताकत भी मिल सकती है और आलोचना का खराखोटापन भी। यानी अगर वे समीक्षाएँ सच ही फिल्म उद्योग के चमकीले भविष्य को ध्यान में रखकर लिखी जा सकें तो आज के सड़े-गले फिल्म उद्योग में भी उनके जरिये एक ज़बर्दस्त क्रान्ति लायी जा सकती है। लेकिन ऐसा होता है क्या, और अगर नहीं तो आखिर क्यों?

शुरू में अपने कुछ साथियों को इस तरह की आपसी बातचीत के आयोजन का सुझाव जब मैंने दिया तो उसकी कामयाबी के प्रति वह अधिक आशान्वित नहीं थे। उनका कहना था—'लखनऊ जैसे मध्यवर्गीय नगर के एक छोटे से कोने में बैठकर चार अखबारनवीस किसी समस्या पर विचार-विनिमय करें और वह विचार-विनिमय बम्बइया फिल्म निर्माताओं तक पहुँचकर उनके कानों में जूँ डाल सके, यह कतई नामुमकिन बात है।' इस पर मैंने उन्हें जवाब दिया था—'निर्माताओं, दर्शकों पर शुरू में असर डालने का कोई सवाल ही नहीं उठता। सबसे पहले तो हमें खुद अपने पर असर डालना है—यानी सिर्फ फिल्म समीक्षकों के बीच यह चेतना जाग्रत करनी है कि बगैर किसी माया-मोह वे अपनी कलम को ईमानदारी के साथ इस्तेमाल में लाएँ। ऐसा हुआ तो दर्शक अपने-आप अच्छी-बुरी फिल्मों की पहचान करने में कामयाब होने लगेंगे, और तब बड़े-से-बड़ा निर्माता भी उन्हें धोखे में नहीं रख सकेगा।'

दरअसल, पिछले एक-डेढ़ बरस के दरम्यान इसी मसले को लेकर मैं फिल्म तथा फिल्म के बाहर की दुनिया की बहुतेरी हस्तियों से मिल-भेंट चुका था और उन मुलाकातों से जो रोशनी मुझे मिली थी, उसी के प्रकाश में इस तरह की बातचीत को शुरू करने का खयाल मेरे दिमाग में आया था। भगवतीचरण वर्मा, यशपाल, नागार्जुन, फणीश्वरनाथ रेणु, अमृतराय, डॉ. धर्मवीर भारती, चेतन आनन्द, शैलेन्द्र, साहिर, अनिल विश्वास, सुब्रत मित्र, बासुदेव भट्टाचार्य—जिन लोगों से भी उस बीच मैं मिला, करीब-करीब सबने फिल्मों की गिरावट की पूरी जिम्मेदारी फिल्म समीक्षकों पर ही डाली, और ईमानदारी से उनकी शिकवा-शिकायतों पर अगर हम ध्यान दें तो पाएँगे कि उनके आरोप किंचित बेमानी नहीं थे। यहाँ के फिल्म समीक्षकों की लेखनी की अब तक न कोई कसौटी बन सकी है, और न ईमानदारी के साथ कोई उस ओर बढ़ना ही चाहता है। विक्रम सिंह या एक दो अन्य समीक्षकों की बात जाने दीजिए, उनके अलावा कितने फिल्म पत्रकार हुए हैं ऐसे, जिन्हें अपने काम की गम्भीरता का सतही अहसास भी हो?

वैसे लखनऊ में सम्पन्न अपनी पहली औपचारिक गोष्ठी के पहले ही इस तरह के विचार-विनिमय का प्रारम्भ हम कर चुके थे, और उसकी शुरुआत बम्बई में संगीतकार अनिल विश्वास के घर पर हुई थी। हमारी फिल्मों की दुरवस्था का मूल कारण कहाँ छिपा बैठा है—उसके दर्शकों में, निर्माताओं में, फाइनेन्सरों में, या बड़े-बड़े कलाकारों में? उन बातों की जड़ आखिर क्या है जो अच्छी फिल्मों को पनपने नहीं देती?—इस तरह के सवाल अक्सर ही फिल्मों पर गम्भीरता से विचार करनेवाले लोगों के मन-मस्तिष्क में कौंधा करते हैं, और यही सवाल कौंध रहे थे उस दिन अनिल दा, बासु भट्टाचार्य और खुद मेरे मन में। हम तीनों जुहू

स्थित अनिल दा के शैक में बैठकर फिल्मों पर बातचीत करने का मूड बनाने की कोशिश में थे। बातचीत शुरू करने के पहले बासु ने कहा था, "कितना अच्छा होता, अगर कॉफी हाउस का जमाना हमारी इस बम्बई में भी चला आता, और फिल्मों पर विचार करने लोग कॉफी के प्यालों के इर्द-गिर्द अपना विचार-मन्थन जारी रखते।"

अनिल दा ने आपत्ति की थी, "बम्बई बड़ा सभ्य नगर है। कॉफी हाउस में बैठकर लोग तुम्हें शोर नहीं मचाने देंगे।...वैसे ही आजकल फिल्मों ने क्या कम शोर मचा रखा है?"

बासु के साथ मैंने भी बगैर किसी हीले-हवाले अनिल दा के तर्क को स्वीकार कर लिया था। कहा था, "सच बात है। फिल्मों के नाम पर हमारे यहाँ सिर्फ शोर-शराबा ही तो दिखाई पड़ता है।"

"हमारी फिल्मों का क्या अब यही उद्देश्य रह गया है?"

बासु इस उद्देश्य शब्द पर उत्तेजित हो उठा था। उद्देश्य की बात पर वह बोल उठा, "यह उद्देश्य ही तो सब घोटाला करता है। फिल्म का निर्माण करते समय हमारा ध्येय फिल्म निर्माण होना चाहिए। उद्देश्य की बात आती है तो कुछ लोग नाम कमानेवाली फिल्मों का निर्माण शुरू कर देते हैं और कुछ लोग पैसा कमानेवाली फिल्मों का। नाम और पैसा—ये दोनों चीजें तो बन जाती है, इस तरह, लेकिन फिल्म नहीं बन पाती। यही आज की सबसे बड़ी ट्रेजेडी है!"

मैंने बीच में उसकी बात को काटते हुए कहा, "नामवाली फिल्मों की बात तो जाने ही दो, हमें सबसे ज्यादा परेशान कर रखा है, दाम बनानेवाली फिल्मों ने। लोगों ने फिल्म उद्योग को विशुद्ध रूप से व्यापार का साधन मान लिया, इसीलिए यथार्थपरक फिल्म बनाने की कामना रखनेवाले व्यक्ति यहाँ पनप ही नहीं पाते। मेरा खयाल है, अगर विशुद्ध व्यावसायिक निर्माताओं की फिल्मों के खोखलेपन के विरुद्ध एक चेतना जाग्रत की जाए तो उन निर्माताओं के होश को ठिकाने लगाया जा सकता है।"

लेकिन अनिल दा मेरी बात से सहमत नहीं दिखे। उन्होंने कहा, "व्यावसायिक कहे जानेवाले निर्मातागण तो मूलतः व्यापारी ही हैं, अपनी पूरी अकल खराब करके वे बस अश्लील फिल्मों का निर्माण कर सकते हैं। इसलिए उनसे यह उम्मीद करना पूरी तरह बेकार है कि वे कभी ऐसी किसी फिल्म का सृजन कर पाएँगे, जो सेक्स, क्राइम, सस्ते रोमांस या पौराणिक गृहकलह की कथाओं से अलग हो। मेरे विचार में उन निर्माताओं और निर्देशकों को छोड़, हमें एक ऐसी नयी चेतना को जाग्रत करना चाहिए, जो स्वस्थ हो, सुन्दर हो..."

अनिल दा की बातों से बासु फिर उत्तेजित हो उठा। बंगाली होने के कारण

क्रोध आते ही वह अपना चश्मा जमीन पर पटक दिया करता था और फिर किसी भी स्थिति में उसे अपनी बातों से रोक पाना आसान नहीं था। सो जमीन पर अपने चश्मे को फिर से पटकते हुए वह बोल उठा, ''दादा, स्वस्थ और सुन्दर बात यहाँ कितनी देर तक कायम रह सकती है? मैं कहता हूँ, अगर मूल में ही खराबी हो तो ऊपरी सफाई करने से क्या लाभ मिलेगा?''

अनिल दा ने जवाब दिया, ''अगर हम मूल से प्रारम्भ करेंगे तो उसी में काफी समय लग जाएगा, और शायद जीवन भर हम जड़ तक पहुँच ही न पाएँ।''

बासु ने कहा, ''यहाँ ऊपर से आकर तो कोई साफ नहीं रह पाया। हमें गुस्सा तो ऐसे लोगों पर आता है, जो अच्छी फिल्मों को जानते हैं, समझते हैं, उन पर सोच सकते हैं और अच्छी फिल्मों का निर्माण कर सकते हैं। लेकिन वे भी विशुद्ध रूप से अब किसी फिल्म का सृजन नहीं कर पाते। करोड़ से दस करोड़ तक पहुँचकर अरबों का सपना उनकी आँखों के सामने नाचने लगता है, और फिर उनकी फिल्मों में भी मिलावट शुरू हो जाती है।''

मैंने बासु के तर्क से सहमति प्रकट की। बोला, ''यही तो अफसोस की बात है। फिल्मों में मिलावट उत्पन्न करनेवाले लोग अपने उसी काम को सबसे बड़ा कारोबार समझ बैठे हैं। वैसे अगर घी या दूध में मिलावट करने का धन्धा शुरू करते तो फिल्म से ज्यादा धन वहाँ पैदा कर सकते थे।''

अनिल दा मेरी इस बात से सहमत थे। उन्होंने कहा, ''अच्छी फिल्मों में मिलावट पैदा करनेवाले लोग ही गलत दिशा में चल रहे हैं आज। बुरी फिल्मों का निर्माता तो हस्बदस्तूर अपनी नैतिकता पर कायम है, और उसकी वही नैतिकता अच्छी फिल्मों के निर्माताओं पर हावी होती चली जा रही है। अगर हम अच्छे निर्माताओं की दुर्बलता को मिटाने में समर्थ हो सकें तो बुरी फिल्में अपने आप मात खा जाएँगी।''

यह सुनकर बासु ने एक बार फिर अपना चश्मा जमीन पर पटक दिया था। लगा, जैसे वह चश्मा उसका अलार्म हो। उस अलार्म के बाद फिर कई मिनटों तक वह धाराप्रवाह बोलता रहा। उसने कहा, ''अनिल दा, क्या तुम समझते हो कि इस तरह की दुर्बलताओं से लड़ना आसान काम है? मुसीबत तो इस बात की है कि हम सभी लोग अपने अन्तर में दुर्बल हैं, और एक सही के लिए दो बड़े गुनाहों को माफ करना हमारी आदत बन चुकी है।''

''वह कैसे?'' बीच में ही टोकते हुए मैंने बासु से पूछा था।

''बताता हूँ, बताता हूँ,'' बासु ने बताना प्रारम्भ किया, ''मान लो कि एक आदमी—अच्छा और प्रतिभावान फिल्मी दुनिया में आया। उसने एक बहुत अच्छी फिल्म बनायी। वह सफल भी हुआ। फिल्म निर्माण के पहले उसके पास अपना

कुछ नहीं था। फिल्म बनाने के बाद उसके पास पैसों की आमद हुई, और फिर वह पड़ गया निन्यानवे के फेर में। दूसरी फिल्म का निर्माण करते हुए उसे महसूस हुआ कि अगर थोड़ा-सा मसाला भी उसमें मिला दिया जाए तो फिल्म ज्यादा अच्छी तरह चलेगी, आमदनी की भी सुरक्षा हो जाएगी और लोग शिकायत भी नहीं कर पाएँगे...अच्छी कही जानेवाली हमारी अधिकांश फिल्मों में यही सब तो होता है। हम अच्छी फिल्मों में नकली मिलावट देखते हैं और उसे माफ कर देते हैं—सिर्फ यह सोचकर कि सामान्य दर्शक को आकृष्ट करने के लिए ही किया गया है वह सब। लेकिन उस रियायत का वह आदमी नाजायज फायदा उठा ले जाता है। उसके कदम एक से दूसरी मिलावट की ओर बढ़ते जाते हैं, और अन्त में एक दिन वह पूरी तरह पलायनवादी बन उठता है! इस तरह वह अपनी चेतना और ऊर्जा को गँवाता ही है, अपने उन सहकर्मियों को भी गलत रास्ते पर ढकेलने का पाप करता है, जो उसे आदर्श मानकर उसका अनुकरण करना चाहते थे। शायद यही कारण है कि हमारे सम्मुख आज कोई जागरूक पीढ़ी नजर नहीं आती। फिल्म निर्माण की कला पूरी तरह विलुप्त हो चुकी है, और धन-सम्पन्न निर्माता-निर्देशक ही सफल फिल्मकार माना जाने लगा है।''

मैंने सवाल किया, ''तो क्या हम यह मान लें कि धन और कला का झगड़ा अन्यान्य क्षेत्रों को रौंदता-करोदता फिल्म की विधा में भी आ पहुँचा है? जहाँ धनार्जन प्रमुख है, वहाँ शायद कला का वास तो नहीं हो सकता।''

बासु बोला, ''नहीं, यहाँ धन और कला में बैर नहीं है, क्योंकि अन्य क्षेत्रों के विपरीत यहाँ का कलाकार ही अधिक धनवान है। परेशानी की बात यह है कि फिल्म उद्योग के पूरे ढाँचे में ही मूलभूत दोष है, और वह दोष इसके अलावा और कुछ नहीं कि यहाँ सारा धन एक सीमित स्थान पर केन्द्रित होकर रह जाता है। मान लो, एक अच्छे फिल्म निर्माता ने दस अच्छे व्यक्तियों से सहयोग लेकर—और वह भी नाममात्र के पारिश्रमिक के साथ—एक अच्छी फिल्म का निर्माण कर लिया। उस फिल्म से उसे एक करोड़ की आमदनी हुई। इस एक करोड़ रुपये को समेटने का उसे क्या अधिकार है, जबकि उसने मूलत: फिल्म के निर्माण में एक मध्यस्थ का ही काम किया था?''

अनिल दा ने कहा, ''नहीं, यदि हम चाहें तो मिलकर न केवल अच्छी फिल्मों का निर्माण कर सकते हैं, बल्कि उसके माध्यम से अर्जित आय का भी समुचित उपयोग कर सकते हैं...''

बासु बीच में बोल उठा, ''नहीं, इस आदर्श को मैं नहीं मानता। आदर्श अपने आपमें महज एक प्रदर्शन की चीज हो जाती है। आज करोड़ों रुपये ब्लैक मनी लेनेवाले कलाकारों को भी हम इसीलिए मुआफ कर देते हैं कि बेचारा करे

भी तो क्या? इनकम टैक्सवाले ही उससे तीन चौथाई लूट ले जाते हैं!''

''तो फिर इन अनीतियों का दमन आखिर कहाँ से शुरू होगा?'' मैंने यह सवाल जब फिर से पूछा तो अनिल विश्वास बोले, ''दमन प्रारम्भ होगा, इसी तरह की परिचर्चाओं के माध्यम से। ऐसी परिचर्चाओं से अगर हम चाहें तो अच्छी-खासी सांस्कृतिक हलचल पैदा कर सकते हैं।''

''लेकिन ऐसी बातचीत हो भी कहाँ पाती है? ऐसा कोई मंच भी तो हमारे पास नहीं है, जिसके इर्द-गिर्द बैठकर इस तरह की चर्चा की जाए और लोग गम्भीर होकर उस पर ध्यान दें।''

मेरे इस कथन पर बासु ने एक बार फिर अपना चश्मा जमीन पर पटक दिया था। बोला, ''इसीलिए तो कहता हूँ कि ऐसी कोई जगह हमें निश्चित रूप से चाहिए, चाहे वह नगर का कॉफी हाउस ही क्यों न हो...''

और, नागर जी की अध्यक्षता में लखनऊ की हमारी पहली संगोष्ठी जब शुरू हुई, तो इसी तरह के प्रश्न लोगों के दिल-दिमाग में गूँज रहे थे। नागर जी ने बताया कि उन्होंने अपने पत्रकार जीवन की शुरुआत एक फिल्म पत्रकार के रूप में ही की थी, और इससे उस गोष्ठी का समारम्भ करते हुए उन्हें सच ही अन्दरूनी खुशी हो रही है।

श्रोताओं के लिए यह एक बिलकुल नयी खबर थी। *चकल्लस* या *प्रसाद* जैसे नागर-सम्पादित पत्रों की याद तो उनमें तब तक बाकी थी, लेकिन उनके अलावा नागर बाबा कोई फिल्मी अखबार भी निकाल चुके हैं, इसकी जानकारी शायद ही किसी को रही हो।

''मुश्किल से साल-छः महीने निकल पायी होगी, फिर पैसों के अभाव की वजह से उसे बन्द कर देना पड़ा।'' नागर जी ने बताया था। उन्होंने कहा, ''जब तक कोई आदमी खुद साधन सम्पन्न न हो, तब तक उसे अखबार निकालने का मोह नहीं पालना चाहिए। खासतौर पर फिल्मी अखबार के प्रकाशन का मोह। क्योंकि कोई भी फिल्मी पर्चा सिर्फ विज्ञापनों के बल पर ही चलता है, और विज्ञापन तभी मिलेंगे जब आप उन फिल्मों की तारीफ छापेंगे, जिनके विज्ञापन आपको पाने हैं। आपने अपनी राय के साथ जिस दिन ईमानदारी बरतनी शुरू की, समझ लीजिए कि उसी दिन आपका अखबार भी बन्द हुआ।''

यह नागर जी का ही नहीं, हर उस आदमी का तीखा अनुभव है, जिसने सीमित साधनों के साथ पत्र प्रकाशन के क्षेत्र में अपने कदम रखे। ईमानदारी के साथ की गयी फिल्म समीक्षाएँ विज्ञापनों के बाजार में कानी कौड़ी का भी मूल्य

नहीं रखतीं, और जाहिर है कि अगर विज्ञापन नहीं मिला तो खुद पत्र-सम्पादक की रीढ़ की हड्डी टूटकर रह जाएगी।''

''इस कटु सत्य के बावजूद अगर हम यह चाहते हैं कि अच्छी फिल्में बाजार में आएँ,''—नागर जी ने आगे कहा, ''तो हमें अपनी हड्डियों को तोड़कर भी आगे बढ़ने के लिए तैयार रहना पड़ेगा, क्योंकि फिल्म समीक्षक का महत्त्व कभी इकहरा नहीं होता, उसकी कलम जिस सीमा तक एक आम दर्शक को अपने घेरे में बाँध सकती है, उसी सीमा तक फिल्म-निर्माताओं पर भी अपना असर छोड़ने में वह पूरी तरह कामयाब है।''

अमृतबाजार पत्रिका के वयोवृद्ध सम्पादक श्री तुषारकान्ति घोष ने भी इस बात को रेखांकित किया। उन्होंने कहा, ''फिल्म पत्रकार चाहे जिस स्थिति में हो, फिल्म उद्योग का हित-चिन्तन उसका सबसे बड़ा फर्ज है। भारत के फिल्म पत्रकार के लिए तो यह हितचिन्ता भी एक साधना का जामा ओढ़ लेती है—क्योंकि यहाँ का फिल्म उद्योग आज भी वहाँ तक नहीं पहुँच पाया है, जहाँ उसे होना चाहिए। शायद यही वजह है कि यहाँ के दर्शक भी अच्छी और बुरी फिल्म के बीच का अन्तर नहीं बता पाते। एक हिन्दुस्तानी फिल्म पत्रकार के लिए, सबसे पहले यह जरूरी है कि वह दर्शक के दिल-दिमाग में अच्छी फिल्मों के प्रति दिलचस्पी जगाए। फिल्म उद्योग की हलचलों की पूरी जानकारी रखने के साथ ही चूँकि अच्छी समीक्षाओं के जरिये वह आम जनता का भी प्रतिनिधित्व करता है, इसलिए उन दोनों के बीच वह एक अविभाज्य सेतु है, उसकी जिम्मेदारियों की गम्भीरता किसी भी तरह कम नहीं आँकी जा सकती।''

इसी सिलसिले में तुषार बाबू ने अपने खुद के अनुभवों का भी जिक्र किया था। *अमृतबाजार पत्रिका* जैसे महत्त्वपूर्ण और लोकप्रिय दैनिक के संस्थापक-सम्पादक होने के अलावा वह बंगाल फिल्म पत्रकार संघ के अध्यक्ष भी थे, और इस नाते उनके अनुभवों का निश्चित ही एक विशेष महत्त्व था। तुषार बाबू ने कहा, ''इस जिम्मेदार पद पर आसीन होने की वजह से ही मुझे इस बात का भरसक मौका मिल सका है कि फिल्म उद्योग और उससे ताल्लुक रखनेवाले लोगों को मैं नजदीक से देख सकूँ। इसीलिए अपने साथी अखबारनवीसों से मैं हमेशा कहता रहा हूँ कि हमारी कलम को मजबूत, उपयोगी और सद्भावपूर्ण होना जरूरी है, साथ ही यह बात भी हमें नहीं भूलनी चाहिए कि उसके माध्यम से जो कुछ भी लिखा जाए, उससे हमारे रचनात्मक नजरिये की झलक मिले। हमारे खिलाफ चाहे कितनी ही आवाजें उठ रही हों, लेकिन आनेवाले समय में फिल्म उद्योग की अधिकांश समस्याओं का हल हमारे ही जरिये होगा और उसका अधिकार भी हम अर्जित कर चुके हैं।''

अपने उस अधिकार का पूरा इस्तेमाल हम क्यों नहीं कर पाते, और हममें से कोई उस ओर कदम बढ़ाने की कोशिश करता भी है तो पग-पग पर उसे निराशा क्यों मिलती है ?—यह एक ऐसा सवाल था जिसका जवाब देना तुषार बाबू के लिए शायद मुश्किल था। क्या आज फिल्मों से ताल्लुक रखनेवाली ज्यादातर फिल्म पत्रिकाएँ ऐसी नहीं निकल रही हैं, जिनके सम्पादक या लेखक कहने को अपनी कलम के साथ चाहे जितनी ईमानदारी बरतते हों, लेकिन जरा गहराई के साथ उनकी लिखी चीजों पर आँख गड़ाइए तो आपको मालूम होगा कि दुनिया की सारी ईर्ष्या, सारा स्वार्थ एक साथ सिमटकर, उनकी कलम की नोक पर एकत्र हो गया हो। खुद बम्बई में जो फिल्मी अखबार निकलते हैं, उनमें से कितने अपनी जज्बाती आवाज का साथ देते होंगे—बिलकुल उँगलियों पर ही गिनने लायक न ? इससे क्या यह बात नहीं साबित होती कि खुद हमारे ही भाईबन्द हमारी तरक्की के रास्ते में सबसे ज्यादा रुकावट डालते हैं—और अपनी हरकतों से खुद चाहे जितनी बड़ी हवेलियाँ उन्होंने खड़ी कर ली हों, लेकिन ईमानदारी के साथ काम करनेवाले साथियों के रास्ते में आज के दिन वे एक अमरबेल ही साबित हो रहे हैं ?

अच्छे स्तर की समीक्षाओं के जरिये अच्छी फिल्मों के निर्माण में निश्चित ही फिल्म पत्रकारों का अहम योगदान हो सकता है, लेकिन सवाल यह है कि वह स्तर क्या है ? *फिल्म फेयर* के सम्पादक बी.के. करांजिया ने इसी शंका का समाधान करते हुए अपनी वक्तृता का समारम्भ किया था। उन्होंने कहा, "यह बात सही है कि समीक्षक से अक्सर गलतियाँ हो सकती हैं। इसी तरह इस बात में भी किसी को शंका नहीं हो सकती कि किसी फिल्म के अच्छी या बुरी बताने के फैसले का अन्तिम अधिकार सिर्फ जनता के पास है, और उस फैसले को चुनौती देना किसी के भी बस की बात नहीं लेकिन इन बातों के साथ यह भी सच है कि अच्छाई-बुराई की पहचान कराने में समीक्षक ही आम दर्शक का मददगार हो सकता है। समीक्षक का सिर्फ यह फर्ज नहीं कि दर्शक और फिल्म-निर्माताओं के बीच वह एक मध्यस्थ का काम करे—जनसामान्य की अभिरुचि के बनाव-सिंगार की पूरी जिम्मेदारी भी उसी के ऊपर है..."

श्री करांजिया की नजर में किसी भी अच्छे फिल्म समीक्षक के पास कुछ गुणों का होना जरूरी था। पहला तो यह कि उसे पूरी तरह ईमानदार होना चाहिए—हालाँकि जिस परिवेश के बीच उसे काम करना होता है, उसमें भोग-विलास के इतने साधन उसे सहज मिल जाते हैं, जिनमें वह खुद अपने को ही भूलकर रह जाए। दूसरी बात यह कि जो कुछ सच्चाई के साथ वह देखे-समझे, उसको पाठकों के सामने निस्संकोच रखने की क्षमता उसमें हो। हिन्दुस्तानी फिल्म पत्रकारिता

के साथ सबसे अफसोसनाक बात यह है कि एक ओर तो यहाँ के फिल्म निर्माता ईमानदारी के साथ अपनी फिल्मों के बारे में पेश की गयी समीक्षाओं का स्वागत नहीं करते, वहीं दूसरी ओर समीक्षक का वेष धारण कर बहुतेरे फिल्म-प्रचारक अपने आकाओं की सच्ची-झूठी तारीफ करने की दिशा में इस कदर लगे रहते हैं कि सामान्य दर्शक ईमानदारी से की गयी समीक्षाओं और प्रचारात्मक टिप्पणियों के बीच का अन्तर ही न समझ सके।

इसीलिए श्री करांजिया ने कहा, ''यहाँ का कोई भी फिल्म समीक्षक तब तक अपने साथ न्याय नहीं कर सकता, जब तक बुनियादी ईमानदारी के साथ उसमें फिल्म उद्योग की परिस्थितियों का ठीक से आकलन करने की क्षमता न हो। किसी भी विधा की समीक्षा करने में आदमी के अन्दर की आवाज सबसे अहम भूमिका अदा करती है, और फिल्म पत्रकारिता को सही रूप देने के लिए उस अन्दरूनी आवाज को पहचानकर उसे मूर्त करना ही हमारे लिए सबसे ज्यादा जरूरी है। इसी से भारतीय फिल्म समीक्षक का उसके प्रति, उसकी समस्याओं के प्रति एक महान कर्तव्य हो गया है। उस कर्तव्य का निर्वहन तभी हो सकता है जब उस विधा से ताल्लुक रखनेवाले हर व्यक्ति के बीच आपसी विश्वास की भावना विकसित हो—और इस कठिन काम की जिम्मेदारी सिर्फ फिल्म पत्रकार के कन्धों पर है।''

प्रो. हुमायूँ कबीर ने भी अपने समापन भाषण में इसी कड़वे तथ्य को उभारने की कोशिश की थी। उन्होंने कहा, ''आज की अधिकांश फिल्म समीक्षाएँ इसीलिए लिखी और छापी जाती हैं कि अखबार के कॉलमों को भरने के लिए उन्हें लिखना-छापना जरूरी है। इसी वजह से न उनमें कोई गहराई आ पाती है और न उनको पढ़ने के बाद दर्शक के लिए यह जानना मुमकिन हो सकता है कि उनमें किस हद तक सच्चाई है और किस सीमा तक भुलावा। फिल्म या उसमें काम करनेवाले लोगों के नाम आप हटा दीजिए, फिर हर फिल्म की समीक्षा हर्फ-ब-हर्फ आपको एक जैसी मिलेगी। उसमें फिल्म के गुण-दोष का महत्त्व अब तक सिर्फ छपाई-सफाई अच्छी है, वाली शैली से आगे नहीं बढ़ पाया। यही वजह है कि किसी भी जागरूक दर्शक का विश्वास उन पर नहीं जम पाता।''

प्रो. कबीर ने किसी जमाने में फिल्म पत्रकारिता की थी, यह रहस्य भी पहली बार शायद उसी गोष्ठी में खुला था। यूरोप में प्रकाशित होनेवाले कई मशहूर अखबारों में तब वे नियमित रूप से उनके फिल्म स्तम्भ लिखा करते थे। अपने उन्हीं दिनों का उल्लेख करते हुए प्रो. कबीर ने कहा, ''फिल्म पत्रकार के सामने कितने आकर्षण आते हैं, इसकी मुझे पूरी जानकारी है। कमजोर व्यक्तित्व वाले समीक्षक के लिए उनके समक्ष जमकर खड़ा होना बेहद कठिन है, यह भी जानता हूँ। लेकिन जितना महत्त्वपूर्ण कोई काम होगा, उसके रास्ते की अवरोधक शक्तियाँ

भी उतनी ही प्रखर होंगी। अगर हम अन्दरूनी तौर पर अपने कर्तव्य के प्रति पूरी तरह निष्ठावान हैं तो रुकावटें ज्यादा दिनों तक हमारे रास्ते में रोड़ा नहीं बन सकतीं। हमें चाहिए कि हम उनके साथ संघर्ष करें, लड़ें, जूझें और उन पर विजय प्राप्त करते हुए अपने कर्तव्य का पालन करें। फिल्म पत्रकारों की बिरादरी जब तक अपने फर्ज के प्रति पूरी तरह प्रतिबद्ध और जागरूक होकर अपनी कलम के साथ पूरी नेकनीयती नहीं बरतेगी, तब तक फिल्म उद्योग की सही तरक्की नामुमकिन है।'' उन्होंने आगे कहा, ''इसीलिए फिल्म पत्रकार भी उसके प्रति उतने ही जिम्मेदार हैं, जितना उद्योग का कोई भी बड़े-से-बड़ा आदमी। उसकी कलम से निकली समीक्षाओं की रोशनी में ही रोज-ब-रोज नयी फिल्मों का निर्माण होता है, और अपने काम के प्रति बुनियादी ईमानदारी अगर उसमें नहीं है तो अच्छी फिल्मों के निर्माण की बात सोची भी नहीं जा सकती...''

इन विचार-गोष्ठियों का सम्बन्ध चूँकि पाठकों से अधिक था और श्रोताओं से कम, इसलिए बम्बई वापस पहुँचकर भी मैंने उनको जारी रखने की कोशिश की। तब तक हिन्दी-अँग्रेजी के अधिकांश पत्रों ने उनके प्रति अपनी रुचि का प्रदर्शन करना शुरू कर दिया था—स्वयं *टाइम्स ऑफ इण्डिया* परिवार के अनेक पत्र तत्सम्बन्धी गतिविधियों का नियमित प्रकाशन करने के लिए उत्सुक थे, इससे व्यक्तिगत स्तर पर ऐसे विचार-विनिमयों का आयोजित करने में मुझे भी कोई दिक्कत नहीं महसूस हुई। अपने उद्देश्य की पूर्ति के लिए बम्बई में मैंने चेतन आनन्द और डॉ. भारती से सम्पर्क साधा, तो वे दोनों ही मुझे पूरी मदद करने के लिए तैयार हो गये। लखनऊ में सम्पन्न गोष्ठी की रपट उनके सामने थी, और मैं चाहता था कि उसी पर विस्तृत चर्चा-परिचर्चा जारी रखी जाए।

चेतन आनन्द के यहाँ उस दिन कुल तीन लोग थे—खुद चेतन, मैं और भारती—डॉ. धर्मवीर भारती। शैक के बाहर गरजते-बरसते पानी की बौछारें समुद्र की लहरों की कलकल से मेल-मुलाकात कर रही थीं, और अन्दर हम तीनों के दिल-दिमाग आपस में उलझते जा रहे थे—हिन्दी फिल्मों में बौद्धिक चेतना का समावेश आखिर किस दिन शुरू होगा? आज उसकी राह के रोड़े क्या हैं, और कल के दिन सचमुच लोग अगर उस दिशा में सचेष्ट और सक्रिय हों तो भला उन्हें कितनी सफलता मिल पाएगी?

चेतन ने भारती से कहा था, ''व्यावहारिक सम्बन्ध चाहे न हों इन दोनों के बीच, लेकिन मैं समझता हूँ कि हमारी फिल्मों के पतन में उन पत्र-पत्रिकाओं का खासा योगदान रहा है, जो भले ही अपने को फिल्म संसार की पथ-प्रदर्शिका

समझती हों, लेकिन वस्तुतः उसी उद्योग के हाथों का खिलौना मात्र बनकर रह गयी हैं। आप उन अखबारों और मैगजीनों को देखते हैं न, जो हजारों की संख्या में छपते हैं, लाखों पाठक-पाठिकाओं द्वारा पढ़े जाते हैं और फिर करोड़ों दिमाग उनसे दूषित होते हैं ?...ऐसी हालत में क्या सचमुच आप यह समझते हैं कि उनका सुधार हुए बिना हिन्दी फिल्मों का सुधार सम्भव है ?''

भारती से चेतन का यह सीधा सवाल था, तीर की तरह सीधा। शुरू में इन पत्र-पत्रिकाओं का चाहे कितना महत्त्वपूर्ण उद्देश्य रहता हो, अक्सर ऐसा देखा गया है कि जब भी कोई नयी पत्रिका निकली, प्रारम्भ में हमेशा उसने अपने को संयत और सुस्थिर रखने का प्रयत्न किया—लेकिन साल-छः महीना बीतते-बीतते उसका सम्पादक भी फिल्मी चक्रव्यूह में इस तरह फँसकर रह जाता है कि चाहने पर भी वहाँ से उसकी मुक्ति मुमकिन नहीं हो पाती। इसमें दोष आखिर किसका है—फिल्म जगत का, या उन अखबारों का, जो अपने को फिल्मी दुनिया का मसीहा समझकर पत्रकारिता के क्षेत्र में प्रवेश करते हैं ?

भारती के लिए इन सवालों का उस तेजी के साथ जवाब देना सम्भव नहीं था, जिस तेजी के साथ वह उनके सामने फेंके गये थे। यों भी वे देर में ही उत्तेजित हुआ करते थे, इस अवसर पर तो किंचित संयम की अपेक्षा भी थी। इसी से चेतन की इस बात के पहले चरण को उन्होंने स्वीकार भी कर लिया। बोले थे, ''मैं स्वयं भी कई बार इस कूटनीति का शिकार होते-होते बच गया हूँ। इसी से शायद इस चक्रव्यूह से मेरा खासा परिचय भी है। लेकिन सवाल तो यह है कि उससे मुक्ति कैसे मिल सकेगी हमें ? क्या पत्रकारों और सम्पादकों की ईमानदारी ही पर्याप्त होगी उस दिशा में अग्रसर होने के लिए ?

''हो सकता है ऐसा हो पाये किसी दिन। और जिस दिन ऐसा हुआ, वह निश्चित ही याद रखनेवाला दिन होगा। हिन्दी फिल्में और फिल्मों के हिन्दुस्तानी पत्र, दोनों ही समान स्तर पर खड़े हैं आज के दिन। फीता लेकर नाप डालिए, किसी भी स्थल पर किंचित कोई फर्क नहीं दिखाई दे पाएगा आपको उनके बीच। पूरी तरह पलने-पनपने के पहले ही, लगता है, भारतीय फिल्मों की मानसिक-बौद्धिक चेतना का गला घोंट दिया गया हो जैसे। और फिल्मी पत्रों में तो उस चेतना का समावेश भी कभी हो पाएगा, ऐसा नहीं लगता।''

''इसकी अकेली वजह यह है कि फिल्मी पत्रकारिता का प्रारम्भ जिन व्यक्तियों के द्वारा सम्पन्न हुआ था, वे खुद अपने विश्वास के प्रति ईमानदार नहीं थे।'' आँखों को हलका-सा बन्द कर, अपनी कुरसी पर लेटते हुए चेतन ने कहा था, ''इसी कारण आज भी फिल्म पत्रकारिता के नाम पर जो कानी-कुबड़ी चीज हमें दिखलाई पड़ती है, उसमें किंचित जान नहीं है, लगता है, जैसे उसका पार्थिव

शरीर मात्र भूत का रूप धारण कर आगे बढ़ता चला आ रहा हो। जब तक ऐसी हालत है, तब तक उनके द्वारा हमारी फिल्मों का मार्गदर्शन भी सम्भव नहीं।''

चेतन की इस धारणा में बल था, इसी से भारती ने उसे अपनी सहमति प्रदान की थी। वे बोले, ''आपकी बात गलत नहीं, और जहाँ तक मेरा सवाल है, मैंने हमेशा यह कोशिश की है कि फिल्मी पत्रकारिता को एक जागरूक दिशा-गति मिल सके...''

''विदेशी पत्रकारिता के साथ यह बात लागू क्यों नहीं हो पाती?'' बीच में बात काटते हुए मैं पूछ बैठा था, ''वहाँ भी रद्दी फिल्मों का निर्माण होता है, तथा अधिकांश फिल्म-कथानकों के पार्श्व में स्टण्टबाजी और मारधाड़ का बाहुल्य रहता है। लेकिन तब भी वहाँ की पत्र-पत्रिकाएँ अपने को उस कदर दूषित होने से बचा पायी हैं और वहाँ के समीक्षक फिल्मों की झूठी तारीफें छापकर दर्शकों की जेब कटवाने का धन्धा नहीं करते...''

भारती बोले, ''इसकी वजह शायद यह है कि सिनेमा के पहले स्टेज की परम्परा उन देशों में पूरी तरह विकसित थी, और फिल्म पत्रकारिता के क्षेत्र में वहाँ जो लोग आये भी, वे स्टेज के माध्यम से अपने आदर्श-व्यवहार में पहले से ही पर्याप्त अनुभव प्राप्त कर चुके थे। उनकी उस गहरी नींव के कारण उनकी ईमानदारी भी अपने स्थान पर स्थिर रह सकी, और बाद में जिस दूषित वातावरण से उनका साक्षात्कार होना था, उसके प्रभाव से वह बचे रह सके।''

चेतन भारती की इस बात से सहमत थे। हिन्दी फिल्म संसार का सबसे बड़ा दुर्भाग्य ही यह है शायद कि देश की अनेकानेक दूसरी विधाओं की तरह उसे भी पक्का आधार कभी नहीं मिल पाया और हमेशा बालू की जमीन पर उसके महल बनते-बिगड़ते रहे। यही उससे सम्बन्धित सबसे दुःखद प्रसंग भी है—और यही शायद एक अकेली आशाकिरण भी, क्योंकि जिस घर की नींव ही नहीं बन पायी हो अब तक, उसका निर्माण तो किसी भी तरह किया जा सकता है।

''ऐसी हालत में यह उम्मीद की जा सकती है कम-से-कम कि लोग चाहें तो स्थिति में सुधार लाया जा सकता है।'' भारती ने कहा था।

''बेशक!'' चेतन बोले थे, ''सुधार ही नहीं, पूरी तरह रूप परिवर्तन किया जा सकता है उसका। लेकिन परेशानी की बात तो यह है कि फिल्मों की तरह फिल्म पत्रकारिता भी ऊपर से नीचे तक ऐसे ही लोगों से भरी हुई है, जो अपने काम का ककहरा तक नहीं जानते, और इस तरह के लोग अपने धन्धे के अगुवा बनकर उस क्षेत्र के नवागन्तुकों को मार्गदर्शन देने की कोशिश जब करेंगे तो आप ही सोचिए, क्या स्थिति हो जाएगी तब?''

सबने हामी भरी थी। मैं बोला, ''दूसरी चीजों की तो बात ही जाने दीजिए,

फिल्म समीक्षकों का क्या हाल है आजकल? कोई भी पत्र उठाकर पलट जाइए—अधकचरी कलम, अधकचरे मन-मस्तिष्क की ही उपज दिखाई देगी उसके माध्यम से आपको। तकनीक, कलात्मक विकास-विस्तार, अन्तर्बाह्य भावों के उतार-चढ़ाव का प्रारम्भिक ज्ञान भी जिस समीक्षक को नहीं है, वह किसी कृति के सम्बन्ध में कितनी ईमानदारी के साथ अपने मन्तव्य रख सकेगा आखिर? और आज की अधिकांश फिल्म समीक्षाओं में यह अधकचरापन नहीं होता क्या?''

तभी भारती ने अपने कुछ अनुभव सुनाये। बोले, ''शुरू-शुरू में जब मैं बम्बई आया, तब की बात है। अन्यान्य पत्रों की तरह *धर्मयुग* में भी एक फिल्म-स्तम्भ था और नियमित रूप से उसका प्रकाशन भी होता था। संयोग की बात यह कि शुरू में उसके अन्तर्गत जो भी फिल्म समीक्षाएँ गयीं, उनसे सम्बन्धित फिल्मों को मैं खुद नहीं देख पाया था। इसलिए उनके झूठ-सच की परीक्षा भी मेरे लिए मुमकिन नहीं हो सकी थी। बाद में एक दिन अचानक ही मेरी मेज पर जिस फिल्म की समीक्षा रखी मिली, उस फिल्म को मैं बीती रात देख चुका था। कूड़ा फिल्म, निरर्थक कथावस्तु, निर्जीव अभिनय—लेकिन समीक्षा पढ़कर लगा, जैसे उस दशक की सर्वश्रेष्ठ फिल्म हो वह। प्रेस में कॉपी जाने का अन्तिम दिन होने के बावजूद उस समीक्षा को मैंने रोक लिया, लेकिन आपको यह सुनकर आश्चर्य होगा कि पन्द्रह मिनट बाद ही अपने कार्यालय प्रबन्धक का टेलीफोन मुझे मिला, जिसमें आग्रहपूर्वक उन्होंने मुझसे यह अनुरोध किया था कि उस समीक्षा को मैं छप जाने दूँ। यह स्थिति मेरे लिए सर्वथा अनजानी थी—इलाहाबाद के *संगम* में काम करते हुए ऐसा कोई प्रकरण कभी मेरे सम्मुख नहीं आया था। तब भी मैं अपने निश्चय पर दृढ़ रहा और वह समीक्षा छापे के अक्षरों में नहीं आ पायी। उसके बाद इस बात का मैंने हमेशा ध्यान रखा कि कम-से-कम मेरे पत्र में इस तरह की आधारभूत ईमानदारी का हनन कभी न हो।''

फिल्म का नाम दुहराने की जरूरत नहीं थी। इसलिए मैंने कहा, ''उसके निर्माता ने तो उसकी पब्लिसिटी में पानी की तरह रुपया बहाया था। शायद ही ऐसा कोई अखबार बचा हो जिसने हिन्दुस्तान की सर्वश्रेष्ठ फिल्म होने का फतवा उसे न दिया हो। पढ़नेवालों पर उसका भरपूर असर भी पड़ा। शुरू में भले ही कई हफ्तों उसके थिएटर खाली गये हों, लेकिन बाद में जब वह चलनी शुरू हुई तो वह चली ही नहीं, सरपट दौड़ी। और उसका प्रत्यक्ष परिणाम यह हुआ कि करोड़ों रुपये की धनराशि उसके निर्माता की तिजोरियों में बगैर किसी रोड़ा-रुकावट पहुँच गयी, और उसके फलस्वरूप वह निर्माता उससे भी कूड़ा, उससे भी ज्यादा निरर्थक और उससे भी ज्यादा निर्जीव फिल्म बनाने की जोरदार तैयारियों में लग गया।''

चेतन जी बोले, ''इस दुरवस्था का मूलभूत कारण तो इसी जगह पर छिपा

हुआ है। प्रचार के माध्यम से रद्दी-से-रद्दी चीज भी आज हवा में रॉकेट की तरह उड़ायी जा सकती है, और लोग उसे विश्व का महान आविष्कार मानेंगे। अच्छी फिल्मों के ठीक तरह न पनपने के सन्दर्भ में भी यही कारण निहित है, क्योंकि जो आदमी फिल्म बनाने की कोशिश करता है, वह खुद भी मूलत: अच्छा होता है। इसीलिए दूसरे लोगों की मानसिक और बौद्धिक ईमानदारी के प्रति उसकी आस्था भीं होती है। उस आस्था के रहते हुए निरर्थक प्रचार भावना में उसका विश्वास नहीं जग पाता, और फलत: उसकी रीढ़ ही टूटकर रह जाती है फिल्मों के इस चक्रव्यूह में?''

''लेकिन इस भ्रामक वस्तुस्थिति से बचने के रास्ते क्या हैं?'' मैंने प्रश्न किया।

भारती बोले, ''यह तभी सम्भव हो सकता है, जब फिल्म और पत्रकारिता दोनों क्षेत्रों के मूर्द्धन्य कलाकृती एकमत होकर यह निर्णय लें कि उद्योग को सही रास्ता दिखाने की दिशा में दोनों की समान जिम्मेदारियाँ हैं और एक साथ मिलकर ही उनको उस दूषित मनोवृत्ति के खिलाफ जेहाद बोलना है, जो खतरे की घण्टी बजाये बिना ही अपने दुष्कर्म में लगा हुआ है।''

''लगा हुआ है, और प्रतिबद्धता के साथ,'' चेतन जी ने कहा था, ''इन रद्दी फिल्मों के निर्माता और किसी चीज के प्रति भले ही निष्ठावान न हों, लेकिन अपने काम के प्रति जरूर ही ईमानदार रहे हैं, हमेशा से। वे रद्दी चीजें बनाते हैं और ताल ठोंककर इस बात की घोषणा करते हैं कि उनका उद्देश्य मात्र पैसे बनाना है। पैसा प्रचार के माध्यम से आता है। ...वैसे अफसोस तब होता है, जब बौद्धिक रूप से जाग्रत फिल्मकार भी पैसों की इस चकाचौंध से मोहित होकर अपनी अच्छी-भली कहानियों में फिल्मी मसाले का समावेश करना शुरू कर देते हैं... और...आप लोग उस बात को आसानी से नजरन्दाज भी कर देते हैं, शायद इसलिए कि भूतकाल में...आज से एक-दो-तीन-चार साल पहले उसने सचमुच ईमानदारी के साथ अपनी पहली फिल्म के रूप में कोई नयी चीज देने का प्रयत्न किया था। भूतकाल की उस पूँजी को आज के दिन भुनाने का उसे आखिर क्या अधिकार है, जब वह खुद उस पूँजी के प्रति गद्दार हो गया है?''

भारती ने स्वयं इस बात पर चिन्ता व्यक्त की। उन्होंने कहा, ''अच्छा हो, अगर खुद फिल्म संसार से सम्बन्धित बौद्धिक तबके के लोग इस दिशा में खुलकर, स्पष्ट रूप से आगे बढ़ें, और अपने सभी साथियों के कार्यकलापों की समीक्षा-परीक्षा करने में वह हिचकें नहीं। फिल्मी तकनीक से सर्वथा अनभिज्ञ सम्पादक वर्ग तैयार माल की ठोंकपीट जरूर कर सकता है। लेकिन कच्चे माल की जाँच-पड़ताल तो फिल्म से सीधा ताल्लुक रखनेवाले आदमियों के लिए ही सम्भव है।

क्यों नहीं इस अभियान में वे खुद हम लोगों का हाथ बँटाते ?''

चेतन भारती के इस प्रस्ताव से पूरी तरह सहमत थे। कहा, ''यह तभी मुमकिन है, जब हम लोग खुद पूरी ईमानदारी के साथ आपस में मिलें-भेंटें, बहस और वार्तालाप करें। ...लेकिन बम्बई जैसे इस व्यस्त शहर में नियमित रूप से इस काम के लिए वक्त निकालना किसी के लिए भला कब तक सम्भव हो पाएगा...''

भगवतीचरण वर्मा : साहित्य पर बल

भारती ने इन सभी गोष्ठियों की रपट को विस्तार से *धर्मयुग* में छापा था, और उस पर पाठकों की सार्थक प्रतिक्रिया भी मिली थी। शनैः शनैः *धर्मयुग* उत्कृष्ट फिल्म पत्रकारिता का मेरुदण्ड बनता जा रहा था, इसी से भारती ने मुझे राय दी कि उन हिन्दी साहित्यकारों से भेंटवार्ताएँ कर उनके अनुभवों का आकलन करने का भी प्रयत्न मैं करूँ, जिनका सम्यक् योगदान फिल्म निर्माण की विधा में रहा है। ऐसे लोगों में उन्होंने भगवतीचरण वर्मा, सुमित्रानन्दन पन्त, उपेन्द्रनाथ अश्क और अमृतलाल नागर के नाम सुझाये।

इस सन्दर्भ में इलाहाबाद पहुँचने पर मुझे कोई सफलता नहीं मिल पायी। उपेन्द्रनाथ अश्क बीमार होकर शैयाग्रस्त थे और पन्त जी को *कल्पना* सम्बन्धी यादें पूरी तरह भूल चुकी थीं। उन्होंने कहा कि लखनऊ जाकर तत्सम्बन्ध में मैं अमृतलाल नागर से बात करूँ, क्योंकि *कल्पना* के लेखन में उन दोनों का समान योगदान था। नागर जी ने उसके संवाद लिखे थे, और पन्त जी ने गीत। लखनऊ पहुँचने पर मेरी पहली भेंट भगवती बाबू से हुई, और नागर जी से मिलने का अवसर जब सुलभ हुआ, तब तक पन्त जी की सलाह मुझे भूल चुकी थी। वैसे भी खुद उनके मुँह से उनके संस्मरण सुनने को मिलते तो कोई बात भी थी, किसी दूसरे के माध्यम से उसे सँजोने का कार्य मुझे नितान्त निरर्थक मालूम पड़ा।

भगवती बाबू को याद दिलाने के लिए मुझे पर्याप्त प्रयास करने पड़े कि वे फिल्मी दुनिया में कब शरीक हुए, कब तक उसमें अपना योगदान किया और बम्बई टॉकीज की किन-किन फिल्मों के लिए उन्होंने संवाद और पटकथाएँ लिखीं।

हमारे जैसे लोगों के लिए उन दिनों की याद करना शायद कठिन न हो, जब

बम्बई टॉकीज द्वारा निर्मित फिल्में रजत और स्वर्ण जयन्तियाँ मनाये बिना भी बरसों तक देश के सिनेमाघरों में अपने दर्शकों को आकृष्ट करती रहती थीं, और उन फिल्मों के सृजन में भगवतीचरण वर्मा का बहुत बड़ा हाथ हुआ करता था। बम्बई टॉकीज के स्वर्णिम दिन थे वे। लखनऊ के महानगर में अपना नया घर बनाकर बसनेवाले भगवती बाबू को बस इतनी याद बाकी रह गयी थी कि वे फिल्मों के लेखक नहीं, बल्कि हिन्दी के प्रख्यात उपन्यासकार और कवि हैं। फिल्मों के लिए लिखी गयी चीजें उनकी नजर में उतना ही महत्त्व नहीं रखती थीं, जितना दैनिक अखबार के पन्नों में रोजनामचा लिखनेवाले किसी पत्रकार की नजर में उनकी पुरानी कतरनें। हुआ यह कि भगवती बाबू जब फिल्मों में थे, तब भी अपनी एक टाँग वह उससे बाहर ही उठाये रहते थे। इसलिए पुरानी फिल्में पुराने अभिनेता-अभिनेत्रियों की तरह उनकी याद के कोनों से एकदम बाहर निकल चुकी थीं, और ऐसा सिर्फ इसलिए हुआ कि वे जानते थे कि फिल्मों में कोई लेखक सिर्फ पैसा कमा सकता है, सृजन के सुख का लाभ उसे नहीं मिल सकता।

जब वे बम्बई में थे, तब वहाँ एक ऐसी फिल्म भी बनी थी, जिसने हफ्तों और महीनों नहीं, बल्कि बरसों सिनेमाघरों से उतरने से इनकार कर दिया था। फिल्म का नाम था *किस्मत*। उसके संवाद भगवती बाबू के अतिरिक्त अन्य दो लेखकों ने कलमबद्ध किये थे। फिल्म की क्रेडिट लिस्ट में नाम देने का वक्त जब आया तो जाहिर था कि परदे पर तीनों लेखकों के नाम एक साथ आते, लेकिन उन तीनों में पहला सवार बनना भी भगवती बाबू को मंजूर नहीं हो पाया। वे सीधे फिल्म की निर्मात्री देविका रानी के पास पहुँचे और उनसे कहा, ''टाइटिलों में मेरा नाम शामिल करने की कतई जरूरत नहीं। मुझे बस रुपयों से मतलब है, और वह मिल ही जाएँगे।'' उनकी इस बात को सुनकर देविका रानी एकटक उनका मुँह देखती रह गयी थीं। उन्होंने सेचा कि भगवती बाबू को शायद इस बात की जानकारी नहीं कि फिल्म कितने महत्त्व की है। भगवती बाबू ने बड़े धीरज के साथ उनको समझाने की कोशिश करते हुए कहा, ''देवी जी, यह सच है कि आपकी यह फिल्म पाँच महीने से लेकर पाँच साल तक चल सकती है, लेकिन इसका क्या किया जाए कि एक किताब मैं ऐसी भी लिख चुका हूँ, जिसे पाँच सौ बरसों के पहले भूलनेवाले लोग पैदा ही नहीं होंगे।''

झूठ नहीं बोले थे भगवती बाबू। सच तो यह है कि कालान्तर में उनकी अमर कृति *चित्रलेखा* पर जिस फिल्म का निर्माण हुआ, वह फिल्मों के इतिहास में भी अमर होकर रह गयी। ऐसा होना किंचित अस्वाभाविक या असाधारण बात नहीं थी, लेकिन एक बात हैरानी की रही है, कि बम्बई में जब उस फिल्म के

नये और पुराने निर्देशक केदार शर्मा से भेंट हुई तो लगा, जैसे *चित्रलेखा* के सन्दर्भ में उसका लेखक याद रखनेवाली कोई चीज ही न हो। केदार शर्मा ने भी उसी *चित्रलेखा* को अपने जीवन की सबसे बड़ी उपलब्धि मान रखा था। इधर भगवती बाबू भी जैसे पूरी तरह भूल बैठे थे, उस फिल्म की बात को। क्या फिल्म संसार से बिछड़ जाने के बाद, जानेवाला रहनेवाले को याद नहीं रखता, और रहनेवाले जानेवालों को पूरी तरह भुला बैठते हैं?

नहीं, ऐसी बात नहीं कही जा सकती। कभी-कभी जानेवाले को भी जरूरत पड़ने पर याद कर लिया करते हैं, यहाँ के लोग—एकदम अपनी तरह से। लखनऊ में भगवती बाबू से मिलने के पूर्व कुछ अखबारों में दिलीप कुमार की एक प्रामाणिक जीवन-कथा पढ़ने को मिली थी। बम्बई टॉकीज में नौकरी मिलने के पहले ये दिलीप कुमार सिर्फ यूसुफ खाँ के नाम से जाने जाते थे। तो यूसुफ खाँ के दिलीप कुमार बनने की उस प्रामाणिक कथा में खुद दिलीप के हवाले से यह बताया गया था कि उनको दिलीप नाम का मुखौटा पहनानेवाले महानुभाव श्रीमान् भगवतीचरण वर्मा थे—और दिलीप कुमार के साथ ही सारी दुनिया भी मान गयी थी इस सत्य को, क्योंकि दिलीप के आगमन के समय तक भगवती बाबू का नाम बम्बई टॉकीज में बतौर एक साहित्यकार अपनी पूरी धाक जमा चुका था। दिलीप कुमार—नाम मुझे खुद इतना अच्छा लगता था कि लखनऊ में भगवती बाबू से जब भेंट हुई तो उन्हें धन्यवाद दिये बिना मेरी जबान नहीं मान पायी—"सच, वर्मा जी हमारे यूसुफ मियाँ के लिए कितना रुचिकर नाम आपने ढूँढ़ निकाला था।"

मेरी वह बात एकदम बेतुकी होकर जैसे चुभ गयी हो भगवती बाबू को! उन्होंने मेरी ओर इस तरह देखा, जैसे मैं पत्रकार नहीं, बल्कि कोई अहमक हूँ। सोफे पर अचानक इस करवट से उस करवट होकर वह बैठ गये थे और फिर पूछा, "किस मसखरे ने आपको यह खबर सुना डाली? यूसुफ खाँ को दिलीप कुमार बनानेवाला व्यक्ति मैं नहीं, अमिय चक्रवर्ती थे। कम-से-कम नामकरण की इस साजिश में मैं कभी शामिल नहीं रहा।"

यह बात मेरी समझ में बिलकुल नहीं आ पायी थी कि फिल्मी दुनिया को अपने नाम की याद फिर से दिलानेवाले यूसुफ का आभार क्यों नहीं माना था भगवती बाबू ने? कहीं इसलिए तो नहीं कि यूसुफ मियाँ उन अमिय चक्रवर्ती को भुला न बैठें, जिन्होंने उनके लिए फिल्मों में रास्ता बनाया था अपने *ज्वारभाटा* के माध्यम से? या इसलिए कि फिल्मी दुनिया से दूर चले जाने के कारण खुद भगवती बाबू को उन नट-नटनियों की नजर-गुजर की परवाह नहीं रह गयी थी?

बोले थे भगवती बाबू—"आज तो खैर कोई सवाल ही पैदा नहीं होता, लेकिन जब मैं सचमुच फिल्मों में था, तब भी इन कलाकारों और निर्माताओं की

अवहेलना करना मेरी आदत में शुमार था। दरअसल फिल्मी दुनिया में मैं एक हाईब्रॉड ऐटीच्यूड लेकर शामिल हुआ था। मुझे अपने काम के अलावा किसी दूसरी चीज या व्यक्ति से किंचित लगाव कभी नहीं रहा। मुझे फिल्मी दुनिया में कर्ज और आर्थिक अभाव की वजह से जाना पड़ा था, और उस बोझ से जैसे ही मुझे छुट्टी मिली, वैसे ही उस मायानगरी को सलाम कर मैं वापस लौट आया।''

भगवती बाबू की यह साफगोई निश्चित ही एक विशेष अर्थ रखती थी, क्योंकि सिर्फ वही नहीं बल्कि प्रेमचन्द, अश्क और अमृतलाल नागर भी ऐसे ही नाम हैं, जो फिल्म संसार में शायद धनार्जन को ही आधार मानकर सम्मिलित हुए थे फिर अपनी मर्जी से उस लोक को त्यागकर अपने घर वापस लौट आये। उनके इस गमन को फिल्मवालों ने अक्सर पलायन का नाम दिया है, लेकिन क्या यह हकीकत नहीं कि हिन्दी का साहित्यकार फिल्मी दुनिया में कभी स्थायी स्थान नहीं बना पाया ? अगर ऐसा है तो उसकी वजह आखिर क्या है ? ऐसा तो नहीं कि कुछ ही दिनों में लेखकों की अपेक्षाएँ यहाँ पूरी हो जाती हैं, या उनका अहम् उन्हें यहाँ जमने से रोकता है ?

इस सवाल को सुनते ही भगवती बाबू बोल उठे, ''हाँ, अहम् तो है ही वह प्रमुख चीज, जिसे खोकर साहित्यकार अपना सबकुछ गँवा बैठता है। दौलत का प्रलोभन उसे साहित्यकार रहने दे, ऐसी स्थिति भी नहीं रह पाती है, उसके यहाँ पहुँचने के बाद।''

भगवती बाबू के इस कथन से सहमत होना मुझे अच्छा नहीं लग पाया था। मुझे मालूम है कि हिन्दी के कथाकारों और गीतकारों को हमारा साहित्य अपने गये-बीते कोनों में भी शायद प्रश्रय न दे पाता हो, लेकिन उर्दू के प्रायः सभी बड़े कलमगीर अरसे से फिल्मी दुनिया में ही आबाद रहे हैं, और उर्दू का साहित्य जगत तब भी उनको महान मानता है। भगवती बाबू से मैंने पूछा, ''उर्दूवालों का अहम् ऐसी स्थिति में आहत क्यों नहीं होता और अगर होता भी है तो साहित्य में वे जिन्दा कैसे रह पाते हैं ? हिन्दीवालों में आखिर ऐसी कौन-सी खूबी है, जिसकी वजह से फिल्मों के साथ अपना तादात्म्य स्थापित करने में उन्हें सफलता नहीं मिल पाती और यह दुनिया छोड़ने के लिए उन्हें विवश हो जाना पड़ता है ?'' उन्होंने उत्तर दिया, ''हिन्दीवालों की यह खूबी नहीं, बल्कि खराबी है कि आज के स्तर की बननेवाली फिल्मों के लिए वे किंचित अनुकूल नहीं। उर्दू में यह खराबी नहीं, बल्कि खूबी है कि फिल्मी दुनिया के बाहर उनका कोई महत्त्व ही नहीं। रह गयी अहम् की बात, सो हिन्दी के पास जरूरत से ज्यादा अहम् होना ही चाहिए। उनकी भाषा अपने बल, अपनी धरती पर खड़ी हुई है। उसे न कभी राजदरबार ने पाला है, न उसे फिल्मों का आसरा रहा है। ऐसी स्थिति में अगर हिन्दी का साहित्यकार

फिल्मों से दूर चला जाता है तो क्या कुछ बुरा करता है ?''

दूसरे साहित्यकारों की बात मुझे नहीं मालूम, लेकिन भगवती बाबू की बात थोड़ी-बहुत जरूर जानता हूँ। फिल्म संसार में रहते हुए महानगर स्थित अपना आवास *चित्रलेखा* उन्होंने नहीं बनवाया था। उन्होंने उसका निर्माण किया था फिल्म संसार से विदा लेने के बाद। सम्भव है यह पूरी तरह उन पुस्तकों का प्रताप हो, जिन्हें उन्होंने पूरे मनोवेग से लिखा था और जो आज की अधिकांश फिल्मों से कहीं अधिक रमणीय हैं। यदि कोई निर्माता चाहे तो उन पर निश्चित ही ऐसी फिल्मों का निर्माण कर सकता है कि वह अपने दोनों हाथों से पैसे ही बटोरता रह जाए। मुझे यकीन है कि तब भी भगवती बाबू उसका कोई आभार नहीं मानते, क्योंकि उन्हें मालूम था कि फिल्मों का सबसे कमजोर पक्ष—यानी कथापक्ष—अगर सबल और सफल बन सकता है तो वह उनकी कृतियों के माध्यम से ही—निर्माता के पैसों से नहीं।

अमृतलाल नागर : एक सम्पूर्ण कलालोक

कहते हैं—फिल्मी दुनिया में लेखक उसी तरह अपनी गुजर-बसर करता है, जैसे फिल्मी जगत में अर्धशती का रोमांच अकेली जीभ। लेकिन जब अमृतलाल नागर से उनकी फिल्मी यादों को संकलित करने के विशेष प्रयोजन से मेरी भेंट हुई तो समझ नहीं पाया कि उनकी जीभ उस दुनिया में आखिर कैसे बसर कर पायी होगी। अपने आप खयाल आ गया—वक्त बीतने के साथ दाँत भले ही झड़ जाते हों, लेकिन जीभ अपनी पुरानी जगह पर ही कायम रहती है। जब मैं नागर जी से मिला, तब उनकी जीभ फिल्मी दुनिया से पूरी तरह बाहर हो चुकी थी, लेकिन बम्बई रहने के दौरान उसने अपने ऊपर किसी के दाँत नहीं गड़ने दिये थे।

नागर जी भगवती बाबू के समकालीन रहे थे फिल्मी दुनिया में—इस अन्तर के साथ कि जब भगवती बाबू फिल्मलोक को तिलांजलि दे रहे थे, तब नागर जी ने वहाँ अपने पंखों का प्रसार प्रारम्भ किया था, और बाद में भी नागर जी भगवती बाबू के उतने ही समकक्ष रहे—इस अन्तर के साथ कि भगवती बाबू का आवास तब पूरी तरह नया-नवेला था, जबकि नागर जी की कोठी लखनऊ के दिल चौक की एक ऐसी पुरानी गढ़ी प्रतीत होती थी, जिसे देखकर ऐतिहासिक

फिल्मों का कोई भी निर्माता उसके प्रांगण में अपनी फिल्म शूट करने के लिए मचलना शुरू कर दे। सत्यजित राय की *शतरंज के खिलाड़ी* और शशि कपूर की *जुनून* नामक फिल्मों की अधिकांश शूटिंग नागर जी के घर में ही हुई थी, नागर जी को अपने बम्बई प्रवास की एक-एक बात इस तरह कण्ठस्थ थी। श्रोता उन्हें सुनकर भले ही क्षण भर के लिए ऊब उठे, लेकिन वे अपने उन संस्मरणों को सुनाने में कभी कोई कंजूसी नहीं करते थे। नागर जी कुछ सुनाते भी थे तो पूरे मनोवेग के साथ।

पूरे मनोवेग से कुछ भी कहना, कुछ भी करना नागर जी की आदत रही थी। लेकिन फिल्मों में लेखक के मनोवेग का क्या काम? नागर जी के जमाने में भी क्या हर हीरो उर्दू और पंजाबी जबान पर सरलता से हिन्दी के शब्द चढ़ा लेता था? यानी, क्या उस समय भी अभिनेता की यह मंशा नहीं रहती थी कि लेखक खुद की जमीर को मारकर उसके फिल्मी किरदार को अस्वाभाविक रूप से ऊँचा उठा दे?

नागर जी से जब मैंने यह सवाल पूछा तो उन्होंने सोदाहरण जवाब दिया, "लल्ला, फिल्मलोक तो प्रारम्भ से ही मूर्खों का महादेश रहा है, लेकिन मेरा अपना मुकद्दर इस मानी में बलवान था कि मुझे सदा-सर्वदा सन्मति-सम्पन्न व्यक्तियों का साथ मिला, ऐसे लोगों में उदयशंकर, किशोर साहू और महेश कौल के नामों को मैं अब भी बहुत प्यार के साथ याद रखता हूँ। इन मित्रों के अतिरिक्त किसी दूसरे के पास मैं कभी गया ही नहीं। हाँ, अपने घर के दरवाजे मैंने हर निर्माता के लिए हमेशा खुले रखे। कोई भी आये और अग्रिम रकम रखकर अपना काम मुझसे करवा ले। फिल्मों में तो मैं सिर्फ पैसों के लिए ही गया था न?"

"सच है, नागर जी," मैंने कहा था, "जो भी हिन्दी साहित्यकार अब तक फिल्मी दुनिया में गया है, उसने पैसों के अतिरिक्त दूसरी किसी चीज से अपना कभी कोई मतलब ही नहीं रखा। इसकी वजह भी मुझे मालूम है। वह दुनिया ऐसी नहीं, जहाँ सन्त प्रवृत्ति का कोई व्यक्ति सरलता से अपना जीवन-यापन कर सके। लेकिन यह प्रवृत्ति क्या जरपरस्ती के रास्ते में बाधक नहीं हुआ करती?"

"हाँ, हुआ तो करती है," नागर जी बोले, "मैं भी उसका अपवाद नहीं बना। ऐसी ही एक हरकत शुरू कर रखी थी उन दिनों अभिनेता मोतीलाल ने। सामान्य लेखकों द्वारा प्रस्तुत संवादों को वह बड़ी सफाई से तोड़मरोड़ दिया करते थे, और बेचारा संवाद लेखक कसमसाकर रह जाया करता था। अपनी लिखी हुई चीजों से तो मुझे हरदम बहुत प्यार रहा है, फिर वह चाहे कहानी हो या उसके संवाद। इसलिए एक बार जब मुझे मोतीलाल-अभिनीत एक फिल्म लिखने की जरूरत पड़ गयी तो मैं सहम उठा। मन में निश्चय कर लिया कि मोती को संवादों

में कोई तबदीली करने का मौका मुझे नहीं देना है। इसलिए ताबड़तोड़ उनकी तीन-चार फिल्में देख डालीं और फिर उस फिल्म के संवाद कुछ इस ढंग से लिखे कि खुद मोतीलाल की समझ में यह बात नहीं आ पायी कि उन संवादों को सही-सही न बोलें तो करें भी क्या? आदमी के पास अक्ल की छोटी-सी पुड़िया हो तो वह बड़े-बड़े तीसमारखाँओं से भी अपनी चिलम भरवा सकता है, समझे लल्ला?''

इसके अर्थ हर्गिज नहीं कि नागर जी को चिलम भरवाने या चिलम पीने का शौक था। वे तो बस दिन-दोपहर पान के बीड़े खा लेते थे, और सरे-शाम विजया की उपासना। लखनऊ के नागर का हर ठाठ बनारसी था। वैसे अपने बम्बई प्रवास में वे पूरी तरह लखनौव्वा थे।

बम्बई में रहने के दौरान नागर जी को अनेकानेक कष्ट भी उठाने पड़े थे। बात कुछ अंशों में सही न भी हो, लेकिन फिल्मों की अलकापुरी में अफवाह उड़ानेवालों को कहा भी क्या जाए आखिर? कुछ लोगों से यह सुना था कि नागर महाराज का वक्त वहाँ एक निर्देशक को लेखक बनाने में ही बीता करता था उन दिनों। नागर जी ने वहाँ प्रवास किया कम-से-कम छः-सात साल, और फिल्में इतनी इनी-गिनी लिखीं कि सहज ही इस बात का अनुमान किया जा सकता है कि फिल्मी कैमरे के पीछे काम करनेवाले व्यक्तियों को आगे ढकेलने के चक्कर में वे जरूर लगे रहे होंगे उस काल में।

ये बातें जब मैंने उनसे कहीं तो मुँह में पान की गिलौरियों को लहराते हुए एकदम वे बोल उठे, ''अरे नहीं भैया, किसी निर्देशक को लेखक बनाने में मुझे क्या वह सब मिल सकता था, जो दक्षिण की फिल्मों को हिन्दी में डब करने से मिल जाया करता था मुझको? मैं तो एक तरह से पूरा डबिंग-एक्सपर्ट बन बैठा था उन दिनों, और उसकी जो कला मुझे आती थी उसे मैंने तब तक किसी को नहीं बताया जब तक फिल्म संसार को अलविदा करने की घड़ी नहीं आ गयी। फिल्मों में काम करना तो मेरे लिए वहाँ का जीवन देखने, समझने का एक बहाना भर था। सो मैंने पूरी तरह उसका आकलन कर लिया, और जब वहाँ से लौटा तो मेरी जेब में जितने पैसे थे, उससे कहीं अधिक मन में अनुभव के मोतियों की लड़ियाँ थीं।''

अनुभव, अनुभव और अनुभव। लगा था जैसे नागर जी रंगारंग अनुभवों के दीवाने हों। लेकिन तब भी मेरी समझ में यह बात नहीं आ पायी कि नागर बाबा ऐसे अनुभवों के चक्कर में पड़े क्यों रहे, जिनसे किसी तरह का लाभ उन्हें नहीं मिल पाया? सुना था कि नागर जी ने सिर्फ फिल्मी संवाद और पटकथाओं का ही सृजन नहीं किया, बल्कि *वीर कुणाल, राजा* और *कुँवारा बाप* जैसी फिल्मों

में अभिनय के झण्डे भी उन्होंने गहराई से गाड़ने की पहल की थी। ऐक्टिंग के फन में माहिर होने के बावजूद उन्होंने ऐक्टर बनने की कोशिश क्यों नहीं की, यह बात जब मैंने उनसे पूछी तो उनके कण्ठ में एक बार फिर पान की गिलौरियों ने लहराना प्रारम्भ कर दिया।

अपने उस कण्ठ को साधकर उन्होंने बताना शुरू किया, ''मैंने अभिनय क्षेत्र में उतरने की कोशिश तो जरूर की थी बाबू, लेकिन वह सब किया था, सिर्फ किशोर साहू की फिल्मों में। किशोर साहू और महेश कौल के साथ हमेशा मेरी ऐसी दिलजोई रही है कि अगर उनका बुलौव्वा आये तो आज भी उनकी फिल्मों में काम करने के लिए तैयार हो सकता हूँ। वैसे अभिनेता से अधिक लेखक बनने की तमन्ना ही मेरे मन में प्रारम्भ से रहती आयी थी।''

महेश कौल और किशोर साहू—ये दो नाम मात्र नागर जी को प्रिय हों, ऐसी बात नहीं। भारत के हजारों, लाखों सिनेदर्शक इन दोनों नामों की उपासना किया करते थे किसी जमाने में। लेकिन बाद में वह घड़ी भी आयी, जब इन फिल्मी विभूतियों को लोगों ने भूलना शुरू कर दिया। समझ में नहीं आता, उनके जैसे उत्कृष्ट फिल्मकारों को कौन-सी चीज ग्रस लिया करती है कि अपने जीवनकाल में ही वे अक्षम होकर रह जाते हैं? उनके परम मित्र अमृतलाल नागर क्या कुछ प्रकाश डाल सकते हैं इस प्रश्न पर, मैंने जानना चाहा था।

सचमुच नागर जी के लिए ही बतानी सम्भव थी सच बात। उन्होंने कहा, ''भैया, सृजनशील कलाकार के पास सबसे बड़ी पूँजी उसकी बौद्धिक ईमानदारी हुआ करती है, लेकिन फिल्मी दुनिया में द्रव्यार्जन का महाचक्र बड़े-बड़े विज्ञों को भी अविज्ञ बना डालता है। कोई आदमी मन की उस ईमानदारी को जिस दिन खो देता है, उस दिन से किसी कृति के साथ न्याय करने में वह सक्षम नहीं रह पाता। सम्भव है, हमारे इन मित्रों से भी कभी ऐसी ही कोई भूल हो गयी हो और परिणामस्वरूप वह प्रतिकूल परिस्थितियों से समझौता करने के चक्कर में पड़ गये हों।''

नागर जी की यह व्याख्या इतनी सामान्य थी कि उसे सुनकर लगा जैसे काफी दिनों से उन्होंने कोई फिल्म ही न देखी हो। इसीलिए मैंने प्रश्न किया, ''क्या फिल्मों में अब कोई रुचि नहीं रह गयी है आपको?''

इस पर नागर जी बोले, ''जब फिल्मी दुनिया में था, तब जमकर फिल्में देखा करता था। अब न किसी फिल्म को देखने की जरूरत प्रतीत होती है और न जरूरत पैदा करनेवाली फिल्में ही बन पाती हैं यहाँ। सो उन्हें देखकर वक्त क्यों बरबाद किया जाए?''

''वह तो है,'' मैंने कहा, ''आज की फिल्मों में देखनेवाली कोई चीज ही

नहीं नजर आती है आपको, या हमारे अभिनेता इतने खोखले हो चुके हैं कि उनका कोई महत्त्व ही नहीं बच पाया है?''

नागर जी अपने स्वर को अँग्रेजी में लहराते हुए बोल उठे, ''योर दिलीप कुमार इज होकसपोकस। हाँ, राज और अशोक का अभिनय अब भी मुझे बहुत प्यारा लगता है, लेकिन जब फिल्में ही अच्छी न हों तो ऐक्टिंग उनका क्या कर सकती है?''

मुझे लगा था कि फिल्में यहाँ अच्छी बनती हों या खराब और दिलीप कुमार चाहे होकस-पोकस ही क्यों न हों, लेकिन अमृतलाल नागर की रुचि अभी उनमें बाकी है। और यह रुचि अगर आगे भी बरकरार रही तो निश्चित ही उनका मार्गदर्शन हमारी फिल्मी दुनिया को मिलता रहेगा। अगले तीन सालों तक हमने किसी विचार-गोष्ठी का आयोजन नहीं किया—न पाठकों के लिए, न श्रोताओं के लिए। उसकी एक वजह यह थी कि उसी अवधि में हमने अपनी संस्था के मुखपत्र, *द फिल्म जर्नलिस्ट* का प्रकाशन शुरू कर दिया था, और हम समझते थे कि उसके माध्यम से हम अच्छी फिल्मों के निर्माण की आवाज अधिक मुखरता से उठा सकेंगे।

सुनील दत्त और नरगिस : विविध छवियाँ

सन् 1966 की सर्वश्रेष्ठ फिल्म होने का गौरव हमने प्रदान किया था सुनील दत्त कृत अनोखी प्रयोगात्मक चित्रकृति *यादें* को, और समारोह की अध्यक्षता की थी, तत्कालीन मुख्यमन्त्री सुचेता कृपलानी ने। सुनील दत्त किसी जमाने में महीनों मेरे घर के पड़ोस में स्थित गन्नेवाली गली में रह चुके थे, लेकिन तब न कोई बलराज के मूल नाम से उनको जानता था और न सुनील दत्त के नाम से। दरअसल तब तक उन्होंने सुनील दत्त का मुखौटा पहना भी नहीं था, वह तो बम्बई पहुँचने के बाद ही उनके साथ जुड़ा। वैसे भी इस तथ्य की जानकारी शायद बहुत कम लोगों को होगी कि बम्बई जाकर फिल्म अभिनेता बनने के पहले अपने जीवन के पाँच महत्त्वपूर्ण वर्ष सुनील दत्त ने लखनऊ में बिताये थे। अपने उस प्रवास के अन्तर्गत शुरू में काफी दिनों उन्होंने चारबाग स्टेशन के पास बने शरणार्थी शिविर में काम किया था, और बाद में एम.टी.सी.आर. के तेलीबाग स्थित कार्यालय में उन्हें कोई छोटी-मोटी नौकरी मिल गयी थी।

उन्हीं दिनों मुहम्मद हनीफ नामक एक सज्जन से मेरा परिचय हुआ था। वे रेल विभाग के मण्डल कार्यालय में कार्यरत थे, क्रिकेट के अच्छे खिलाड़ियों में उनकी गिनती की जाती थी, और पृथ्वीराज कपूर के पिता दीवान बशेशरनाथ कपूर उनको अपना दत्तक पुत्र मानते थे। बम्बई की फिल्मी दुनिया में भी उनकी काफी पहुँच थी और दिलीप कुमार जैसे लोग उनके हमनिवाला और हमप्याला माने जाते थे। दरअसल, जब मैं पृथ्वी थिएटर के साथ देश-भ्रमण कर रहा था तो दीवान साहब ने पहली बार मुझे उनके नाम से परिचित कराया था और निर्दिष्ट किया था कि वापस लखनऊ पहुँचकर मैं उनसे अवश्य मिलूँ।

देश-विभाजन की विभीषिका से त्रस्त होकर सुनील दत्त जब पहली बार लखनऊ आये थे, तब उन्हें मात्र बलराज के नाम से जाना जाता था। अपने उस नाम से उन्हें लखनऊ के किसी कोने में मुँह छिपाने तक के लिए जगह नहीं मिल सकी। विस्थापित शरणार्थियों के जत्थे तेजी के साथ यहाँ आना शुरू हुए थे, उसके फलस्वरूप नगर का हर हिन्दू मुहल्ला और मुहल्ले का हर घर अपने पंजाबी मित्रों, सम्बन्धियों, परिचितों और परिचितों के परिचितों से इतना आबाद हो चुका था कि किसी नये और अपरिचित व्यक्ति का वहाँ घुसना भी नामुमकिन था। पाकिस्तान बनने के कारण हिन्दू-मुस्लिम तनाव भी उन दिनों बहुत उभार पर था और जिन घरों में विभाजन के पहले टु-लेट की तख्तियाँ लटकी रहती थीं, उनको भी लोगों ने वहाँ से उतारकर अन्दर डाल रखा था।

बहुत प्रयत्न करने पर भी बलराज को जब किसी हिन्दू परिवार में ठौर-ठिकाना नहीं मिल सका तो उन्होंने मुस्लिम-बहुल मुहल्लों में पनाह लेने की कोशिश की। पाकिस्तान बनने के साथ ही चूँकि वहाँ के काफी मुसलमान परिवार अपने नये मुल्क के लिए प्रस्थान कर चुके थे, इसलिए हिन्दुओं की अपेक्षा उनके घरों में जगह भी थी और आसानी से उनको पाया भी जा सकता था। उन्हीं दिनों बलराज को किसी ने बताया कि अमीनाबाद स्थित गन्नेवाली गली में रहनेवाली किसी मुसलमान महिला के घर पर एक कोठरी खाली पड़ी हुई है, लेकिन किसी विधर्मी को जगह देने के लिए वे कतई तैयार नहीं। यह मालूम होते ही बलराज ने पास के गड़बड़झाले की बाजार से एक जिन्ना-टोपी खरीदी, और उसके लाल फुन्दों को लहराते हुए वह पहुँच गये उस महिला के दरवाजे।

उन्होंने बताया कि उनका नाम अख्तर है और अमृतसर के कत्लेआम से बचकर वे किसी तरह लखनऊ तक पहुँचने में कामयाब हो पाये हैं, तो दो रुपये महीने के किरायेवाली वह कोठरी फौरन ही उनको मिल गयी। अलीगंज के सुप्रसिद्ध हनुमान मन्दिर के सामने स्थित प्रताप बाग में मकान मिलने तक बलराज दत्त उसी कोठरी में रहे, और मकान-मालकिन अथवा उसके घर-परिवार के

किसी सदस्य को इस बात का संकेत भी नहीं मिल पाया कि अख्तर के नाम से उनके यहाँ रहनेवाला वह गोरा-चिट्टा नवयुवक हिन्दू है और उसका नाम अख्तर नहीं, बल्कि बलराज है।

हनीफ ने पहली बार सुनील से जब मेरा परिचय कराया, तब वे रेलवे की नौकरी ज्वाइन कर फिर से बलराज बन चुके थे और अपनी माँ के साथ प्रताप बाग में रहना शुरू कर दिया था। बाद में दो-तीन बार फिर उनसे भेंट हुई, लेकिन तब तक इस बात का पता मुझे बिलकुल नहीं लग पाया था कि उनको फिल्मों में कोई दिलचस्पी है और हनीफ के साथ वे बम्बई के कई चक्कर भी लगा चुके हैं। बहुत समय तक जब न उनसे मेरी कोई भेंट हो पायी और न हनीफ से, तो एक दिन हनीफ को टेलीफोन कर मैंने उनके सम्बन्ध में पूछा। तब उन्होंने बताया कि बलराज तो कई महीने पहले बम्बई जा चुके हैं और वहाँ रेडियो सीलोन के स्थानीय कार्यालय के साथ सम्बद्ध हैं। रेडिया सीलोन छोड़कर उन्होंने फिल्मों में दाखिला ले लिया है, यह बात मुझे काफी दिनों बाद पता चली।

सुनील दत्त को चार बार हमने अपने समारोहों में आमन्त्रित किया, और हर बार उत्साह बहुलता के साथ वे उनमें शामिल हुए। पहली बार लीक से हटकर फिल्म-निर्माण के लिए हमने बुलाया था, दूसरी बार अभिनय के लिए, तीसरी बार निर्देशन और चौथी बार निर्माण के लिए। एक बार भी मुझे ऐसा नहीं प्रतीत हुआ कि वे मात्र अतिथि के रूप में उनमें सम्मिलित हुए थे। पहली बार जब वे लखनऊ आये, तब तक नरगिस के साथ उनका विवाह हो चुका था। उन्हीं दिनों नरगिस की भी एक फिल्म प्रदर्शित हुई थी, शायद उसका नाम *रात और दिन* था और उसमें उन्होंने दुहरी भूमिका अभिनीत की थी। सुनील को *यादें* के लिए पुरस्कृत करते समय व्यक्तिगत रूप से मैंने उनसे अनुरोध किया था कि नरगिस भी अगर उनके साथ आ सकें तो सोने में सुहागा जैसी बात हो जाएगी, लेकिन मेरी वह बात शायद उनको प्रीतिकर नहीं लग पायी। तब तक सुनील का अँग्रेजी ज्ञान नहीं के बराबर था, प्रयत्न करने पर उसके दो शब्द बोल भले लेते हों, लेकिन उसमें लिखना-पढ़ना उनके लिए पूरी तरह नामुमकिन था। अपने प्रत्युत्तर के प्रारम्भ में ही उस कमी को रेखांकित करते हुए उन्होंने मुझे जो कुछ लिखा था, उसके अर्थ यही थे कि नरगिस को बुलाने मात्र के उद्देश्य से अगर हमने उन्हें पुरस्कृत किया है तो उस पुरस्कार को ग्रहण करना उनके लिए हरगिज सम्भव नहीं। उनका वह पत्र मेरे पास अब भी सुरक्षित है, और उसे पढ़कर पता चलता है कि प्रारम्भ से ही आत्म-सम्मान के वे कितने धनी थे।

सुनील दत्त और नरगिस की कितनी ही दूसरी यादें अब तक मेरे मानस-पटल पर पूरी तरह तरोताजा हैं। चन्द्रभानु गुप्त के मुख्यमन्त्रित्व-काल में लखनऊ

के महापौर और मोहन-मीकिन ब्रेवरीज के सर्वेसर्वा कैप्टन वेदरत्न मोहन के साथ मिलकर सुनील ने गाजियाबाद में जिस फिल्म-सिटी के निर्माण की पहल की थी, उसका अपने संगठन की ओर से मैंने भरपूर विरोध किया था। इतना ही नहीं, चौधरी चरण सिंह की सरकार आते ही उस योजना को पूरी तरह निरस्त करवाने में भी मुझे अपेक्षित सफलता मिली थी। वस्तुतः मेरा दृढ़ विश्वास था कि स्टूडियो-निर्माण के नाम पर मोहन अतिशय नाममात्र मूल्य पर वहाँ की बेशकीमती जमीन को हथियाना चाहते हैं, और समय आने पर उसे करोड़ों में बेचकर अपनी तिजोरी भरने का उनका इरादा है। यह मेरी निजी धारणा थी, ऐसा भी नहीं—प्रस्तावित योजना की रूपरेखा स्वयं इस बात का पूरा खुलासा करती थी। मेरे इस विरोध को *स्क्रीन* और *सिने-एडवांस* जैसे पत्रों ने प्रमुखता के साथ अपने पृष्ठों पर रेखांकित किया था। सुनील दत्त को भी निश्चित ही मेरे इस अभियान से पर्याप्त ठेस पहुँची होगी। लेकिन उन्होंने उसका कोई प्रतिवाद नहीं किया। उनके इस मौन से मैंने यही अन्दाज लगाया कि उनकी दृष्टि में शायद अब मेरी वह वकत नहीं रह गयी है, जिसे इतना महत्त्व दिया जा सके।

वेदरत्न मोहन के साथ सुनील दत्त की प्रगाढ़ मैत्री थी। उन्होंने कई बार मुझसे कहा भी कि मोहन को अगर हम अपने संगठन में शामिल कर लें तो हमारी वित्तीय कठिनाइयों का पूरी तरह अन्त हो जाएगा। मोहन के पास धन-सम्पत्ति की किंचित कमी नहीं थी, बल्कि वे तो हर क्षण इस बात का इन्तजार किया करते थे कि कोई सुधी याचक उनके पास आए और अपनी तिजोरियों के ताले खोलकर उसकी सहायता करने का गौरव वे प्राप्त करें। मुझे भी कई बार उनके सान्निध्य का सुख मिला है और मेरे मन में हमेशा उनके प्रति प्रशंसा के ही भाव रहे हैं। मोहन स्वयं हमारे संगठन में सम्मिलित होने के इच्छुक थे, और कई बार उन्होंने मुझसे कहा भी कि वे अपनी धन-सम्पत्ति और व्यापक प्रभाव से पूरी तरह हमारी मदद करना चाहते हैं। व्यक्तिगत रूप से मैंने उनमें कोई खामी नहीं देखी थी, इसीलिए अगर वे कोई सामान्य व्यक्ति होते तो उनका सहयोग लेने में मुझे कभी किंचित आपत्ति नहीं होती। लेकिन उन दिनों वे लखनऊ के सिरमौर कहे जाते थे, नगर में होनेवाला कोई भी सांस्कृतिक समारोह उनकी उपस्थिति के अभाव में फीका माना जाता था, और सबसे बड़ी बात यह कि उन्होंने हर जगह यह हवा फैला रखी थी कि बम्बई की पूरी फिल्मी दुनिया उनके इशारों पर नाचती है और जब चाहें मात्र एक टेलीफोन के बल पर किसी को भी लखनऊ बुलाने में वे पूरी तरह समर्थ हैं।

एक रात उन्होंने मुझे खाने पर आमन्त्रित किया। मेरे साथ पत्रकार संघ के सचिव ब्रह्मनारायण शर्मा विकल भी थे। अच्छी तरह पीने-पिलाने के बाद अनेक

प्रकार से उन्होंने हमें अपने प्रलोभनों में आवृत्त करने की कोशिश की। बोले, ''पिछले कुछ बरसों में अपने फिल्म समारोहों के जरिये आपकी संस्था ने जो झण्डे गाड़े हैं, उसकी मैं तारीफ करता हूँ। मुझे मालूम है कि आपके पास अगर पैसों का अभाव नहीं होता तो आप आसानी से मुल्क के किसी बड़े-से-बड़े अवार्ड को भी मात दे सकते थे। इसीलिए मैं हर तरह से आपकी सहायता करने के लिए उत्सुक हूँ। इस बात से आप भी इत्तफाक करेंगे कि हम दोनों अगर साथ हो जाएँ तो लखनऊ को बम्बई के रूप में तब्दील करना हमारे लिए कतई मुश्किल नहीं होगा। अब पासा आपके हाथ में है। बोलिए, आप मुझसे किस तरह की और किस मिकदार में मदद चाहते हैं?''

हम लोगों के लिए उनका यह खुला आमन्त्रण था। उसे अगर हमने स्वीकार कर लिया होता तो समग्र स्थिति ही बदल जाती। मोहन साहब दिलफेंक आदमी थे। लखनऊ के बीसियों सांस्कृतिक कार्यकर्ता उनके रहमोकरम पर पलते थे, सरकार भी अपने विभिन्न कार्यक्रमों की सफलता के लिए उनकी कृपा की मुहताज थी। विकल ने इशारों-इशारों में मुझसे कहा भी कि उनके इस अयाचित सहयोग को नामंजूर करना पहले दरजे की हिमाकत होगी, लेकिन मैं तो अपनी वित्तीय समस्याओं के साथ बगैर किसी तीर-तलवार पंगा लेने की तैयारी करने के बाद ही उनके पास गया था। इसीलिए बहुत विनम्रता के साथ मैंने उनको जवाब दिया, ''मोहन साहब, आपने जो कुछ भी कहा है, उसको नकारना किसी के लिए भी मुमकिन नहीं। बिला शक आप लखनऊ के बेताज बादशाह हैं। आपकी एक छोटी-सी नजर किसी को भी जमीन से आसमान तक पहुँचाने के लिए काफी है। हम लोग आपकी हैसियत से सुपरिचित हैं, और रुतबे से भी। यह सच है कि हमारे पास पैसों का बाहुल्य नहीं, लेकिन उस कहावत को क्या किया जाए, जिसके अनुसार एक म्यान में दो तलवारों को रखना मुश्किल होता है। सारा प्रदेश जातना है कि फिल्मी दुनिया के साथ आपके बहुत गहरे ताल्लुक हैं। ऐसी हालत में अगर हमारे फंक्शन कामयाब होते हैं तो लोग यही कहेंगे कि यह सब मोहन साहब का जलवा है। हमारा सब किया-धरा तो पूरी तरह मिट्टी में मिल जाएगा। उस स्थिति में हमारे अवार्ड सिर्फ आप तक सिमटकर रह जाएँगे और कोई इस बात को सोच भी नहीं सकेगा कि उसमें हमारा भी कोई योगदान था।''

मोहन ने हमारी इस स्पष्टवक्तृता को किस रूप में ग्रहण किया था, कहना मुश्किल है, लेकिन उसके बाद भी वे निरन्तर हमारे हर समारोह में सम्मिलित होते रहे। उनके मुख पर नाराजगी का कोई भाव मुझे कभी देखने को नहीं मिला। एक समारोह में उनके सामने ही सुनील दत्त ने मुझसे आग्रह किया था कि कम-से-कम मंच पर उन्हें बैठाने की व्यवस्था तो मैं कर ही दूँ, लेकिन वैसा करने से

मैंने साफ इनकार कर दिया था। मैंने सुनील को जवाब दिया था कि मोहन साहब हमारे धर्मसंकट से पूरी तरह परिचित हैं, और वे निश्चित ही हमें किसी ऐसी स्थिति में नहीं डालेंगे, जिससे हमारा अहित हो।

उसी साल मोहन ने महापौर की हैसियत से लखनऊ में एक फिल्म-स्टार क्रिकेट-मैच का आयोजन किया था। महीनों पहले से उसकी तैयारियाँ शुरू हो गयी थीं, लाखों रुपयों के टिकट बिके, नगर का हर मुहल्ला और मुहल्ले की हर सड़क उसके पोस्टरों और बैनरों से गुलजार हो उठी। फिल्मकारों के आने-जाने के लिए एक बड़ा हवाई-जहाज भी चार्टर किया गया और हजारों की संख्या में आम नागरिक उन लोगों का दरस-परस पाने के लिए एयरपोर्ट पहुँचे। लेकिन जब वह जहाज लखनऊ वापस पहुँचा तो पूरी तरह खाली था! राज कपूर, दिलीप कुमार, देव आनन्द की तो बात ही दरकिनार, मोहन साहब के हमप्याला और हमनिवाला माने जानेवाले राजेन्द्र कुमार भी उस जहाज में किसी को नहीं मिल पाये।

जब मैं अपनी वित्तीय समस्याओं के साथ जूझने में लगा हुआ था, उन्हीं दिनों एक सुबह मुझे *पॉयनियर* के सम्पादक डॉ. घोष का एक टेलीफोन मिला। उस दिन की तारीख मुझे याद है—सन् 1969 की पहली अप्रैल। घोष साहब ने मुझे बताया कि *पॉयनियर* में वह शीघ्र ही दो पृष्ठों का एक अर्द्ध-साप्ताहिक फिल्म स्तम्भ समायोजित करनेवाले हैं, और उसके लेखन की पूरी जिम्मेदारी मैं अपने कन्धों पर ले लूँ। *पॉयनियर* उन दिनों उत्तर प्रदेश का सर्वाधिक लोकप्रिय अँग्रेजी दैनिक था : किसी जमाने में विंस्टन चर्चिल और रूडयर्ड किप्लिंग-जैसे शीर्ष व्यक्तित्व उसके साथ सम्बद्ध रह चुके थे। उन दिनों मेरी आर्थिक स्थिति भी रोज-ब-रोज ढलान की ओर अग्रसर होती जा रही थी और मेरे लिए अपना दैनन्दिन व्यय तक चलाना मुश्किल हो चला था। ऐसे कठिन समय में घोष साहब का सन्देश मेरे लिए आकस्मिक वरदान के रूप में प्रकट हुआ। सन्देह यही था कि किसी ने मुझे एप्रिल-फूल बनाने की साजिश तो नहीं की है, लेकिन घोष साहब से किसी बहाने जब मैंने पुष्टि करने का प्रयत्न किया तो वह सन्देश पूरी तरह सही निकला।

डॉ. सुरेन्द्रनाथ घोष सुनील दत्त के पूर्व परिचित थे। दोनों को एक साथ ही पद्मश्री के अलंकरण से सम्मानित किया गया था। उसी अलंकरण समारोह में—या फिर उसके कुछ आगे-पीछे—सुनील दत्त से जब घोष साहब की मुलाकात हुई तो उन्होंने सुनील को बताया कि वह जल्दी ही *पॉयनियर* में स्थायी रूप से एक फिल्म-पृष्ठ शुरू करनेवाले हैं। बम्बई के किसी ऐसे वरिष्ठ फिल्म पत्रकार के नाम का वे सुझाव दें, जिसके जिम्मे उस काम को सौंपा जा सके। घोष साहब

के इस अनुरोध पर, कहते हैं, सुनील दत्त ने उनको तत्काल जवाब दिया, ''जिस नगर में रामकृष्ण जैसा पत्रकार रहता हो, उस नगर का कोई अखबार अपने फिल्म लेखन के लिए बम्बई का मुँह देखे, यह तो अचरज की ही बात है, उनसे आप क्यों नहीं सम्पर्क करते?''

सुनील की उसी सलाह पर घोष साहब ने मुझे वह टेलीफोन किया था। फिर *पॉयनियर* के साथ लगातार मैं दस बरसों तक सम्बद्ध रहा, अपने प्रशस्ति समारोहों पर हर साल मैंने उसके विशेष परिशिष्ट प्रकाशित किये, और स्थानीय पाठकों ने *पॉयनियर* को एक स्वतन्त्र दैनिक समझने के स्थान पर उत्तर प्रदेश फिल्म जर्नलिस्ट्स एसोसिएशन का मुखपत्र समझना शुरू कर दिया।

सुनील और नरगिस से सम्बन्धित कुछ हलके-फुलके प्रसंग भी आज मुझे याद आ रहे हैं। नरगिस उन दिनों भारतीय चल-चित्र निर्माता संघ की अध्यक्षा थीं, साथ ही राज्यसभा की सदस्या भी। एक दिन मिलने पर मैंने उनसे अनुरोध किया कि हमारे अगले समारोह की अध्यक्षता करने के लिए वे लखनऊ पधारने का अनुग्रह करें। मेरे प्रस्ताव को उन्होंने स्वीकार कर लिया। उस समय लोकप्रिय चरित्र अभिनेता पण्डित कन्हैयालाल और फिल्म्स डिवीजन के एल. शंकर भी मेरे साथ थे। कन्हैयालाल ने *औरत* और *मदर इण्डिया* नामक महबूब की दोनों फिल्मों में ज़मींदार के जिस कुटिल-कठोर कारिन्दे की भूमिका का अभिनय किया था, उसकी हॉलीवुड में भी प्रचुर प्रशंसा की गयी थी। इससे उनको लक्ष्य करते हुए नरगिस ने कहा था—''संजू (बेटे संजय) को देखा है आप लोगों ने? बिलकुल बिरजू जैसा लगता है। (बिरजू की भूमिका *मदर इण्डिया* में सुनील दत्त ने अभिनीत की थी)। मैं चाहती हूँ कि एक बार फिर उसी कहानी पर फिल्म का निर्माण किया जाए। संजू बिरजू की भूमिका में उतरे, और पण्डितजी (कन्हैयालाल) तीसरी बार उसमें अपना पुराना रोल अदा करें।''

उस समय हम तीनों में से किसी ने संजू को नहीं देखा था। उस बार खैर, नरगिस द्वारा लखनऊ आने का आश्वासन पाने के बाद हम उत्फुल्लमना वहाँ से विदा हुए, और अगले समारोह की तैयारियों में संलग्न हो गये।

समारोह की तिथि घोषित होने के बाद नरगिस को जब मैंने उसकी सूचना दी तो फौरन ही उनका जवाब आया था कि बम्बई से लखनऊ और लखनऊ से बम्बई आने-जाने के हवाई टिकट के पैसे हम उन्हें फौरन मुहय्या करवा दें—उसकी प्राप्ति के बाद ही वह इस बात की ताईद कर सकेंगी कि कब उनका लखनऊ पहुँचना सम्भव हो सकता है। मैं समझता था कि संसद-सदस्या होने के नाते उन्हें रेल के यात्रा-कूपन निःशुल्क मिलते हैं और हवाई जहाज के भी, इसलिए तत्सम्बन्धित व्यय की व्यवस्था करने का कोई सवाल ही नहीं उठता। रही

उनके आवासीय प्रबन्ध की बात, तो उसे किसी-न-किसी तरह हम लोग निबटा ही लेंगे। इस तथ्य से उनको अवगत कराते हुए मैंने इस बात का भी उल्लेख किया था कि अपने समारोहों का व्यावसायिक लाभ हमने कभी नहीं उठाया है। शुरू से अब तक जिन फिल्मकारों ने उनमें शिरकत की है वे सभी न केवल अपने खर्चे से यहाँ आते-जाते रहे हैं, बल्कि रहने का प्रबन्ध उन्होंने खुद अपने व्यय पर किया है। ऐसे लोगों में स्वयं उनके पति भी शामिल हैं। नरगिस ने हमारे इन तर्कों पर जब कोई ध्यान नहीं दिया और अपनी पुरानी माँग पर अड़ी रहीं, तब मैंने सुनील दत्त को एक तार भेजते हुए उनसे यह अनुरोध किया कि फौरी तौर पर वे नरगिस के वापसी टिकटों की व्यवस्था अपनी ओर से कर दें, बाद में हम दोनों के बीच का हिसाब-किताब निबटता रहेगा। संयोगवश मेरा वह तार भी नरगिस के हाथों ही पड़ा और वे पूरी तरह से भड़क उठीं। उन्होंने सख्ती से मेरे प्रयासों का प्रतिवाद करते हुए मुझे लिखा कि किसी को अपने यहाँ आमन्त्रित करने का यह तरीका नहीं होता है, और अब उनके लिए लखनऊ आ पाना कतई मुमकिन नहीं।

सुनील दत्त को इस अप्रिय प्रसंग की कोई जानकारी निश्चित ही नहीं मिल पायी थी, अन्यथा वे यही कहते—''टिकट के पैसों का इन्तजाम तुम्हें खुद कर देना चाहिए था यार, बाद में उसके भुगतान के लिए तो मैं मौजूद ही था।''

वैसे नरगिस दाँतों से पैसा पकड़ने के लिए शुरू से ही बदनाम थीं। यह आदत शायद उन्हें अपनी माँ से मिली होगी, जो दो पैसे का पान खाने के बाद भी उसका पूरा हिसाब अपनी डायरी में अंकित करना कभी नहीं भूल पायीं। मुझे याद है, उत्तर प्रदेश सरकार के चलचित्र निगम की किसी बैठक में भाग लेने नरगिस एक बार लखनऊ आयी हुई थीं। वी.वी.आई.पी. गेस्ट हाउस में उनको ठहराया गया था, सरकारी लीमोजीन उनकी सेवा में चौबीस घण्टे तैनात रहती थी। हस्बदस्तूर जब उनसे मिलना हुआ तो उन्होंने नगर की ऐतिहासिक इमारतों को देखने की इच्छा व्यक्त की। गांड़ी पास में थी ही। उस पर बैठकर हम लोग पुराने इमामबाड़े गये, जहाँ की भूलभुलैया मशहूर है। नरगिस ने घण्टे भर से ज्यादा उसका मुआयना किया, पुराने वास्तुशिल्प की भरपूर सराहना की। चलते समय जब वहाँ के गाइड ने मेरे सम्मुख अपने हाथ फैलाये तो मैं परेशानी में पड़ गया। मेरी जेब में उस समय मुश्किल से दस रुपये का एक नोट रहा होगा। यह देखकर मैंने नरगिस से ही निवेदन किया कि वे उस गाइड को अपने पास से पच्चीस रुपयों की बख्शीश दे दें, और अपने भरे-पूरे पर्स से उन्होंने तत्काल ही अपेक्षित राशि निकालकर उसका भुगतान भी कर दिया। लेकिन दूसरी सुबह उस राशि को वापस करने जब उनके सुइट में मैं पहुँचा तो उन्होंने किसी तरह के संकोच का प्रदर्शन किये ही उन रुपयों को अपने बटुए के हवाले कर दिया—कुछ इस तरह जैसे सचमुच मैं उनकी उधारी का चुकता कर रहा हूँ।

नरगिस को रेजगारी एकत्र करने का भी बेहद शौक था। रुपये से लेकर एक पैसे तक की जितनी चिल्लर उनको मिलती थी, उस सबको वे अपनी गुल्लकों में जमा करती रहती थीं। अपनी इस आदत का फायदा भी उनको हुआ। सुनील ने एक बार मुझे बताया था कि टिकट खिड़की पर *रेशमा और शेरा* की अप्रत्याशित विफलता के बाद जब उसके वितरक उनकी जान के ग्राहक बन चुके थे और रोजमर्रा की रोटी-दाल का खर्चा जुटाना भी उनके लिए सहज-सम्भव नहीं रह गया था, तब नरगिस की इन्हीं गुल्लकों ने उस परिस्थिति से उन्हें निजात दिलायी थी। गुल्लकों को जब तोड़ा गया तो उनमें कम-से-कम पचास हजार रुपयों की नकदी मिली, जो उन लोगों के कुछ महीनों के खर्च के लिए पर्याप्त थी।

उन्हीं दिनों अँग्रेजी के एक जाने-माने पाक्षिक *ऑनकुलर* ने यह प्रकाशित कर अपने पाठकों को हैरत में डाल दिया कि नरगिस वस्तुतः पण्डित मोतीलाल नेहरू की पौत्री और इस रिश्ते से दिवंगता इन्दिरा गाँधी की मौसेरी बहन थीं। मोतीलाल नेहरू की पुत्री और जवाहरलाल नेहरू की बहन श्रीमती विजयलक्ष्मी पण्डित के हवाले से उसने लिखा था कि उन्नीसवीं शती के अन्त में नरगिस की नानी के साथ मोतीलाल जी के मध्य अन्तरंग सम्बन्ध रहे थे, और नरगिस की माँ जद्दनबाई वस्तुतः मोतीलाल नेहरू की पुत्री थीं। उस कालखण्ड में कोठों पर जाना और उपपत्नियों का रखना रईसों और अमीर-उमराओं के लिए न केवल सामान्य बात थी, बल्कि उसे उनकी शान माना जाता था। ज्ञातव्य है कि अपनी पत्नी सरूपरानी के साथ मोतीलाल नेहरू के सम्बन्ध किंचित मधुर नहीं थे, और नरगिस की नानी के परिवार में उनका पर्याप्त आना-जाना था। प्रारम्भ में दोनों ही परिवार आगरा में रहते थे, जहाँ मोतीलाल नेहरू ने अपनी वकालत शुरू की थी। आगरा को छोड़कर मोतीलाल जी जब इलाहाबाद आये, तब भी नानी ने उनका साथ नहीं छोड़ा, और वहाँ के मीरगंज मुहल्ले में मोतीलाल जी के घर के पड़ोस में ही एक दूसरा घर किराये पर लेकर वे उसमें रहने लगीं। जद्दनबाई का जन्म उसी घर में हुआ था, और खुद जवाहरलाल नेहरू उसी बदनाम मुहल्ले में पैदा हुए थे। बाद में मोतीलाल नेहरू ने माँ-बेटी को इलाहाबाद के निकटस्थ चिलबिला नामक एक कस्बे में स्थानान्तरित कर दिया, जहाँ सन् 1929 की पहली जून को नरगिस का जन्म हुआ। मोहन बाबू के साथ जद्दनबाई का विवाह मोतीलाल नेहरू के ही संरक्षण में सम्पन्न हुआ था, और उस समारोह में उन्होंने पर्याप्त धनराशि व्यय की थी। नरगिस के स्वभाव में जो तेजी थी, उसे उनकी आनुवंशिक विरासत ही कहा जाएगा, क्योंकि मोतीलाल नेहरू से लेकर इन्दिरा गाँधी तक कोई भी उस दर्प से अछूता नहीं रह पाया था—श्रीमती पण्डित और उनकी बेटियाँ तक।

नरगिस के जन्म का नाम था फातिमा रशीद और उनकी माँ का जद्दनबाई।

लेकिन पिता थे डॉ. मोहनलाल और पति सुनील दत्त—दोनों पंजाब के मोहियाल ब्राह्मण।

फिल्म पुरस्कारों के प्रसंग में जुटे दिग्गज

सन् 1967 की पहली जनवरी को बम्बई से प्रकाशित होनेवाले *टाइम्स ऑफ़ इण्डिया* के पहले पृष्ठ और उसके पहले कॉलम में सबसे ऊपर जो पहली खबर छपी थी, उसने सारे फिल्म संसार में तहलका मचा दिया। समाचार का प्रकाशन छः इंच लम्बे बॉक्स में हुआ था, और उसमें हमारे पाँचवें वार्षिक पुरस्कारों की पूरी सूची सन्निहित थी। स्वयं अपने संस्थान के फिल्म फेयर पुरस्कारों को भी *टाइम्स ऑफ़ इण्डिया* ने कभी इतनी प्रमुखता से नहीं छापा होगा। यह सचमुच एक आश्चर्यजनक उपलब्धि थी, और उसने हमारे पुरस्कारों के महत्त्व को एकदम से लोकप्रियता के शिखर पर पहुँचा दिया।

शायद यही कारण रहा हो या कुछ और, अपने उस समारोह में जिन लोगों को हमने आमन्त्रित किया था, उनमें प्रायः सभी ने उसमें शिरकत की। श्रेष्ठतम निर्माण के अन्तर्गत हमने उस वर्ष तीन फिल्मों का चयन किया, और तीनों का ही प्रतिनिधित्व उसमें हुआ। ये फिल्में थीं *गबन, गाइड* और *ममता।* सर्वश्रेष्ठ अभिनेता और अभिनेत्री के पुरस्कार प्राप्त हुए—देव आनन्द और सुचित्रा सेन को, और उन दोनों ने ही अपनी उपस्थिति से हमारे नगर को गौरवान्वित किया। विजय आनन्द, अर्थात् गोल्डी, को कुशल निर्देशन के लिए सम्मानित किया गया था। सिमी ग्रेवाल सर्वश्रेष्ठ सह-अभिनेत्री के रूप में चुनी गयी। शशिकला सर्वश्रेष्ठ खलनायिका, और देवेन वर्मा श्रेष्ठतम चरित्र अभिनेता। कुछ ही समय पहले अशोक कुमार की बेटी रूपा से देवेन का विवाह हुआ था, और बम्बई के बाहर पत्नी के साथ उनकी वह पहली यात्रा थी। गीतकार हसरत जयपुरी हस्बदस्तूर मौजूद ही थे। इन सबके अतिरिक्त यश जौहर, बी.एन. सोंथालिया और असित चौधरी-जैसे निर्माता भी अपने पूरे दल-बल के साथ समारोह में शामिल हुए। अपने उस समारोह के माध्यम से हिन्दी भाषी प्रदेश के पत्रकारों ने बंगाल की फिल्म निर्माण कला को जो आदर और सम्मान प्रदान किया था, उसके प्रति *ममता*-निर्माता असित चौधरी और उनके संगी-साथी विशेष रूप से सन्तुष्ट और कृतज्ञ प्रतीत हुए। 1967 की

30 अप्रैल की सुबह और दोपहर दिल्ली और कलकत्ते से जो हवाई जहाज लखनऊ पहुँचे थे, उनसे उतरनेवाले यात्रियों को देखकर ऐसा प्रतीत होता था, जैसे आधी फिल्मी दुनिया ही वहाँ से उड़कर लखनऊ आ पहुँची है, और अपने प्रिय सितारों की एक झलक पाने के लिए उस दिन जितनी भीड़ अमौसी एयरपोर्ट पर उपस्थित हुई थी, उसे निश्चित ही ऐतिहासिक कहा जा सकता है।

उस दिन का पूर्वार्द्ध निश्चित ही आमोद-प्रमोद और हँसी-मजाक से भरा-पूरा गुजरा। तब तक क्लार्क अवध या ताज रेजिडेंसी जैसे पंच-सितारा होटलों का निर्माण यहाँ नहीं हो पाया था और हरे-भरे लॉनों से आवृत्त राजस्थान के किसी राजमहल का आभास देनेवाला कार्लटन होटल ही नामी-गिरामी आगन्तुकों की ऐशगाह हुआ करता था। मुझे याद है, उसके अत्यधिक रमणीक परिवेश से प्रभावित होकर अपनी दूसरी लखनऊ यात्रा के मध्य अभिनेता संजीव कुमार हमारे समारोह की तिथि के ठीक सप्ताह भर पहले यहाँ पहुँच गये थे, और वह पूरा हफ्ता उन्होंने कार्लटन होटल की सुरम्य वनवीथिकाओं में ही व्यतीत किया था। शशि कपूर की मान्यता थी कि इत्मीनान के साथ फुरसत के चन्द लमहे बिताने के लिए कार्लटन से ज्यादा अच्छी कोई जगह समूची दुनिया में दूसरी नहीं होगी।

दोपहर का लंच पयागपुर के युवा नरेश यादवेन्द्र विक्रम सिंह द्वारा आयोजित किया गया था, जो हर नजरिये से रियासती ठाठ-बाट से भरपूर था। राजनीतिबाज और नौकरशाहों से हमने उसे पूरी तरह दूर रखा, हालाँकि उन लोगों ने उसमें प्रवेश पाने के लिए साम-दाम-दण्ड-भेद किसी भी तरह की कोशिश करने में कोई कंजूसी नहीं बरती थी। देव आनन्द और सुचित्रा सेन की आपसी चुहलबाजियाँ उस भोज की मुख्य आकर्षण रहीं। पाँच बजे प्रदेश के मनोनीत राज्यपाल डॉ. गोपाल रेड्डी ने आगत अतिथियों का स्वागत करने के लिए राजभवन में एक चाय-पार्टी दी थी, जिसमें नगर के सभी प्रमुख साहित्यकार, पत्र सम्पादक, राजनेता, समाजसेवी, उद्योगपति और सरकारी अधिकारी सम्मिलित हुए। वहीं पर मेरे लिए एक ऐसी स्थिति उत्पन्न हो गयी, जिसे अब भी भूल पाना मेरे लिए सम्भव नहीं।

कुछ ही समय पहले प्रदेश में काँग्रेस का शासन समाप्त हुआ था, और संयुक्त विधायक दल के नेता के रूप में चौधरी चरण सिंह ने मुख्यमन्त्री पद की बागडोर सँभाली थी। मुझे मालूम था कि चौधरी साहब को न फिल्मों में कोई दिलचस्पी है और न फिल्म संसार के प्रति कोई लगाव, लेकिन देश की पहली गैर-काँग्रेसी सरकार के मुखिया के रूप में उस समय उनको जो असीम लोकप्रियता मिल रही थी, उसे नजरन्दाज करना भी मुश्किल था। शपथ-ग्रहण समारोह में जब उनसे मेरी मुलाकात हुई तो स्वभावतः अपने आसन्न समारोह के बारे में मैंने संक्षेप में उनको बताया, और उन्होंने बगैर किसी औपचारिक अनुनय-विनय उसमें

सम्मिलित होने के लिए अपनी स्वीकृति प्रदान कर डाली। इसके कुछ ही दिनों पहले डॉ. गोपाल रेड्डी को समारोह में बतौर मुख्य अतिथि शामिल होने के लिए मैं दावत दे चुका था। डॉ. रेड्डी से मैं उस जमाने से परिचित था जब वह केन्द्रीय सरकार में सूचना और प्रसारण मन्त्री थे, इससे जैसे ही मुझे इस बात का पता चला कि समारोह की तिथि के ठीक दूसरे दिन वह राज्यपाल के रूप में शपथ ग्रहण करने लखनऊ पहुँच रहे हैं तो मैंने उन्हें टेलीफोन कर दिया कि अगर वे एक दिन पहले यहाँ आ जाएँ तो सहज ही हमारे समारोह में उनका शामिल होना सम्भव हो सकता है। उन्होंने मेरे इस आग्रह को तत्काल स्वीकार भी कर लिया। अपने वायदे के अनुसार वह ठीक समारोह की सुबह लखनऊ आ पहुँचे, और आते ही उन्होंने मुझे सूचित किया कि अपने सभी अतिथियों के साथ मैं शाम पाँच बजे राजभवन पहुँच जाऊँ। स्वागत समारोह का आयोजन करने के लिए वह पहले ही राजभवन अधिकारियों को निर्देश दे चुके थे और उसकी पूर्व-सूचना मुझे मिल चुकी थी।

जैसा बता चुका हूँ, चाय की उस दावत में नागिरकों की भारी भीड़ एकत्र थी और सभी लोग फिल्मी सितारों के साथ ही मनोनीत राज्यपाल का दरस-परस पाने के लिए भी एक-दूसरे से होड़ लेने में लगे हुए थे। तभी शहनाज़ बेग, जिसने उस साल मिस इण्डिया का खिताब जीता था और फिल्मी दुनिया में प्रवेश पाने के लिए अत्यधिक उत्सुक थी, अपने काले-कजरारे बालों को लहराते हुए मेरे पास आयी और बोली कि उसके अब्बाजान मुझसे फौरन मिलना चाहते हैं। शहनाज़ बेग—जो अब शहनाज़ हुसैन के नाम से जानी जाती है और सौन्दर्य प्रसाधनों के निर्माण और विक्रय में जिसने अन्तरराष्ट्रीय सफलता का अर्जन किया है—इलाहाबाद हाईकोर्ट के तत्कालीन मुख्य न्यायाधीश मिर्ज़ा नसीरुल्ला बेग की बेटी थी। उसके साथ बेग साहब के पास जब मैं पहुँचा तो हॉल के एक कोने में ले जाते हुए वह मुझसे बोल उठे—"बरखुरदार, इस बात का इल्म शायद आपको नहीं कि जब तक रेड्डी साहब अपनी ओथ नहीं ले लेते तब तक मैं ही यू.पी. के एक्टिंग गवर्नर के ओहदे पर कायम हूँ। इस वक्त भी यहाँ का गवर्नर मैं ही हूँ—रेड्डी साहब नहीं। इस दावत का इन्तजाम भी मेरी ही निगरानी में हुआ है। इस हालत में भी आपने मुझे दूध की मक्खी की तरह निकाल बाहर किया हुआ है, ऐसा क्यों?"

बेग साहब की बात को सुनकर मैं सचमुच हैरान रह गया। उनकी शिकायत पूरी तरह सही और वाजिब थी और उससे इनकार करना किसी के लिए भी मुमकिन नहीं था। मैंने उनसे हाथ जोड़ते हुए अर्ज की थी—"आपने मुझे एक बहुत बड़े गुनाह से बचा लिया है। यह सिर्फ मेरी ही नहीं हमारे पूरे एसोसिएशन की गलती है, और सबकी ओर से मैं मुआफी का तलबगार हूँ। आप सपरिवार

हमारे फंक्शन में शामिल होकर हमारी हौसला-अफजाई कीजिए, उससे खुद हमारी इज्जत में बढ़ोतरी होगी।''

यहाँ यह बताता चलूँ कि समारोह के सारे आमन्त्रण तब तक वितरित हो चुके थे और मेरे पास एक भी प्रवेश-पत्र बाकी नहीं बच पाया था। प्रदेश सरकार के काबीना स्तर के मन्त्रियों तक को मैंने एक से अधिक पास देने से इनकार कर दिया था, हालाँकि उस पूरे दिन बार-बार उनके टेलीफोन निरन्तर आते रहे थे। तभी मैंने अपने एक परिचित को बुलाते हुए उसका प्रवेश पत्र वापस ले लिया और उस पर से उसका नाम काटते हुए बेग साहब के सामने ही उनका नाम अंकित कर उसे उनके हाथ में थमा दिया। मैंने बेग साहब से कहा—''हालाँकि आप जैसी शख्सियत के लिए इस तरह का फारमल इन्वीटेशन कोई मायने नहीं रखता और वैसे भी आपको डायस पर ही बैठना है, लेकिन इस गलती पर चूँकि आपने मेरा ध्यान आकृष्ट करने की जहमत की है, इससे औपचारिक रूप से आपको मदऊ करना मेरे लिए जरूरी हो गया है।'' बेग साहब मेरी बात से पूरी तरह सन्तुष्ट प्रतीत हुए, और मेरी पीठ को थपथपाते हुए मेहमानों की भीड़ में गायब हो गये। इस तरह अब हमें अपने तीन विशिष्ट अतिथियों को किसी-न-किसी तरह समारोह के कार्यक्रम में समायोजित करना था, लेकिन उसमें किसी खास परेशानी का सामना हमको नहीं करना पड़ा। बेग साहब से हमने समारोह का समारम्भ कराया, डॉ. रेड्डी उसके मुख्य अतिथि थे, और चौधरी चरण सिंह ने उसकी अध्यक्षता की थी।

समुचित व्यवस्था और भरपूर उपस्थिति के बावजूद वह समारोह सफल रहा, यह कहना मुश्किल है। बाहर होनेवाले शोर-शराबे की आवाजें पूरी तरह अन्दर पहुँच रही थीं और उसके मध्य कार्यक्रम का सुचारु संचालन आसान काम नहीं था। समारोह के प्रारम्भ में हमने लखनऊ के इतिहास-प्रसिद्ध भाँड़ों का एक प्रदर्शन रखा था, जिससे हमारे अतिथिगण उस लुप्तप्राय कौशल से किंचित परिचित हो सकें। भड़ैती की कला वस्तुतः अवध की नवाबी संस्कृति की एक ऐसी निशानी थी, जिसका आज कोई नामलेवा भी नहीं रह गया है। उसका संयोजन किया था—अवधी के सुपरिचित कवि और रेडियोकर्मी चन्द्रभूषण त्रिवेदी ने, जिनको लोग अब भी रमई काका के नाम से याद करते हैं। रमई काका ने लखनऊ के पुराने गली-कूचों में घूम-घूमकर उन भाँड़ों को ढूँढ़ने में पर्याप्त परिश्रम किया था और बहुत खोज के बाद उन्होंने अपने मन्तव्य में सफलता पायी थी। प्रदर्शन प्रारम्भ होने के पूर्व उस कला का विस्तृत विवरण भी उन्होंने प्रस्तुत किया, और डॉ. रेड्डी के साथ देव आनन्द ने भी उसमें पर्याप्त रुचि दिखायी। जैसे ही उन कलावन्तों ने अपने करतबों को दिखाना शुरू किया, रवीन्द्रालय में उपस्थित दर्शक-श्रोता

अचानक ही भड़क उठे और चौधरी चरण सिंह के निर्देश पर अन्ततः हमें उसे बन्द करने के लिए विवश हो जाना पड़ा। जाहिर है कि ऐसा करने से उन कलाकारों को जो हताशा हुई, उसकी कल्पना तो आसानी से की ही जा सकती है, स्वयं रमई काका द्वारा इतनी मेहनत से संयोजित उस कार्यक्रम के इस तरह समाप्त होने से जो व्यथा उनको हुई होगी उसका कहना ही क्या?

समारोह का समारम्भ जस्टिस बेग ने किया था। पूरे एक घण्टे तक उन्होंने अपना स्वागत भाषण जारी रखा। वह भाषण इतना नीरस और अर्थहीन था कि दर्शकों की तो बात ही दरकिनार, स्वयं आगत अतिथि भी उससे पूरी तरह बोर हो उठे। मंच पर सुचित्रा सेन मेरे बगलवाली कुरसी पर आसीन थीं। उन्होंने चुपके से मुझसे पूछ ही लिया कि आखिर यह कौन आदमी है, जो मौका-माहौल पर नजर रखे बिना इतनी देर तक लगातार बोलता चला जा रहा है? जब मैंने बताया कि वे हाईकोर्ट के चीफ जस्टिस और प्रदेश के कार्यवाहक राज्यपाल हैं तो वह हैरान रह गयीं। खैर, जैसे-तैसे उनके भाषण की समाप्ति हुई। फिर देव आनन्द से जब मैंने चौधरी चरण सिंह को माल्यार्पण कराया तो उनके सम्मुख ही मुख्यमन्त्री ने मुझसे प्रश्न कर डाला कि ये कौन सज्जन हैं और फिल्मों में वह क्या करते हैं? मैंने देव का परिचय देते हुए जब उनको बताया कि वह फिल्म संसार के सुप्रसिद्ध सितारे हैं और साल के सर्वश्रेष्ठ अभिनेता के पुरस्कार से हमने उनको नवाजा है, तो अपने भाषण में उन्होंने इस बात का उल्लेख कर डाला। बोले—''फिल्मों को तो मैं कभी देखता नहीं, इससे उसके लोगों को नहीं जानता। देव आनन्द का नाम मैंने जरूर सुन रखा है, लेकिन मैं उनको पहचानता नहीं हूँ। अभी रामकृष्ण के मुँह से यह सुनकर मुझे जरूर खुशी हुई कि जो सज्जन मेरे बगल में बैठे हुए हैं, उन्हीं का नाम देव आनन्द है। मैं उनके साथ ही उन दूसरे कलाकारों का भी अपने प्रदेश की धरती पर स्वागत करता हूँ, जो इस जलसे में शरीक होने के लिए यहाँ आये हैं—हालाँकि मुझे अब भी इस बात का पता नहीं कि वे कौन हैं और फिल्मी परदे से उनका क्या सम्बन्ध है!''

खैर, जिस शोरगुल के बीच समारोह का समारम्भ हुआ था, उसी शोर-शराबे के साथ उसकी परिसमाप्ति हुई। प्रेक्षागृह के बाहर तब तक जो मजमा एकत्र हो चुका था उससे बचकर बाहर निकलना मुश्किल था, इससे कार्यक्रम खत्म होने के बाद भी आध-पौन घण्टे हमें उसके ग्रीनरूम में रुकना पड़ गया। इसी बीच देव आनन्द ने जब मुझसे पूछा कि आगे क्या प्रोग्राम है, और मैंने उन्हें बताया कि होटल में फ्रेश होने के बाद नगर से दूर एक फार्म हाउस में आयोजित कॉकटेल डिनर में हमें शामिल होना है तो उनके साथ ही दूसरे अतिथि भी बड़े खुश नजर आये। प्रायः सभी ने कहा कि इतनी थकान के बाद वहाँ वह लोग सचमुच कुछ रिलैक्स कर सकेंगे।

इस कथित कॉकटेल डिनर का आयोजन चन्द्रकिशोर नामक सज्जन ने किया था। लल्लूलाल जुगलकिशोर नामक प्रतिष्ठित फर्म के इकलौते मालिक चन्द्रकिशोर लखनऊ के प्रमुख व्यवसायी थे। रत्नाभूषणों के व्यापार के अलावा उनके बीसियों दूसरे धन्धे भी थे, बम्बई, दिल्ली और कलकत्ता-जैसे महानगरों में उनके विभिन्न प्रतिष्ठान थे और उस समय अरबपतियों के मध्य भले ही उनकी गणना न होती हो, लेकिन उनके करोड़पति होने में तो किसी को कोई सन्देह नहीं हो सकता था। हमारे पिछले समारोह में उन्होंने एक काफी अच्छी पार्टी दी थी, और हम सभी उस आयोजन से सन्तुष्ट थे। इससे हमारे इस समारोह के पूर्व जब उन्होंने रात के कॉकटेल डिनर का प्रस्ताव रखा तो मुझे उनकी विश्वसनीयता असन्दिग्ध प्रतीत हुई। उन्होंने कहा—"मेरी पिछली दावत को तो आप देख ही चुके हैं। इस बीच हरदोई रोड पर मैंने एक लम्बा-चौड़ा फार्म हाउस भी खरीद लिया है, और उसमें एक स्विमिंग-पूल भी है। मैं चाहता हूँ के उसी कि किनारे एक ऐसे शानदार डिनर का आयोजन करूँ, जिसकी मिसाल बम्बई में भी किसी को न मिल सके। अगर आप उस जगह को देखना चाहें तो अभी, इसी वक्त, मेरे साथ वहाँ चलिए। उसे देखकर आपकी तबीयत बाग-बाग न हो जाए तो जो सजा आप देना चाहेंगे, वह मुझे बाखुशी मंजूर होगी।"

अन्धे को तो आँखें ही चाहिए न? हर बार की तरह उस बार भी मुझे पैसों की बेहद किल्लत थी। बहुत प्रयत्न करने पर भी अपने मुखपत्र के लिए हम मात्र चार हजार दो सौ तीस रुपये का विज्ञापकीय सहयोग बटोर पाये थे और उस धन की प्राप्ति भी हमें पत्रिका के प्रकाशन के बाद होनी थी। ऐसी अवस्था में चन्द्रकिशोर का वह प्रस्ताव मुझे दैवी आकाशवृत्ति जैसा प्रतीत हुआ, मैंने प्रफुल्ल मन से उसकी स्वीकृति दे दी। उनके कथन पर अविश्वास करने का कोई कारण भी नहीं था। नगर के गिने-चुने लोगों में उनकी गणना होती थी। विभिन्न सार्वजनिक संस्थाओं से उनके सुमधुर सम्बन्ध थे। रॉटरी और लॉयन्स जैसे क्लबों के कार्यक्रमों में उनका सार्थक योगदान रहता था, और लखनऊ में होनेवाले अधिकांश आयोजन उन्हीं के संरक्षण में सम्पन्न हुआ करते थे।

इसीलिए देव आनन्द और अपने दूसरे अतिथियों से जब मैंने यह बात कही कि स्विमिंग-पूल के इर्द-गिर्द आयोजित होनेवाले उस कॉकटेल-डिनर में भाग लेकर हम लोग सचमुच अपने को हल्का-फुल्का महसूस कर सकेंगे तो मेरे मन में सन्देह का कोई लेश भी नहीं था। लेकिन जब हम लोग निर्धारित स्थल पर पहुँचे तो उसका आकलन कर मेरी आँखें फटी-की-फटी रह गयीं। मेन रोड से थोड़ी दूरी पर एक भुतहा-सा मकान था। छत पर जानेवाली उसकी सीढ़ियाँ गर्द-गुबार और मकड़ी के जालों से भरपूर थीं। ऊपर पहुँचे तो देखा कि छत के एक

कोने में भट्ठी लगाकर बैठा हुआ हलवाई किस्म का कोई आदमी उसे जलाने की कोशिश में लगा हुआ है। उसने दिलासा दी कि सब्जी बन चुकी है और पूड़ियाँ सिंकनेवाली हैं। आसपास ठीक से बैठने की कोई जगह नहीं थी। पूछने पर पता चला कि कुर्सियाँ लाने आदमी शहर गया हुआ है और घण्टे-आध घण्टे में लौटता ही होगा। दूसरे कोने में स्टील की कुछ थालियाँ-कटोरियाँ जरूर दिखाई दीं, लेकिन कॉकटेल की कौन कहे, कोक या सोडे की बोतलों का भी वहाँ कोई अता-पता नहीं था। मालूम हुआ कि उसे लेकर चन्द्रकिशोर जल्दी ही वहाँ पहुँचनेवाले हैं, और उनके आते ही खानपान का कार्यक्रम शुरू हो जाएगा। अपने जिस स्विमिंग-पूल का जिक्र चन्द्रकिशोर ने मुझसे किया था, उसका तो मीलों तक कहीं कोई नामोनिशान नहीं दिखाई देता था।

छत का तीसरा कोना भारी बनारसी साड़ियों से लकदक और ऊपर से नीचे तक हीरे-मोती की चमक-दमक से देदीप्यमान चन्द्रकिशोर की सालियों, सलहजों, भाभियों और उनकी सखी-सहेलियों के कहकहों से पूरी तरह गुलजार मिला। उन्हीं लोगों में कोई शायद चन्द्रकिशोर की बीवी भी रही होगी। उस हँसते-थिरकते मजमे को देखकर हम सब तो सहसा हतप्रभ रह गये। हमारे वहाँ पहुँचते ही सुचित्रा सेन, शशिकला और सिमी ग्रेवाल जैसी तारिकाओं को उन्होंने अपने घेरे में आबद्ध कर लिया।

देव ने कहा, ''बड़ी खूबसूरत जगह है यह। हम चाहते हैं क़ि नीचे उतरकर उसका भरपूर जायजा लें। तब तक आपकी कुर्सी-मेजें भी पहुँच जाएँगी। फिर इत्मीनान से बैठकर आपके खान-पान का लुत्फ उठाएँगे।''

चन्द्रकिशोर का कोई जवाब मिलने के पहले ही हम लोग सीढ़ियाँ उतर चुके थे। फिर अपनी गाड़ियों पर बैठकर हम लोग पहुँचे मेफेयर-स्थित क्वालिटी रेस्तराँ। हालाँकि तब रात के बारह बजनेवाले थे और खाने-पीने की सारी चीजें वहाँ पूरी तरह खत्म हो चुकी थीं, तब भी उसके संचालक अशोक घई ने जी-जान से हमारा खैर-मखदम किया और फिर घण्टे भर के अन्दर ही हमारे हाथों में प्लेटें थमा दी गयीं।

सुनने में आया कि कथित कॉकटेल से हमारे उस आकस्मिक पलायन पर टीका करते हुए चन्द्रकिशोर के संगी-साथी उन पर बहुत नाराज हुए थे। उन्होंने कहा, ''यह तुम्हीं हो, जिसने बेइज्जती के इस कड़वे घूँट को बगैर किसी शिकवा-शिकायत पी डाला। हम लोगों में से कोई होता तो उन फिल्मी नचनियों को रस्सी बाँधकर वहीं रोक लिया होता और फिर तब तक उनको रिहाई नहीं दी जाती जब तक अपनी जूठन वह यहाँ नहीं गिरा जाते...''

उसके बाद चन्द्रकिशोर से फिर मेरी भेंट नहीं हुई।

फिल्म में गीतकार बनने की लालसा : कहाँ-कहाँ से गुजर गया

लेकिन अर्थ-प्रधान इस युग में चन्द्रकिशोर जैसे लोगों से अछूता रहना सम्भव भी है क्या ? इसी से छठे समारोह का विवरण प्रस्तुत करने के पहले अपनी मूलगाथा की उपगाथा के रूप में महादेव प्रसाद बैंकर का उल्लेख एक बार फिर जरूरी हो गया लगता है। उससे न केवल पाठकों का मनोरंजन होगा, बल्कि उसके माध्यम से धनी-मानी वर्ग की मानसिकता का दर्शन-दिग्दर्शन भी वह सहज ही कर सकेंगे। वैसे, महादेव प्रसाद जी के किस्से तो अभी बाद में भी एक-दो बार आपको सुनने को मिलेंगे। फिलहाल उनके परिजनों की कथा-कहानियों को सुनकर ही आप सन्तोष कर लें।

जैसा कि पहले ही बता चुका हूँ। महादेव प्रसाद जी न केवल लौकिक सम्पत्ति से भरपूर थे, बल्कि सन्तति-धन से भी वे किंचित वंचित नहीं थे। उनके चार बेटे थे। बड़ा बेटा पारिवारिक व्यवसाय की देखरेख करता था। उससे छोटा सरकारी अधिकारी था, तीसरा लखनऊ विश्वविद्यालय में पुरातन भारतीय इतिहास का व्याख्याता और चौथा चिकित्सा क्षेत्र में अपने भाग्य की आजमाइश करने के लिए आतुर। यहाँ उनके तीसरे बेटे का उल्लेख किया जा रहा है। उसका नाम था नरेश प्रसाद और कुछ ही दिनों पहले अमरीका से उसकी वापसी हुई थी।

पता नहीं कब, क्यों और कैसे नरेश प्रसाद को इस बात का भ्रम हो गया था कि विश्वविद्यालय में सेवारत होने के नाते एक कवि और साहित्यकार के रूप में भी वह अपेक्षित प्रतिष्ठा का अधिकारी है। वैसे तो उसके साथ मेरा परिचय हमारे तीसरे समारोह-काल में ही हो गया था, लेकिन उस परिचय को प्रगाढ़ करने की कोशिश उसने दो साल बाद ही की। देव आनन्द जैसे लोगों के साथ मेरी अन्तरंगता से प्रभावित होकर शायद उसने सोचा होगा कि मेरे माध्यम से फिल्मी दुनिया में प्रवेश पाना उसके लिए सहज-सम्भव हो सकता है। इसी से अपने को एक समर्थ कवि और गीतकार के रूप में प्रस्तुत करते हुए उसने लगभग हर सुबह मेरे पास आना शुरू कर दिया। उन दिनों मेरा स्वास्थ्य भी कुछ खराब था, जिसकी वजह से अधिकतर मैं घर पर ही रहता। प्रारम्भ में वह मात्र अपनी कविताएँ मुझे सुनाता रहा, जो अच्छी नहीं तो बहुत बुरी भी नहीं थीं। उन कविताओं को दाद देने के लिए भी मुझे स्वभावतः विवश होना पड़ता था। वैसा न करता तो कर भी क्या सकता था ? यह कार्यक्रम लगभग महीनेभर चलता रहा, और मेरे मन में उसने कूट-कूटकर यह बात भर दी कि वह सचमुच एक ऐसा गीतकार है, जिसे साहित्य-जगत अपेक्षित मान्यता नहीं दे पाया है और जिसको प्रकाश में लाकर

मेरी अपनी ख्याति में चार चाँद लग सकते हैं।

किस्सा-कोताह यह कि महीने-दो महीने बाद जब मैंने बम्बई जाने का कार्यक्रम बनाया तो उसने खुद को मेरे साथ वहाँ चलने की अपनी इच्छा व्यक्त कर डाली। बोला—"रिजर्वेशन वगैरह की चिन्ता आप बिल्कुल न करें। मुझे सिर्फ वह तारीख बता दें, जब आप वहाँ जाना चाहते हैं, बाकी काम मैं खुद कर लूँगा।" मेरे यह बताने पर भी कि एक पत्रकार के रूप में मैं रेल ट्रैवल-कूपनों से यात्रा करने के लिए अधिकृत हूँ और आरक्षण आदि के मामलों में भी मुझे वरीयता मिलती है, उसने मेरी एक न सुनी और यही बोलता रहा कि उन सबका इस्तेमाल करने की मुझे कतई कोई जरूरत नहीं। रेल अधिकरियों से उसके पर्याप्त सम्बन्ध हैं, और गाड़ी छूटने के पाँच मिनट पहले भी उसे रिजर्वेशन पाने में कभी कोई दिक्कत नहीं हुई।

खैर, खुदा-खुदा करते हुए बम्बई-प्रयाण की तारीख तय हुई और उसने आश्वस्त किया कि उस दिन स्टेशन पर ही वह मुझे मिल जाएगा। उन दिनों लखनऊ से कोई गाड़ी सीधे बम्बई नहीं जाती थी, झाँसी में उसे चेंज करना पड़ता था। नरेश प्रसाद से मेरी मुठभेड़ स्टेशन पहुँचते ही उसके पोर्टिको में हो गयी। उसके साथ एक नौजवान और भी था, जिसका परिचय उसने अपनी पत्नी के भाई के रूप में दिया। नाम रजनीकान्त या कुछ ऐसा ही था। बोला—"जब मैंने इनको बताया कि हम लोग बम्बई जा रहे हैं तो ये भी साथ चलने के लिए तैयार हो गये। रेलवे की चिकित्सा-सेवा में आला अफसर हैं।"

जब मैंने नरेश से रिजर्वेशन के बारे में पूछताछ की तो उसने बगैर किसी शर्म-हया के बताया कि उसके लिए उसे वक्त नहीं मिल पाया। झाँसी तक का ही सवाल है, उसके बाद तो जगह मिल ही जाएगी। यह कहते हुए सामान्य दूसरे दर्जे के तीन टिकट उसने मेरे हाथों में थमा दिये। मैं कहना ही चाहता था कि उस सर्वथा अनारक्षित डिब्बे में आखिर घुस कैसे पाएँगे तो वह बोल उठा—"हम लोग तो स्ट्रगल करनेवाले लोग हैं, भाई साहब, ऊँचे दरजों में सफर करने की हमारी औकात ही कहाँ?"

मरता क्या न करता। उन दोनों के साथ मछलियों की तरह खचाखच भरे हुए एक कम्पार्टमेण्ट में घुसना ही पड़ा। कानपुर तक तो उस डिब्बे में पैर टिकाने तक की भी जगह नहीं थी, उसके बाद भी आराम से कहीं बैठ पाना नसीब नहीं हो पाया। झाँसी पहुँचने पर देखा कि बम्बई जानेवाली पंजाब मेल में भी तिल तक रखने की कोई जगह नहीं बची है। इस बात का मैंने भरसक प्रयत्न किया कि कम-से-कम अपने लिए फर्स्ट या ए.सी. में कोई बर्थ पा सकूँ, लेकिन उसमें भी कोई कामयाबी नहीं मिल पायी। इस अवधि में गार्ड अपनी सीटी बजा चुका था,

और फिर हम तीनों को पूरी तरह निराश और हताश करते हुए पंजाब मेल अपने गन्तव्य की ओर बढ़ चली।

अगली गाड़ी दूसरी सुबह मिलनेवाली थी। सवाल अब इस बात का था कि इतना लम्बा समय आखिर कहाँ और कैसे व्यतीत किया जाए? तभी मुझे ठाकुर नारायण सिंह की याद हो आयी, जिनका उल्लेख मैं अपने *तीसरी कसम* प्रकरण में विस्तार के साथ कर चुका हूँ। ठाकुर साहब के साथ अब भी मेरे मधुर सम्बन्ध थे। जब भी झाँसी से निकलता था, खानपान और फल-फूल की पेटियों के साथ वे हमेशा मुझे स्टेशन पर मिल जाया करते थे और फिर बम्बई पहुँचने तक न किसी तरह के आहार की फिक्र करनी पड़ती थी, और न फल और मेवों की।

खैर, हम लोग ठाकुर साहब के आवास पर पहुँचे। उन्होंने हस्बदस्तूर नगर के झाँसी होटल में हमारे ठहरने की व्यवस्था कर दी। रात होने तक वे हमारे ही साथ रहे। इस अवधि में किसी प्रीमियम स्कॉच की दो बोतलें भी हम लोग गटक गये, और उसके बाद मिला था गरमागरम, लज़ीज बुन्देलखण्डी खाना। दूसरी गाड़ी सुबह सात बजे के आसपास झाँसी से निकलती थी, शायद अमृतसर से दादर जानेवाली एक्सप्रेस। ठाकुर साहब बोल गये थे कि वे अधिक से अधिक छः बजे तक होटल पहुँच जाएँगे, लेकिन हम लोग छः बजने के पहले ही वहाँ से निकल पड़े। होटल का भुगतान करने का संकेत जब मैंने नरेश को दिया तो बड़ी बेतकल्लुफी के साथ उसने जवाब दिया—"हम लोग ठाकुर साहब के मेहमान हैं, भाई साहब। अब उनकी इतनी बेइज्जती तो न कीजिए कि उन्हें महसूस हो, जैसे वे पूरी तरह बेगाने हैं?"

मुझे विश्वास था, ठाकुर साहब होटल के बिलों का भुगतान निश्चित ही कर देंगे। इसके पहले भी जब कभी मैं झाँसी आया था, उन्होंने ऐसा किया था और मेरे बार-बार मना करने पर भी इस बात के लिए वे राजी नहीं हुए थे कि होटल का खर्चा मैं अपनी जेब से भरूँ। "लखनऊ या बम्बई में आप चाहे जितना खर्चा मेरे ऊपर करें, लेकिन झाँसी में मैं ऐसा नहीं होने दूँगा। यहाँ पर आप मेरे मेहमान हैं, और मेहमानों को ऐसा करने की इजाजत हरगिज नहीं दी जा सकती।"—कहा करते थे वे। निकलने के पहले होटल के रेसेप्शन काउण्टर पर मैंने कह दिया था कि ठाकुर साहब के आने पर उन्हें बता दिया जाए कि किन्हीं खास वजहों से हमें जल्दी होटल छोड़ना पड़ रहा है। फ्रण्ट ऑफिस का कर्मचारी मुझे पहले से जानता था।

स्टेशन पहुँचे तो गाड़ी आने ही वाली थी। इस बीच नरेश ने कुछ रुपये भी मुझे अपने पास रखने के लिए दे दिये और कहा कि बम्बई पहुँचने पर वह उनको मुझसे ले लेगा। दादर एक्सप्रेस के आने पर उसमें हम लोगों को जगह भी मिल

गयी। कण्डक्टर ने आसानी से हमें आरक्षण भी सुलभ करा दिया, क्योंकि करीब आधा डिब्बा खाली था। तब भी मैंने उससे अनुरोध किया कि अगर मुमकिन हो तो वह मुझे फर्स्ट या ए.सी. में शिफ्ट कर दे, क्योंकि स्लीपर में मुझे आराम नहीं मिलता। उसकी व्यवस्था भी सहज रूप से हो गयी और अतिरिक्त भाड़े का भुगतान मैंने उन्हीं पैसों से कर दिया, जो नरेश ने मुझे अपने पास रखने के लिए दिये थें। इसके बाद अपना बोरिया-बिस्तर उठाकर मैं अपने डिब्बे में स्थानान्तरित हो गया। चलते समय नरेश और उसके साथी से मैं कहता गया कि आप लोग भले ही स्ट्रगलर हों, मैं तो अपना संघर्षकाल अब समाप्त कर चुका हूँ। अगली मुलाकात अब दादर स्टेशन पर होगी—तब तक के लिए बाई-बाई।

लेकिन वह बाई-बाई अन्ततः निरर्थक ही सिद्ध हुई।

होशंगाबाद का स्टेशन निकल चुका था और इटारसी आनेवाली थी। थोड़ा-बहुत खाने-पीने के बाद मैं आराम करने की तैयारी में ही था किबाहर प्लेटफॉर्म से मुझे अपने नाम की प्रतिध्वनि सुनाई पड़ी। इतनी शाम तक इस अनजान जगह पर कौन मुझे पुकार रहा है, यह बात मुझे समझ में नहीं आ पा रही थी। पूछने पर पता चला कि यह इटारसी स्टेशन है, और मुझे आवाज देनेवाले वही बन्धुद्वय हैं—नरेश प्रसाद और रजनीकान्त। तीन-चार पुलिसकर्मियों ने उन्हें रस्सियों से जकड़ रखा था।

यह दृश्य देखकर मैं तो सर्वथा अवाक् रह गया। कुछ पूछताछ करने की भी मेरी हिम्मत नहीं रह गयी थी। तभी नरेश ने मुझसे कहा—"इन लोगों ने हमें व्यर्थ के आरोप लगाकर पकड़ लिया है। अब आप फौरन उतर पड़िए। आपके बगैर हमारी रिहाई नामुमकिन है..." मेरे बहुत पूछने पर भी उसने मुझे यह नहीं बताया कि आखिर हादसा क्या हुआ है और किस वजह से यह स्थिति उत्पन्न हुई है।

मेरे पास सिर्फ एक छोटा-सा बैग था। उसी में मैंने अपनी चादर-तकिया रखी और निकल पड़ा उन दोनों के साथ।

जी.आर.पी. थाना मेन-प्लेटफॉर्म पर न होकर स्टेशन के बाहर था। पुल पार करते हुए भी मैंने इस बात को जानने की भरसक कोशिश की कि मामला आखिर क्या है, लेकिन अपने मन्तव्य में मुझे किंचित सफलता नहीं मिल पायी। नरेश मेरे हर सवाल पर यही जवाब देता रहा कि किसी गलतफहमी में वे लोग पकड़ लिये गये हैं और अन्ततः सब कुछ ठीक हो जाएगा।

हम लोग थाने पर जब पहुँचे तो पता चला कि वहाँ का इन्स्पेक्टर-इन्चार्ज गश्त पर गया हुआ है और उसके वापस लौटने पर ही कोई कार्रवाई सम्भव हो सकेगी। इस बीच दोनों साले-बहनोई भी कुछ-कुछ संयत हो चुके थे। इसी से थाने के बाहर एक कोने में अपना सामान टिकाकर जब हम लोग बैठ गये, तब

धीरे-धीरे मामले की गाँठ खुलनी शुरू हुई।

मालूम हुआ कि भोपाल के बाद किसी स्टेशन पर इन लोगों ने ट्रेन की रेस्तराँ-कार में प्रवेश किया था। जाहिर है कि नाश्ता-पानी या खाने-पीने के इरादे से ही वे उसमें गये होंगे। तभी उनको दिखाई दिया कि कैण्टीन-इन्चार्ज की मेज पर बोतल रखी हुई है, जो उनके नजरिये में शराब के अलावा किसी दूसरी चीज की हो ही नहीं सकती थी। नतीजतन ये पहुँच गये, सीधे उसके पास। बोतल की ओर इंगित करते हुए उन्होंने सम्बन्धित कर्मचारी से कहा कि वे दोनों सी.आई.डी. के अधिकारी हैं, और गैर-कानूनी काम में लिप्त होने के कारण उनको गिरफ्तार करने आये हैं।

कैण्टीन मैनेजर तो इन बातों को सुनकर निश्चित ही सकते में आ गया होगा। उसने अनुनय-विनय करते हुए बताया कि उस बोतल को शायद गलती से कोई यात्री वहाँ छोड़ गया था, और इस घटना की रिपोर्ट वह अगले स्टेशन पर निश्चित ही दर्ज करानेवाला है। लेकिन इन लोगों ने उसके कथन को पूरी तरह खारिज करते हुए कहा कि उसके खिलाफ ऐक्शन लेने के लिए वे मजबूर हैं, क्योंकि ठीक मौका-ए-वारदात पर वह बोतल पकड़ी गयी है। इसके बाद, जाहिर है, दोनों पक्षों की ओर से सुलह-सफाई की कोई बातचीत हुई होगी, और अन्त में तय यह हुआ, कि बतौर जुर्माना पच्चीस रुपये की धनराशि अगर उन्हें दे दी जाए तो वे लोग अपनी कार्रवाई को ठण्डे बस्ते में डाल देंगे।

इतना भारी जुर्म और इतना हलका जुर्माना—कैण्टीन मैनेजर का आश्चर्यचकित होना स्वाभाविक था। उसने जब कड़ाई के साथ बात करनी शुरू की तो मामला खुला। दोनों ने पहले तो यह बताने की कोशिश की कि वे लोग जर्नलिस्ट हैं, और इस तरह की हरकतों का पर्दाफाश करना उनका कर्तव्य है। फिर बोले कि उनकी पहुँच बहुत ऊपर तक है और उनको छेड़ना बड़ के छत्ते को छेड़ने के मानिन्द साबित हो सकता है। तब तक होशंगाबाद स्टेशन आ चुका था। सफाई-पुछाई के लिए वहाँ रेस्तराँ-कार की बोगी खाली कर दी जाती है। यात्रियों के उससे निकलने के बाद इटारसी पहुँचते ही उनको पुलिस के हवाले कर दिया गया।

यह सब बताने के बाद नरेश बोल उठा—"घबड़ाने की कोई बात नहीं, भाई साहब, पैसों में बड़ी ताकत होती है। उसके जरिये इस जंजाल से सहज ही मुक्ति पायी जा सकती है।"

हम सब इस गुफ्तगू में लगे ही हुए थे कि थाने का इन्स्पेक्टर वहाँ पहुँच गया। इतना लम्बा अरसा बीत जाने के बाद भी उसकी सूरत मुझे अब तक याद है, नाम भी। नाम था चक्रवर्ती। पता नहीं, क्या कुछ सोच-समझकर सबसे पहले उसने मुझे ही अपने कक्ष में बुलाया। मेरे उठने के पहले ही चार-पाँच सौ रुपयों

के नोट नरेश ने जबर्दस्ती मेरी सदरी की जेब में डाल दिये। बार-बार यह कहने पर भी कि इस तरह का कोई काम न मैंने अब तक कभी किया है और न उसका कोई इल्म मुझे है, उन रुपयों को वह मेरे ही पास रखने पर जोर देता रहा, और उसी अवस्था में मुझे इन्स्पेक्टर के सामने हाजिर होना पड़ा।

इन्स्पेक्टर चक्रवर्ती आम पुलिसकर्मियों जैसा मुझे नहीं लगा। उसमें समझ थी और कुछ सीमा तक मानवीयता के तत्त्व भी। उसने प्रारम्भ में ही मुझसे सारी पूछताछ कर डाली, और जितनी जानकारी मुझे थी, मैंने बगैर किसी लागलपेट उसके सम्मुख रख दिया। मैंने उसे यह भी बताया कि सम्बन्धित नौजवान न केवल खुद लखनऊ की यूनिवर्सिटी में लेक्चरर है, बल्कि उसके बड़े भाई ने आई.ए.एस. की परीक्षा में टॉप किया है और फिलहाल वह देहरादून जैसे नगर के जिलाधिकारी के रूप में तैनात है। चक्रवर्ती ने मेरी बातों को बड़े ध्यान के साथ हृदयंगम किया और बोला कि मेरी कैफियत से वह पूरी तरह इत्तफाक रखने के बावजूद मुक्त करने के पहले वह खुद उन दोनों से दो-दो बातें करने का इच्छुक है, ताकि आगे वे इस तरह की बचकाना हरकतें करने की हिम्मत न करने पाएँ।

मेरे बाद साले-बहनोई की उस जोड़ी को इन्स्पेक्टर के कार्यालय में बुलाया गया। कम-से-कम आध-पौन घण्टे वे लोग वहाँ रहे होंगे। जाहिर है कि वहाँ उनको अच्छी-खासी डाँट पिलायी गयी होगी। बाद में मालूम हुआ कि उन्होंने इन्स्पेक्टर को अपने नाम-धाम भी गलत बताये थे। लेकिन तब भी भरपूर लानत-मलामत करने के बाद अन्ततः उसने उन्हें छोड़ ही दिया और हँसते-रोते दोनों उसके कमरे से बाहर निकल आये।

तब तक दादर एक्सप्रेस कब की स्टेशन छोड़ चुकी थी। अब सवाल यह था कि बाकी बची रात आखिर कहाँ गुजारी जाए। स्टेशन का वेटिंगरूम ऐसी अकेली जगह थी, जहाँ हम लोग रुक सकते थे, लेकिन जब हम लोग वहाँ पहुँचे तो चौकीदार ने उसके दरवाजे खोलने से ही इनकार कर दिया। बोला—"आप लोगों को तो पुलिस पकड़ ले गयी थी न? इससे स्टेशन मास्टर साहब के हुक्म के बगैर मैं आपको अन्दर घुसने की इजाजत नहीं दे सकता। हमारा वेटिंगरूम चोर-उचक्कों के लिए नहीं है।"

स्टेशन मास्टर तब तक घर के लिए रवाना हो चुके थे और उनका स्थानापन्न तब तक अपनी ड्यूटी पर नहीं आ पाया था। विवश होकर मुझे पुनः इन्स्पेक्टर चक्रवर्ती की शरण लेनी पड़ी। उसने मेरे साथ अपना एक सिपाही लगाते हुए निर्देश किया कि वेटिंगरूम का ताला वह हमारे लिए खुलवा दे, और फिर हम लोगों ने सारी रात वहीं गुजारी।

अगली गाड़ी हमें सुबह मिलनी थी। ट्रेन का नाम था काशी एक्सप्रेस।

उसमें आसीन होने के पहले नरेश मुझसे बोल ही उठा—''मैं कह रहा था न कि पैसों में बड़ी ताकत होती है, भाईसाहब। उसके जरिये हम लोग इस *नाइटमेयर* से नजात पा ही गये...''

''क्यों, आप लोगों ने कोई रिश्वत दी थी क्या?'' मैंने उससे पूछा।

''हम लोगों ने तो कुछ भी नहीं दिया, लेकिन आपने तो दी ही होगी। वरना इतने सहज-स्वभाव से वह हमसे बातें क्यों करता?''

''लेकिन मैंने तो एक पैसा भी खर्च नहीं किया।'' मैंने स्थिति साफ की थी।

''तो वह सब रुपये क्या सचमुच बचे रह गये, जो मैंने आपकी सदरी में डाले थे?''

''बेशक।''

''तो लाइए। अब उनको मैं रख लूँ।''

मुझे लगा कि ऐसा करना तो निहायत बेवकूफी की बात होगी। वह धन मात्र इस उद्देश्य से मेरे हवाले किया गया था कि येन-केन-प्रकारेण उन लोगों को पुलिस के फन्दे से बचा लिया जाए। अपने काम को चूँकि मैं बखूबी अंजाम दे चुका था, इसलिए उस राशि को वापस करने का अब कोई सवाल नहीं उठता था।

नरेश के अनुरोध को सुनकर पहले मैंने अपनी सदरी की जेबों में हाथ डालने की कोशिश की। फिर बोला, ''लगता है, रूमाल वगैरह निकालते समय वे रुपये कहीं इधर-उधर हो गये हैं। बम्बई पहुँचते ही अपने पास से मैं उनका भुगतान कर दूँगा, आप लोग निश्चिन्त रहें।''

लेकिन बम्बई पहुँचने पर देता कौन और लेने की हिम्मत भी किसे थी? हाँ, वे रुपये मैंने जरूर नरेश को लौटा दिये, जिन्हें बतौर अमानत उसने मेरे पास रखाये थे, और उनको लेकर तुरन्त ही पड़ोस में स्थित ग्रिण्डलेज बैंक में उसने अपना खाता खोल डाला।

बम्बई पहुँचकर नरेश का इरादा शायद एक फिल्म-गीतकार के रूप में वहाँ प्रतिष्ठित होना था। उसने देखा था कि साहिर, शैलेन्द्र, मजरूह और हसरत जैसे लोग किस तरह आठ-दस पंक्तियों के गीत लिखकर हजारों-लाखों से खेल रहे हैं। अपने को वह किसी मायने में उनसे कम नहीं पाता था। इसी से उसने मुझ पर इस बात का जोर डालना शुरू कर दिया कि मैं कतिपय संगीतकारों से उसका परिचय करा दूँ, जिससे अपनी कला का प्रदर्शन वह उनके सामने कर सके।

प्रारम्भ में उसकी इस बात को मैंने अधिक गम्भीरता से नहीं लिया। मुझे मालूम था कि फिल्मी दुनिया में सफल होने के पहले आदमी को क्या-कुछ पापड़ बेलने पड़ते हैं। उसे हतोत्साहित करने की भी मैंने खासी कोशिश की, लेकिन वह

अपनी माँग पर डटा रहा। अन्त में मैंने भी सोचा कि एक-दो संगीतकारों से उसे मिलाने में किंचित कोई हर्ज नहीं है। मेरे निमित्त अगर किसी का भाग्य उदित हो जाए तो आखिर मेरा क्या जाएगा?

रोशन उन दिनों बिलकुल मेरे सामने के फ्लैट में रहते थे। रवि और चित्रगुप्त जैसे उस जमाने के चर्चित संगीतकारों को भी मैं अपना पड़ोसी मान सकता था। इन सभी से मेरा परिचय था, एक-दूसरे के घर भी हम लोग अक्सर आते-जाते रहते थे। एक-एक करके इन सभी लोगों को मैंने नरेश का परिचय दिया। उन लोगों ने ससम्मान हम लोगों को अपने आवासों पर आमन्त्रित भी किया और फिर पूरे मनोयोग के साथ नरेश के गीत सुने गये। लेकिन परिणाम वही निकला, जिसकी मुझे पहले से आशंका थी। प्रायः सभी ने नरेश के कृतित्व की प्रशंसा करते हुए उसे आश्वस्त किया कि अपनी अगली फिल्म में वह लोग जरूर उसे चांस देने की कोशिश करेंगे।

होता यह था कि सुबह आँख खुलते ही नरेश मुझसे जो पहला प्रश्न करता, वह यही था कि आज किसके यहाँ चलने का इरादा है? जिन संगीतकारों से मैंने पहले उसकी मुलाकात करायी थी, उनकी प्रशस्ति को उसने हमेशा सच समझा था, और उसे सचमुच इस बात की उम्मीद थी कि आज नहीं तो कुछ दिनों बाद वे लोग निश्चित ही उसकी प्रतिभा का उपयोग करेंगे। उसे यह नहीं मालूम था कि बम्बई में इस बात का पुराना चलन है और एक बार प्रशंसा करने के बाद किसी को इस बात की याद भी नहीं रह पाती कि उसने कब, कहाँ और किससे क्या वायदे किये थे। परिणामस्वरूप जितनी तेजी के साथ दिन बीतते गये उतनी ही तेजी से उसकी आकांक्षाओं में भी वृद्धि होती गयी, और फिर एक दिन ऐसा भी आया जब मैं उसकी माँगों से पूरी तरह बोर हो उठा।

एक सुबह जब नरेश मुझसे पूछने ही वाला था कि उस दिन किस संगीतकार से उसकी भेंट होनेवाली है, मैंने गम्भीरता के साथ उससे कहा—"नरेश जी, हर रोज संगीतकारों के चक्कर लगाते-लगाते अब मैं थक चुका हूँ। अगर आपको कोई आपत्ति न हो तो उन लोगों की देहरी छूने के स्थान पर अब हम खुद उन्हीं को अपने घर बुलाना शुरू कर दें। ऐसा करने से आपका काम भी चलता रहेगा और मुझे भी इत्मीनान से कुछ करने-धरने की फुरसत मिल सकेगी। लेकिन साथ ही एक बात को ध्यान में रखना जरूरी है। वे लोग जब यहाँ आएँगे तो उनका समुचित स्वागत-सत्कार भी आवश्यक होगा, और उसकी व्यवस्था पूरी तरह आप लोगों को ही करनी होगी।"

"उससे आप पूरी तरह निश्चिन्त रहें," दोनों बन्धुओं ने प्रसन्न मन से मुझे आश्वस्त किया, "अपने फर्ज को पूरा करने में हमसे किसी तरह की कोताही नहीं

होगी, इसका आप विश्वास रखें।''

उन दिनों गायक सी.एच. आत्मा पहली बार किसी फिल्म का संगीत-निर्देशन करनेवाले थे। उनके साथ मेरी मैत्री भी थी। मैंने सोचा—उन्हीं से अपने इस नये कार्यक्रम का समारम्भ कराऊँ। सो, उसी समय मैंने उनको टेलीफोन कर दिया कि आज शाम आप मेरे यहाँ मदऊ हैं। संग-संग कुछ खानपान भी होगा, और साथ ही एक नवोदित गीतकार से मैं आपका परिचय भी करा सकूँगा।

आत्मा को इस अयाचित आमन्त्रण को स्वीकार करने में भला क्या आपत्ति हो सकती थी। बोले, ''अगर किसी नये गीतकार से उसे चांस देने के लिए मिलना है तो साथ में मुझे अपने प्रोड्यूसर और उसके तीन-चार चमचों को भी लाना पड़ेगा। उनके बगैर कोई फैसला करना मेरे लिए मुश्किल होगा।''

मैंने उनको भरोसा दिलाया कि गीतकार महोदय के परिवार की गिनती लखनऊ के सर्वाधिक धनी-मानी परिवारों के अन्तर्गत की जाती है, और उस दिशा में चिन्तित होने की उनको कोई जरूरत नहीं।

आत्मा के साथ मेरी जो बातचीत हुई, उससे मैंने नरेश को अवगत करा दिया। उन दिनों बम्बई में जबर्दस्त मद्य-निषेध चल रहा था, इसलिए मैंने उसे राय दी कि तीन-चार बजे तक निश्चित रूप से उसका प्रबन्ध वह कर ले। मैंने उसे बान्द्रा टाकीज के पास स्थित एक दूकान का भी पता दिया, जहाँ आसानी के साथ शराब उपलब्ध हुआ करती थी। अपनी टीम के साथ शाम छः बजे के आसपास आत्मा ने घर पहुँचने का वायदा किया था।

दोपहर बीत गयी, अपराह्न भी बीतने की तैयारी करने लगा, लेकिन साले-बहनोई की उस टोली को कुछ लाने-वाने की याद ही नहीं आ पायी। इस अवधि में बार-बार मैं उनको कुरेदता रहा कि शाम होने के पहले ही वह अपेक्षित खरीददारी कर आएँ, लेकिन वह अब-तब करने में ही पूरी तरह व्यस्त रहे। अन्ततः जब मैंने काफी जोर के साथ बाजार जाने का निर्देश उनको दिया और धमकी दी कि अगर तत्काल वह घर से नहीं निकलते तो आत्मा का प्रोग्राम मैं पूरी तरह रद्द करवा दूँगा। तब उनके शरीर में कुछ हरकत नजर आयी। बड़े आलस्य के साथ वे वहाँ से उठे और किसी टैक्सी के बजाय बान्द्रा जानेवाली बस पर चढ़ना उन्होंने ज्यादा ठीक समझा।

पाँच-साढ़े पाँच बजे तक उनका कोई पता नहीं चल पाया। मैं यह सोच-सोचकर परेशान हो रहा था कि आत्मा और उनके अमलों-कारिन्दों के आने पर आखिर मैं क्या करूँगा। खाने-पीने की दूसरी चीजें तो मेरे पास थीं, लेकिन उनसे आखिर कितनी देर काम चलता? अन्ततः हाथ में एक बोतल पकड़े हुए दोनों प्रकट हुए। बोतल किसी बिलकुल मामूली ह्विस्की की थी। जब मैंने उनसे कहा

कि आनेवाले कम-से-कम पाँच-छः लोग होंगे और इतनी कम मिकदार में एक आदमी की प्यास बुझनी भी मुश्किल है तो मुझे आश्वस्त करते हुए बोले कि उसका प्रबन्ध भी वे अभी करते हैं। यह कहते हुए खाली पड़ी हुई एक बोतल उठा लाये, उसमें आधे पानी के साथ आधी ह्विस्की का मिश्रण किया और बोले—"अब तो ठीक है न?"

उनकी इस अनोखी हरकत से मैं तो सर्वथा हैरान रह गया, लेकिन कुछ करने-धरने का समय ही कहाँ बचा था मेरे पास? मैंने उन लोगों को जवाब दिया कि अव्वल तो उनकी यह चालाकी पहली ही घूँट में उजागर हो जाएगी, और दूसरे यह कि आत्मा जैसे लोगों के लिए दस बोतलें भी पूरी नहीं हो सकतीं, दो की तो बात ही क्या? इस पर बड़ी मासूमियत से उन्होंने मुझे समझाने की कोशिश की—"हमें और आपको तो पीने का कोई खास शौक है नहीं, उनसे साफ तौर पर बता देंगे कि हम तीनों टीटोटेलर हैं। बाकी रहे आत्मा और उनके संगी-साथी, तो दो बोतलें उन लोगों के लिए काफी हो जानी चाहिए। अगर ऐसा न भी हुआ तो बान्द्रा दस कदम की दूरी पर तो है। वहाँ आने-जाने में कितना वक्त लगेगा आखिर?"

शाम होते-होते आत्मा सदल-बल पहुँच गये। उन्होंने अपने साथ आये हुए लोगों से मुझे परिचित कराया और मैंने उनको नरेश और रजनीकान्त की टोली से। अभी प्रारम्भिक दुआ-सलाम की रस्म पूरी भी नहीं हो पायी थी कि नरेश ने छः गिलासों के साथ दोनों बोतलें उन लोगों के सामने रख दीं। आमतौर पर ऐसा फौरन नहीं किया जाता। पहले अन्तरंग किस्म की चुहलबाजियाँ की जाती हैं, हल्की-फुल्की गुफ्तगू होती है, हँसने-हँसाने का दौर पूरा किया जाता है, और फिर अपेक्षित शाइस्तगी के साथ अतिथि के हाथों में गिलास थमाये जाते हैं। लेकिन नरेश अपनी काव्यगत प्रतिभा प्रस्तुत करने के लिए शायद इतना अधिक व्यग्र और बेसब्र था कि उसे यह सब तौर-तरीके याद ही नहीं रह पाये। स्वयं आत्मा भी उसकी इन अप्रत्याशित हरकतों को देखकर आश्चर्यचकित रह गये थे। उन्होंने नरेश से कहा भी कि अच्छी तरह थमकर बैठ तो जाने दो, यह सब प्रोग्राम तो चलते ही रहेंगे। लेकिन नरेश को उनकी ये बातें समझ में ही नहीं आ पायीं।

पहली बोतल खोलकर साकी की रस्म पूरी करते-करते नरेश आत्मा से कह रहा था—"आपका नाम तो आज आसमान छू रहा है, आत्मा साहब। अपने साथ काम करने का मौका अगर आपने मुझे दिया तो हम दोनों बगैर किसी शक चाँद और सूरज की तरह वहाँ चमकने लगेंगे। शैलेन्द्र और साहिर-जैसे लोग तो उन जुगनुओं के मानिन्द हैं, जिनकी रोशनी में आदमी दो अक्षर भी नहीं पढ़ सकता।"

आत्मा एक नजर से मेरी ओर देख रहे थे, दूसरी नजर से नरेश को। उनको समझ में ही नहीं आ रहा था कि इन प्रशस्तियों का प्रत्युत्तर वह आखिर किन शब्दों

में दें। तभी उनके हाथ में गिलास थमा दिया गया। उसे उन्होंने देखा, परखा, सूँघा, और फिर वैसा का वैसा मेज पर रख दिया। उसके बारे में किसी तरह की टिप्पणी करने की कोई जरूरत उन्होंने नहीं समझी।

आत्मा की आर्थिक स्थिति उन दिनों चाहे जैसी रही हो, लेकिन तब भी उनके शायराना दिल और शाहाना मिजाज पर उसका कोई भी असर नहीं पड़ पाया था। मेरी ओर तिरछी निगाहों से देखते हुए उन्होंने हजार-दो हजार के नोट अपने एक सहकर्मी को दिये, और दस-पन्द्रह मिनट में ही वह असली माल लेकर वहाँ हाजिर हो गया। कहने की जरूरत नहीं कि नरेश द्वारा बनायी गयी दोनों बोतलें धरी की धरी रह गयी थीं, और उनके साथ ही उसका प्रतिभा-कौशल भी।

तब तक नरेश की इच्छाओं और आकांक्षाओं से मैं पूरी तरह ऊब चुका था और मुझे समझ में नहीं आ पा रहा था कि उससे मुक्ति पाने के लिए आखिर मैं क्या करूँ? आत्मा-प्रकरण के बाद किसी संगीतकार को घर पर बुलाने के रास्ते पर भी अन्ततः लगाम लग चुकी थी और मुझे विश्वास था कि अब वह तत्सम्बन्ध में मुझे कभी परेशान नहीं करेगा। दबी जबान से लखनऊ वापस लौटने की चर्चा भी वे लोग करने लगे थे। तभी एक दिन चेतन आनन्द मुझसे कुछ बात करने अचानक घर पर पहुँच गये, और शिष्टाचारवश नरेश-मण्डली का परिचय मुझे उनको देना पड़ा।

चेतन जी उन दिनों *हकीकत* बनाने की तैयारी में लगे थे। धर्मेन्द्र को उन्होंने मेरे ही घर पर साइन किया था। तब तक धर्मेन्द्र ने *शोला और शबनम* तथा *दिल भी तेरा हम भी तेरे* जैसे दो-चार मध्यम श्रेणी की फिल्में ही की थीं और आमतौर पर बसों पर चला करता था। अपनी पहली गाड़ी तो उसने *बन्दिनी* के बाद खरीदी। जब वह पहले-पहल बम्बई आया तो माटूंगा-स्थित रेलवे कॉलोनी में अपनी बहन के साथ ठहरा था। उसके जीजा रेलवे में कोई छोटे-मोटे मुलाजिम थे। लेकिन जब साल-छः महीनों तक उसे कोई काम-धाम नहीं मिला तो बहन-बहनोई ने उसे नाकारा करार देते हुए अपनी खोली से निकाल बाहर किया। वे ऐसे दिन थे, जब प्रायः हर शाम धर्मेन्द्र मेरे पास आया करता था, और हम दोनों साथ-साथ खार स्टेशन के पास स्थित बनारसी मिष्टान्न भण्डार में वहाँ की कचौड़ियाँ खाया करते थे। उस खानपान का भुगतान हम लोगों ने खुद अपनी जेब से कभी नहीं किया। दुकान के मालिक मोतीबाबू को संवाद लेखक ब्रजेन्द्र गौड़ के स्थायी निर्देश थे कि जो कुछ भी हम वहाँ खाएँ-पिएँ उसका बिल वह उनके अपने हिसाब में जोड़ दिया करें।

धर्मेन्द्र : अभिनय की दीवानगी

धर्मेन्द्र की पहली फिल्म का नाम था—*शोला और शबनम,* जिसका निर्माण और निर्देशन—जहाँ तक मुझे याद पड़ता है—रमेश सहगल ने किया था। रमेश सहगल वही व्यक्ति थे, जिन्होंने किसी जमाने में दिलीप कुमार और कामिनी कौशल की सुप्रसिद्ध फिल्म *शहीद* का निर्देशन किया था और बाद में सुनील दत्त अभिनीत उनकी पहली फिल्म *रेलवे प्लेटफॉर्म* का निर्माण। *शोला और शबनम* में काम करने के लिए धर्मेन्द्र को पाँच हजार रुपये का मेहनताना मिला था, जिसका उपयोग उसने खार स्थित हेमकुण्ड नामक बिल्डिग में एक छोटे से फ्लैट को किराये पर लेकर किया। भोजपुरी की पहली चर्चित फिल्म *गंगा मइया तोहे चुनरी चढ़इबो* के निर्माता विश्वनाथ प्रसाद शाहाबादी धर्मेन्द्र के फ्लैट के नीचे रहते थे।

शोला और शबनम के प्रदर्शन के कुछ दिनों पहले बहुत उत्फुल्ल मन से धर्मेन्द्र मेरे पास आया और बोला कि फिल्म के प्रिमायर में शामिल होने के लिए मेरे पास का इन्तजाम उसने कर लिया है और उस अवसर पर मेरा वहाँ उपस्थित रहना जरूरी है। इस बीच एक जरूरी काम से मुझे लखनऊ जाना था, लेकिन धर्मेन्द्र के अनुरोध पर मैंने इस तरह अपने कार्यक्रम का निर्धारण किया कि ठीक प्रिमायर के दिन मैं बम्बई वापस लौट आऊँ। प्रिमायर शाम छः बजे होना था और मेरी गाड़ी वहाँ पहुँचती थी चार बजे के बाद। धर्मेन्द्र ने मुझसे वायदा किया कि वह स्टेशन पर मुझे मिल जाएगा, और फिर हम लोग साथ-साथ उस सिनेमाघर चलेंगे, जहाँ फिल्म का प्रदर्शन होना है।

गाड़ी वी.टी. यथासमय पहुँच गयी, आधे घण्टे स्टेशन पर मैं उसकी प्रतीक्षा भी करता रहा, लेकिन धर्मेन्द्र के दरस-परस मुझे कहीं नहीं मिल पाये। विवश होकर मुझे घर जाने की टैक्सी लेनी पड़ी। घर पहुँचने के बाद भी मुझे उम्मीद थी कि कहीं-न-कहीं से धर्मेन्द्र का टेलीफोन जरूर आएगा, लेकिन उस दिशा में भी मुझे निराश रहना पड़ा। अगले कई दिनों भी हम लोग आपस में कोई सम्पर्क नहीं स्थापित कर पाये। बाद में मुझे पता चला कि फिल्म के प्रदर्शक ने मेरे नाम कोई पास जारी करने से साफ इनकार कर दिया था, जिससे वह स्टेशन नहीं पहुँच पाया। वह स्वयं उस प्रिमायर में सम्मिलित हुआ था या नहीं, इस बात को जानने की कोई कोशिश मैंने नहीं की। अगर वह वहाँ गया भी होगा तो पूरे बेमन से, इतना मुझे विश्वास है।

हेमकुण्ड में रहने के दौरान ही मीनाकुमारी के साथ धर्मेन्द्र का प्रेम-प्रसंग चला था। फ्लैट मिलते ही चूँकि धर्मेन्द्र के पिता अपनी बहू प्रकाश को बेटे के पास छोड़ गये थे और यों भी तब तक उसे टेलीफोन की सुविधा उपलब्ध नहीं हो पायी थी, इससे मीना से अपना नैकट्य स्थापित करने में बासु की तरह धर्मेन्द्र ने भी मेरे टेलीफोन का प्रचुर उपयोग किया। उस अवधि में हर दूसरे-तीसरे दिन मीना स्वयं ही *आनन्दकुंज* के चक्कर लगाती रही थी, जिसके परिणामस्वरूप मेरे साथ भी उसका थोड़ा-बहुत घरोपा स्थापित हो सका। कालान्तर में महीनों मुझे उसके पाक-कौशल का अवलोकन करने का सुयोग भी मिला। उन दिनों हर दोपहर खुद अपने हाथों सजाकर विविध व्यंजनों से युक्त एक बड़ा लंच-बॉक्स धर्मेन्द्र के लिए वह मेरे घर भेजा करती थी। उसमें आमिष पदार्थ भी होते थे और शाकाहार भी। साथ में हुआ करते थे—केवड़ाजल में सिंचित और चाँदी के वर्क से सज्जित मगही पान के सुगन्धित बीड़े, जो बम्बई में बड़ी मुश्किल से मिलते हैं। आमतौर पर धर्मेन्द्र चूँकि शूटिंग पर गया होता था, इसलिए उस खानपान के उपभोग का दायरा सामान्यतः मेरे संगी-साथियों के बीच ही सिमटकर रह जाता। निरामिष पदार्थ मैं चट कर जाता, और आमिष दूसरे लोग। बाद में जैसे-जैसे दोनों के नैकट्य में दरार पड़ती गयी, वैसे-वैसे लंच-बॉक्स के आगमन में भी व्यवधान आता गया। फिर एक समय ऐसा भी आया, जब उस खानपान की मधुरता आकाश-कुसुम-जैसी प्रतीत होने लगी और ऐसा महसूस होने लगा, जैसे अब तक जो कुछ होता आया था, वह महज सपना था—एक सुन्दर, सुखद और सलौना सपना।

कविगुरु रवीन्द्रनाथ ने कहीं लिखा है : प्रत्येक नारी-प्रेम अपने पीछे हमारी अन्तरात्मा में फूलों की अप्रतिम सुगन्ध छोड़ जाता है, ऐसे अपार मन्दिर सपने छोड़ जाता है जो उसकी नवनीतमृदु बौछारों के अभाव में जग ही नहीं सकते। समय बीतने के साथ उसके फूल भले ही मुरझाते चलें, लेकिन उनकी सुगन्ध कभी नहीं मुरझा सकती।

एक ऐसी ही भारतीय नारी का नाम था—मीनाकुमारी।

धर्मेन्द्र से मेरी पहली मुलाकात अपनी ही लिखी हुई एक पुस्तिका के माध्यम से हुई थी। छठे दशक के प्रारम्भ में होशियारपुर के सुप्रसिद्ध वैदिक शोध संस्थान ने स्वामी रामतीर्थ की जीवनगाथा पर आधारित मेरी एक छोटी-सी पुस्तक का प्रकाशन किया था—*कवि-सन्त*। उन दिनों मेरे मित्र महेन्द्र कुलश्रेष्ठ वहाँ कार्यरत थे। तभी पत्रकारों के एक त्रिसदस्यीय दल में शामिल होकर मुझे पाकिस्तान जाना पड़ा। दल के अन्य सदस्य थे *तरुण भारत* के सम्पादक लल्लनप्रसाद व्यास और *दैनिक जागरण* के नरेन्द्र मोहन, जो कालान्तर में राज्यसभा सांसद बने। लाहौर में हम लोगों ने पाकिस्तान के तत्कालीन राष्ट्रपति अयूब से मुलाकात की, रावलपिण्डी

में उनके विदेश मन्त्री मंजूर कादिर के साथ भारत-पाक समस्याओं के सन्दर्भ में मैराथॉन इण्टरव्यू लिया और दोनों ही चीजें भारत के प्राय: सभी समाचार-पत्रों में विस्तार से छपीं। लाहौर से लौटते समय महेन्द्र से मिलने के उद्देश्य से दो-तीन दिनों के लिए मैं होशियारपुर में रुक गया। पुरानी पीढ़ी के बुजुर्ग लेखक श्री सन्तराम बी.ए. शोध-संस्थान के कार्यालय में नियमित रूप से आया करते थे। जिस दिन मैं वहाँ से चलनेवाला था, उसी दिन सर्वथा सहज, सरल दिखनेवाले एक पंजाबी सज्जन से उन्होंने मेरी मुलाकात करायी। 'मास्टर जी'—इसी सम्बोधन से उनका परिचय दिया गया था। होशियारपुर से लगे हुए फगवाड़ा नामक कस्बे में रहते थे और आर्य समाजी होने के कारण स्वामी दयानन्द के प्रति उनका परम अनुराग था। मेरे द्वारा लिखित *कवि-सन्त* नामक पुस्तिका का जब उन्होंने अवलोकन किया तो स्वामी रामतीर्थ के भी प्रशंसक हो उठे। बोले—"स्वामी राम भी तो पंजाब के ही थे न। गुजराँवाला के। अपने बचपन में काफी दिनों वहाँ रह चुका हूँ। उनका नाम तब भी मैं बहुत सुना करता था, लेकिन वह इतने मस्तमौला किस्म के शख्स होंगे, यह बात पहली बार मुझे आपकी किताब से ही मालूम हुई। इसी से सन्तराम जी ने जब मुझे बताया कि आप यहाँ आये हुए हो तो मिलने की गरज से मैं भी इनके पीछे-पीछे चला आया।"

फिर मेरे चेहरे पर एक गहरी नजर डालते हुए मास्टर जी ने अपनी बात चालू रखी—"आप तो बहुत कम उम्र के मालूम होते हो, मैं समझता था कि हम लोगों की तरह आप भी बुजुर्ग होंगे। हाँ, तो सन्तराम जी की जबानी जब इस बात का इल्म हुआ कि आप बाम्बे में रहते हो तो एक खास मकसद से मैं भी आपका दीदार हासिल करने यहाँ पहुँच गया। दरअसल मेरा एक पुत्तर है, धरमिन्दर। आपसे चार-छ: बरस छोटा होगा। इन दिनों वह भी बाम्बे में है, किसी फिल्म-विल्म के चक्कर में। वहाँ पर बहन के अलावा उसका कोई सगा नहीं। चूँकि आप भी फिल्मों से जुड़े हुए हो, इससे मैं चाहता हूँ कि बुजुर्ग की तरह नहीं तो बड़े भाई की तरह ही अपने प्यार का साया उस पर डालते रहो। बड़ा समझ-बूझवाला बच्चा है वह। बड़े-बूढ़ों की इज्जत करनेवाला, लेकिन बाम्बे की रंगीनी में वह कहीं भटककर न रह जाए, इस खौफ से मैं अक्सर डरता रहता हूँ। अगर कोई एतराज न हो तो आपका पता मैं उसे लिख दूँ। वह खुद आपके पास हाजिर हो जाएगा।"

इस तरह धर्मेन्द्र से मेरी पहली भेंट हुई। बम्बई वापसी के आठ-दस दिनों के अन्दर ही मेरा अता-पता ढूँढ़ता हुआ वह मेरे फ्लैट पर पहुँच गया था। देखने और बातचीत करने में बेहद शर्मीला, शालीन और शिष्ट। मिलते ही मैं उससे बोल उठा—"मास्टर जी ने जिन शब्दों में तुम्हारी तस्वीर खींची थी, ठीक वैसे ही

निकले हो तुम। लेकिन इस धरमिन्दर के क्या मतलब होते हैं, यह तो बताओ मुझे।''

दरअसल जब वह बम्बई आया तो धर्मेन्द्र नहीं धरमिन्दर—बल्कि धरमिन्दर सिंह—था। धरमिन्दर से धर्मेन्द्र तक का सफर पूरा करने में उसे काफी समय लगा, और मैं समझता हूँ कि उस रास्ते को तय कराने में मेरी प्रेरणा का प्रमुख योगदान था। उसके साथ बरसों तक मेरे सम्बन्ध-सम्पर्क बने रहे और हमेशा ही वह मुझे सुमधुर और सुसंस्कृत व्यक्तित्व का स्वामी मिला। इसी से आज फिल्मी पत्रिकाओं में गॉसिप कालमों में जब पढ़ता हूँ कि उसके दिमाग में जाटों जैसी गरमी आ गयी है और सरदारों जैसा अक्खड़पन तो सचमुच हैरानी होती है। मुझे तो याद नहीं पड़ता कि मेरे सामने उसने कभी बददिमागी प्रकट की हो या किसी के साथ बदतमीजी से पेश आया हो। उसका व्यवहार सतत शान्त और संयत बना रहा। वह जितना मितभाषी था उतना ही मृदुभाषी भी। इस बात को सिर्फ मैं ही नहीं, बल्कि वह सभी लोग स्वीकार करते हैं जिनके यहाँ उन दिनों उसका आना-जाना था।

जहाँ तक मेरी स्मरण शक्ति काम दे रही है, धर्मेन्द्र से आखिरी बार मेरा आमना-सामना *शोले* के प्रिमायर पर हुआ था और तब तक उसमें किसी बदलाव की रेखा भी नहीं आ पायी थी। बड़ी ही विनम्र गर्मजोशी के साथ उसने मुझे आलिंगनबद्ध किया था और जब मैंने उससे इस बात की शिकायत की थी कि अपने हालचाल से वह मुझे वाकिफ क्यों नहीं कराता रहता तो अपनी नजरों को नीचे करते हुए बहुत धीमे स्वर में उसने जवाब दिया था—''भाई जी, यह तो आपको मालूम ही है कि लिखने-पढ़ने के मामले में मैं कितना कमजोर हूँ...''

यह बात सच है कि पत्राचार की कला में वह हमेशा निहायत कोरा रहा है, जब कि लोक-सम्पर्क के लिए पत्र-व्यवहार उतना ही जरूरी होता है, जितना पान के लिए कत्था-चूना। मुझे याद है, लोकप्रियता के प्रारम्भिक काल में अपनी फैन-मेल का जवाब लिखाने के लिए वह प्रायः हर रोज मेरे पास आया करता था, और जब तक उसके मन के मुताबिक जवाबों का मैं टंकण न कर दूँ, वहाँ से एक मिनट के लिए भी नहीं टलता था। दुःख है कि धरमिन्दर से उसे धर्मेन्द्र बनाने में भले ही मुझे पूरी सफलता मिल गयी हो, लेकिन पत्राचार की विधा में मैं उसे किंचित पारंगत नहीं कर पाया, और उसका खमियाजा भुगतनेवालों में हम दोनों ही समान स्तर पर खड़े हुए हैं।

अपने पुरस्कारों के प्रस्तावित नामांकनों के सम्बन्ध में जब भी उसके साथ कोई खत-किताबत करने की पहल मैंने की तब उसका कोई प्रत्युत्तर मुझे नहीं सुलभ हो पाया, और अपने संगठन के निर्धारित सिद्धान्तों को नजरन्दाज करते हुए व्यक्तिगत रूप से उसके साथ सम्पर्क स्थापित करने की बात मुझे मंजूर नहीं थी।

वैसे अब भी उसको मेरी यादें भूली नहीं होंगी, इसका मुझे पूरा विश्वास है, हालाँकि उन यादों को स्थायित्व देने के लिए जिन बाह्य उपकरणों की जरूरत होती है, उनका उसके पास नितान्त अभाव रहा है।

इस व्यापारी से मिलिए

छठे समारोह के पहले एक बार फिर महादेव प्रसाद जी के साथ मेरी मुठभेड़ हो गयी। वैसे मैंने सोच रखा था कि बनिया-बक्कालों के चक्कर में अब हम कभी नहीं पड़ेंगे, इसलिए उस साल हमने न किसी चाय-पार्टी का आयोजन किया था और न रात्रि-भोज का। हाँ, समारोह के मुख्य कार्यक्रम के रूप में पहली बार एक सुसंगठित, सुनियोजित विचार-गोष्ठी जरूर आयोजित की गयी थी जिसकी चर्चा-परिचर्चा का विषय था—*फिल्मों का प्रभाव और उसकी समस्याएँ*। दोपहर के फालतू समय का इस तरह सदुपयोग करने का यह सुझाव हमें दिया था ललित कला अकादमी की तत्कलीन अध्यक्ष श्रीमती राजेन नेहरू ने, और विषय का चुनाव किया था सुप्रसिद्ध अभिनेता आई.एस. जौहर ने, जो इन दिनों इण्डियन मोशन पिक्चर्स प्रोड्यूसर्स एसोसिएशन के सर्वेसर्वा थे। प्रस्ताव मुझे सचमुच बहुत रुचिकर लगा और पुरस्कार-समर्पण समारोह के साथ ही हम लोग उसके कार्यान्वयन में भी दत्तचित्त होकर लग गये, तभी महादेव प्रसाद जी से मेरी वह भेंट हुई जिसका जिक्र मैं अभी कर आया हूँ। एक सुबह सोकर पूरी तरह उठ भी नहीं पाया था कि कॉलबेल की आवाज कानों में आयी। दरवाजा खोलने पर महादेव प्रसाद जी को मुजस्सिम दरवाजे पर खड़ा पाया। अन्दर पहुँचने पर मैंने उनसे कहा भी कि इतने तड़के आने की आखिर उनको क्या जरूरत पड़ गयी। वे टेलीफोन कर देते तो मैं खुद उनके यहाँ हाजिर हो गया होता। इस पर वे बोले, ''जरूरत मेरी है, इससे मैंने खुद आना ठीक समझा। वैसे तो तुम मेरे बेटे के बराबर हो, तुमसे किसी तरह की झिझक का कोई सवाल ही क्या?''

उनके इस अप्रत्याशित लाड़-प्यार को देखकर सचमुच मेरे कान खड़े हो गये थे, लेकिन तब भी मैंने उनको सादर अपने ड्राइंगरूम में बैठाया और उनके अगले सम्बोधन की प्रतीक्षा करने लगा।

बोले, ''कुछ ही दिनों पहले बम्बई गया था। वहाँ भारतभूषण ने मुझे बताया कि अगले महीने शायद तुम्हारा फंक्शन होनेवाला है। मुझे तो इस बात का पता भी नहीं था। गये सालों जाने-अनजाने अगर मुझसे कोई गलती हो गयी हो, तो मुझे मुआफ करना। मैंने तो हमेशा तुम्हारी हिम्मत को दाद दी है, तुम्हारे हर फंक्शन में तुम्हारे साथ रहा हूँ और आगे भी मेरी ओर से कोई गफलत नहीं होगी, इसका तुम्हें भरोसा दिलाना चाहता हूँ।''

मैंने अपनी कृतज्ञता व्यक्त करते हुए उनसे कहा, ''यह भी बतानेवाली कोई बात है क्या? बोलिए, इतनी सुबह-सवेरे कैसे आपका आना हुआ?''

इसके जवाब में वह मुझसे पूछ बैठे, ''किस तारीख को कर रहे हो अपना फंक्शन?''

मैंने तारीख उनको बता दी।

बोले, ''यह तो तुम्हें मालूम ही है कि सुरेश की शादी अब तक नहीं हो पायी है, हालाँकि उम्र में वह नरेश से बड़ा है। सोचता हूँ कि उसका रिसेप्शन उसी शाम रख दूँ, जिस रात तुम्हारा फंक्शन है। उसमें शामिल होनेवाले स्टार्स अगर उसमें शिरकत कर सकें तो शादी की शान चौबाला हो जाएगी। इसी के लिए अपने दोनों हाथों को बाँधकर तुम्हारे हुजूर में हाजिर हुआ हूँ, मुझे यकीन है कि तुम मुझे निराश नहीं करोगे।''

सर्वथा अनोखी और अजूबा थी उनकी यह माँग। मुझे एकदम तो समझ में नहीं आ पाया कि आखिर उनको क्या जवाब दूँ। हमारा सेमिनार कब तक चलेगा, यह किसी के लिए भी निश्चित होकर बता पाना सम्भव नहीं था। राज्यपाल द्वारा प्रस्तावित गार्डन-पार्टी भी इसी कारण हमें नामंजूर करनी पड़ी थी। अपना समारोह भी हमें जल्दी खतम करना था, क्योंकि हमारे अधिकांश अतिथि दिल्ली जाने के लिए रात साढ़े नौ की गाड़ी पकड़ने रवीन्द्रालय से सीधे रेलवे स्टेशन जानेवाले थे। ऐसी हालत में मेरे लिए साफ-साफ उनसे माफी माँगने के अलावा कोई पर्याय नहीं बचा था।

मैंने उनसे कहा, ''यह बात अगर पहले आपने बतायी होती तो शायद कुछ इन्तजाम हो सकता था। लेकिन अब तो सारा प्रोग्राम तय हो चुका है। आप ही बताइए, इसमें किसी तरह की रद्दोबदल कैसे हो सकती है अब?''

एक सफल व्यापारी की तरह उन्होंने जवाब दिया, ''तुम्हारे किसी प्रोग्राम में उससे कोई अड़चन नहीं पड़ेगी। सिर्फ इतना भर कह दो कि अपने रिसेप्शन में उन लोगों को बुलाने की कोशिश अगर मैं करूँ तो खुद तुमको उसमें कोई एतराज नहीं होगा। बाकी सब मैं स्वयं तय कर लूँगा...हाँ, कौन-कौन आ रहा है...और तुम्हारे सेमिनार में दोपहर के खाने का कोई इन्तजाम अभी हुआ या नहीं?''

मुझे लगा कि जैसे अनजाने ही मैं एक ऐसे जाल में फँसता जा रहा हूँ, जिससे निकल पाना मेरे लिए कतई मुमकिन नहीं। बोला, "हमारे प्रोग्राम में उससे कोई अड़चन न पड़े तो मुझे क्या एतराज हो सकता है भला? और हाँ, दोपहर के खाने का इन्तजाम अब तक मैं नहीं कर पाया हूँ।"

"तो उसका भार अब तुम मेरे जिम्मे छोड़ो। कितने लोग शामिल होंगे उस सेमिनार में?"

"पचास से कम तो क्या होंगे, दस-बीस उससे ज्यादा भी हो सकते हैं?"

"तो मैं आज ही सत्तर लोगों के वर्किंग-लंच का इन्तजाम कर देता हूँ और कुछ?"

"फिलहाल तो कुछ नहीं। जरूरत पड़ी तो आपको निश्चित ही बताऊँगा।"

उस साल हमने अपने मुखपत्र के प्रकाशन की परम्परा भी ताक पर रख दी थी, क्योंकि प्रयत्न करने पर भी अपेक्षित विज्ञापन हमें नहीं मिल पाये थे। ऐसी हालत में महादेव प्रसाद जी द्वारा मध्याह्न भोज के प्रबन्ध का प्रस्ताव मुझे कुछ बुरा नहीं लगा। वांछित धन का उस साल भी हमारे पास पूरा अभाव था, और रिक्शे जैसी सस्ती सवारी पर इधर-उधर घूमने के लिए भी मुझे दूसरों की सहायता की प्रतीक्षा करनी पड़ती थी। रात्रि-भोज का सवाल भी मैंने समाप्त कर दिया था। कतिपय फिल्मकारों के प्रस्तावित प्रस्थान के बाद जो अतिथि बचते थे, उनको मैंने पहले ही सूचित कर रखा था कि इस बार औपचारिक डिनार देने में हम समर्थ नहीं हो सकेंगे और खाने-पीने का इन्तजाम वह अपने होटल में स्वयं ही कर लें।

ऐसी घोर वित्तीय आपदा में भी मैंने जिन लोगों को समारोह में भाग लेने का न्योता दे रखा था, उनकी संख्या दर्जनों में थी। आगत फिल्मकारों में प्रमुख थे—निर्माता-निर्देशक चेतन आनन्द, केदार शर्मा, सुबोध मुखर्जी और चन्द्रशेखर, अभिनेता सुनील दत्त, प्राण, मदन पुरी और शिवकुमार, अभिनेत्री नूतन, कामिनी कौशल, बेम्बी और स्नेहलता, गीतकार हसरत जयपुरी और सुप्रसिद्ध वृत्तचित्र निर्माता शान्ति वर्मा, लेकिन ऐनवक्त दर्शकों के आकर्षण की मुख्य केन्द्रबिन्दु बना *आखिरी खत* का बाल-कलाकार, तीन साल की उम्र का मुन्ना-मुन्ना बण्टी, जिसे दुनिया का सबसे छोटा हीरो बनने का गौरव प्राप्त था। सुनील दत्त और कामिनी कौशल ने दूसरी बार हमारे किसी समारोह में शिरकत की थी और दोनों ने साथ मिलकर इस तरह समारोह का संचालन किया, जैसे वे हमारे अतिथि नहीं, वरन् आतिथेय हों।

अपने विभिन्न कार्यक्रमों का समारम्भ करने के लिए उस साल हमने बुलाया था—तत्कालीन केन्द्रीय सूचना और प्रसारण मंत्री के. के. शाह को। प्रशस्ति समारोह की अध्यक्षता करने के लिए प्रदेश के राज्यपाल गोपाल रेड्डी पहले से ही

हमारी झोली में थे। इसी बीच एक ऐसी अप्रत्याशित परेशानी से हमें सामना करना पड़ा, जिसकी आशंका हंमें सपने में भी नहीं हो सकती थी। समारोह के कुल दो दिन पहले चेतन जी ने मुझे टेलीफोन पर बताया कि अपनी निर्माणाधीन फिल्म *हीर-राँझा* की शूटिंग में वह इस तरह फँस गये हैं कि उनका लखनऊ पहुँच पाना मुमकिन नहीं लग रहा। उन्हीं के साथ प्राण और कामिनी कौशल को भी बम्बई में ही रुकना पड़ेगा, क्योंकि *हीर-राँझा* में दोनों की ही प्रमुख भूमिकाएँ हैं।

उन दिनों लखनऊ और बम्बई के बीच कोई सीधी फ्लाइट नहीं थी। जिन लोगों को यहाँ आना होता था, वे दिल्ली रुकते हुए ही यहाँ पहुँच सकते थे। चेतन जी ने टेलीफोन पर बताया कि रविवार की शाम तक वह लखनऊ तो आसानी से पहुँच सकते हैं, लेकिन चूँकि सोमवार की पहली शिफ्ट से ही उन्हें पुनः शूटिंग कार्य में लग जाना है, इसलिए समय पर बम्बई वापस पहुँचना उनके लिए असम्भव हो जाएगा। लखनऊ से उन दिनों रात में भी कोई ऐसा हवाई जहाज नहीं जाता था, जो उन्हें दिल्ली से अलस्सुबह बम्बई जानेवाली पहली उड़ान पकड़वा सके। इसलिए, चेतन जी ने कहा, उन तीनों का लखनऊ पहुँच पाना कतई मुमकिन नहीं लग पा रहा, और स्थिति की गम्भीरता को समझते हुए हम उन्हें मुआफ कर दें।

स्थिति सचमुच गम्भीर बन चुकी थी—उनके लिए नहीं, हमारे लिए। अगर तीन-तीन प्रमुख कलाकार हमारे समारोह में नहीं आते हैं तो उसका रंग तो पहले से ही फीका पड़ गया। सोचने-समझने का भी कोई मौका नहीं था, क्योंकि चेतन जी तब भी टेलीफोन हाथ में पकड़े हुए मेरे प्रत्युत्तर की प्रतीक्षा कर रहे थे।

तभी मैंने कुछ झूठ का सहारा लिया। मैंने उनसे कहा, ''घबड़ाने की कोई बात नहीं, चेतन जी। के. के. शाह सरकारी विमान से यहाँ आ रहे हैं। समारोह समाप्त होते ही वे दिल्ली वापस चले जाएँगे, क्योंकि सुबह ही उन्हें वहाँ पर संसद के अधिवेशन में भाग लेना है। मैं आप तीनों को उसी हवाई जहाज से दिल्ली भिजवाने की व्यवस्था करा दूँगा। सुबह आप बम्बई की फ्लाइट पकड़ लीजिएगा।''

''अगर ऐसा मुमकिन हो सकता है तो हम लोगों को वहाँ आने में कोई परेशानी नहीं। लेकिन इतना समझ लो कि तुम्हारे ऊपर भरोसा करके ही हम लोग वहाँ आएँगे। अगर समय पर बम्बई वापस नहीं पहुँच सके तो गजब हो जाएगा।''

''चिन्ता की कोई बात नहीं। आप सोमवार की पहली शिफ्ट शुरू होने के पहले ही बम्बई में होंगे, इसका मैं जिम्मा लेता हूँ।''

और यह सुनकर उन्होंने टेलीफोन रख दिया था।

कहने को तो मैंने चेतन जी को आश्वस्त कर दिया था, लेकिन प्रश्न यह था कि आखिर किस तरह उन लोगों को सुबह-सवेरे दिल्ली पहुँचाने की व्यवस्था की जाए? के. के. शाह लखनऊ हवाई जहाज से नहीं बल्कि रेलगाड़ी से आ रहे

थे, यह मुझे मालूम था। रेलगाड़ी से ही उनके दिल्ली वापस लौटने की भी व्यवस्था थी। इससे किसी हवाई जहाज का तो सवाल ही नहीं उठता था। तभी दिमाग में आया कि समारोह को जल्दी खतम करके रातवाली गाड़ी से ही इन लोगों को भी दिल्ली रवाना कर दिया जाए। वहाँ से सुबह आठ बजेवाली उड़ान को पकड़कर साढ़े नौ-दस तक वह आसानी से बम्बई पहुँच जाएँगे। शूटिंग-शेड्यूल दस बजे के बाद का था।

उन दिनों लखनऊ से दिल्ली तक के लिए वातानुकूल कक्ष का रेल-किराया मात्र अस्सी रुपये था, और तीन टिकट खरीदने पर व्यय आता लगभग ढाई सौ रुपयों का। वातानुकूल कक्ष की तो बात ही दरकिनार, मेरी जेब में तो इतना पैसा भी नहीं था कि उनके लिए स्लीपर के रेल टिकट खरीद सकता। विवश होकर एक बार फिर मुझे महादेव प्रसाद जी की सम्भाव्य सदाशयता का आसरा लेना पड़ा। टेलीफोन पर मैंने उनसे सारी स्थिति बतायी। उसे उन्होंने ध्यान से सुना भी, लेकिन उनकी प्रतिक्रिया से मेरा किंचित उत्साहवर्द्धन नहीं हो पाया। मुझे विश्वास था कि उनके बेटे की शादी के रिसेप्शन में अपने अतिथियों के सम्मिलित होने पर जब मैंने कोई आपत्ति नहीं की है तो उन्हें भी उस गाढ़े मौके पर इतनी छोटी सहायता देने में कोई एतराज नहीं होना चाहिए। सवाल मात्र तीन सौ रुपयों का था, और इतनी छोटी राशि उनके लिए शून्य के समकक्ष थी। कुल दो दिनों के अन्तराल पर रेल-आरक्षण मिलना भी आसान नहीं था। स्टेशन मास्टर ने मुझे साफ-साफ बता दिया था कि अगर मैंने टिकट खरीदने की तत्काल व्यवस्था नहीं की तो वे बर्थें भी भर जाएँगी, और फिर उसके लिए भी किसी तरह की मदद करना सम्भव नहीं हो पाएगा।

महादेव प्रसाद जी को उस पूरे दिन मैं टेलीफोन करता रहा, लेकिन हर बार वह व्यस्त मिले। दूसरी सुबह भी ऐसी ही स्थिति रही। दस बजे के आसपास टेलीफोन का सहारा लेने के बजाय मैं खुद पहुँच गया उनके आवास पर। देखा तो वे अपने बीसियों अमलों-कारिन्दों के साथ सुरेश की शादी से सम्बन्धित रिसेप्शन के निमन्त्रण-पत्रों को भेजने-भिजवाने में लगे हुए थे। एक इन्वीटेशन उन्होंने मेरे हाथों में भी थमा दिया।

वैसे मिले वह बहुत तपाक से। बोले, "रिसेप्शन में इस बार शहर की क्रीम सोसाइटी को बुला रहा हूँ। गवर्नर साहब और प्रदेश सरकार के दूसरे आला अफसर तो होंगे ही। अवध जिमखाना क्लब में उसका इन्तजाम किया है। आने पर तुम खुद देखना कि सरकारी हुक्कामों के बीच मेरा कितना रुतबा है।"

फिर पूछा, "कहो, कैसे आना हुआ?"

"बता तो चुका हूँ टेलीफोन पर। मुझे दिल्ली के तीन टिकट खरीदने हैं,

और उसके लिए मेरे पास धन का पूरा अभाव है। उस सम्बन्ध में अगर आप कुछ मदद कर सकें तो काम बन सकता है।"

मेरी इस बात को सुनकर भी उन्होंने कोई जवाब नहीं दिया। सिर्फ यही पूछा, "खा-पीकर आये हो न? वैसे मेरे यहाँ रसोई तैयार है। अगर कहो तो थाली भिजवा दूँ।"

"खाना-पीना तो आपके यहाँ चौबीस घण्टे चलता रहता है। फिलहाल मैं काम की बात करना चाहता हूँ। स्टेशन मास्टर सिर्फ बारह बजे तक मेरा इन्तजार करेंगे, तब तक अगर मैं नहीं पहुँचा तो वह आरक्षण दूसरों को दे दिये जाएँगे।"

"तुम चाहते क्या हो?"

"सिर्फ टिकट खरीदने के रुपये।"

मेरी बात सुनकर वह कुछ देर ध्यानमग्न रहे। फिर बोले, "देखो रामकृष्ण, अपनी हैसियत के मुताबिक मैं पहले ही तुम्हारी मुँहमाँगी मदद कर चुका हूँ। तुमने दोपहर के लंच की बात की थी, उसका पूरा इन्तजाम मैंने कर दिया। इधर शादी के रिसेप्शन की वजह से मेरे हाथ पूरी तरह तंग हैं। पूरे दस लाख रुपये उस सिलसिले में मुझे खर्च करने पड़ रहे हैं। ऐसी हालत में मैं तुम्हारी कोई मदद करना चाहूँ भी तो आखिर कैसे करूँ?...वैसे अगर तुम कहो तो बतौर बिजनेस मैं जरूर कुछ करने की कोशिश कर सकता हूँ।"

उनकी बात मेरी समझ में कतई नहीं आ पायी थी। इसलिए पूछ बैठा, "बिजनेस के मानी आखिर क्या? और मैं तो आपकी हर शर्त के लिए तैयार होकर यहाँ आया हूँ, इससे उसी के बहाने अगर आप कुछ कर सकते हैं तो देर किस बात की? बताइए, मुझे क्या करना पड़ेगा?"

मेरी इस बात को सुनकर वे अन्दर चले गये। लौटे तो उनके हाथ में एक स्टाम्प-पेपर था। बोले, "कितने रुपये चाहिए तुमको?"

"करीब ढाई सौ रुपये। इतने में मेरा काम चल जाएगा।"

"मेरी राय में तुम कोई राउण्ड-फीगर ही ले डालो, जिससे आगे कोई दिक्कत न आए।"

यह कहते हुए उन्होंने उस स्टाम्प-पेपर पर तीन सौ की राशि भरी, और मेरे हस्ताक्षरों के लिए उसे मेरे आगे कर दिया।

मेरे लिए यह पहला मौका था, जब इस तरह मुझे किसी से रुपये लेने पड़े हों। स्टाम्प-पेपर का तो तब तक नाम ही नहीं सुना था मैंने।

सौ-सौ रुपयों के तीन कड़क नोट मेरे हाथों में पकड़ाते हुए उन्होंने पूछा था, "कब तक इनकी वापसी कर सकोगे?"

"जैसे ही वह तीनों यहाँ आ जाएँ।"

"ठीक है। उस हालत में मैं तुमसे कोई ब्याज नहीं लूँगा।"

इस अनुकम्पा के लिए मैंने उनके प्रति अपनी कृतज्ञता का ज्ञापन किया, और फिर फ़ौरन भाग चला स्टेशन की ओर।

लेकिन वहाँ पहुँचने पर पता चला कि फर्स्ट और ए.सी. की सभी रिक्त शायिकाएँ केन्द्रीय मन्त्री के. के. शाह और उनके स्टाफ के लिए आरक्षित हो चुकी हैं और अब हमें एक भी बर्थ उपलब्ध नहीं हो सकती।

यह घटना जब मैंने अपने संगी-साथियों को बतायी तो वह उलटे मेरी ही लानत-मलामत करने में लग गये। उनकी मान्यता थी कि ऐसा करके मैंने हद दर्जे की हिमाकत का परिचय दिया है। एक बोला था, "तुम्हें उस सेठिया से साफ-साफ कह देना चाहिए था कि शादी के रिसेप्शन में हमारे मेहमान अब हरगिज-हरगिज नहीं शामिल हो सकते। तब देखते कि तीन सौ तो क्या तीन लाख की रकम भी तुम्हारे ऊपर न्योछावर करने में वह किसी तरह की हील-हुज्जत नहीं करता। इन धन्नासेठों से पार पाने का यही एक तरीका है।"

लेकिन मैं उस मिट्टी का बना ही कहाँ था?

राजनीति सहजता का पर्याय नहीं

के. के. शाह फिल्म उद्योग की समस्याओं पर केन्द्रित विचार-गोष्ठी को सम्बोधित करने के लिए लखनऊ पहुँचे। शाम की फ्लाइट से चेतन आनन्द मय प्राण और कामिनी कौशल पहुँचनेवाले थे, यह सुबह लखनऊ आते ही सुनील दत्त ने मुझे बता दिया था। उन्होंने मुझसे पूछा भी कि क्या उन लोगों की वापसी का इन्तजाम पुख्ता हो गया है, और मैंने पर्याप्त आत्मविश्वास के साथ जवाब दिया था—"हाँ।"

लेकिन इन्तजाम था ही कहाँ?

के. के. शाह ठीक साढ़े दस बजे छतरमंजिल पहुँच गये। वहीं पर विचार-गोष्ठी होनी थी। उनके साथ ही पधारे थे पण्डित उमाशंकर दीक्षित (कालान्तर में केन्द्रीय गृहमन्त्री), जिन्हें श्री शाह अपना गुरुजन मानते थे। विचार-गोष्ठी शाम पाँच बजे तक सुचारु रूप से चली, हालाँकि श्री शाह उसके पहले सत्र की

समाप्ति के उपरान्त अपनी किसी स्थानीय परिचिता के यहाँ आराम फरमाने जा चुके थे। लंच-ब्रेक के समय जब श्री शाह से बातचीत करने का अवसर मुझे मिला तो संगठन की ओर से उनके प्रति अपने आभार प्रकट करते हुए मैं उनसे बोला था—"हमारे मुख्य कार्यक्रम में तो आप भाग ले ही रहे हैं, इसलिए शाम की फ्लाइट से अब आप दिल्ली वापस जा सकते हैं। पुरस्कार समर्पण के लिए रेड्डी साहब पर्याप्त हैं।"

मैंने सोचा था कि शाह और उनका अमला अगर शाम को ही दिल्ली वापस चला जाता है तो उनके द्वारा रिक्त रेल-शायिकाएँ हमें आसानी से मिल जाएँगी।

लेकिन शाह साहब मेरी इस बात का कुछ जवाब देते, इसके पहले ही दीक्षित जी मुझसे पूछ बैठे, "प्रोग्राम में यह अचानक परिवर्तन कैसा? निमन्त्रण पत्र में तो तुम इनका नाम भी दे चुके हो।"

मैंने जवाब दिया, "वह तो सही है, पर स्थिति ही कुछ ऐसी बन चुकी है कि इस प्रकार का अनुरोध करने के लिए मुझे विवश होना पड़ रहा है।"

दीक्षित जी मेरा उत्तर सुनकर आश्चर्यचकित-से हो गये थे। मौका मिलते ही वे मुझे अलग ले गये और कहा कि पूरी बात मैं उनको बताऊँ।

उनके सम्मुख मैंने भी प्रस्तुत कर दी अपनी कठिनाइयाँ। मैंने कहा, "चेतन जी, प्राण और कामिनी कौशल का लखनऊ मेल से जाना जरूरी है, मैं उन्हें वचन दे चुका हूँ। शाह साहब अगर हमारे समारोह में नहीं भी शामिल होते हैं तो किसी की कोई हानि नहीं होगी। सेमिनार में उनकी उपस्थिति ज्यादा महत्त्वपूर्ण है, और उसमें वह भाग ले ही रहे हैं।"

दीक्षित जी मेरे ऊपर सदा-सर्वदा कृपालु रहे थे, उन्होंने कहा, "परेशानी की कोई बात नहीं, इन्दिरा जी रायबरेली का दौरा समाप्त कर आज शाम यहाँ पहुँच रही हैं, कुछ देर यहाँ रुककर उन्हें दिल्ली जाना है। शाह को मैं उनके साथ भिजवाने की व्यवस्था करा दूँगा, तुम अपने समारोह के क्रम में कोई परिवर्तन न करो।"

सच कहता हूँ, उस समय दुनिया-जहान की सारी दौलत कोई मेरे कदमों पर डाल देता तो मुझे इतनी खुशी नहीं होती, जितनी दीक्षित जी के इस आश्वासन को सुनकर हुई। उसी समय मैंने आधिकारिक रूप से आरक्षण-अधीक्षक को टेलीफोन कराया कि श्री शाह के लिए जो केबिन आरक्षित है, उसे निरस्त कर उसको चेतन आनन्द, प्राण और कामिनी कौशल के नाम आबंटित कर दिया जाए। कुछ क्षणों बाद मैं स्वयं स्टेशन पहुँच गया और तीनों टिकट लेकर वापस आ गया। विचार-गोष्ठी तब तक चल रही थी।

शाम पाँच बजे मैं अमौसी हवाई-अड्डे गया और अपने तीनों मेहमानों की

अगवानी की। उनके पहुँचते ही अपना पूरा कार्यक्रम मैंने उनको बता दिया था। मैंने कहा, "बहुत कोशिश करने पर भी हवाई जहाज से कोई प्रबन्ध नहीं हो सका, लेकिन ऐसा इन्तजाम मैंने कर दिया है कि कल सुबह-सवेरे ही आप दिल्ली पहुँच जाएँ। वहाँ से आपको फौरन कनेक्टिंग फ्लाइट मिल जाएगी, और दस-साढ़े दस तक आप लोग बम्बई पहुँच जाएँगे।"

दूसरा कोई होता तो शायद इस संवाद को सुनकर किंचित नाराज हो उठता। लेकिन चेतन जी जितने मधुर थे, उतने ही विवेकशील हैं प्राण। दोनों ने कहा, "कोई बात नहीं। जितना कुछ इन्तजाम हो चुका है, वही उनके लिए पर्याप्त है।"

समारोह बहुत शान्ति और शालीनता के साथ सम्पन्न हुआ। पिछले समारोह की तरह न उसमें कोई शोर-शराबा था और न अव्यवस्थित उत्साह। अपने स्वागत-भाषण में शाह ने हमारे प्रयत्नों की भूरि-भूरि प्रशंसा की। बोले, "इतने सुनियोजित समारोह तो मुझे दिल्ली और बम्बई जैसे महानगरों में भी देखने को नहीं मिले। उत्तर प्रदेश फिल्म पत्रकार संघ के इन कार्यक्रमों से इतना प्रभावित रहा हूँ कि आसानी से अपने उद्‌गार व्यक्त नहीं कर सकता। सुबह मैं पूरे दो-ढाई घण्टे उस विचार-गोष्ठी में रहा जिसका संयोजन पत्रकार संघ ने किया था, और मुझको यह स्वीकार करने में किंचित संकोच नहीं है कि उतनी परिमार्जित संगोष्ठी में भाग लेने का अवसर इसके पूर्व मुझे कभी नहीं मिला था। मुझे आशा है कि अभी कई बार मुझे इस बात का अवसर मिलेगा कि आपके इन समारोहों में मैं हिस्सा ले सकूँ..."

राज्यपाल रेड्डी ने अपने अध्यक्षीय भाषण में कहा, "लखनऊ-जैसी दूरदराज नगरी में इतने सारे फिल्मकारों को एक मंच पर एकत्र करना जितना सराहनीय है, उतना ही आश्चर्यजनक। मैं सच ही यह समझ नहीं पा रहा हूँ कि किस जादू की छड़ी से इतने लोग हर साल यहाँ पहुँच जाते हैं, और हर बार उनकी संख्या में वृद्धि ही होती जाती है। उत्तर प्रदेश फिल्म पत्रकार संघ ने जिस तेजी के साथ यहाँ के लोगों में फिल्मों के प्रति रुचि जाग्रत की है, निश्चित ही उसकी एक आश्चर्यजनक उपलब्धि है।"

इन्दिरा जी शाम सात बजे के आसपास लखनऊ पहुँचने वाली थीं और घण्टे-आध घण्टे बाद ही उनका दिल्ली के लिए उड़ जाने का कार्यक्रम था। इधर हमारा समारोह छः बजे के बाद ही प्रारम्भ हो पाया। हवाई-अड्डे से ही सुनील दत्त के साथ हमारे तीनों नवागत अतिथि लखनऊ के तत्कालीन नगर-प्रमुख कैप्टन वेदरत्न मोहन के घर चले गये थे, जिससे वहाँ से तरोताजा होकर वह लोग समारोह-स्थल पर आ सकें। जब वे लोग रवीन्द्रालय पहुँचे तो छः-साढ़े छः का समय हो चुका था।

इस स्थल पर मैं बलिहार जाऊँ डॉ. गोपाल रेड्डी की सादगी और मासूमियत पर। राज्यपाल की शपथ ग्रहण करने की पूर्व-सन्ध्या पर उन्होंने पहली बार हमारे समारोह में भाग लिया था, और फिर लगातार पाँच बरसों तक वह निरन्तर उसमें सम्मिलित होते रहे। मुझे याद है, एक बार जिस दिन हमारा समारोह था, उसी दिन तत्कालीन राष्ट्रपति वी.वी. गिरि भी लखनऊ आये हुए थे। शाम को समारोह के मध्य जब मैंने रेड्डी साहब से कहा कि अब आप राजभवन जाइए, राष्ट्रपति आपकी प्रतीक्षा कर रहे होंगे, तब उन्होंने जवाब दिया था, "जब तक मैं वापस नहीं पहुँचूँगा, तब तक वे अपना डिनर नहीं ले पाएँगे, यही न? चिन्ता की कोई बात नहीं। वैसे भी, उनको देर से खाने की आदत है। तुम अपना समारोह बदस्तूर जारी रखो।"

उस दिन भी कुछ वैसा ही हुआ। मैंने उनसे कहा, "प्रधानमन्त्री अमौसी पहुँच गयी होंगी। आपका वहाँ होना जरूरी है। पुरस्कार-समर्पण का कार्य सम्पन्न कर आप उनके पास चले जाइए। वैसे भी, हमें अपना समारोह जल्दी ही समाप्त कर देना है। दस बजे की गाड़ी से हमारे कुछ अतिथि-कलाकार वापस जा रहे हैं।"

रेड्डी साहब तो पैदाइशी मस्तमौला स्वभाव के इन्सान। उन्होंने जवाब दिया, "हमारे अफसर तो उनके स्वागत के लिए वहाँ उपस्थित होंगे ही। मेरे जाने की जरूरत ही क्या?"

स्मरणीय है कि उन दिनों प्रदेश में राष्ट्रपति शासन था। चौधरी चरण सिंह के नेतृत्ववाली संयुक्त विधायक दल की सरकार पदच्युत हो चुकी थी, और प्रदेश के शासन का पूरा कार्यभार डॉ. रेड्डी के ही कन्धों पर था।

इसी बीच दीक्षित जी का टेलीफोन रवीन्द्रालय में आया। उन्होंने कहा, "तुम्हारा समारोह नौ-साढ़े नौ बजे तक तो खतम ही हो जाएगा। इन्दिरा जी को मैंने स्थिति समझा दी है और वे कुछ देर इन्तजार करने के लिए राजी हो गयी हैं। समारोह समाप्त होते ही शाह को हवाई अड्डे रवाना कर देना। जब तक वे यहाँ नहीं पहुँचते, तब तक प्रधानमन्त्री का जहाज रुका रहेगा।"

और हुआ भी यही। अपने निर्धारित कार्यक्रम के अनुसार इन्दिरा जी को आठ-साढ़े आठ बजे तक लखनऊ से चल देना था, लेकिन उनका निकलना सम्भव हो पाया साढ़े नौ के बाद। इस तरह अपना पूरा एक-डेढ़ घण्टा उन्होंने हम लोगों के नाम समर्पित कर दिया। कोई सोच सकता है, आज के इस जमाने में इस तरह की कोई बात?

लेकिन क्लाइमेक्स बताना तो रह ही गया। कुछ ही दिनों बाद इन्दिरा जी जब पुनः लखनऊ आयीं तो उनसे मेरी भी भेंट हुई। मिलते ही उन्होंने कहा, "उस

दिन तुमने खुद मुझसे मिलकर अपनी परेशानी मुझे क्यों नहीं बतायी? तुम्हारे उन मेहमानों को मैं स्वयं अपने साथ दिल्ली ले जा सकती थी—रास्ते में कुछ चहल-पहल ही रहती।''

और मैं देखता ही रह गया था उनकी आँखों में। कहने के लिए मेरे पास बचा भी क्या था?

वैसे इन्दिरा से मिलने-जुलने में मैं अपने को कभी सहज नहीं अनुभव कर पाया, इसीलिए हमेशा मेरी यही कोशिश रही कि यथासम्भव उनके साथ मेरा आमना-सामना कम-से-कम होने पाए। फ़ीरोज ने हमेशा एक हमउम्र की तरह मुझसे व्यवहार किया था, हालाँकि उनकी अवस्था मुझसे कहीं ज्यादा थी। इन्दिरा के साथ मेरे अन्तरंग सम्बन्ध कभी नहीं बन पाये। किसके प्रति किस समय उनकी क्या भावनाएँ होंगी, इसे समझ पाना सर्वथा असम्भव नहीं तो कठिन अवश्य था। किसी क्षण वे इतने प्यार, दुलार और लाड़ के साथ बातचीत करती थीं, जैसे युग-युग से सामने वाले के साथ उनका साहचर्य रहा हो, लेकिन दूसरे ही क्षण उनकी मुख-मुद्रा इतनी कटु, कठोर और नीरस हो जाती थी, जैसे न उसके साथ उनकी कभी कोई जान-पहचान रही हो और न किसी तरह का पूर्व-परिचय। दरसअल अपने बचपन से ही वे एक आत्म-मुग्धा की तरह अपना जीवन व्यतीत करती रही थीं और अकेलेपन की उस ग्रन्थि से उन्हें कभी मुक्ति नहीं मिल पांयी। उनका वह दोमुँहा मुखड़ा जीवनपर्यन्त उनके चेहरे से नत्थी रहा, जिसके पार्श्व में उन्होंने चाटुकारों की चाहे जितनी बड़ी जमात तैयार कर ली हो, लेकिन मित्र किसी को नहीं बना पायीं। यही वजह है कि उनको न किसी दूसरे पर कभी विश्वास रहा और न शायद खुद अपने पर। अपने पिता, पति या बच्चों के साथ भी उनके आत्मिक सम्बन्ध कभी रहे हों, ऐसा नहीं लगता—निरी औपचारिकता के चक्र में ही वे हमेशा घूमती रह गयीं। जीवन के उत्तरार्द्ध में संजय के प्रति उनका कुछ लगाव अवश्य विकसित हुआ था, लेकिन किसी भी सूरत में उसे अनुराग की संज्ञा देना कठिन है—वह ऐसी आसक्ति मात्र थी, जिससे हर दुर्बल माँ किसी-न-किसी समय अनिवार्य रूप से ग्रस्त हुआ करती है।

भारतीय फिल्में कहाँ खड़ी हैं

जैसा पहले ही बता चुका हूँ, हमारा वह समारोह बेहद सफल रहा था। समारोह स्थल—रवीन्द्रालय—से अब सीधे ही चेतन जी के साथ प्राण और कामिनी कौशल को स्टेशन पहुँचाना था। सुनील दत्त मेरे साथ थे। पुराने परिचित और मित्र होने के बावजूद उनको भी मेरी आर्थिक या मानसिक स्थिति का किंचित अता-पता नहीं था—दूसरों की तो बात ही अलग। स्टेशन जब हम लोग पहुँचे थे तो गाड़ी छूटने में मुश्किल से दो-तीन मिनट का समय बाकी बचा था। किसी तरह दौड़-भाग कर अपने अतिथियों को मैंने उनके डिब्बे तक पहुँचाया, और गाड़ी की सीटी बजने के साथ ही मैंने विदा लेने के लिए अपने दोनों हाथ जोड़ दिये। लेकिन इसके पूर्व कि मेरे हाथ नीचे आते, मुझे लगा कि प्राण मेरे कोट की जेब में अपने हाथ डाल रहे हैं। उसमें से कुछ निकालने का तो सवाल ही नहीं उठता था, क्योंकि उसमें तो एक फूटी कौड़ी तक नहीं थी। मैंने सोचा—निश्चित ही प्राण उसमें किराये की रकम डालने की चेष्टा कर रहे होंगे, झट से जेब से मैंने उनका हाथ निकाल लिया और बोला कि इतनी ज्यादती वे मेरे साथ न करें, लेकिन प्राण थे कि कुछ सुनना ही उनको गवारा नहीं था। गाड़ी के चलते ही, लाचार होकर, मुझे नीचे उतर आना पड़ा। सुनील दत्त की आँखों को बचाकर जब मैंने जेब में हाथ डाला तो लगा, जैसे उस समय प्राण की जेब में जो भी धनराशि रही होगी, वह सबकी सब मेरी जेब में स्थानान्तरित हो गयी हो। जिस व्यक्ति को एक ही दिन पहले तीन सौ रुपयों के लिए प्रोनोट भरना पड़ा हो, उसे अचानक ही कारूँ का ख़ज़ाना मिल जाए तो उसकी क्या मानसिक स्थिति बनी होगी, इतनी कल्पना कर सकते हैं न आप? बम्बई के फिल्म संसार से मेरा बरसों पुराना सम्बन्ध रहा है। मुझे मालूम है कि करोड़ों की बातें करनेवाले वहाँ के अधिकांश सितारे अपने प्रचार और अपने चमचों पर भले ही लाखों खर्च कर डालें, लेकिन किसी परिचित-सहयोगी को उसके पतले समय में मदद करने के लिए उनके पास कानी कौड़ी तक नहीं होती। ऐसी अवस्था में प्राण का यह व्यवहार सर्वथा अप्रत्याशित था और उसे निश्चित ही एक ऐसी घटना के अन्तर्गत रखा जाएगा जिसको भूल पाना कभी सम्भव नहीं हो सकता।

घर वापस पहुँचने पर मैंने रुपये गिने। ढाई-तीन हज़ार से ज्यादा ही होंगे वे। देर रात सोने की वजह से दूसरे दिन उठने में भी कुछ देर हो गयी थी। अभी आँखें भी पूरी तरह नहीं खोल पाया था कि दरवाजे पर महादेव प्रसाद जी की

दस्तक पड़ी। अन्दर आने के पहले ही उन्होंने पूछा था—रुपयों का इन्तजाम हो गया न? और उनकी बात पूरी होने के पहले मैंने सौ-सौ के तीन नोट उनके हाथों में थमा दिये थे। उनकी प्राप्ति होते ही उन्होंने उस प्रोनोट को फाड़ डाला, जिस पर मेरे दस्तखत थे—हालाँकि फटने के पहले अगर मैंने उस पर कब्जा कर लिया होता तो इस संस्मरण के साथ उसकी प्रतिच्छवि छापी जा सकती थी, और तब उसका एक स्थायी महत्त्व बन गया होता।

छतरमंजिल के राजप्रासाद में सम्पन्न उस दिन के सेमिनार में शारीरिक रूप से भले ही मैं उपस्थित रहा होऊँ, लेकिन मानसिक रूप से मुझे उसकी कार्रवाइयों के बारे में कुछ भी स्मरण नहीं। उसमें लोग क्या बोले, किन विषयों पर विचार-विमर्श हुआ, वक्ताओं के मध्य कैसी घटनाएँ-दुर्घटनाएँ हुईं, इन सब बातों की जानकारी मुझे दूसरी सुबह प्रकाशित समाचारपत्रों के माध्यम से हुई। *पॉयनियर* ही नहीं, बल्कि *नेशनल हेराल्ड* जैसे पत्रों ने भी गोष्ठी की गतिविधियों का व्यापक प्रकाशन करते हुए स्वीकार किया था कि ऐसे आयोजनों के माध्यम से हमारा प्रदेश बृहद् फिल्म संसार की एक महत्त्वपूर्ण इकाई बनने की दिशा में निश्चित ही समर्थ हो सकता है। कामिनी कौशल ने गोष्ठी की अध्यक्षता की थी और के. के. शाह ने उद्घाटन। अतिथि-वक्ताओं में सुबोध मुखर्जी, केदार शर्मा, मदन पुरी, चन्द्रशेखर, हसरत जयपुरी और बैम्बी की वक्तृताएँ रोचक थीं और ज्ञानवर्द्धक भी। अतिथियों का प्रतिनिधित्व करते हुए जिन लोगों ने गोष्ठी में भाग लिया उनमें अमृतलाल नागर, डॉ. भगवतशरण उपाध्याय, श्रीलाल शुक्ल, डॉ. हर्षनारायण, श्रीमती राजेन नेहरू, बेगम हामिदा हबीबुल्ला, चन्द्रकिरण सोनरेक्सा और बेगम हयातुल्ला अंसारी जैसे लब्धप्रतिष्ठ लेखनधर्मियों और विचारकों के नाम आसानी से लिये जा सकते हैं। के. के. शाह और गोष्ठी के विषय-प्रवर्तक, सुप्रसिद्ध फोटो आर्टिस्ट कान्तिचन्द्र सोनरेक्सा के बीच उस दिन जो रोचक वाक्युद्ध हुआ था, उसकी याद अब भी लोग भूल नहीं पाये हैं। उस वाक्युद्ध में पहली बार किसी केन्द्रीय मन्त्री को इस बात का एहसास हुआ होगा कि लेखनधर्मियों के साथ पंगा लेना आसान बात नहीं होती।

दरअसल, सोनरेक्सा ने उन तौर-तरीकों पर आक्षेप किये थे जिनके अन्तर्गत सेंसर बोर्ड के सदस्यों का चयन किया जाता है। लखनऊ की कथित समाज सेविका बीना दुग्गल उन्हीं दिनों उसमें नामित की गयी थीं। श्रीमती दुग्गल समाज की अन्यान्य गतिविधियों में भले ही नाम कमा चुकी हों, लेकिन फिल्मों से सम्बन्धित विधाओं में वह पूरी तरह नाकारा थीं—उसका ककहरा भी उनको नहीं आता था। यह बात सबको मालूम थी कि के. के. शाह की वैयक्तिक संस्तुति पर ही उनका नामांकन किया गया था, इससे सोनरेक्सा की दो टूक आलोचना उनके

व्यक्तिगत अहम् पर करारी चोट कर गयी। उन्हें शंका हुई कि सार्वजनिक रूप से अपमानित करने के उद्देश्य से ही उन्हें समारोह में बुलाया गया है, इससे सोनरेक्सा द्वारा कही गयी बातों पर वह अचानक नाराज हो उठे। शाह के इस कथन पर कि बीना जी भले ही फिल्म-निर्माण की महत्तर विधाओं से सर्वथा अनजान हों, लेकिन फिल्म देखने का उन्हें बेहद शौक है और बोर्ड की सदस्यता के लिए उनकी यह उपलब्धि पर्याप्त है, सोनरेक्सा ने जवाब दिया था कि अगर सचमुच ऐसी बात है तो क्यों नहीं रिक्शा-ताँगेवालों को वे उसमें रख देते—वे भी तो आखिर फिल्मों के दर्शक होते हैं।

के. के. शाह शेरो-शायरी के शौकीन थे, इसी से किन्हीं उर्दू पंक्तियों को उद्धृत करते हुए वे दहाड़ उठे थे—अगर मुझे पंख मिले हैं तो मुझे उड़ने का भी अधिकार है। एक मन्त्री के रूप में भी मुझे इस बात का पूरा हक है कि जिसे भी मैं चाहूँ, उसे सेंसर बोर्ड में भेज सकता हूँ—मेरे फैसले पर किसी को भी कोई आपत्ति करने का अधिकार नहीं। इस पर सोनरेक्सा धीरे से उनसे पूछ बैठे—"तो बीना जी को ही आपने इसके काबिल क्यों समझा—दिल्ली या लखनऊ के गली-मुहल्लों में उनसे भी ज्यादा नाकारा औरतें आपको आसानी से मिल सकती थीं।"

यह दोषारोपण की इन्तहा थी और शाह का उस पर उत्तेजित होना स्वाभाविक था। ताल ठोंकने के अन्दाज में वे बोले, "अगर हिम्मत हो तो बाहर निकलकर ऐसी तोहमत एक बार फिर आप मुझ पर लगाएँ। तब आपको महसूस होगा कि किसी राजनेता से पंगा लेना कितना खतरनाक होता है।"

"वह तो कल के अखबारों से आपको मालूम ही हो जाएगा"—सोनरेक्सा ने धीरे से जवाब दिया था, और फिर अपनी कुरसी पर बैठ गये थे।

सचमुच दूसरी सुबह के सारे अखबार शाह और सोनरेक्सा के बीच हुई इस नोक-झोंक से पूरी तरह भरे हुए थे—बॉक्स-आइटम के रूप में।

सेमिनार का प्रारम्भ काफी सौहार्दपूर्ण वातावरण में हुआ था। अपने उद्घाटन भाषण में श्री शाह ने भारतीय फिल्मों की उन सभी समस्याओं को छूने की कोशिश की थी, जिनसे वह ग्रस्त है। उन्होंने यहाँ के निर्माताओं द्वारा अपनी फिल्मों में यौन भावनाओं को अनपेक्षित प्रश्रय देने की प्रवृत्ति की भर्त्सना की और कहा कि उस तरह के दृश्य न हमारी सामाजिक संरचना के अनुकूल हैं और न हमारी परम्पराओं के। देश के प्रबुद्ध फिल्म-निर्माताओं का आह्वान करते हुए श्री शाह ने उनसे अपील की कि वे ऐसी फिल्में बनाने का प्रयास करें, जिनके माध्यम से भारतीय समाज अपना सांस्कृतिक विकास कर सके। पाश्चात्य फिल्मों के अन्धाधुन्ध अनुकरण पर भी उन्होंने अपनी चिन्ता व्यक्त की।

सेमिनार में श्री शाह लगभग एक घण्टे बोले थे और फिल्म संसार की प्राय:

हर समस्या पर अपना दृष्टिकोण प्रस्तुत करने की कोशिश उन्होंने की थी। अपने सम्बोधन में उन्होंने *बॉक्स-ऑफिस* की विभीषिकाओं का भी जिक्र किया और *स्टार-सिस्टम* के ज़हर का भी। यहाँ की फिल्मी दुनिया को एक सर्वथा असंगठित इकाई बताते हुए उन्होंने कहा कि बृहद् रूप से एक ओर जहाँ उसमें आपसी ऐक्य का नितान्त अभाव है, वहीं गिने-चुने निर्माता और अभिनेताओं को एक सर्वथा दूषित गठबन्धन बनाने में पूरी तरह कामयाबी मिल चुकी है। शाह के अनुसार इसे भारतीय फिल्मों की त्रासदी ही कहा जाएगा कि उसकी पूरी परिवृत्ति आज दस-बीस फिल्मकारों के हाथों में सिमटकर रह गयी है और जब तक उसके ढाँचे में आमूलचूल परिवर्तन नहीं होता, तब तक इस दयनीय स्थिति से उसको मुक्ति भी नहीं मिल सकती। लेकिन इस परिवर्तन का प्रारम्भ खुद फिल्म उद्योग से सम्बद्ध लोगों को ही करना होगा, कोई बाह्य-शक्ति उनकी कोई सहायता नहीं कर सकती।

सुप्रसिद्ध निर्माता, वितरक, प्रदर्शक और फ़ाइनेन्सर ताराचन्द बड़जात्या ने फिल्म उद्योग की ज्वलन्त समस्याओं पर अपना एक विस्तृत आलेख भेजा था। पूर्व निर्धारित कार्यक्रम के अनुसार वे व्यक्तिगत रूप से हमारे समारोह में भाग लेना चाहते थे, लेकिन अचानक रोगग्रस्त होने की वजह से उन्हें अपना प्रोग्राम रद्द करना पड़ा और वह यहाँ नहीं पहुँच पाये। श्री बड़जात्या ने अपने लम्बे आलेख में कहा था कि कोई भी विचारशील व्यक्ति इस बात से असहमत नहीं होगा कि जनसामान्य की रुचियों को परिष्कृत और परिपक्व करने में फिल्मों का सर्वाधिक योगदान होता है और उसके माध्यम से कोई भी देश आसानी के साथ अपनी कला और संस्कृति को सर्वोच्च शिखर तक पहुँचा सकता है। दुःख की बात यह है कि हमारी सरकार को इस मूलभूत तथ्य के बारे में न कोई जानकारी है न कोई रुचि। इसी से फिल्म निर्माण को न वह कलात्मक विधा के रूप में स्वीकार करने के लिए प्रस्तुत है और न ही उद्योग के रूप में वह उसे अपेक्षित मान्यता देना चाहती है। सामान्यजन की धारणा है कि फिल्म के वितरक और प्रदर्शक बगैर मेहनत करोड़ों-अरबों से खेलते हैं, लेकिन उनको यह नहीं मालूम कि इस वर्ग की आय का तीन चौथाई भाग मनोरंजन कर के रूप में सीधे सरकारी खजानों में पहुँच जाता है और उसका एकांश भी वह फिल्म संसार की उन्नति और विकास के लिए खर्च नहीं करती। ऐसी स्थिति में कोई सार्थक फिल्म बनाने का प्रयास करे भी तो क्यों और कैसे?

वृत्तचित्र निर्माता सुरेश निगम ने हालाँकि बड़जात्या के कथन को निराधार नहीं बताया, और यह टिप्पणी की कि उनकी बातों में सचमुच सार है, तभी तो वे स्वयं इतनी अच्छी फिल्मों का निर्माण करने में समर्थ हो पाते हैं। निगम ने कहा—"बड़जात्या परिवार द्वारा निर्मित फिल्में एक ओर जहाँ पूरी तरह सार्थक और साफ-सुथरी होती हैं, वहीं उनका निर्माण-व्यय भी आज के स्तर को देखते

हुए नाममात्र के बराबर होता है। दरअसल इन सभी विसंगतियों के मूल में छिपा है, हमारा बौद्धिक दीवालियापन और जब तक उस दिशा में हम अपना सुधार नहीं करते, तब तक स्थिति में कोई व्यापक परिवर्तन नहीं आ सकता। बढ़ता हुआ निर्माण-व्यय, स्टार-सिस्टम, वित्तीय समस्याएँ, सेंसर की विवेकहीन काट-छाँट या सरकारी साधनों का अभाव—ये सब ऐसे सतही सवाल हैं, जिनका उत्तर पाने के पहले हमें स्वयं अपने अन्तर में झाँकना होगा।''

अन्तरराष्ट्रीय ख्याति प्राप्त विद्वान डॉ. भगवतशरण उपाध्याय ने एक ओर जहाँ हॉलीवुड में निर्मित उन ऐतिहासिक फिल्मों की सराहना की, जिनको परदे पर उतारने के पहले उनके निर्माता पूरी गहराई के साथ उनकी आधारभूमि का मन्थन करते हैं, वहीं इस बात पर उन्होंने चिन्ता भी प्रकट की कि भारतीय निर्माताओं को अपनी फिल्मों के ऐतिहासिक यथार्थ से कभी कोई मतलब ही नहीं रहा। इस विकृति के लिए सेंसर-बोर्ड को पूरी तरह दोषी करार देते हुए डॉ. उपाध्याय ने राय दी कि इतिहास पर आधारित ऐसी कथा-पटकथाओं की अग्रिम छानबीन के लिए सरकार को उन लोगों का एक पैनल बनाना चाहिए, जिनकी पैठ इतिहास में है, और उस पैनल में सिर्फ ऐसे लेखकों, पत्रकारों और पुरातत्त्ववेत्ताओं को सम्मिलित करना चाहिए, जिन्होंने उन विषयों का गहरा अध्ययन किया है।

उपन्यासकार अमृतलाल नागर ने तीव्रतम स्वरों में अपना आक्रोश प्रकट करते हुए कहा—''एक ऐसे लेखक के रूप में, जिसका फिल्म संसार से बहुत गहरा सम्बन्ध रहा है, उन्हें यह टिप्पणी करते हुए असीम दुःख होता है कि आज की फिल्मों का स्तर अपने जिस निम्नतम पाये पर पहुँच चुका है, उसके पार्श्व में उनके सुधार की कोई गुंजाइश बाकी नहीं रही। अपने यथार्थ धरातल से हमारी फिल्में पूरी तरह सम्बन्ध विच्छेद कर चुकी हैं और उनके माध्यम से आज जो मनोरंजन हमें परोसा जा रहा है वह हर तरह के विरोधाभासों से भरपूर है। आम निर्माताओं की शिकायत रहती है कि हिन्दी में ऐसे कथानकों का पूरा अभाव है, जिनके आधार पर सार्थक फिल्मों का निर्माण किया जा सके, लेकिन उनकी इस शिकायत में किंचित कोई दम नहीं। खुद अपने लखनऊ के हर गली-कूचे में ऐसे चरित्र फैले देखे जा सकते हैं, जिनको केन्द्रित कर अगर कोई फिल्म बनायी जाए तो अपने निर्माता को वह नाम से भी पूरित कर सकती है और दाम से भी। लेकिन उतनी खोजबीन करने का समय ही किसके पास है?''

निर्माता-निर्देशक सुबोध मुकर्जी ने कहा—''फिल्मों का निर्माण हम जैसे लोग करते हैं, और शाह जैसे आम आदमी उनको देखते भर हैं। ऐसी स्थिति में उन्हें इस बात का किंचित इल्म नहीं हो सकता कि किन और कैसी विकट परिस्थितियों में हमें अपने काम को अंजाम देना होता है। कहा जाता है कि किसी

देश के लोगों को ऐसे ही शासक-प्रशासक मिलते हैं, जैसे वे स्वयं हैं। इसी तरह यह कहने में भी मुझे कोई संकोच नहीं कि फिल्में भी जनसामान्य के स्तर को ही प्रतिध्वनित करती हैं—उससे न कम, न ज्यादा। इसलिए अच्छी फिल्मों का निर्माण तभी सहज-सम्भव है, जब स्वयं दर्शक वर्ग भी उनके अनुरूप हों। विकृत मन-मस्तिष्क वाले समाज के लिए सार्थक फिल्मों के साथ अपना तादात्म्य स्थापित करना पूरी तरह नामुमकिन है, और जब तक उस दिशा में कोई सुधार नहीं होता तब तक अच्छी फिल्मों के निर्माण की सम्भावना आकाश-कुसुम ही बनी रहेगी।''

सोनरेक्सा और ठाकुर प्रसाद सिंह ने स्पष्ट शब्दों में सुबोध मुकर्जी के कथन का प्रतिवाद करते हुए उनकी एकांगी दृष्टि की कटु आलोचना की। उन्होंने कहा—''गोष्ठी के औपचारिक समापन के पहले यहाँ से उठकर केन्द्रीय मन्त्री ने निश्चित ही हम सबकी अवमानना की। लेकिन यह उनके स्वविवेक की बात है और उसके माध्यम से अगर किसी प्रकार की ओछी मानसिकता प्रतिध्वनित होती है तो उसका किंचित जिम्मा हमारा नहीं। इसके साथ ही हम यह भी कहना चाहेंगे कि मुकर्जी साहब फिल्मों का निर्माण भले ही करते हों, लेकिन उनका अस्तित्व तभी तक बरकरार है, जब तक उनके दर्शक जिन्दा हैं। जिस दिन लोगों ने उनकी फिल्मों को देखना बन्द कर दिया, उसी दिन अपना बोरिया-बिस्तर उठाकर उनको किसी दूसरे व्यवसाय को अपनाने के लिए विवश होना पड़ेगा। लोग उनकी फिल्मों को निःशुल्क नहीं देखते, उसके लिए अच्छी-खासी रकम खर्च करनी पड़ती है। ऐसी हालत में फिल्म कैसी बनी है, उसमें क्या खूबियाँ हैं और क्या खामियाँ, इन सब बातों पर फैसला करने का अधिकार मात्र दर्शक के पास है।'' जीभ में अंग्रेजी शब्दों का पैबन्द लगाते हुए सोनरेक्सा ने अपनी बात खत्म की थी—*'ही हू पे'ज़ द पाइपर विल आलसो कॉल द ट्यून।'*

मूर्द्धन्य फिल्म-शिल्पी केदार शर्मा ने उभय वक्ताओं के कथन का समर्थन करते हुए स्वीकार किया कि फिल्मों के अच्छे या बुरे सिद्ध करने का असली निर्णायक वस्तुतः उनका दर्शक ही होता है और उसी के माध्यम से हम उनकी सफलता या विफलता का आकलन कर सकते हैं। लेकिन आंशिक रूप से सुबोध मुकर्जी के मन्तव्य को रेखांकित करते हुए उन्होंने यह भी कहा—''मैं स्वयं सार्थक और सौन्दर्य-बोध से युक्त फिल्मों का निर्माण करता रहा हूँ, *चित्रलेखा, सुहागरात, बावरे नयन* और *जोगन* ऐसी ही फिल्मों के नाम हैं, जिनको प्रबुद्ध वर्ग ने पसन्द किया और समीक्षकों ने भी, लेकिन इस तरह की फिल्में सिर्फ प्रशंसा दे पाती हैं, पैसे नहीं—यह मेरा कटु अनुभव है। मैंने तो *स्टार-सिस्टम* के विरुद्ध भी खुलकर अपनी आवाज़ बुलन्द की है। राज कपूर, मधुबाला और गीता बाली-जैसे समर्थ कलाकारों को उस समय रुपहले परदे पर उतारा, जब उनके नाम को भी लोग

नहीं जानते थे। लेकिन ऐसा करने के लिए जबर्दस्त मानसिक हिम्मत की जरूरत होती है। इन हालात में सुबोध मुकर्जी जैसे व्यावसायिक निर्माता अगर कोई अभिनव प्रयोग करने में सक्षम नहीं रह पाये हैं तो उनकी आलोचना नहीं की जा सकती। हर व्यक्ति किसी न किसी लाभ के लिए अपने चयनित व्यवसाय में पूँजी लगाता है। वह समझता है कि ऐसा करने से उसका दुख-दारिद्र्य दूर होगा, धनी-मानी लोगों के बीच उसकी गिनती होने लगेगी, लेकिन अपनी उस लगन और मेहनत के प्रतिफल में जब उसे वांछित सफलता नहीं मिलती तो उसे हताश होना पड़ता है। सुबोध मुकर्जी जैसे व्यक्ति स्वभावत: यह चाहते हैं कि निराशा की यह स्थिति उनके पास तक न फटकने पाए, इसीलिए उनके द्वारा निर्मित फिल्मों को *बॉक्स-ऑफिस* की खिड़की पर हमेशा सफलता मिलती रही है, उनको कभी किसी विफलता का मुँह नहीं देखना पड़ा।''

अपने जमाने की शीर्षस्थ कलानेत्री कामिनी कौशल ने गोष्ठी का समापन करते हुए सार्थक और सुरुचिपूर्ण फिल्मों के निर्माण की हिमायत की और कहा कि एक संवेदनशील अभिनेत्री होने के नाते उन्हें सिर्फ ऐसी फिल्मों में अभिनय करने से आन्तरिक तृप्ति मिल पायी है, जो सौन्दर्य-बोध से युक्त हों। विविध वक्ताओं द्वारा प्रस्तुत विचारों का खुले दिल से स्वागत करते हुए उन्होंने यह आशा प्रकट की कि उनके माध्यम से विभिन्न निर्माताओं को कलात्मक फिल्मों के निर्माण की प्रेरणा मिलेगी और देश के आंचलिक संसाधन एकसूत्र होकर भारत के समग्र विकास में अपना सार्थक योगदान कर सकेंगे।

आगत कलाकारों में साढ़े तीन साल का चुन्ना-मुन्ना बण्टी भी था। चेतन आनन्द कृत *आखिरी खत* में वर्ष का सर्वश्रेष्ठ बाल कलाकार होने के लिए उसकी अभ्यर्थना की गयी थी। वह अपने पिता की गोद में बैठकर अपनी बड़ी-बड़ी आँखों से लोगों को सिर्फ टुकुर-टुकुर ताकता भर रह गया, बोला कुछ भी नहीं।

यह कम्बख्त चुम्बन

अपना सातवाँ समारोह हमने मूलत: सन् 1969 की 4 मई को संयोजित करना चाहा था, लेकिन उसके एक दिन पूर्व राष्ट्रपति ज़ाकिर हुसैन का निधन हो गया और उस सर्वथा आकस्मिक और दु:खद घटना के पार्श्व में हम उसे स्थगित करने

के लिए बाध्य हो गये। ज़ाकिर साहब के साथ न केवल मेरे व्यक्तिगत सम्बन्ध रहे थे, बल्कि पत्रकार संघ के लिए भी उनका व्यक्तित्व एक अनुरागपूर्ण पिता के तुल्य था और अपने कार्य-सम्पादन में वह निरन्तर हमें प्रोत्साहित करते रहे थे। उन्होंने मुझे एक बार लिखा भी था कि कभी सम्भव हुआ तो हमारे किसी समारोह में वह खुद भी सम्मिलित होना चाहेंगे और तब स्वयं इस बात का आकलन करेंगे कि अपने मन्तव्य में हमें कितनी कुछ सफलता मिल पायी है।

उस साल ख्वाजा अहमद अब्बास निर्मित *बम्बई रात की बाँहों में* नामक फिल्म को हमारे सर्वाधिक पुरस्कार मिले थे। उस फिल्म के प्राविधिक पक्ष से सम्बन्धित कतिपय विजेताओं का दल 3 मई की रात को लखनऊ पहुँच भी गया था, लेकिन जब मैंने समारोह के स्थगन की सूचना उनको दी तो अगली सुबह की गाड़ी से वह बम्बई वापस भी लौट गये। परिवर्तित तिथि लगभग सात महीने बाद—यानी पहली दिसम्बर को—निर्धारित हुई थी और समारोह में बीस के लगभग फिल्मकारों ने भाग लिया था। आगत अतिथियों में शीर्ष थे—पृथ्वीराज कपूर—भारतीय फिल्मों के आदि-पुरुष।

उपस्थिति और परिचालन की दृष्टि से देखा जाए तो तब तक सम्पन्न हमारे विविध कार्यक्रमों में उस समारोह को सहज ही सर्वश्रेष्ठ कहा जा सकता है। प्रारम्भ से अन्त तक उसमें न किसी अव्यवस्था का समावेश हुआ और न किसी व्यवधान का। समारोह सम्पन्न होने के कुछ ही दिन पहले एक समारोह में मेरी भेंट अवध की सुप्रसिद्ध जहाँगीराबाद रियासत के ताल्लुकदार जमाल रसूल खाँ से हो गयी। नाम से हम दोनों एक-दूसरे को जानते जरूर थे, लेकिन आमने-सामने मिलने का मौका तब तक हमें सुलभ नहीं हो पाया था। जब अपने आसन्न समारोह की बात मैंने उन्हें बतायी तो आगत अतिथियों के सम्मान में न केवल दोपहर के भोज क़ा प्रस्ताव उन्होंने मेरे सम्मुख रख डाला बल्कि कुछ लोगों को अपने राजप्रासाद में ठहराने के लिए भी वह सहर्ष तैयार हो गये। बाद में भी उनका सहज सहयोग हमें निरन्तर प्राप्त होता रहा, लेकिन एक बार भी किसी शिकायत का मौका हम नहीं पा सके।

जमाल रसूल खाने-पीने के शौकीन थे, ईरान और हैदराबाद के शाही खानदानों से उनके बावर्चियों का ताल्लुक रह चुका था, और सिर्फ स्कॉच ही उनके यहाँ सर्व की जाती थी। मुझे याद है, एक बार हमारे अतिथियों को लंच या डिनर देने से उन्होंने इनकार कर दिया था। बोले थे कि अचानक बाहर जाने की वजह से उसका इन्तजाम करना उनके लिए सम्भव नहीं होगा। लेकिन बाद में रियासत के मैनेजर रामअवतार ने मुझे बताया कि उनके इस इनकार की असली वजह थी उनके सेलर में स्कॉच का अभाव। मामूली मदिरा वह अपने अतिथियों को पिला

नहीं सकते थे, और ऐन वक्त पर स्कॉच की व्यवस्था करना उनके लिए सम्भव नहीं था। सुनते हैं, मात्र एक मुर्ग-मुसल्लम तैयार करने के लिए उनके बावर्ची पूरे चौबीस घण्टों का समय लेते थे, और उसके पकाने में पच्चीस किलो घी का खर्च आता था।

आज तो जहाँगीराबाद पैलेस की वीथिकाओं में आइसक्रीम और फास्टफूड के पार्लर खुल चुके हैं और उसके हाल में साड़ियों की सेल लगायी जाती है, लेकिन किसी जमाने में उस राजप्रासाद का एक दूसरा ही जलवा था। लखनऊ के सर्वाधिक आभिजात्य इलाके में अवस्थित था वह। उसका ड्राइंगरूम इतना विशाल था कि उसके परिक्षेत्र में तीन बेडरूमों का एक सेल्फ-कण्टेण्ड फ्लैट आसानी से समा जाए, और ईरानी कालीनों और इटली से मँगाये गये झाड़-फानूसों से सुसज्जित उसके स्वागत कक्ष में पहुँचकर ऐसा आभास होता था जैसे हम अचानक किसी परीलोक में प्रवेश कर गये हों। उसके चप्पे-चप्पे पर बीते जमाने की शराफत और शाइस्तगी की छाप के दर्शन होते थे। तभी तो उसको लक्ष्य कर माला सिन्हा अपने पिताश्री से पूछ बैठी थी—''बाबा, हम लोग इसी दुनिया में हैं या किसी जन्नत में ?''

भोज का कार्यक्रम चूँकि जहाँगीराबाद पैलेस में ही सम्पन्न होना था, इससे अपनी विचार-गोष्ठी भी मैंने वहीं संयोजित कर दी। संगोष्ठी का विषय था—*चुम्बन और सौन्दर्यबोध*। खोसला समिति की रिपोर्ट के सन्दर्भ में उस पर बहस होनी थी। इस बार किसी गोलमेज के इर्द-गिर्द नहीं, बल्कि शुद्ध गंगा-जमुनी परिवेश में सेमिनार का आयोजन किया गया था—गुदगुदे फर्श पर पड़ी गाव-तकियों के सहारे। हाल के हर कोने से अगरु और लोबान की सुगन्ध प्रवाहित हो रही थी और बीच-बीच में सज्जित किये गये थे ताजे फूलों के विविध गुलदस्ते। पृथ्वीराज जी तो उस वातावरण से इतने अधिक सम्मोहित हो उठे कि वहाँ पहुँचते ही वह पूछ बैठे—''कहाँ है वह शख्स, जिसने इतने दिल के साथ अपने दिमाग़ का इस्तेमाल किया है ? मैं न सिर्फ उसके दर्शनों का इच्छुक हूँ, बल्कि इतने अच्छे इन्तजाम के लिए उसके तईं अपने आभार भी व्यक्त करना चाहता हूँ।''

ज़माल रसूल खाँ महल के अन्दर थे। बड़ी मुश्किल से उनकी खोज की जा सकी। आये तो बेहद संकोचपूर्वक बोले, ''मुझे इस बात का इल्म नहीं था कि आपकी इस मजलिस में शिरकत करने का न्याज़ मुझे हासिल भी हो सकेगा या नहीं। इसी से खिदमत में हाज़िर भी नहीं हो पाया।'' फिर मेरी तरफ मुखातिब होते हुए उन्होंने अपनी उन्हीं नीची नजरों से पूछा—''आपके सेमिनार में कुछ देर हम लोग भी बैठने के ख्वाहिशमन्द हैं। उसका मौका मिल पाएगा क्या ?''

शिष्टाचार की इन्तहा थी उनके इस प्रश्न में—बिल्कुल अवध की गंगाजमुनी

तहज़ीब के मानिन्द। तभी मुझे याद हो आया चन्द्रकिशोर द्वारा दिया गया वह रात्रि-भोज जिसमें उन्होंने अपने बन्धु-बान्धवों और उनकी लकदक बीवियों को सामूहिक रूप से सिर्फ इस आशय से निमन्त्रित कर रखा था कि वह सुचित्रा सेन की साड़ी, शशिकला की नेकलेस और सिमी ग्रेवाल के मेकअप का जायजा ले सकें। राजाओं और बनियाबक्कालों के बीच क्या और कितना अन्तर होता है, यह बात पूरी तरह बेनकाब हो उठी थी उस समय मेरे सम्मुख।

जवाब में मैं उनसे बोला—"ज़मालभाई, आप भी क्या गजब करते हैं? अपनी महफिल में आप खुद हिस्सा न लें, इस बात को तो सोचने की हिम्मत भी कोई नहीं कर सकता। सेमिनार में आप लोग न सिर्फ शामिल होइए, बल्कि उसमें शिरकत भी कीजिए, यह हम सबकी इल्तज़ा है।"

यह सुनकर फर्श के एक कोने में वे चुपचाप बैठ गये, लेकिन वहाँ से उठकर कब अन्दर चले गये, इस बात का पता भी किसी को नहीं लग पाया।

खोसला समिति की संस्तुतियों के परिणामस्वरूप श्लीलता और अश्लीलता के प्रश्न को लेकर उन दिनों न केवल बुद्धिजीवी समाज बल्कि सामान्य जनमानस के मध्य भी जो चर्चा-परिचर्चा शुरू हुई थी, उसने इस विषय को सहज ही राष्ट्रीय महत्त्व का प्रश्न बना डाला था। साथ ही वह शायद पहला अवसर था, जब देश के फिल्म और साहित्य, दोनों क्षेत्रों के मूर्द्धन्य कलाकृती एक साथ किसी मंच पर उपस्थित होकर उस ज्वलन्त समस्या पर अपने विचार प्रकट करने में समर्थ रहे हों। गोष्ठी के अध्यक्ष थे—सुप्रसिद्ध कथाकार यशपाल, और उसका सभारम्भ किया था पृथ्वीराज कपूर ने। साहित्य और पत्रकारिता के क्षेत्र से जिन लोगों ने उस विचार-गोष्ठी में अपना योगदान किया था, उसमें अमृतलाल नागर, भवानीप्रसाद मिश्र, डॉ. शम्भुनाथ सिंह, श्रीलाल शुक्ल, कान्तिचन्द्र सोनरेक्सा, ठाकुर प्रसाद सिंह तथा *पॉयनियर* के सम्पादक डॉ. सुरेन्द्रनाथ घोष के नाम उल्लेखनीय हैं। फिल्म संसार से सम्बन्धित जो व्यक्ति गोष्ठी में उपस्थित थे, उनमें पृथ्वीराज जी के अतिरिक्त ख्वाजा अहमद अब्बास, सलिल चौधरी, माला सिन्हा, याकूब हसन रिज़वी, प्रेम चोपड़ा, हसरत जयपुरी, सुजीत कुमार, परसिस खम्बाटा, सुरेश निगम और जलाल आग़ा प्रमुख माने जा सकते हैं। इनके अतिरिक्त वरिष्ठ आई.सी.एस. अधिकारी तथा संस्कृत के उद्‌भट विद्वान डॉ. जनार्दन दत्त शुक्ल, उत्तर प्रदेश सरकार के गृहसचिव और सुप्रसिद्ध गणितज्ञ अशोक कुमार मुस्तफ़ी तथा प्रदेश के सूचना तथा जनसम्पर्क निदेशक महेश प्रसाद ने भी गोष्ठी में भाग लिया था।

गोष्ठी का उद्‌घाटन करते हुए पृथ्वीराज कपूर ने बेबाक शब्दों में ऐसे लोगों की भर्त्सना की, जो स्वयं अपने देश की फिल्मों में तो चुम्बन की छूट देने का विरोध करते हैं, लेकिन जो प्रारम्भ से ही चुम्बन और तथाकथित अश्लील दृश्यों

का निस्संकोच प्रदर्शन करती आयी हैं। उन पाश्चात्य फिल्मों के खिलाफ जिनके मुख से एक शब्द भी नहीं निकल पाता। उन्होंने कहा—"सवाल इस बात का नहीं है कि मैं खुद चुम्बन के पक्ष में हूँ या नहीं, लेकिन इस बात पर मैं जरूर विश्वास करता हूँ कि अगर सामान्य सिने दर्शकों की कुण्ठाओं का कुछ भी परिष्कार इस प्रकार के दृश्यों से हो सकता है तो चुम्बन के चित्रांकन को खुली छूट मिलनी चाहिए। मैं यह भी मानता हूँ कि हजारों कैण्डल पॉवर की रोशनी के सामने काम करनेवाले अभिनेता-अभिनेत्रियों को इन चुम्बन-आलिंगनों का आदान-प्रदान करने में किंचित सुख या परितृप्ति की प्राप्ति नहीं हो सकती। तब भी अगर दर्शक को उनके माध्यम से किसी तरह के सन्तोष या आन्तरिक आह्लाद का अनुभव होता है तो उन दृश्यों को अभिनीत करने से किसी को दूर नहीं भागना चाहिए। मुझे विश्वास है कि इस प्रकार के दृश्य जिस गति से हिन्दुस्तानी फिल्मों में आमफहम होते जाएँगे, उसी गति से उनकी काम भावना भी क्षीण पड़ती जाएगी, और फिर स्वतः एक समय ऐसा आ जाएगा, जब उनके माध्यम से हमें अश्लीलता नहीं, बल्कि चिरन्तन सौन्दर्य-तत्त्व के ही दर्शन होंगे।"

पृथ्वीराज कपूर ने अपनी वक्तृता में सेंसर बोर्ड की कार्य-प्रणाली पर भी करारी चोट की। उन्होंने कहा—"मैंने अनुभव किया है कि सेंसर बोर्ड के सदस्य-मण्डल में युवा-बुद्धि का प्रारम्भ से ही पूरा अभाव रहता आया है। इसी से उसके कार्यकलापों में वह ताजगी भी नहीं मिलती, जो उसके लिए सर्वथा अभीष्ट है। यह कर्तव्य अब पत्रकारों का है कि वह एकजुट होकर शासन पर उसके अपेक्षित सुधार के लिए जोर डालें और उसे इस बात के लिए बाध्य कर दें कि सेंसर बोर्ड के संगठन में युवा शक्तियों का समुचित समावेश वह करें।"

खोसला समिति की सिफारिशों पर व्यापक रूप से अपने विचार व्यक्त करते हुए सुप्रसिद्ध छायाकार कान्तिचन्द्र सोनरेक्सा ने कहा—"जस्टिस खोसला ने अपनी रिपोर्ट में जो प्रश्न उठाये हैं, उनका सम्बन्ध सिर्फ उन लोगों से है, जो फिल्म विधा को उद्योग का जामा पहनाकर उसके माध्यम से भरपूर पैसा पैदा करने में सतत चेष्टारत हैं। अफसोस की बात यह है कि फिल्म निर्माण से सम्बद्ध वह समुदाय, जिसका उसके प्राविधिक या कलात्मक पहलू से किंचित कोई ताल्लुक नहीं—मसलन फाइनेन्सर, डिस्ट्रीब्यूटर और एक्ज़ीबिटर—हर तरफ से अधिकाधिक धन बटोरने की कुचेष्टा करता है, और उसके इस कृत्य का परिणाम यह होता है कि बगैर किसी कारण फिल्म के निर्माण, मूल्य में अपरिमित वृद्धि होती जाती है। जहाँ तक फिल्म के तकनीकी पक्ष—यानी लेखक, छायाकार, सम्पादक या दूसरे बुद्धिजीवी वर्ग का सम्बन्ध है, उसे उस राशि का शतांश भी नहीं मिल पाता, जो अपनी प्रच्छन्न प्रतिभा का जामा ओढ़कर उसके अभिनेतागण सहज ही उड़ा ले

जाते हैं। फिल्मों के इस चक्रव्यूह का जब तक पूरी तरह खात्मा नहीं किया जाता, तब तक खोसला समिति की कोई संस्तुति कारगर नहीं सिद्ध हो सकती—फिर भले ही वह चुम्बन देने की छूट का प्रश्न हो या कोई और।''

ख्वाजा अहमद अब्बास स्वयं खोसला समिति के एक महत्त्वपूर्ण सदस्य रह चुके थे और उन्होंने खुलकर चुम्बन का समर्थन किया था। उस सन्दर्भ में अपने विचार प्रस्तुत करते हुए वे बोले थे—''समिति ने भारतीय फिल्मों में चुम्बन और नग्नता का समर्थन मर्यादा के अनुरूप ही किया है। उस निश्चित सीमा की परिधि में प्रत्येक सृजनशील निर्माता-निर्देशक को इस बात की छूट मिलनी आवश्यक है कि वह उसका विवेकपूर्ण उपयोग करे। मानवीय संवेदनाओं की कलात्मक अभिव्यक्ति के लिए चुम्बन का अवलम्बन किंचित अस्वाभाविक नहीं, लेकिन साथ ही इस बात पर भी अंकुश रखना जरूरी है कि मात्र पैसों को अपना वर्चस्व समझनेवाले निर्माता और फाइनेन्सर उसका दुरुपयोग न करने पाएँ।''

श्री अब्बास ने आगे कहा—''आज की औसत फिल्म में छिछले रोमांस और प्रेम-प्रसंगों की आड़ लेकर जिस तरह के अश्लील प्रदर्शनों की भरमार रहती है, वह सहज-स्वाभाविक चुम्बन-आलिंगन से कहीं अधिक गये—बीते हैं। इसीलिए शायद बहुत से निर्माताओं ने चुम्बन की छूट के विरोध में अपनी आवाजें भी उठायी हैं। उनके लिए चुम्बन की छूट के अर्थ हैं—उनकी उस उच्छृंखल प्रवृत्ति का हनन, जिसकी स्वतन्त्रता की आड़ में अब तक वह दर्शकों को उल्लू बनाकर उनकी जेब कतरने का धन्धा करते आये हैं। सच बात यह है कि जनसामान्य का जो नैतिक-मानसिक पतन इस प्रकार के अस्वाभाविक प्रसंगों को देखकर हुआ है, उसका शतांश भी परदे पर चुम्बन-आलिंगन को देखकर नहीं होगा।''

श्री अमृतलाल नागर ने भी चुम्बन की सार्थकता का समर्थन किया। उन्होंने कहा—''भारतीय फिल्मों के सन्दर्भ में चुम्बन कोई नयी-नवेली चीज नहीं। प्रारम्भिक काल में निर्मित प्रत्येक फिल्म इस तरह के दृश्यों से पूरी तरह भरी रहती थी। खजुराहो, कोणार्क और पुरी के मन्दिरों में जिन दृश्यों का चित्रांकन हुआ है उनमें भी इन चुम्बन-आलिंगनों की भरमार है। किसी जमाने में देश के जाने-माने वरिष्ठजनों ने उनके विरोध में अपनी आवाज भी उठायी थी। लेकिन सवाल यह है कि उनके फ़तवों और फ़रमानों से ही क्या श्लील और अश्लील का निर्णय किया जा सकता है? सामाजिक और सांस्कृतिक दृष्टि से किन्हीं स्थलों पर चुम्बन-आलिंगन की स्वाभाविक आवश्यकता अगर हमें प्रतीत होती है तो उसका चित्रीकरण अश्लील कैसे कहा जाएगा? जो हमारे यथार्थ जीवन में सहज-स्वाभाविक है, वह परदे पर भी अस्वाभाविक नहीं माना जा सकता। श्लील-अश्लील का निर्णय व्यर्थ की नारेबाजी से तो नहीं हो सकता, उसके लिए हमें

गहराई से सोचने-समझने की जरूरत पड़ेगी।''

संगीत-निर्देशक, कवि और चित्रकार सलिल चौधरी ने हिन्दी फिल्म-निर्माताओं और दर्शकों की सस्ती अभिरुचि पर चिन्ता प्रकट करते हुए कहा कि जिस तरह अच्छी कहानियों की खपत फिल्म संसार में नहीं के बराबर है, उसी तरह संगीत के क्षेत्र में किये गये अभिनव प्रयोग भी सामान्य जनसमुदाय की कुण्ठित रुचि के कारण किंचित सफल नहीं रह पाते। चुम्बन की स्वतन्त्रता का सलिल चौधरी ने विरोध किया। उन्होंने कहा—विमल रॉय और सत्यजित राय सरीखे फिल्मकारों द्वारा निर्मित किसी भी फिल्म में चुम्बन का प्रदर्शन नहीं है, लेकिन इस तथ्य के बावजूद उन्हें सर्वोच्च कोटि की कृतियों के अन्तर्गत रखा गया है। इसी तरह बांग्ला फिल्मों में मानवीय संवेदना और सौन्दर्य-बोध की सफल अभिव्यक्ति हमेशा देखने को मिलती रही है, लेकिन तब भी किसी प्रकार के यौन दृश्यों की उनमें किंचित आवश्यकता नहीं प्रतीत हो पायी। सलिल के मतानुसार फिल्मों में सस्ते किस्म का यौन प्रदर्शन फिल्मों के स्तर को निश्चित रूप से गिराएगा, और चुम्बन की स्वतन्त्रता पतन के उस मार्ग को सदा-सर्वदा प्रशस्त करती रहेगी।

डॉ. जनार्दन दत्त शुक्ल ने प्रजातन्त्र की भावना तथा सांस्कृतिक अभिरुचियों के प्रसार के हित में चुम्बन की स्वतन्त्रता का समर्थन किया। उन्होंने कहा—''यह छूट मात्र उन निर्माताओं तक सीमित होनी चाहिए, जिनका कलात्मक स्तर पूरी तरह विकसित और परिपक्व है। ऐसे फिल्म निर्माता उस छूट का किंचित दुरुपयोग न करने पाएँ, जिनका मूल उद्देश्य मात्र पैसा पैदा करना है, इसके लिए हमें पूरी तरह सतर्क रहना पड़ेगा। सृजनशील कलाकार को अभिव्यक्ति की स्वतन्त्रता मिलना देश की संस्कृति तथा जनतन्त्र के विकास के लिए सर्वथा आवश्यक है। यदि हम कलाकार और उसकी सृजनात्मक अभिव्यक्तियों पर अंकुश लगा देंगे तो संस्कृति तथा समाज की प्रगति पूरी तरह अवरुद्ध हो जाएगी।''

गीतकार हसरत जयपुरी अपने शायराना अन्दाज में बोले—''चुम्बन हमारा जन्मसिद्ध अधिकार है, और उसकी यथार्थता सिद्ध करने के लिए किसी बहस-मुबाहिसे की जरूरत हमें नहीं। जहाँ तक सौन्दर्य-बोध का सवाल है, वह हर व्यक्ति की अपनी नजर और अन्दाज पर निर्भर है। सौन्दर्य सिर्फ महसूस किया जा सकता है, उसकी व्याख्या करना मुमकिन नहीं।''

वृत्तचित्र निर्माता सुरेश निगम के अनुसार—''आज के सामान्य दर्शक का मन सस्ती फिल्मों से पूरी तरह ऊब चुका है, और फिल्म निर्माताओं के इस दावे में किंचित कोई दम नहीं कि स्वयं दर्शकों की रुचि परिष्कृत नहीं।'' उन्होंने कहा—''आज का निर्माता सिर्फ इसलिए चुम्बन का विरोध करता है कि उसकी

उपस्थिति में वह तीन नाच और तेरह गाने अपनी फिल्म में नहीं भर सकेगा। उसे अश्लीलता का नाम देना मात्र एक व्यावसायिक ढोंग है—उससे अधिक कुछ नहीं।''

सूचना निदेशक महेश प्रसाद बोले—''अश्लीलता की व्याख्या न तो किसी न्यायालय द्वारा अब तक की जा सकी है और न हमारे विधानशास्त्री उसकी कोई स्पष्ट परिभाषा करने में समर्थ रह पाये हैं। ऐसी स्थिति में चुम्बन श्लील है या अश्लील, इसका निर्णय स्वाभाविक सौन्दर्य-बोध के आधार पर ही किया जा सकता है। यदि उसके माध्यम से कला-तत्त्व का विकास होता है तो निश्चित ही हमें उसका समर्थन करना चाहिए।''

पॉयनियर-सम्पादक डॉ. सुरेन्द्रनाथ घोष ने कहा कि फिल्मों के स्तर के विकास का प्रश्न मात्र फिल्म निर्माता और दर्शक के मध्य सीमित नहीं, फिल्म समीक्षकों की भी उसके प्रति एक गम्भीर जिम्मेदारी है। साथ ही फिल्मी लेखक भी अगर इस बात के लिए कटिबद्ध हो जाएँ कि अपनी अच्छी कृतियाँ ही वह निर्माता को देंगे, तो समस्या काफी हद तक सुधर सकती है। ऐसा होने के लिए एक व्यापक संगठन की जरूरत होगी। जहाँ तक चुम्बन का प्रश्न है, उसकी छूट का सवाल कथा-पटकथा के ट्रीटमेण्ट पर आधारित होना चाहिए। उसके लिए कोई निश्चित नियम नहीं बनाये जा सकते।

अपने समापन भाषण में यशपाल ने चुम्बन की स्वतन्त्रता का पूरा समर्थन किया। बोले—''देश की कथित सभ्यता और संस्कृति की आड़ लेकर मानव की सहज-स्वाभाविक अभिव्यक्तियों पर अंकुश लगाना उसकी महान परम्पराओं के प्रति विश्वासघात है। लोक संस्कृति और व्यवहार कुएँ-तालाब का स्थिर जल नहीं, वेगवती पहाड़ी नदियों की वह चिरन्तन गतिमयी जलधारा है, जिसके प्रवाह को अवरुद्ध करना किसी के लिए भी सम्भव नहीं। उसे अपनी स्वाभाविक गति से बहने देना ही हम सबके लिए श्रेयस्कर है। यदि हमारी सामाजिक और सांस्कृतिक चेतना चुम्बन की स्वतन्त्रता की माँग करती है, तो परदे पर उसका प्रदर्शन हमारे लिए किंचित हानिप्रद नहीं हो सकता।''

शाम को रवीन्द्रालय में सम्पन्न हमारा मुख्य कार्यक्रम—अर्थात पुरस्कार समर्पण समारोह—प्रत्येक दृष्टि से सफल रहा था। मुहूर्त-विशेष का प्रताप रहा हो या पृथ्वीराज कपूर के गरिमामय व्यक्तित्व का प्रभाव, प्रारम्भ से अन्त तक वह दर्शकों के अतुल हर्षोल्लास और मंच व्यवस्था के क्षेत्र में समुचित संयम और शालीनता का पर्याय रहा। उसी वर्ष हमने प्रशस्तिपत्रों के साथ पुरस्कार-प्रतिमाओं के वितरण का समारम्भ भी किया था। हस्बमामूल राज्यपाल ने प्रशस्तिपत्रों का समर्पण किया, और पृथ्वीराज ने पुरस्कार-प्रतिमाओं का।

उस समारोह में एक नयी-नवेली कलावन्त भी हमें घाते में मिल गयी थी, और उसकी उपस्थिति ने कार्यक्रम में सहज ही चार चाँद लगा दिये थे। समारोह के मात्र दो दिन पहले *पॉयनियर* के व्यवस्थापक नन्दराम चतुर्वेदी ने टेलीफोन पर मुझे सूचना दी कि कव्वाली की सुप्रसिद्ध गायिका शकीला बानो भोपाली अपने किसी व्यक्तिगत कार्य से लखनऊ आयी हुई है और अगर कोई स्मृति-चिह्न उसे देने के लिए हम तैयार हों तो हमारे कार्यक्रम में शिरकत कर उसे खुशी होगी। शकीला बम्बई में हालाँकि मेरे फ्लैट से कुछ ही दूरी पर स्थित खार स्टेशन के सामने रहती थी, लेकिन उस समय तक न कभी उससे मेरी कोई मुलाकात हुई थी और न मैंने उसके किसी प्रदर्शन को देखा था। तब भी यह बात मुझे मालूम थी कि अपने फन में न केवल वह पूरी तरह उस्ताद है, बल्कि देश-विदेश में उसके लाखों प्रशंसकों का एक लम्बा जाल भी फैला हुआ है। नन्दराम से मैंने कहा कि *नेकी और वह भी पूछ-पूछ?* इस तरह शकीला के प्रस्तावित कार्यक्रम पर स्वीकृति की आखिरी मुहर लग गयी।

कहा जा सकता है कि पृथ्वीराज के साथ-साथ शकीला भी उस दिन हमारे समारोह की मुख्य केन्द्र बिन्दु बनकर उभरी थी। प्रारम्भ में काफी समय तक स्वयं पापा जी के साथ उसकी छेड़छाड़ और छींटाकशी का रंगारंग दौर चलता रहा और दर्शक भी उसके रस से पूरी तरह आवृत हो उठे। बाद में हसरत जयपुरी के साथ हुई उसकी नोक-झोंक ने तो प्रेक्षागृह का सारा माहौल ही बदलकर रख दिया। हसरत में इतनी जबर्दस्त हाजिरजवाबी का ज़ज्बा होगा, यह बात तब तक किसी को भी नहीं मालूम थी। एक घण्टे से अधिक समय तक हुए उनके सवाल-जवाबों को सुनकर सारा हाल अनवरत तालियाँ बजाता रह गया था और मंच पर उपस्थित सभी लोग एकटक उनकी ओर निहारते रह गये थे। अन्ततः स्वयं पृथ्वीराज जी को बीच-बचाव करने के लिए सामने आना पड़ा। दोनों के कन्धों पर अपनी बलिष्ठ भुजाओं को रखते हुए उन्होंने निर्णय दिया—"इस वाक्‌युद्ध में तुम दोनों समान रूप से विजयी रहे हो, हार किसी की भी नहीं हुई। मेरी शुभकामनाएँ हैं कि तुम आजीवन इसी तरह लोगों का मनोरंजन करते रहो और जो लोग जिन्दगी से ऊबकर अपनी मौत की राह देखने में मशगूल हैं, उनमें नये जीवन का संचार करो।"

शकीला और हसरत, दोनों के लिए पृथ्वीराज जी के ये सर्वाधिक मूल्यवान आशीर्वचन थे।

एम.एल.ए. कोई आम आदमी नहीं है, समझे ?

अपने आठवें प्रशस्ति समारोह के अन्तर्गत हमने शक्ति सामन्त कृत *आराधना* और तरुण मजूमदार कृत *राहगीर* को एक साथ सन् 1969 की श्रेष्ठतम फिल्मों के रूप में अभिहित किया था, और दोनों ही उसमें सम्मिलित हुए थे। तरुण मजूमदार के साथ उनकी सुविख्यात पत्नी, बाङ्ला फिल्मों की लोकप्रिय अभिनेत्री सन्ध्या रॉय भी आयी थीं, जिन्होंने *राहगीर* में मुख्य भूमिका का अभिनय किया था। जो अन्य लोग समारोह में शरीक हुए थे उनमें निर्देशक लेख टण्डन, अभिनेता प्रदीप कुमार, संवाद लेखक व्रजेन्द्र गौड़, गीतकार हसरत जयपुरी और वृत्तचित्र निर्माता प्रेम कपूर के नाम उल्लेखनीय हैं। दक्षिण भारत के शीर्षस्थ फिल्मकार, एशिया के सबसे बड़े स्टूडियो *विजय-वाहिनी* के स्वामी और *चन्दामामा* पत्र शृंखला के प्रकाशक बी. नागीरेड्डी का प्रतिनिधित्व किया था उनके उत्तराधिकारी विश्वनाथ रेड्डी ने।

बी. नागीरेड्डी को पहली बार हमने पुरस्कृत किया था दो साल पहले, जब उनके द्वारा निर्मित *राम और श्याम* नामक फिल्म को हमने विशेष अवार्ड से नवाजा था। नागीरेड्डी राज्यपाल गोपाल रेड्डी के निकट सम्बन्धी थे। अपनी बीमारी की वजह से हमारे समारोह में उनका सम्मिलित हो पाना जब सम्भव नहीं हो सका तो गोपाल रेड्डी मुझसे बोले कि हमारी पुरस्कार प्रतिमा को वह स्वयं मद्रास जाकर अपने हाथों नागीरेड्डी को समर्पित करेंगे, और ऐसा उन्होंने किया भी। भारतीय फिल्मों के इतिहास में वह शायद ऐसा पहला मौका था, जब किसी प्रदेश के महामहिम राज्यपाल ने खासतौर पर किसी दूरस्थ नगर की यात्रा कर किसी गैर-सरकारी संस्था द्वारा प्रदत्त पुरस्कार से उसके विजेता को सम्मानित करने की पहल की हो। मद्रास के फिल्मी तबकों में तो इस खबर से धूम मच गयी। वहाँ के प्राय: हर पत्र ने तत्सम्बन्धित समाचार को अपने मुख पृष्ठ पर छापा—और वह भी सचित्र।

इस बार उनकी बहुचर्चित और बहुप्रशंसित फिल्म *नन्हा फरिश्ता* को हमने खासतौर पर पुरस्कृत किया था, और उसी पुरस्कार को ग्रहण करने के लिए विश्वनाथ रेड्डी यहाँ आये थे। इस घटना की पूर्वगाथा भी कम दिलचस्प नहीं और उससे पता चलता है कि दक्षिण के फिल्म निर्माता दैनन्दिन कार्य-व्यापार में अपने बम्बइया बन्धुओं की अपेक्षा कितने अधिक कर्मपटु और व्यवहार-कुशल हुआ करते हैं। उनकी कार्य-विधा पूरी तरह सुव्यवस्थित होती है, कार्यक्रम पूर्णत: समयबद्ध। और इसी की जीवन्त मिसाल थे बी. नागीरेड्डी।

हुआ यह कि 1969 के मध्य लखनऊ के अखबारों में एक छोटी-सी खबर मुझे पढ़ने को मिली, जिसके अनुसार, शायद मनोरंजन-कर की मुआफी के सन्दर्भ में, *नन्हा फरिश्ता* का कोई विशेष शो यहाँ आयोजित किया था। इस तरह के प्रदर्शन उन दिनों अक्सर ही हुआ करते थे, और उसमें ऐसी कोई बात नहीं थी जिसे किसी तरह का खास महत्त्व दिया जा सके। अपने जुनून में उसी दिन नागीरेड्डी को मैंने एक शिकायती पत्र लिख डाला और उनसे पूछा कि हमें पूरी तरह अन्धकार में रखते हुए उन्होंने ऐसा कोई आयोजन आखिर कर कैसे कर डाला?

तब तक एस.टी.डी. प्रणाली शुरू नहीं हो पायी थी, ट्रंक कॉल के द्वारा बात करने में समय और श्रम दोनों का ही निरर्थक व्यय होता था, फैक्स का नाम शायद इने-गिने लोग ही जानते होंगे और ई.मेल जैसी किसी व्यवस्था की कल्पना भी सर्वथा असम्भव थी। ऐसी हालत में पत्राचार का अकेला द्रुतगामी साधन मात्र तार था और जरूरत पड़ने पर उसी के माध्यम से लोग एक-दूसरे के साथ सम्पर्क स्थापित कर सकते थे। मेरे पत्र के उत्तर में नागीरेड्डी का जो तार मुझे मिला, वह छः-सात पृष्ठ लम्बा था और उसमें तीन सौ से अधिक शब्द थे। इतना बड़ा और इतना विस्तृत तार अब तक भी मैंने कहीं नहीं देखा है। इसी से मैं उसे ऐतिहासिक महत्त्व देता हूँ और अब भी वह मेरी फाइलों में कहीं पूरी तरह सुरक्षित पड़ा होगा।

अपने तार में *डियर रामकृष्ण जी* से लेकर *योर्स वेरी सिन्सियरली बी. नागीरेड्डी* के सर्वथा औपचारिक सम्बोधनों के बीच उन्होंने जो कुछ लिखा, उसका सार-संक्षेप यही था कि उनकी फिल्म का उल्लिखित शो मात्र सरकारी अमले को दिखाने के लिए आयोजित किया गया था, और ऐसा करने से अगर हम लोगों को कोई ठेस पहुँची है तो करबद्ध होकर वह क्षमा की याचना करते हैं। साथ ही उन्होंने इंगित किया कि फिल्म की प्रिण्ट के साथ वह अपने स्टूडियो के दो प्रमुख अधिकारियों को दूसरी ही सुबह हवाई जहाज से लखनऊ रवाना कर रहे हैं, जिससे हमारी सुविधानुसार वह उसके प्रदर्शन की समुचित व्यवस्था कर सकें।

उनकी इस अप्रतिम सदाशयता का औपचारिक या अनौपचारिक उत्तर देने की कोई पहल मैं करता, इसके पहले ही विजय-वाहिनी के दोनों प्रतिनिधि लखनऊ पहुँच गये और आते ही आते उन्होंने मुझसे मिलने की इच्छा व्यक्त की। फिल्म की प्रिण्ट भी वह अपने साथ लाये थे, और अगली दोपहर उसके प्रदर्शन की व्यवस्था भी उन्होंने कर दी। शो में आमन्त्रित होनेवाले अतिथियों की सूची तैयार करने का भार भी चूँकि मुझ पर ही डाला गया था, इसलिए नगर के प्रायः सभी पत्रकार, लेखनधर्मी, रंगकर्मी और कला-समीक्षक उसमें सम्मिलित हुए। सन्ध्या समय कार्लटन होटल के भव्य दरबार हाल में एक बृहद् कॉकटेल डिनर का भी आयोजन उन्होंने किया, जिसमें स्कॉच पानी की तरह बही। बाद में फिल्म विधा

के मर्मज्ञ साहित्यकारों ने खुलकर *नन्हा फ़रिश्ता* की समीक्षा-परीक्षा में अपना योगदान किया, और आधी रात के बाद जब महफिल रुख्सत हुई तो सभी के चेहरों पर आत्मतुष्टि के भाव थे।

बम्बई फिल्म उद्योग से सम्बन्धित बहुतेरे लोगों के साथ मेरी जान-पहचान रही है, अनेक फिल्मकार व्यक्तिगत स्तर पर मेरे मित्र रहे हैं, उनके साथ गज़ब का भाईचारा भी रहा है, लेकिन मेरे उस छोटे से पत्र का इतना शालीन प्रत्युत्तर उनमें से कोई देता, यह मानने के लिए मैं अब भी तैयार नहीं हूँ। यही वजह है शायद कि बम्बई के फिल्म कलाकार जिस तत्परता के साथ मद्रास की फिल्मों में काम करने के लिए तैयार हो जाते हैं, उतनी ही टालमटोल वे करते हैं, किसी बम्बइया फिल्मकार के अनुबन्ध पत्र पर हस्ताक्षर करने में। इस बात का उन्हें पता है कि दक्षिण भारत के फिल्म-निर्माता उनके काम का वाजिब दाम देंगे। उस राशि का यथासमय अयाचित भुगतान होगा, किसी तरह के मोल-भाव की वहाँ किंचित कोई गुंजाइश नहीं, फिल्म का निर्माण-कार्य जल्दी से जल्दी खतम हो जाएगा, और चाटुकारिता या चमचेबाजी को सहन करना वहाँ किसी के लिए भी सम्भव नहीं।

उस बार हमने जो विचार-गोष्ठी आयोजित की थी, उसका केन्द्रीय विषय था— *सेक्स और सेंसर*। इलाहाबाद उच्च न्यायालय के वरिष्ठतम न्यायाधीश न्यायमूर्ति उमाशंकर श्रीवास्तव ने उसकी अध्यक्षता की थी, लेकिन सम्बद्ध विषय पर अपना मत प्रकट करने से उन्होंने इस बिना पर पूरी तरह इनकार कर दिया कि कालान्तर में उनके समक्ष विचार के लिए इस तरह का कोई मामला अगर पेश हुआ तो उस पर अपना निर्णय देने में उन्हें किंचित कठिनाई का सामना करना पड़ सकता है। उस अवसर पर प्रकाशित होनेवाले हमारे मुखपत्र द *फिल्म जर्नलिस्ट* के लिए शर्मिला टैगोर ने एक विशेष आलेख भेजा था। शीर्षक था *सेक्स इज योग,* और उसे हमने अपने प्रथम पृष्ठ पर छापा था। बहुत कम लोगों को यह बात मालूम होगी कि एक भाव-प्रवण अभिनेत्री होने के साथ ही शर्मिला बहुत अच्छी लेखिका भी हैं। उनके सम्पादन में निकलने वाला अंग्रेजी फिल्म साप्ताहिक *टेक-2* किसी जमाने में *स्क्रीन* से टक्कर लिया करता था—बल्कि फिल्मों के सम्बन्ध में अपनी बेबाक टिप्पणियों को रेखांकित करने में आज भी उसकी कोई दूसरी मिसाल नहीं मिल सकती।

शर्मिला का वह आलेख लखनऊ के सम्पादकों को इतना रोचक और मनभावन लगा था कि दूसरी सुबह छपनेवाले यहाँ के सभी पत्रों के मुखपृष्ठ पूरी तरह उसी के उद्धरणों से भरे मिले और हमारे मुख्य समारोह की गतिविधियाँ मात्र एक-डेढ़ कॉलमों में सिमटकर रह गयीं। वैसे हमारे सभी कार्यक्रम सुचारु रूप से सम्पन्न हुए थे। विचार गोष्ठी में बम्बई के फिल्म-कर्मियों और लखनऊ के

लेखनधर्मियों ने समान रूप से अपना योगदान किया, जहाँगीराबाद पैलेस में आयोजित मध्याह्न भोज की सभी ने एक स्वर में प्रशंसा की, राज्यपाल का *ऐटहोम* हस्बमामूल पूरे खुशनुमा माहौल में शुरू और खतम हुआ, पुरस्कार समर्पण और प्रशस्ति समारोह की कार्रवाइयाँ भी व्यवधानरहित होकर सम्पन्न हुईं और उत्तर प्रदेश सरकार के फिल्म अधिकारी द्वारा दिये गये कॉकटेल-डिनर के समापन पर अभिनेता प्रदीप कुमार को कन्धों पर लादकर उनके होटल तक पहुँचाना पड़ा। ऐसा तो साल-दर-साल से होता रहा था, उसमें कोई नवीनता नहीं थी। लेकिन बाद की जिन घटनाओं ने सर्वथा *लो-की* में सम्पन्न हमारे उस समारोह को एकदम से *हाई-प्रोफाइल* रूप प्रदान कर समूचे प्रदेश में उसे चर्चित कर डाला, उसकी याद अब भी मेरे दिल-दिमाग से निकल नहीं पा रही है।

चौधरी चरणसिंह तब तक एक बार फिर प्रदेश के मुख्यमन्त्री के रूप में पदस्थ हो चुके थे और विधानसभा का अधिवेशन पूरी तरह चालू था। एक सुबह उसकी प्रेस-दीर्घा में पहुँचकर जब मैंने अगले दिनों की कार्य-सूची का अवलोकन किया तो मेरी नजर पूरी तरह शून्य में गड़ी रह गयी। विधानसभा के तीस से अधिक सदस्यों ने—जिनमें नित्यानन्द स्वामी और *गिनीज़ बुक ऑफ वर्ल्ड रेकार्ड्स* में विश्व के सबसे बड़े शिक्षण संस्थान के रूप में उल्लिखित *सिटी माण्टेसरी स्कूल* के संस्थापक-संचालक जगदीश गाँधी प्रमुख थे—उत्तर प्रदेश फिल्म पत्रकार संघ और उसके सदस्यों के विरुद्ध गहनतम आरोप लगाते हुए सवाल किये थे कि सरकार के साथ उनके क्या सम्बन्ध हैं और किस आधार पर उसके फिल्म प्रभाग द्वारा उसके समारोहों का फिल्मांकन किया जाता रहा है। तारांकित और अतारांकित प्रश्नों का इतना विशद ज़खीरा उन आरोपों के साथ नत्थी था कि उस पर विधिपूर्वक कोई चर्चा अगर की जाती तो मात्र उसका समाधान करने में सरकार को महीनों का समय लग सकता था। संघ के संविधान और उसकी कार्य-प्रणाली को भी उन लोगों ने पूरी तरह सन्दिग्ध माना था और यह आरोपित करने की चेष्टा की थी कि सम्बद्ध फिल्मकारों से लाखों रुपये वसूल करने के बाद ही हम उनको पुरस्कृत करते हैं। निश्चित ही यह सब एक पूर्व नियोजित षड्यन्त्र के तहत किया गया था और उसमें उन्हीं पत्रकारों का हाथ था, जिन्हें हमारी सफलता किसी भी कोण से रास नहीं आ रही थी। हमें मालूम था कि सदन में प्रस्तुत किये गये किसी भी वक्तव्य को न्यायालय में कोई चुनौती नहीं दी जा सकती, फिर उसे चाहे कितने ही मनोमालिन्य से क्यों न पेश किया गया हो, इसी बिन्दु पर प्रतिपक्ष हमसे बाजी मार ले गया था।

विधानसभा की कार्रवाई समाप्त होते ही मैं चौधरी चरणसिंह से मिला। उन्होंने तब तक उस कार्यसूची पर अपनी दृष्टि नहीं डाली थी, क्योंकि उसका

सीधा सम्बन्ध प्रदेश के सूचना-मन्त्री से था। उन्होंने बहुत सहज-स्वाभाविक ढंग से मुझे समझाने की कोशिश की कि सामाजिक स्तर पर काम करनेवाले लोगों के साथ तो आये दिन इस तरह की घटनाएँ होती रहती हैं, और तत्सम्बन्ध में मुझे चिन्तित होने की कतई कोई जरूरत नहीं है। खुद अपनी मिसाल देते हुए उन्होंने कहा कि सदन के पटल पर उनके ऊपर इस तरह के आरोप-प्रत्यारोप रोज ही लगते रहते हैं, और उन पर अगर वह ध्यान दें तो उन्हें पागल होने में कोई देर नहीं लगेगी। तब भी उन्होंने राय दी कि सूचना मन्त्री से मिलकर तत्सम्बन्ध में सभी आवश्यक जानकारी मैं उनको दे दूँ, जिससे उन प्रश्नों का जवाब देने में उनको सहूलियत हो सके।

उन दिनों प्रदेश के सूचना-मन्त्री बाबू गेंदा सिंह थे—निरक्षर भट्टाचार्य। गेंदा बाबू को बोलने की आदत ज्यादा थी, सुनने की कम। इसीलिए जितनी तेजी के साथ उनके समक्ष मैं अपना पक्ष रखने की कोशिश करता, उतनी ही तेजी से वे उसे नकार देते। बोले—"अगर किसी ने कोई आरोप लगाये हैं तो उनकी जाँच-पड़ताल कराने में आपको क्या एतराज है? इतने बड़े-बड़े ऐक्टरों को आप साल-दर-साल यहाँ बुलाते हैं और उनसे आपका कोई फायदा नहीं होता है, यह मानने के लिए मैं कतई तैयार नहीं हूँ। फिर एम.एल.ए. लोग आम आदमी तो होते नहीं, उनकी अपनी इज्जत होती है, अपना रुतबा होता है। अगर आप पर उन्होंने कोई तोहमत लगायी है तो वह बेमानी तो नहीं होगी। इसलिए मैं तो आपसे यही कहूँगा कि हकीकत का सामना आप बलपूर्वक करें और असेम्बली की कार्य-प्रणाली में कोई विघ्न न डालें।"

वापसी में एक बार फिर मैं मुख्यमन्त्री के पास गया, और गेंदा बाबू से मेरी जो भी बातचीत हुई थी, उसके सार से उनको अवगत करा दिया। चरणसिंह ने मुझे आश्वस्त किया कि वह खुद सूचना-मन्त्री को समझा देंगे।

दो दिनों बाद जैसे ही वे सवाल पटल के समक्ष प्रस्तुत किये गये, स्थानीय अखबारों को अपने पन्ने भरने का सुनहरा मौका मिल गया। *नेशनल हेराल्ड* और उससे सम्बन्धित पत्र उस दिशा में अग्रणी थे। जिस तौर-तरीके से उनमें वह कार्रवाई छपती थी, उससे तंग आकर मैंने न केवल विधानसभा जाना पूरी तरह बन्द कर दिया, बल्कि कई सप्ताह तक अखबारों पर भी अपनी नजर नहीं डाली। इस बीच असेम्बली-सचिवालय द्वारा मुझसे संघ के संविधान की भी माँग की गयी, जिसे भेजने से मैंने साफ इनकार कर दिया। इसके बावजूद सोसायटी-पंजीयक के कार्यालय से उसकी एक प्रति उन लोगों ने हासिल कर ली और उसकी कॉपियाँ सदन के पटल पर प्रस्तुत कर दी गयीं। लोगों से पता चला कि लगातार आठ-दस दिनों तक हमारे सम्बन्ध में अनेक पूरक-अनुपूरक सवाल पूछे

जाते रहे थे और गेंदा बाबू के लिए उनका स्पष्ट उत्तर देना एक दिन भी सम्भव नहीं हो पाया। अन्ततः उन्हें सदन को सूचित करना पड़ा कि हमारे संघ को सरकारी स्तर पर न कोई मान्यता मिली हुई है और न किसी तरह की वित्तीय सहायता उसे प्राप्त है। समारोहों के फिल्मीकरण के प्रश्न पर उन्होंने जवाब दिया कि चूँकि राज्यपाल उसमें सम्मिलित होते हैं, इसलिए उनके विभाग के लिए लाज़िमी है कि वह उसकी न्यूज़रील बनाये। राज्यपाल पर किसी तरह का अंकुश रखने का कोई अधिकार सरकार के पास नहीं है।

कहा जाता है, हमसे सम्बन्धित सवाल-जवाबों के उस सत्र में विधानसभा सचिवालय की एक करोड़ रुपये से अधिक की धनराशि व्यय हुई थी, लेकिन तब भी प्रतिपक्ष के लोग हमारे मार्ग को अवरुद्ध करने में किंचित समर्थ नहीं हो पाये। मानसिक रूप से कुछ दिनों निश्चित ही मैं हैरान और परेशान रहा, लेकिन उसके अलावा वे लोग मेरा कुछ नहीं बिगाड़ सके। बाद में गवर्नमेण्ट प्रेस से उस समस्त कार्रवाई की एक अधिकृत रिपोर्ट पाने का प्रयत्न मैंने किया, लेकिन तत्सम्बन्ध में मेरा पहला प्रयास पूरी तरह से विफल रहा और दुबारा उसके लिए मैंने कोई कोशिश नहीं की। वस्तुतः मैं इस बात को जानना चाहता था कि हमारे संगठन को लेकर सदन में क्या-क्या आरोप-प्रत्यारोप लगाये गये, और सरकार ने उनका क्या उत्तर दिया। अब तक भी मुझे उस घटना या दुर्घटना की विस्तृत जानकारी नहीं मिल पायी है।

कुछ दिनों बाद मुख्यमन्त्री से जब मेरी मुलाकात हुई तो आदत के विपरीत अपने चेहरे पर हल्की-सी मुस्कराहट लाते हुए वे मुझसे बोले—"हो गया न सारा मामला टाँय-टाँय-फिस्स। व्यर्थ में ही *नरवस* हो रहे थे तुम, है न?"

इस घटना के साल भर पहले भी कतिपय विक्षुब्ध पत्रकारों ने हमारे समारोह में व्यवधान डालने का प्रयत्न किया था, लेकिन उनकी साजिश कतई कामयाब नहीं हो पायी। सप्तम पुरस्कारों की घोषणा होते ही एक दिन स्थानीय पुलिस अधीक्षक ने अपने कार्यालय में मुझे आमन्त्रित किया। पहुँचने पर बोले—"मैं आपकी संस्था का हिसाब-किताब देखना चाहता हूँ।" यह पूछने पर कि इस बात की जरूरत आखिर क्यों और कैसे आ पड़ी, उन्होंने जवाब दिया—"दरअसल, इस तरह की शिकायतें हमें मिली हैं कि आप लोग रिश्वत लेकर फिल्म आर्टिस्टों को अवार्ड बाँटते हैं, उसी की जाँच करने का हुक्म मुझे हुआ है।" किस व्यक्ति या अधिकारी ने ऐसे आदेश उनको दिये हैं, इसका कोई ब्योरा वे नहीं दे पाये। उस समय प्रदेश में राष्ट्रपति शासन था और उसके कर्णधार थे हमारे गोपाल रेड्डी। उनके साथ हमारी संस्था के कैसे सम्बन्ध रहे हैं, इस बात की जानकारी शायद एस.पी.

महोदय को नहीं थी। कुछ ही दिनों पहले अपने उस पद पर वे प्रतिष्ठित हुए थे और पद ग्रहण करते ही पत्रकारों की उस टोली ने उनको अपने घेरे में ले लिया था।

उनके द्वारा लगाये गये आरोपों को सुनकर मुझे गुस्सा नहीं आया, सिर्फ हँसी आयी। मुझे मालूम था कि किन लोगों के इशारे पर ऐसी बातें वे कर रहे हैं, लेकिन एस.पी. आखिर एस.पी. ही होता है, उसके साथ किसी तरह की बहस आसानी से उसकी तौहीन के दायरे में गिनी जा सकती है। तभी मैंने देखा कि उसके ऐण्टी-रूम से प्रतिपक्ष के दो पत्रकार बाहर निकल रहे हैं। मेरी बात उन पत्रकारों के कानों तक पहुँच जाए, इसलिए अपने स्वर में कुछ सख्ती लाते हुए मैंने जवाब दिया—"कानून की किन धाराओं के अन्तर्गत आप यह माँग कर रहे हैं, इसकी तफ़सील जब तक मुझे लिखित रूप से नहीं मिलेगी, तब तक आपकी कोई भी मदद करना मेरे लिए मुमकिन नहीं। इस साफ़गोई के लिए हमारे खिलाफ जो भी कार्रवाई आप कर सकते हों, उसे बेशक अंजाम दें, मुझे किसी भी तरह का कोई एतराज नहीं होगा।"

और यह कहते हुए मैं उनके कार्यालय से बाहर चला आया था।

बाद में बम्बई जाने पर सुजीत कुमार ने लखनऊ पुलिस की ओर से भेजा गया एक पत्र मुझे दिखाया, जिसमें पूछा गया था कि हमारा अवार्ड पाने के लिए उसे कितनी रकम खर्च करनी पड़ी है। इसी तरह की पूछताछ दूसरे पुरस्कार-विजेताओं से भी की गयी होगी, लेकिन उनमें से शायद किसी ने भी उन पत्रों को गम्भीरता से नहीं लिया। आखिर में वे प्रयत्न भी टाँय-टाँय-फिस्स होकर रह गये और हमारे जिस समारोह को इस तरह विफल करने की कोशिश की गयी थी, वह अन्ततः सर्वाधिक सफल सिद्ध हुआ।

तुम्हारा लोटा और डोर कहाँ है, जानेमन

सन् 1971 में दिये गये हमारे नवम पुरस्कारों के अन्तर्गत गोवा के स्वातन्त्र्य संग्राम पर आधारित ख़्वाजा अहमद अब्बास की फिल्म *सात हिन्दुस्तानी* को वर्ष की सर्वश्रेष्ठ चित्रकृति के रूप में सम्मानित किया गया था। *सात हिन्दुस्तानी* वही फिल्म है, जिसके माध्यम से अमिताभ बच्चन ने अपने अभिनय-जीवन की शुरुआत

की थी, और उस कार्य के लिए उनको मिला था कुल पाँच हजार रुपयों का पारिश्रमिक। *नया संसार* की यूनिट ने जब गोवा के लिए प्रस्थान किया, तब मैं भी वहाँ उपस्थित था। अमिताभ उन दिनों महमूद के छोटे भाई अनवार के साथ अँधेरी में रहा करते थे, उनके घर का नाम *पैराडाइज़* या ऐसा ही कुछ था। बस छूटने के कुछ ही मिनट पहले अनवार के साथ दौड़ते-भागते अमिताभ वहाँ पहुँचे थे। उनके हाथों में स्टील का एक मामूली-सा ट्रंक था और मोटी-सी दरी में लिपटा उनका बिस्तर, जिसे रस्सी से बाँधा गया था। उस समय मजाक ही मजाक में जलाल आग़ा उनसे पूछ बैठे थे—''तुम्हारा लोटा और उसकी डोर कहाँ है, जानेमन?'' जवाब में अमिताभ ने इशारा किया था कि सब कुछ उनके ट्रंक में है। पता चला कि उन दिनों अमिताभ लोटे और डोर के बगैर कोई लम्बा सफर नहीं करते थे। अचानक कहीं प्यास लग जाए तो कुएँ से पानी कैसे भरेंगे आखिर?

अमिताभ बच्चन का नाम आज उन लोगों में अन्यतम है, जिन्होंने हर दिन, हर लमहे नयी सीढ़ियों और नये सोपानों को पार किया है—चाहे अभिनय की दीर्घा हो या उद्योग-व्यापार का व्यावसायिक क्षेत्र। आमतौर पर कायस्थों को व्यापार की समझ नहीं होती। उन लोगों ने जब कभी ऐसे किसी कार्य में हाथ डाला, जिसमें वणिक् बुद्धि की अपेक्षा होती है तो वह सदा-सर्वदा विफल रहे। लेकिन अमिताभ के साथ यह बात लागू नहीं, क्योंकि उनकी रगों में कायस्थों के साथ सरदारों का खून भी शामिल है। अपने अनुज अजिताभ के साथ वह दवा बनानेवाले कई कारखानों का संचालन कर रहे हैं, उनके पास कई मालवाहक जहाज हैं जो समूची दुनिया का चक्कर लगाते हुए इधर का माल उधर और उधर का माल इधर करने में हमेशा रत रहते हैं, अपने ए.बी. कारपोरेशन का काम वह एक बार फिर बड़े जोर-शोर से शुरू करनेवाले हैं, और बड़े फिल्मी परदे पर अपना ऐतिहासिक दबदबा कायम रखते हुए पिछले दिनों उन्होंने टीवी के छोटे परदे को भी पूरी तरह अपनी गिरफ्त में जकड़ रखा था। अमिताभ की इस अभूतपूर्व सफलता का वर्णन अगर एक वाक्य में किया जाए तो कहा जा सकता है कि आज वह एक ऐसे पारस-पत्थर बन चुके हैं, जिसका स्पर्श पाकर लोहा भी सोने के रूप में परिवर्तित हो जाता है।

यह सफलता उनको क्यों और कैसे मिलती जा रही है, इसकी भी एक कहानी है। अमिताभ के पिताश्री सुकवि हरिवंशराय बच्चन उन दिनों इलाहाबाद विश्वविद्यालय में प्राध्यापक थे। वेतन था कुल सवा-सौ रुपये प्रतिमास। एक दिन जब वह हस्बेमामूल विश्वविद्यालय के कुलपति डॉ. अमरनाथ झा के साथ अपने कुछ क्षण बिताने के उद्देश्य से उनके वास स्थान पर पहुँचे तो उन्होंने देखा कि एक जौहरी उन्हें तरह-तरह के रत्न दिखा रहा है। उन रत्नों में हीरे थे और माणिक भी,

नीलम थे और पन्ना भी, मोती थे और मूँगा भी। विश्वविद्यालय के एक अन्य शिक्षक डॉ. रमाशंकर शुक्ल *रसाल* भी उस समय वहाँ उपस्थित थे। डॉ. झा बड़ी रुचि के साथ उन रत्नों की समीक्षा-परीक्षा करने में लगे थे, और जौहरी था जो एक से एक बेशकीमती जवाहरात उनके सम्मुख पेश करता जा रहा था। बच्चन जी भी वहाँ पहुँचकर उन लोगों के बीच आसीन हो गये। किसी रत्न को खरीदने का तो कोई सवाल ही उनके सम्मुख पैदा नहीं होता था। सवा-सौ रुपल्ली पाने वाले मुदर्रिस के लिए उन रत्नों के दर्शन ही दुर्लभ थे, उनकी खरीद तो उसके लिए सपने में भी मुमकिन नहीं हो सकती थी।

तभी डॉ. झा बच्चन जी से कह उठे—''तुम भी कोई पत्थर ले डालो न ?'' बच्चन उस समय एक नीलम को हाथ में लेकर उसका स्पर्श-सुख प्राप्त कर रहे थे। बोल उठे—''मेरी ऐसी हैसियत कहाँ, झा साहब, इतनी महँगी चीज खरीदने की ?''

बच्चन अपने वाक्य को पूरा भी नहीं कर पाये थे कि उन्होंने डॉ. झा को कहते सुना—''चिन्ता की कोई बात नहीं, बच्चन, तुम्हारी खरीद का भुगतान मेरे जिम्मे रहा।''

तभी रसाल जी अपनी पूरी आवाज में चिल्ला उठे थे—''जिस नग को अपने हाथ में पकड़े हुए हो, बच्चन, उसे हरगिज़ नहीं छोड़ना। जब उसका स्पर्श पाते ही झा साहब जैसे कंजूस व्यक्ति ने उसकी कीमत की अदायगी मंजूर कर ली है तो उसे धारण करने के बाद तुमको जो लाभ मिलेगा उसकी कल्पना तुम सपने में भी नहीं कर सकते।''

और फिर वह नीलम हमेशा के लिए बच्चन जी का हो गया। उसकी कीमत का पूरा भुगतान डॉ. झा ने किया था, और बच्चन जी को अपनी जेब से एक कानी कौड़ी भी नहीं निकालनी पड़ी थी।

नीलम को धारण करते ही बच्चन जी के जीवन में अभूतपूर्व परिवर्तन आने लगा। तेजी सूरी उन्हीं दिनों उनकी जिन्दगी में आयीं और बहुत जल्दी ही वह उनकी पत्नी बन गयीं। फिर कैम्ब्रिज विश्वविद्यालय में उनको साहित्यिक शोध का अवसर मिला और वहीं से उन्होंने अपनी डॉक्टरेट अर्जित की। भारत वापस लौटने पर पहले वह आकाशवाणी परामर्शदाता नियुक्त किये गये, और फिर उन्होंने केन्द्र सरकार के विदेश विभाग में हिन्दी अधिकारी का पद सँभाला। कुछ ही दिनों बाद वह राज्यसभा के सदस्य मनोनीत किये गये, फिर उन्हें *पद्मभूषण* से अलंकृत किया गया। अमिताभ भी उन्हीं दिनों फिल्म संसार में प्रविष्ट हुए थे और फिर सफलता और लोकप्रियता के जिन उच्चतम सोपानों का उन्होंने लंघन किया, वह फिल्मी दुनिया के इतिहास में बेजोड़ है।

ख्वाजा अहमद अब्बास द्वारा निर्मित और निर्देशित अपनी पहली फिल्म *सात हिन्दुस्तानी* में अभिनय करने के पूर्व जब वह अपने पिता का आशीर्वाद लेने उनके पास गये थे तो बच्चन जी ने उनकी उँगली में नीलमयुक्त अपनी वही अँगूठी पहना दी थी। तब से अमिताभ एक पल के लिए भी उससे विलग नहीं हुए और आज भी वह उनकी सर्वाधिक मूल्यवान धरोहर बनी हुई है। उस दिन भी वह अपनी वही अँगूठी धारण किये हुए थे। उसे लक्ष्य करते हुए उनके एक मित्र—शायद टिन्नू आनन्द—ने व्यंग्य में कहा भी था—''भाई समझता है कि पत्थर पहनकर वह आखा दुनिया को खरीद लेगा। अरे, इसी तरह किस्मतें बदला करतीं तो हम सब लोग आज अपनी हर उँगली में अँगूठियाँ ही अँगूठियाँ पहने दिखाई देते।''

अपने उस समारोह में एक उभरते अभिनेता के रूप में हालाँकि मैंने अमिताभ को भी आमन्त्रित किया था, लेकिन शायद अपेक्षित अर्थ के अभाव में उस समय उनका यहाँ आना सम्भव नहीं हो पाया। इस बात को कुछ अंशों में उन्होंने स्वयं अपने पत्र में भी स्वीकार किया था। ऑरेंज-रेड इंक में हाथ से लिखा उनका वह पत्र अब भी मेरे कागजों में कहीं दबा पड़ा होगा। ख्वाजा साहब के लखनऊ पहुँचने पर इस बात का संकेत जब मैंने उन्हें दिया तो वह अमिताभ से बुरी तरह नाराज हो उठे। उन्होंने कहा—''अगर उसके पास पैसे नहीं थे तो मुझे बताना चाहिए था, उसे अपने साथ यहाँ ले आता। उसका टिकट खरीदने भर की रकम तो मैं खर्च ही कर सकता था।'' वैसे ख्वाजा साहब खुद हवाई जहाज या एयरकण्डीशण्ड कोच से यहाँ नहीं आये थे, वे आये थे खालिस स्लीपर क्लास में, और उसमें अमिताभ को लाने के लिए निश्चित ही उनके पास पैसों की कमी नहीं होगी।

जिन दिनों हमारा वह समारोह सम्पन्न हुआ उन दिनों बाङ्लादेश का युद्ध शुरू हो चुका था और देश की यातायात व्यवस्था छिन्न-भिन्न हो रही थी। हवाई जहाजों के परिचालन में कोई व्यवधान आया था या उसके कर्मियों ने हड़ताल कर रखी थी, यह मुझे ठीक से याद नहीं, लेकिन इतना जरूर है कि हवाई सेवाएँ उन दिनों बहुत ही अनियमित ढंग से अपना काम कर रही थीं। इसी से शशि कपूर से जब मैंने पूछा कि ऐसी स्थिति में उसका लखनऊ पहुँचना क्या मुमकिन हो पाएगा तो बड़े तपाक से उसने मुझे जवाब दिया—''मुझको लेकर फिक्रमन्द होने की कोई जरूरत नहीं। मैं वक्त पर लखनऊ पहुँच जाऊँगा, भले ही कबूतर की तरह उड़कर मुझे वहाँ आना पड़े।'' अपने वायदे के मुताबिक इधर-उधर चक्कर लगाते हुए वह यहाँ पहुँच तो गया, लेकिन वापसी का जहाज पकड़ने के लिए उसे लखनऊ में पूरे तीन दिन और कनेक्टिंग फ्लाइट पाने के लिए दिल्ली में दो

दिन का इन्तजार करना पड़ा था। यही स्थिति कमोबेश उन दूसरे पुरस्कार-विजेताओं की भी रही, जिन्होंने यहाँ पहुँचने के लिए हवाई जहाज का माध्यम अपनाया था।

शशि कपूर को हमने सुबोध मुकर्जी-कृत *अभिनेत्री* में सम्पन्न उसके भाव-प्रवण अभिनय के लिए पुरस्कृत किया था। अब्बास और शशि के अलावा जो अन्य फिल्मकार उसमें सम्मिलित हुए थे, उनमें मशहूर फिल्म-निर्माता मुशीर-रियाज़ जोड़ी के रियाज़ अहमद, निर्देशक मोहन सहगल, अभिनेत्री शहनाज़ आग़ा, खलनायिका नादिरा, हास्य अभिनेता पेण्टल और संवाद लेखक प्रयागराज के नाम प्रमुख हैं। मोहन सहगल के साथ उनकी अभिनेत्री पत्नी आशा माथुर भी आयी थीं। समारोह की अध्यक्षता, हमेशा की तरह, राज्यपाल गोपाल रेड्डी ने की थी, और शाम की चाय के लिए भी सब लोगों को उन्होंने राजभवन आमन्त्रित किया था।

इस बार हमारे विचार-विनिमय का विषय था—'क्या सचमुच हमारा फिल्म उद्योग जवान हो गया है?' गोष्ठी की सदारत संगीत-नाटक अकादमी के अध्यक्ष जस्टिस ओ.पी. त्रिवेदी ने की थी और अतिथि फिल्मकारों के अतिरिक्त जिन स्थानीय कला-मर्मज्ञों ने उसमें भाग लिया, उनमें अंग्रेजी नाटकों के चर्चित प्रस्तुतकर्ता राज बिसारिया, समीक्षाकार कृष्ण, नारायण कक्कड़, चित्रकार रणवीर सिंह बिष्ट, वृत्तचित्र निर्देशक सुरेश निगम, फोटो-आर्टिस्ट कान्तिचन्द्र सोनरेक्सा और उनकी कथाकार पत्नी चन्द्रकिरण के नाम उल्लेखनीय माने जा सकते हैं। शशि कपूर और प्रयागराज चूँकि शाम की फ्लाइट से यहाँ पहुँचे थे, इसलिए वह सेमिनार में भाग नहीं ले पाये।

विचार-विनिमय में अपना योगदान करते हुए निर्माता-निर्देशक मोहन सहगल ने उन लोगों पर कड़ा कटाक्ष किया था, जिनकी राय में हिन्दी फिल्म उद्योग अभी तक नादान था और अपनी जवानी में उसने अभी अपने कदम रखे हैं। उन्होंने पूछा—"न्यू थिएटर्स, बॉम्बे टाकीज़ या प्रभात द्वारा निर्मित फिल्में क्या बच्चों द्वारा बनायी गयी थीं? हमारे फिल्म उद्योग को जो लोग वयस्क नहीं मानते वे स्वयं अपनी शैशव अवस्था में होंगे। भारत में प्रारम्भ से ही सोद्देश्य और सार्थक फिल्मों के निर्माण की परम्परा रही है, और अपने कर्तव्य से हम कभी च्युत नहीं हुए हैं।"

सहगल ने आगे कहा कि दसअसल हिन्दी फिल्मों की गुणवत्ता में जो अन्तर आया है, उसके पार्श्व में हमारी बचकानी आर्थिक नीतियों का प्राधान्य है। फिल्म निर्माण का मूलाधार ही यहाँ पैसा रहा है, और जब तक उसे सुनियोजित रूप नहीं दिया जाता, तब तक अर्थपूर्ण फिल्मों के निर्माण की कल्पना भी नहीं की जा सकती। सच तो यह है कि फिल्म की विधा को कलात्मक और व्यावसायिक खेमों में बाँटने की बात ही पूरी तरह बेमानी है। किसी भी व्यवसाय में आदमी अपना पैसा इसी उम्मीद से लगाता है कि उसका भरपूर लाभ उसे मिल सकेगा।

फिल्मों के साथ भी यही बात लागू होती है। फिर इतना धन खर्च करने के बाद भी अगर कोई फिल्म व्यावसायिक रूप से सफल नहीं होती तो उसका निर्माण निश्चित रूप से निरर्थक माना जाएगा, अर्थपरक नहीं।

मोहन सहगल ने फिल्मों के इस अध:पतन के लिए कुछ हद तक सरकार को भी जिम्मेदार ठहराया। उन्होंने कहा—"एक ओर तो हमारी सरकार मौके-बे-मौके अच्छी फिल्मों के निर्माण की दुहाई देती रहती है, दूसरी तरफ निर्माण-विधा पर उसने इतने अर्थहीन कर थोपने शुरू कर दिये हैं कि कोई निर्माता सार्थक फिल्म बनाने का साहस ही नहीं कर सकता। *आनन्द* जैसी फिल्मों के निर्माण में व्यक्ति विशेष का योगदान रहा है, समूह का नहीं। समूह के लोग तभी सोद्देश्य फिल्मों के निर्माण में अग्रसर हो सकते हैं, जब उन्हें विश्वास हो कि उनका लगाया धन मय सूद-ब्याज उनको वापस मिल जाएगा। न्यस्त स्वार्थों का आधिपत्य जिस तरह अन्य व्यवसायों में है, उसी तरह फिल्म निर्माण की विधा भी उनसे रीती नहीं है। ऐसे लोगों का खात्मा भी नहीं किया जा सकता। जरूरत इस बात की है कि हम निहित स्वार्थ के मात्र ऐसे तत्त्वों को बढ़ावा दें, जिनको कला और संस्कृति की समझ है, ऐसे तत्त्वों को नहीं जिनको यही नहीं मालूम कि कला और संस्कृति आखिर होती क्या है?"

ख्वाजा अहमद अब्बास ने मोहन सहगल की अनेक टिप्पणियों से अपनी असहमति प्रकट की। उन्होंने कहा—"जो निर्माता अपनी फिल्मों के *प्रिमायर* और उनकी जुबलियाँ मनाने में लाखों रुपये पानी की तरह बहा सकते हैं, उनके द्वारा सरकार द्वारा लगाये गये करों का विरोध करने का कोई औचित्य नहीं है। इसी तरह अच्छी फिल्मों के निर्माण को बढ़ावा देने के लिए हमें स्वयं अपने दर्शक-वर्ग के सौन्दर्य-बोध में वृद्धि करनी होगी, मात्र न्यस्त स्वार्थों पर दोषारोपण करने से कोई परिवर्तन सम्भव नहीं है। मुझे तो लगता है कि आज हमारा दर्शक खुद चाँदी की चमक से पूरी तरह प्रभावित हो चुका है। वह किसी फिल्म की गुणवत्ता का आकलन उसके द्वारा मनायी गयी जुबलियों से करता है, इस बात से करता है कि उसके निर्माण में कितने लाख या करोड़ रुपये खर्च किये गये हैं—इन बातों से नहीं कि उसकी कथावस्तु क्या है और किन लोगों ने उसे बनाया है।"

अब्बास ने अपनी वक्तृता में *न्यस्त स्वार्थों* की पोल भी खोलकर रख दी। उन्होंने कहा—"कोई पूँजीपति अगर किसी फिल्म का निर्माण करता है तो लोग समझते हैं कि उसके द्वारा वह अपने आदर्शों का प्रचार करेगा, लेकिन ऐसा हर्गिज नहीं है। वह सिर्फ अपनी लागत की भरपाई चाहता है, अपने सिद्धान्तों से उसे कुछ नहीं लेना-देना। अगर उसकी समझ में यह बात आ जाती है कि साम्यवादी कथानक पर बनी फिल्में उसे ज्यादा फायदा देंगी तो उनका निर्माण करने में भी

उसे कोई एतराज नहीं होगा।''

श्री अब्बास ने *फिल्म फेयर* जैसी उन पत्रिकाओं की भर्त्सना की जो अपने अग्रलेखों में तो अच्छी फिल्मों की दुहाई देते हैं लेकिन जब उन्हें पुरस्कृत करने का मौका आता है तो उनकी नजरें सिर्फ ऐसी फिल्मों के दायरे में सिमटकर रह जाती हैं, जिन्होंने व्यावसायिक स्तर पर प्रचुर धन का अर्जन किया है। इस तथ्य के पार्श्व में भी उनके कोई निहित स्वार्थ होंगे, अब्बास ने शंका प्रकट की थी। बंगाल और उत्तर प्रदेश के फिल्म पत्रकार संघों की पुरस्कार-प्रणाली की भूरि-भूरि प्रशंसा करते हुए उन्होंने कहा कि इन संगठनों ने हमेशा सार्थक फिल्मों को वरीयता प्रदान की है, लोकप्रिय फिल्मों को नहीं, और इसीलिए देश-विदेश में उनको इतना महत्त्व मिल सका है।

अभिनेत्री नादिरा अपनी तेज-तर्रार शैली में बोली—''मैं इस बात को समझने में हमेशा नाकामयाब रही हूँ कि अच्छी फिल्म आखिर किसे कहा जाता है? आप उन फिल्मों की भर्त्सना कैसे कर सकते हैं, जिन्हें अपने निर्माताओं की जेबों को कुछ भारी करने में सफलता मिलती है, या उन फिल्मों को कामयाब कैसे माना जा सकता है, जो अपने दर्शकों के गले भी नहीं उतर पातीं? किसी भी व्यवसाय में लागत अगर वसूल नहीं हो पाती है तो कोई भी उसमें अपना धन लगाने के लिए तैयार नहीं होगा—फिर वह चाहे पाँच लाख रुपये खर्च कर अपनी फिल्म को पूरा करनेवाले ख्वाजा अहमद अब्बास हों या पाँच करोड़ रुपये व्यय कर उसका निर्माण करनेवाले मोहन सहगल।

''फिल्मों को मैं मात्र लोकरंजन का साधन मानती हूँ, उससे अधिक उसका कोई महत्त्व नहीं है। जन-सामान्य को शिक्षित, संस्कृत बनाने के अनेक दूसरे रास्ते हैं। शायद यही वजह है कि अच्छे कथानक हमारी फिल्मों के आसपास कभी फटक भी नहीं पाते, और उनके आधार पर अगर कोई अपनी फिल्म का निर्माण करता है तो कामयाबी उसे पूरी तरह गच्चा दे डालती है।''

जैसा पहले ही बता चुका हूँ, हमारा वह समारोह जब सम्पन्न हुआ, तब बाङ्लादेश पूरी तरह युद्ध की चपेट में आ चुका था और वहाँ की जनता पाकिस्तानी फ़ौजों द्वारा बुरी तरह कुचली जा रही थी। इस तथ्य को ध्यान में रखते हुए हमारे विदा-भोज में ख़्वाजा अहमद अब्बास ने बाङ्लादेश के रणबाँकुरों तक फिल्म पत्रकारों की संवेदना पहुँचाने का एक प्रस्ताव प्रस्तुत किया। मुझे याद है, कोई कागज पास में न होने की वजह से उसका मसविदा एक पेपर-नैपकिन पर लिखा गया था और उसी पर उपस्थित लोगों ने अपने हस्ताक्षर अंकित किये थे। बाद में पृथ्वीराज कपूर और राजेश खन्ना ने भी तार के माध्यम से उस प्रस्ताव का हार्दिक अनुमोदन करते हुए हमें आश्वस्त किया कि पत्रकारों का कोई प्रतिनिधि-

मण्डल अगर बाङ्लादेश जाता है तो अपने सारे कामों को नजरअन्दाज करते हुए वह उसका साथ देने के लिए पूरी तरह तैयार हैं। सम्बन्धित समाचार प्रेस ट्रस्ट के माध्यम से सारी दुनिया के अखबारों में छपे थे, और कालान्तर में स्वयं शेख मुजीब ने हमारे मन्तव्य की प्रचुर प्रशंसा की थी।

उसी अवधि में हमें भारत-स्थित थाई राजदूत और थाई-नरेश के अनुज हिज़ रॉयल हाइनेस प्रिंस प्रेम पुरछत्र का स्वागत करने का सुयोग मिला। प्रिंस प्रेम थाईलैण्ड के फिल्म वित्त निगम के अध्यक्ष रह चुके थे, और हमारी गतिविधियों से उनका पूरा परिचय था। इसीलिए प्राच्य संस्कृति परिषद् के महामन्त्री लल्लनप्रसाद व्यास का टेलीफोन जब मुझे मिला कि प्रिंस लखनऊ आनेवाले हैं और यहाँ पहुँचकर अपना कुछ समय वह हम लोगों के बीच व्यतीत करने के इच्छुक हैं तो हम सबको स्वभावत: ही खुशी हुई। आनन-फानन में लॉयन्स क्लब से सम्बन्धित अपने कुछ मित्रों के सहयोग से अवध जिमख़ाना क्लब के प्रांगण में उनके स्वागतार्थ एक कॉकटेल-डिनर का आयोजन हमने कर डाला, और उसमें विविध पत्रकारों के अलावा राज्य के कतिपय उच्चपदस्थ अधिकारी भी सम्मिलित हुए। ढाई-तीन घण्टे चलनेवाली उस वार्त्ता में प्रिंस ने न केवल थाईलैण्ड के फिल्म उद्योग, उसकी खूबियों और खामियों के बारे में विस्तृत चर्चा की, बल्कि यह भी बताया कि उनकी सरकार अपने देश की फिल्म विधा को विकसित और समुन्नत करने में किस गम्भीरता के साथ सन्नद्ध है। उन्होंने कहा कि थाईलैण्ड की वार्षिक योजनाओं में फिल्मों को उतना ही महत्त्व दिया जाता है जितना सुरक्षा या किसी अन्य माध्यम को, और कुछ ही बरसों की अवधि में वहाँ के फिल्म उद्योग ने जितना विकास कर लिया है, उसे देखकर जापान जैसे वे देश भी, जो फिल्म निर्माण के क्षेत्र में अग्रणी माने जाते हैं, पूरी तरह चकित और विस्मित हैं। प्रिंस प्रेम की वक्तृता को सुनकर प्रदेश के तत्कालीन गृह-सचिव डॉ. अशोक कुमार मुस्तफ़ी असीमित रूप से प्रभावित प्रतीत हुए और उन्हें यह स्वीकार करने में किंचित संकोच नहीं हुआ कि प्रिंस की समझ-बूझ का एक भी व्यक्ति अगर हमारे देश में होता तो यहाँ के फिल्म उद्योग की काया ही पलट चुकी होती।

प्रिंस प्रेम ने जब बार-बार लखनऊ आकर हमारा सामीप्य प्राप्त करने की कामना प्रकट की तो मैंने उन्हें अपने अगले समारोह की अध्यक्षता करने का आमन्त्रण दे डाला। उस आमन्त्रण को उन्होंने तत्काल ही अपनी स्वीकृति भी प्रदान कर दी थी, लेकिन कुछ ही महीनों बाद उनका स्थानान्तरण अमरीका-स्थित थाई राजदूत के रूप में हो गया और हम लोग दुबारा उनका स्नेह-सान्निध्य प्राप्त करने से पूरी तरह वंचित रह गये।

समकालीन फिल्मों पर एक बहस

सन् 1972 में सम्पन्न हमारा दसवाँ वार्षिक समारोह कई मायनों में अनोखा माना जा सकता है। राज कपूर की फिल्म *मेरा नाम जोकर* बड़े परदे पर पूरी तरह फ्लॉप साबित हो चुकी थी, उधार का कर्ज चुकाने के लिए उन्हें अपना स्टूडियो तक गिरवी रखना पड़ा था और उनके बैंक बैलेंस में कानी कौड़ी तक नहीं बची थी। तब भी हमने उनकी फिल्म को वर्ष की सर्वोत्तम कृति के रूप में सराहा, और वह हमारे प्रशस्ति समारोह में सम्मिलित होने के लिए तैयार भी हो गये। उस ज़माने में राज कपूर को देखते ही फाइनेन्सर-डिस्ट्रीब्यूटर अपना मुँह छिपा लेते थे—सिर्फ इस डर से कि वह कहीं उनसे कोई कर्ज न माँग बैठें। जब वह लखनऊ पहुँचे, तब भी उनकी जेब में हजार-पाँच सौ रुपयों से अधिक की राशि नहीं होगी। यह बात मुझे इसलिए याद है कि होटल के अपने कमरे में ताला बन्द रखने की हिदायत जब मैंने उनको दी तो बड़ी रूखी मुस्कराहट के साथ उन्होंने जवाब दिया था—"अरे, जो दो-चार सौ रुपये मेरी जेब में हैं वह भी कोई चुरा ले जाए तो मेरा क्या बिगड़ जाएगा? मैं तो फक्कड़-फ़ाकेमस्त आदमी हूँ। इस हालत में भी तुम लोगों ने मुझे अवार्ड दे डाला। इससे बड़ी सौगात मुझे मिल भी क्या सकती थी?"

राज कपूर के प्रेमियों और प्रशंसकों की संख्या तब भी कम नहीं थी। उदाहरण के लिए स्वयं राज्यपाल रेड्डी का नाम लिया जा सकता है। उनको जब यह बात मालूम हुई कि हमारे समारोह में राज कपूर आनेवाले हैं, तो व्यक्तिगत रूप से उन्होंने मुझे टेलीफोन किया, बोले—"मैं चाहता हूँ कि राज जी मेरे मेहमान होकर राजभवन में ठहरें। क्या तुम इसका इन्तजाम कर सकते हो?"

"यह तो उनके लिए खुशी की बात होनी चाहिए। मैं अभी उनको तार किये देता हूँ कि उनके रहने का इन्तजाम आपके साथ कर दिया गया है। भला इसमें उन्हें क्या एतराज हो सकता है?"

उसी समय राज को मैंने यह सन्देश भेज दिया। दो दिन प्रतीक्षा करने के बाद भी जब उनका कोई प्रत्युत्तर मुझे नहीं मिला तो एक और तार मैंने उन्हें सम्बोधित कर डाला। वह तार भी पूरी तरह अनुत्तरित रहा। तीसरी सुबह उनको लखनऊ पहुँचना ही था। सोचा कि यहाँ आने के बाद उन्हें आसानी से राजभवन भेजा जा सकता है। राज्यपाल ने उनके लिए अपनी लहीम-शहीम लिमोज़ीन भी हवाई अड्डे पर भेज दी थी। पहले वह स्वयं राज का स्वागत करने के लिए एयरपोर्ट आना चाहते थे, लेकिन इसके लिए मैंने उन्हें मना कर दिया था। बोला—

''राज्यपाल होने के नाते आपको मात्र प्रधानमन्त्री स्तर के लोगों का स्वागत करने का अधिकार है, राज का स्वागत करने के लिए हमारे जैसे लोग पर्याप्त हैं।'' बड़ी कठिनाई से उन्होंने मेरी बात मानी थी। मुझे विश्वास था कि राज्यपाल का अतिथि बनने में राज को कोई आपत्ति नहीं होगी।

हवाई जहाज जब लखनऊ पहुँचा और मैंने राज से रेड्डी साहब के प्रस्ताव की चर्चा की, तो वह राजभवन जाने के लिए किंचित तैयार नहीं हो पाये। अपने मुँह को मेरे कानों के पास ले जाते हुए फुसफुसाहट के स्वरों में उन्होंने कहा—''यार, मुझे जेलखाने में बन्द करने के लिए क्यों तुले हुए हो। हम लोग खाने-पीने वाले आदमी हैं, राजभवन की बन्दिशें मुझे सहन नहीं होंगी...किसी बहाने से रेड्डी साहब की गाड़ी वापस भिजवा दो, मैं तो वहीं ठहरूँगा, जहाँ तुम्हारे दूसरे मेहमान क़याम कर रहे हैं?''

और राजभवन की लिमोज़ीन को खाली लौटना पड़ गया। शाम को ए.डी.सी. ने मुझे बताया कि एयरपोर्ट इन्क्वायरी से यह पता करने के बाद कि फ्लाइट यथासमय लखनऊ पहुँच गयी है, रेड्डी साहब बार-बार अपने पोर्टिको में जाकर राज का इन्तजार करते रहे थे और जब उनको बताया गया कि उनके द्वारा भिजवायी गयी गाड़ी पूरी तरह खाली लौट आयी है, तभी वह अपने निजी कक्ष में जा पाये—पूरी तरह निराश और हताश।

इस स्थल पर राजभवन से सम्बन्धित एक पुराना प्रसंग मुझे अकस्मात याद आ रहा है। वह शायद गोपाल रेड्डी के राज्यपाल बनकर आने के पहले की बात है। तत्कालीन राज्यपाल की कार्यावधि सम्भवतः समाप्त हो चुकी थी या फिर कोई अन्य कारण रहा होगा, इलाहाबाद उच्च न्यायालय के मुख्य न्यायाधीश शशिकान्त वर्मा उस समय स्थानापन्न राज्यपाल के रूप में यहाँ प्रतिष्ठित थे। उन्हीं दिनों कवि, समीक्षक और पत्रकार सी. बी. राव का लखनऊ आगमन हुआ। राज्यपाल के नजदीकी मित्र होने के नाते स्वभावतः राजभवन में उनके आवास की व्यवस्था की गयी थी। अग्रजतुल्य सी. बी. राव मेरे पुराने परिचित थे और जितने दिनों वह यहाँ रहे, उतने दिनों अनिवार्य रूप से मेरी शामें प्रायः उन्हीं के साथ गुजरती रहीं। एक दिन मैं राव साहब के कमरे से संलग्न बाथरूम में अपनी लघुशंका का निवारण करने गया हुआ था कि अचानक शशिकान्त वर्मा ने वहाँ पहुँचकर एक धमाके के साथ उसके दरवाजों को बन्द कर लिया। उनको इस बात का किंचित ज्ञान नहीं था कि कोई अन्य व्यक्ति भी उस समय वहाँ उपस्थित है। मैंने स्वयं भी बाथरूम से बाहर निकलना उचित नहीं समझा। लेकिन दोनों के बीच उस अवधि में जो बातचीत हुई, उसका गवाह मैं जरूर अपने को मान सकता हूँ।

शशिकान्त वर्मा को बहुत फुसफुसाहट के स्वरों में सी. बी. राव से पूछते

हुए मैंने सुना—"यार बालकिशन, अपने साथ कुछ व्हिस्की-विस्की रखते हो या नहीं ?"

"क्यों, क्या बात है ?" राव साहब ने बहुत संयत स्वरों में उनसे प्रश्न किया था।

"इलाहाबाद से अपना जो स्टॉक मैं लाया था, वह पूरी तरह खतम हो चुका है, और यहाँ उसे पाने की कोई जुगत नहीं है। जहाँ भी जाता हूँ, वहाँ ए.डी.सी. का तबका मेरे हर कदम पर अपनी निगरानी रखता है और उसकी गिरफ़्त में रहते हुए किसी खरीद-फ़रोख्त की बात सोची भी नहीं जा सकती। कहने को तो यहाँ बीसियों अमले-कारिन्दे हैं, लेकिन किसी से भी उसकी बात करने की हिम्मत मुझमें नहीं है। अब अगर तुम्हारे पास कुछ हो तो उसे निकालो...मुझे तो लगता है कि अगर इसी तरह यहाँ रहना है तो मुझे अपनी नौकरी से ही इस्तीफा देना पड़ जाएगा..."

सी. बी. राव के माध्यम से उनको कुछ मिला या नहीं, यह दीगर बात है लेकिन इस घटना से यह तो पता चल ही जाता है कि खुद राज्यपाल को अपने राजमहल में किस कदर बन्दिशों के बीच होकर रहना पड़ता है, और ऐसी अवस्था में राज कपूर ने अगर वहाँ क़याम करने से इनकार कर दिया था, उसमें कोई भी अजूबा या गैरवाजिब बात नहीं थी।

उसी सुबह की एक और घटना स्मरणीय है। बम्बई से चलने के पहले राज ने मुझे सन्देश भेजा था कि लखनऊ में उनके लिए किसी अच्छे मालिशिया—*मसाजर*—की व्यवस्था मैं कर दूँ। काफी पड़ताल करने के बाद मुझे पता चला कि बलरामपुर अस्पताल में निश्चित ही एक ऐसा *मसाजर* है, जो पण्डित कमलापति त्रिपाठी की हर रोज मालिश करता है और उसे अगर पटाया जा सके तो बात बन सकती है। बड़ी खोजबीन करने के बाद उससे मेरा सामना हो पाया। जब मैंने उसे बताया कि प्रोड्यूसर-डाइरेक्टर-ऐक्टर राज कपूर के लिए मैं उसके पास आया हूँ तो वह सहज ही गद्‌गद हो उठा। बोला—यह तो मेरी खुशकिस्मती होगी कि राज साहब जैसे महान आदमी की मालिश करने का मौका मुझे मिल सके। इस पर मैंने उससे कहा कि अमुक दिन वह स्वयं मेरे साथ एयरपोर्ट चला चले। वहाँ राज साहब से उसकी मुलाकात भी हो जाएगी और अगर मुमकिन हुआ तो उनके साथ ही उसे मैं कार्लटन होटल भी भिजवा दूँगा।

एयरपोर्ट पर राज के साथ मैंने उसकी भेंट करा दी थी। अपने सबसे अच्छे कपड़ों को धारण कर वह वहाँ पहुँचा था। दूसरों के सामने उसका परिचय पाकर हालाँकि राज किंचित संकोचग्रस्त हो उठे थे, लेकिन तब भी वह मालिशिया उन्हीं के साथ गाड़ी में बैठकर होटल तक गया और मुझे यह सोचकर खुशी हुई कि

चलो, एक बला तो मेरे सर से टली।

आधे घण्टे बाद जब मैं स्वयं होटल पहुँचा तो स्वभावत: यह जानने की उत्सुकता मुझे थी कि वह *मसाजर* अपने काम में लगा हुआ है या नहीं। राज के कमरे में पहुँचा तो वह नंगे बदन जमीन पर लेटे हुए मिले। पूछने पर बताया कि होटल पहुँचते ही अपने किसी जरूरी काम के बहाने वह मालिशिया बाहर चला गया था, और अभी तक वापस नहीं लौटा है।

राज के इस कथन को सुनकर मुझे आश्चर्य हुआ था। ऐसा गैरजिम्मेदार आदमी तो नहीं दिखता था, वह मालिशिया। कमरे के बाहर निकलकर जब मैंने उसे ढूँढ़ने की कोशिश की तो किसी ने बताया कि वह राजेश खन्ना के कमरे में बैठकर उनकी *मसाज* करने में लगा हुआ है।

ये थे लोकप्रियता के सेंसेक्स में उन दिनों राजेश खन्ना और राज कपूर के बाजार भाव।

यह छोटी-सी घटना मेरे कानों में खतरे की एक घण्टी भी बजा गयी, कहीं हमारे मुख्य समारोह में भी ऐसी किसी स्थिति की पुनरावृत्ति हो गयी, तो? आम दर्शकों की तरह प्रबन्धन का उत्तरदायित्व वहन करनेवाले कार्यकर्ता भी सर्वथा विवेक-शून्य होते हैं, उन्हें स्टेज पर खड़े होकर स्टारों के साथ सिर्फ अपनी तस्वीरें खिंचाने का शौक होता है, और कुछ नहीं। राज कपूर की अपेक्षा उन लोगों ने भी राजेश खन्ना को अगर वरीयता दे डाली तो मैं किसी को अपना मुँह कैसे दिखा पाऊँगा भला? उगते सूरज को सभी सलाम करते हैं, ढलते सूरज की ओर कोई आँख उठाकर भी नहीं देखता। यों भी राज की जो मानसिक स्थिति उन दिनों थी, उसमें उनकी छोटी-सी उपेक्षा भी उनके दिल में एक बड़ा-सा घाव कर सकती थी। इसीलिए मंच पर राज को जहाँ मैंने रेड्डी साहब के बिल्कुल समकक्ष बैठाने की व्यवस्था की, वहीं राजेश खन्ना पंक्ति की आखिरी कुरसी पर स्थान पा सके। इसी तरह आगत फिल्मकारों को उनके प्रशस्तिपत्र जहाँ राज्यपाल द्वारा समर्पित किये गये, वहीं पुरस्कार-प्रतिमाओं का वितरण राज कपूर के हाथों सम्पन्न हुआ। समारोह की गरिमा बनाये रखने के लिए ऐसा करना शायद जरूरी भी था।

राज कपूर और राजेश खन्ना के अतिरिक्त जो अन्य फिल्मकार हमारे उस समारोह में सम्मिलित हुए थे, उनमें फाइनेन्सर-डिस्ट्रीब्यूटर-निर्माता गुलशन राय, निर्माता-निर्देशक शक्ति सामन्त, मोहन सहगल और प्रेम कपूर, अभिनेता राकेश रोशन, अभिनेत्री-द्वय अचला सचदेव और अनुपमा, गीतकार हसरत जयपुरी और संगीतकार राहलुदेव बर्मन (पंचम) के नाम उल्लेखनीय हैं। पंचम ने मुझे बताया कि गायक-अभिनेता किशोर कुमार भी बम्बई से दिल्ली तक उन्हीं लोगों के साथ आये थे, लेकिन दिल्ली में जहाज से उतरने के बाद यह कहते हुए गायब हो गये

कि चाँदनी रात में आगरे के ताजमहल का अवलोकन करने के बाद किसी टैक्सी द्वारा वह सीधे लखनऊ पहुँच जाएँगे। इसके बाद वह कहाँ आये-गये इस बात की जानकारी किसी को नहीं मिल पायी, हालाँकि बकौल पंचम, उनका हवाई टिकट बम्बई से लखनऊ तक का था।

उस बार जो विचार-गोष्ठी हमने आयोजित की थी, उसका केन्द्रीय विषय था *फिल्मों का राष्ट्रीयकरण* । उसकी अध्यक्षता की थी—प्रदेश के वरिष्ठतम आई.सी.एस. अधिकारी और सुप्रसिद्ध रामकथा-मर्मज्ञ डॉ. जनार्दनदत्त शुक्ल ने। उसके सम्बन्ध में एक मनोरंजन प्रसंग मुझे अब तक याद है। हुआ यह कि एक दिन *दारुलशफ़ा*—विधायक निवास—जाने पर अचानक मेरी मुलाकात हो गयी, प्रदेश के तत्कालीन उद्योग मन्त्री देवकीनन्दन विभव से। विभव जी मन्त्री तो थे ही, उनके पास बेशुमार धन-दौलत भी थी, आगरा के वे प्रसिद्ध *कोलोनाइज़र* थे और वहाँ की एक मशहूर बस्ती अब भी उनके नाम से जानी जाती है। लेकिन इन सारे गुणों के बावजूद उनमें दुनिया-जहान की जानकारियों का अभाव था। इसी से मजाक-ही-मजाक में जब मैंने उन्हें अपनी विचार-गोष्ठी में आमन्त्रित किया तो बड़ी मासूमियत से वे बोले—"उससे मेरा क्या ताल्लुक?"

"अरे विभव जी, हमारे विचार-विनिमय का विषय है—फिल्मों का राष्ट्रीयकरण, फिल्म-निर्माण को एक उद्योग के रूप में सरकार ने अपनी मान्यता दे रखी है। ऐसी हालत में उद्योग मन्त्री के रूप में उसे सुव्यवस्थित करने की सारी जिम्मेदारी मात्र आपके कन्धों पर है। जब सारा उद्योग ही आपकी नज़रे-इनायत पर टिका हुआ है तो हमारे सेमिनार में आपका हिस्सा लेना यकीनन जरूरी हो जाता है। उसमें आपके शामिल होने से बम्बई के लोगों को कम-से-कम इस बात का तो पता चलेगा कि हमारे प्रदेश का उद्योग मन्त्री कितना काबिल है और उद्योग विभाग कितना सक्रिय।"

मेरी इस बात को सुनकर वे मन्द-मन्द मुस्कराये। बोले—"मैं चाहूँ तो फिल्म उद्योग को पूरी तरह अपने कब्जे में ले सकता हूँ?"

"इस बात में भी कोई शक है आपको? उत्तर-दक्षिण-पूरब-पश्चिम—जिस दिशा में भी आप उसे मोड़ना चाहें, खुशी से मोड़ सकते हैं। किसी की यह मजाल, जो आपके रास्ते में रोड़ा अटकाने की हिमाकत करे?"

और उन्होंने सेमिनार को अपनी उपस्थिति से गौरवान्वित करना मंजूर कर लिया था।

राज कपूर को जब मैंने यह प्रसंग सुनाया तो वह ठहाका मारकर हँस पड़े। कहा—"*नेशनलाइजेशन* को लेकर तुम सिर्फ खिलवाड़ करना चाहते हो, उसके बारे में *सीरियस* नहीं। मैं भी सोच रहा था कि इतने नाकारा *टॉपिक* को तुमने कैसे

चुन डाला, क्योंकि उससे तो इण्डस्ट्री की हालत बद से बदतर ही होनी है। खैर, तुम्हारे मिनिस्टर साहब को भी आज देख लेंगे?''

विभव जी पूरे तामझाम के साथ यथासमय छतर मंजिल पहुँच गये थे। वहीं पर सेमिनार का आयोजन किया गया था। मैंने उनसे अनुरोध किया—''गोष्ठी का समारम्भ आपके द्वारा ही होना चाहिए। यह हमारी खुशकिस्मती है जो आप इस अवसर पर यहाँ पधारे?''

विभव जी मेरे इस कथन को सुनकर और भी गद्‌गद हो उठे। उपस्थित प्रतिभागियों की आँख में आँख डालकर उन्होंने अपना भाषण प्रारम्भ किया—''फिल्मों को तो मैं देखता नहीं, और न उनमें मेरी कोई दिलचस्पी है। यह मैंने जरूर सुना है कि उनके जरिये देश की फ़िज़ा दिन-ब-दिन तेजी से बिगड़ती जा रही है और लोग अपने पुरातन संस्कारों को पूरी तरह भूल चुके हैं। ऐसी हालत में अगर उसमें तत्काल कोई बदलाव नहीं आता तो बहैसियत इण्डस्ट्री मिनिस्टर उस पर अपनी लगाम कसने के लिए मुझे मजबूर होना पड़ेगा। मेरे जैसे आदमी के उद्योग-मन्त्री रहते आप लोग कोई ऐसा काम नहीं कर सकते, जिससे देश की सभ्यता और संस्कृति में कोई बिखराव पैदा हो।''

यह सुनकर मैंने अपनी तालियाँ बजायीं और चुपके से विभव जी के कानों में कहा—''इतना जुलाब फिलहाल काफी है। अब इन लोगों को पता चलेगा कि कितने तेज-तर्रार मन्त्री से इनका पाला पड़ा है।''

''तो अब मैं जाऊँ न?'' विभव जी ने मुझसे पूछा था।

''बड़ी खुशी से। आपका काम पूरा हो चुका है। अब इन लोगों को आपस में लड़ने-भिड़ने दीजिए।''

और अपने अमलों-कारिन्दों को साथ लेकर विभव जी वहाँ से विदा हो गये थे।

इस अनौपचारिक आमोद-प्रमोद के बाद प्रारम्भ हुआ हमारा औपचारिक विचार-विनिमय। राज कपूर विभव जी के जाते ही बोल उठे थे—जिस देश में ऐसे मिनिस्टर हैं उनका भगवान ही मालिक है।

पॉयनियर सम्पादक डॉ. सुरेन्द्रनाथ घोष ने विषय-प्रवर्तन करते हुए कहा—''संचार विधा के जैसे अन्य माध्यम हैं, उसी तरह फिल्म भी है। रेडियो और अखबारों की तरह उसे भी लोकरंजन का एक महत्त्वपूर्ण साधन माना जा सकता है। चूँकि हम सभी किसी-न-किसी रूप में अखबारों की दुनिया से जुड़े हुए हैं, इससे पहले उन्हीं की बात करता हूँ। अखबार अच्छे भी होते हैं और बुरे भी, नाकारा भी होते हैं और कूढ़मग्ज़ भी। लेकिन अपने इन्हीं गुण-दोषों के कारण उनका राष्ट्रीयकरण कर दिया जाए, यह बात तो किसी की समझ में नहीं आ

सकती। फिर अकेले फिल्मों के राष्ट्रीयकरण का नारा क्यों उछाला जाता है आखिर? और अगर फिल्मों का राष्ट्रीयकरण जरूरी ही है, तो दूसरे माध्यम भी उसके शिकंजे में क्यों नहीं कसे जाते?

''राष्ट्रीयकरण का अर्थ अगर सरकारी अंकुश है, तो वह पहले से ही हमारे यहाँ लागू है, लेकिन इस बात की कोशिश अगर सरकार करती है कि मात्र उसके द्वारा अनुमोदित फिल्मों को लोग देखें तो उसका भरपूर विरोध करना ही पड़ेगा। किसी भी विधा का विकास और विस्तार प्रतिस्पर्द्धा के माध्यम से ही सम्भव है, इससे अगर सरकार के मत में आज की फिल्में स्तरहीन हैं तो उसे स्वयं उनके निर्माण की दिशा में आगे बढ़ना चाहिए। व्यावसायिक निर्माताओं की अपेक्षा ज्यादा अच्छी फिल्मों को बनाने में अगर उसे सफलता मिलती है तो बुरी फिल्मों का वर्चस्व अपने आप खतम हो जाएगा। उसके लिए किसी खास कदम को उठाने की जरूरत नहीं पड़ेगी।''

देश के शीर्षस्थ फाइनेन्सर-डिस्ट्रीब्यूटर और *जॉनी मेरा नाम* जैसी हिट फिल्म के निर्माता गुलशन राय ने डॉ. घोष का समर्थन करते हुए कहा कि फिल्म उद्योग की विसंगतियों को दूर करने के लिए उसके राष्ट्रीयकरण की बात पूरी तरह से बेमानी है। जबर्दस्ती करने से कोई सुधार नहीं हो सकता। दुनिया में कोई भी देश ऐसा नहीं है, जहाँ राष्ट्रीयकरण के माध्यम से कोई समस्या हल हो पायी हो। किसी भी समस्या के समाधान के लिए उसके मानवीय पक्ष पर ध्यान केन्द्रित करना जरूरी होता है, और जो लोग फिल्मों के राष्ट्रीयकरण की माँग उठा रहे हैं, वह उसकी समस्याओं से पूरी तरह अनजान हैं।

श्री गुलशन राय ने आगे कहा कि आज सबसे बड़ी जरूरत इस बात की है कि विभिन्न टैक्सों के नाम पर फिल्म उद्योग से जो धन वसूला जाता है, उसका एक बड़ा हिस्सा उद्योग के विस्तार और विकास की दिशा में व्यय किया जाए। फिल्म निर्माण में काले धन के उपयोग पर भी उसी के माध्यम से अंकुश लगाया जा सकता है। इन सब असंगतियों को दूर करने के लिए बीच-बीच में सरकार और फिल्मकारों के बीच गोलमेज सम्मेलन भी जरूरी हैं, लेकिन शासन के कर्णधारों के पास उसके लिए न कोई समय है और न किसी तरह की दिलचस्पी।

उत्तर प्रदेश ललित कला अकादमी की अध्यक्ष और देश के परराष्ट्र मन्त्रालय के तत्कालीन महासचिव रतनकुमार नेहरू की पत्नी श्रीमती राजेन नेहरू ने कहा कि कोई भी कलात्मक विधा तभी पुष्पित-पल्लवित हो सकती है, जब उसे आजादी के वातावरण में साँस लेने का मौका मिले। फिल्म भी एक ऐसी ही विधा है। उसमें बहुतेरी खामियाँ मुमकिन हैं, लेकिन मात्र राष्ट्रीयकरण से उनका निराकरण नहीं हो सकता। फिल्म निर्माताओं को चाहिए कि वह खुद उन खामियों को दूर

करने के लिए आगे बढ़ें और ऐसी फिल्में बनाएँ जो सत्य हों, शिव हों और सुन्दर हों।

आराधना और *अमर प्रेम* जैसी सार्थक फिल्मों के निर्माता-निर्देशक शक्ति सामन्त की राय थी कि सरकार को फिल्म-निर्माण का राष्ट्रीयकरण करने के स्थान पर वितरण और प्रदर्शन के क्षेत्रों को अपने हाथ में लेना चाहिए। आज देश में स्तरीय सिनेमाघरों का पूरा अभाव है, और उस कमी को तभी दूर किया जा सकता है, जब सरकार स्वयं उनके निर्माण की दिशा में अग्रसर हो। अच्छा प्रदर्शन-स्थल पाने के लिए आज निर्माताओं को महीनों इन्तजार करना पड़ता है। शासन अगर उस दिशा में गम्भीरता से पहल करे तो बहुत-सी समस्याएँ अपने आप सुलझ सकती हैं।

शक्ति सामन्त का आंशिक अनुमोदन करते हुए उत्तर प्रदेश विधान सभा के उपाध्यक्ष रामनारायण त्रिपाठी ने कहा कि फिल्म उद्योग का राष्ट्रीयकरण अगर करना ही है तो यह जरूरी है कि निर्माण, वितरण और प्रदर्शन के तीनों क्षेत्र उसके दायरे में एक साथ लाये जाएँ। किसी एक क्षेत्र का राष्ट्रीयकरण सर्वथा विपरीत प्रभाव डालेगा। वैसे, उनकी राय में राष्ट्रीयकरण का समय तब तक नहीं आया था, और अन्यान्य क्षेत्रों में उसकी सफलता-विफलता का आकलन करने के बाद ही इस बात का निर्णय सम्भव हो सकता है कि फिल्म उद्योग के लिए वह हितकर सिद्ध होगा या अहितकर।

अभिनेत्री अचला सचदेव ने कठोरतम शब्दों में राष्ट्रीयकरण का विरोध किया। उन्होंने कहा कि उद्योग का राष्ट्रीयकरण होने पर फिल्में भी टेण्डर के आधार पर बनायी जाएँगी, और जो व्यक्ति सबसे कम दाम में उनको बनाने का दावा पेश करेगा, उसी के पल्ले निर्माण का सर्वाधिकार पड़ जाएगा। फिल्म का निर्माण भवन और सड़कों के निर्माण से सर्वथा भिन्न है। वह एक रचनात्मक और संवेदनशील विधा है और उसमें उन्हीं लोगों को अपना योगदान करना चाहिए, जिन्हें उसकी प्राथमिक जानकारी हो।

सुप्रसिद्ध लखनऊ आर्ट्स कॉलेज के कुलगुरु और अन्तरराष्ट्रीय ख्याति प्राप्त चित्रकार रणवीर सिंह बिष्ट की मान्यता थी कि आज के फिल्म उद्योग को राष्ट्रीयकरण नहीं, बल्कि शल्य-चिकित्सा की जरूरत है। उन्होंने कहा कि फिल्मों का विकास न पश्चिम के अन्धाधुन्ध अनुकरण से सम्भव है और न साम्यवादी विचारधारा के अर्थहीन अनुसरण से। दोनों ही रास्ते उसके लिए घातक हैं। हमें चाहिए कि अपनी मर्यादाएँ हम खुद निर्धारित करें और फिर पूरी दृढ़ता के साथ उन मर्यादाओं का पालन किया जाए। जब तक ऐसा नहीं होता तब तक हमारे उद्योग का विकास आकाश-कुसुम ही बना रहेगा।

बदनाम बस्ती के माध्यम से वर्ष के सर्वश्रेष्ठ नव-निर्देशक का पुरस्कार अर्जित करनेवाले प्रेम कपूर का कहना था कि आज का प्रत्येक फिल्म-प्रेमी परिवर्तन का पक्षधर है और यथास्थिति का विरोधी। सामान्यतम दर्शक भी लीक से हटकर बनायी गयी फिल्मों को देखने में अब खासी रुचि रखने लगा है। इससे सिद्ध होता है कि स्तरीय फिल्मों के निर्माण से सम्बन्धित हमारा अभियान अगर पूरी तरह सफल नहीं हुआ है तो उसे सर्वथा विफल भी नहीं कहा जा सकता। आशा की यह निश्चित ही एक ऐसी किरण है, जिसकी अवहेलना किंचित सम्भव नहीं।

गीतकार हसरत ज़यपुरी ने इस बात का खण्डन किया कि आज के दिन अच्छी फिल्मों का निर्माण नहीं हो रहा है। यह आरोप भी उनको स्वीकार नहीं थे कि अच्छे लेखकों और गीतकारों का फिल्म संसार में कोई अभाव है, हालाँकि इस तथ्य को उन्होंने मंजूर किया कि फिल्म-संसार में लेखन की उतनी आजादी नहीं है, जितनी साहित्य के क्षेत्र में। लेकिन इसके मानी हर्गिज नहीं कि फिल्मों का राष्ट्रीयकरण उस दिशा में कोई तब्दीली ला सकता है। लेखनधर्मियों को जब तक अभिव्यक्ति की स्वतन्त्रता नहीं मिलती तब तक लेखन-विधा में उनका सार्थक योगदान किंचित सम्भव नहीं।

पोर्ट्रेट-आर्टिस्ट कान्तिचन्द्र सोनरेक्सा ने हालाँकि दूसरे प्रतिभागियों की तरह फिल्मों के राष्ट्रीयकरण का कट्टर विरोध नहीं किया, तब भी उनकी स्पष्ट मान्यता थी कि आंशिक रूप से उसका कार्यान्वयन पूरे उद्योग के लिए घातक सिद्ध होगा। इस बात को कोई भी समझदार व्यक्ति स्वीकार नहीं कर सकता कि फिल्मों की निर्माण-विधा तो राष्ट्रीयकरण के दायरे में आबद्ध कर दी जाए, लेकिन वितरण और प्रदर्शन के क्षेत्र उससे मुक्त रखे जाएँ।

सुचर्चित निर्माता-निर्देशक मोहन सहगल की राय में रचनात्मक विधाओं का राष्ट्रीयकरण न सम्भव है और न अपेक्षित। फिल्मों का निर्माण चूँकि कल्पना की सूक्ष्म ऊर्जा पर आधारित होता है, इससे लोहार के हथौड़े से उस पर अंकुश लगाना किसी भी विधि से सम्भव नहीं।

सहगल ने कहा कि फिल्म एक ऐसी कला है, जिसमें हमारी अन्तरात्मा के उत्थान की भावना निहित है। ऐसी अभिव्यंजनापूर्ण रचनात्मक विधा को किसी सीमा में आबद्ध करना न केवल उसके प्रति अन्याय करना है बल्कि उससे देश और देशवासियों के जिस मानसिक पतन की शुरुआत होगी, उसे किसी भी तरह रोकना मुश्किल हो जाएगा। फिर अभिव्यक्ति की आजादी के विशृंखलन को उससे जो प्रोत्साहन मिलेगा, उससे हमारी वह लोकतन्त्रीय व्यवस्था भी खतरे में पड़ सकती है, जिसके मूलभूत सिद्धान्तों पर हमारे राष्ट्र का ताना-बाना आधारित

है। ऐसी स्थिति में हमारे फिल्म उद्योग के विकास को तीव्रतर करने के लिए उसकी निर्बाध स्वच्छन्दता पर कुछ अंकुश भले ही आवश्यक हों, लेकिन उस अंकुश का आधार संस्तुति होनी चाहिए, जोर-जबर्दस्ती नहीं।

भारतीय प्रशासनिक सेवा के वरिष्ठ अधिकारी और पुरस्कृत वृत्तचित्र *उत्तर प्रदेश में गाँधीजी* के निर्माता महेश प्रसाद ने इस बात पर जोर दिया कि हमारे फिल्म-निर्माताओं को राष्ट्र की भावनाओं और उसकी अस्मिता का ध्यान रखने के साथ ही देश की निर्धारित नीतियों का पालन करना भी बहुत जरूरी है। इस बात को सुनिश्चित करना भी अपेक्षित है कि उनके द्वारा निर्मित फिल्में देश के मानक लक्ष्य और उद्देश्यों की मर्यादा का अतिक्रमण न करें। इस दिशा में सरकार का ज़ितना दायित्व है, उतना ही दायित्व फिल्मकारों का भी है। अन्यान्य कलात्मक विधाओं की तरह फिल्म-कला भी तभी पुष्पित और पल्लवित हो सकती है जब उसे अपने विकास और विस्तार की पूरी आजादी हासिल हो।

श्री महेश प्रसाद ने आगे कहा—''इस सम्बन्ध में फिल्म-उद्योग को अनुशासनबद्ध करने के लिए, सम्भव है, कभी-कभार उसे छोटे-मोटे दिशा-निर्देश देने की जरूरत पड़ जाए, लेकिन इस बात को ध्यान में रखना जरूरी है कि वह निर्देश उसके रास्ते में किसी तरह का व्यवधान न उत्पन्न करने पाएँ। कोई भी कला तब तक उन्नति नहीं कर सकती, जब तक उसे रचनात्मक स्वतन्त्रता न प्राप्त हो, और रचनात्मक गतिविधियों को सीमित या प्रतिबन्धित करना किसी भी शासन-प्रशासन के लिए न अपेक्षित है और न आवश्यक।

गोष्ठी के मुख्य-अतिथि के रूप में दिया गया राज कपूर का समापन भाषण जितना रोचक था, उतना ही प्रभावोत्पादक। राज ने प्रारम्भ में ही इस तथ्य को रेखांकित कर दिया था कि चूँकि मात्र आठवें दर्जे तक उन्होंने शिक्षा अर्जित की है, इससे उनकी वक्तृता में शब्द-विन्यास की अगर कोई गलती हो जाए तो श्रोता उनको क्षमा करेंगे, लेकिन उन्होंने सतत प्रवाहमयी शैली में जब अपनी बातें कहनी शुरू कीं तो बड़े-बड़े शिक्षाविद् भी दाँतों तले अपनी उँगली दबाने लगे। हमारे किसी भी सेमिनार में इतना धारा-प्रवाह अभिभाषण अभी तक किसी का नहीं हुआ था, यह बात दावे से कही जा सकती है। जैसे ही राज ने माइक अपने हाथों में लिया वैसे ही सबके नेत्र दत्तचित्त होकर एकटक उनकी ओर उन्मुख हो उठे और वह तभी अपने स्थान से हिले जब राज ने अपनी वक्तृता की समाप्ति कर दी।

राज कपूर को इस तरह बोलते हुए मैंने पहली बार सुना था। उनके उस भाषण में जो ओज, जो गाम्भीर्य और जो गहरापन था उसकी कल्पना भी सामान्य रूप से कोई नहीं कर सकता। व्यक्तित्व भी तो अनुपमेय था उनका। ताजे देसी गुलाब जैसी रंगत वाला उनका मुखड़ा, सिन्दूरी आभा से युक्त उनका ललाट,

गहरी झील के मानिन्द उनकी नीली आँखें, उगते सूरज की लालिमा से सम्पन्न उनके अधर और कश्मीरी सेब जैसे अरुणिम उनके कपोल। और उनकी वाणी? कभी गंगा की निर्मल धारा के समान शान्त और शीतल, कभी ज्वालामुखियों की तरह मुखर और प्रखर। उस व्यक्तित्व का शतांश भी रुपहले पर्दे पर अपनी छवि दिखाने में कभी समर्थ नहीं रह पाया, यह एक निश्चित तथ्य है। राज कपूर जैसी सूरत और सीरत वाला कोई दूसरा व्यक्ति, सच ही, आसानी से देखने को नहीं मिल सकता। उनमें बाह्य सौन्दर्य भी था, और आन्तरिक शुचिता भी।

अपने सम्बोधन को प्रारम्भ करते हुए राज कपूर ने कहा था कि अखबार और रेडियो की तरह फिल्म भी बृहद् लोक-सम्पर्क का एक सशक्त माध्यम है। लेकिन अखबारों का प्रभाव जहाँ मात्र उस तबके तक सीमित रहता है, जो सामान्य अक्षर-ज्ञान से वंचित नहीं और रेडियो का श्रवण करने के बाद उसके द्वारा प्रसारित सामग्री पर किसी तरह की टीका निरर्थक होती है, वहीं फिल्म को देखना भी पड़ता है और सुनना भी। देखने-सुनने के इस क्रम को साक्षर-समाज जिस रुचि के साथ अंजाम देता है, उसी कुतूहल के साथ वह निरक्षर समुदाय भी जिसकी टिप्पणी पर किसी फिल्म की सफलता या विफलता निर्भर होती है। इसीलिए उसमें ऐसी अपार सम्भावनाएँ निहित हैं, जिनको क़िसी भी रूप में सीमाबद्ध करना किंचित सम्भव नहीं। वह अपने दर्शकों को संवेदनशील बनाती हैं, उनका ज्ञानवर्द्धन करती हैं और उनको इस बात का मौका देती हैं कि अपनी जिन्दगी के फलक को बृहत्तर रूप प्रदान करने में वह सफल सिद्ध हो सकें।

उद्योग मन्त्री के कथन को इंगित किये बगैर राज कपूर ने कहा कि हालाँकि वह व्यक्तिविशेष पर आक्षेप करने के कभी हामी नहीं रहे, लेकिन उन राजनेताओं के भाषणों को सुनकर उन्हें हैरत जरूरत होती है, जो फिल्मों को देखे बगैर उनकी उपादेयता पर अपनी राय कायम कर बैठते हैं। हर राजनेता मौके-बेमौके इस बात का राग अलापने में अपना गौरव समझता है कि फिल्म की विधा अच्छी विधा नहीं है—फिर भले ही फिल्म निर्माण के ककहरे से भी वह किंचित अभिज्ञ न हो। ऐसा आखिर क्यों?

अपने इस प्रश्न का उन्होंने स्वयं ही उत्तर भी दिया। बोले—"इसकी एक वजह आपसी प्रतिस्पर्द्धा की वह भावना भी हो सकती है जो फिल्म जगत और राजनेताओं के मध्य अरसे से कायम है। दोनों ही अपने को *शो-मैन* मानते हैं। दोनों ही जनसामान्य की कृपा पर जिन्दा हैं। लेकिन मुकाबले के समय लोकप्रियता के क्षेत्र में राजनेता हमेशा फिल्मी दुनिया से मात खा जाते हैं, और उनकी वह पराजय कालान्तर में द्वेष का रूप धारण कर उन्हें फिल्म विधा का विरोधी बना देती है। फिल्म संसार के प्रति राजनेताओं की यह द्वेष भावना इतनी गहराई के

साथ जड़ जमा चुकी है कि उसका खात्मा होना अब मुश्किल है। वैसे किसी भी विधा की समीक्षा-परीक्षा असंगत नहीं, लेकिन अगर उसमें सामान्य ज्ञान का अभाव है या एकतरफा रूप से उसका निर्णय किया गया है तो निश्चित ही वह खतरे की एक ऐसी घण्टी बनकर प्रकट हो सकती है, जिसकी उपेक्षा या अवहेलना करना खुद अपने भविष्य के साथ खिलवाड़ करना होगा।''

देश के करोड़ों निवासियों के मनोरंजन के लिए फ़िल्म न केवल सर्वाधिक व्यापक माध्यम है। बल्कि सबसे सस्ता साधन भी। स्तरीय फ़िल्मकारों का हमेशा यह प्रयत्न रहा है कि अपनी प्रस्तुतियों के द्वारा उसे स्वस्थ मनोरंजन दें और कलात्मक और सांस्कृतिक अभिरुचि को जागृत करें, प्रगतिशील चेतना से युक्त कथानकों द्वारा उसे स्वस्थ मनोरंजन दें और इस बात की प्रेरणा प्रदान करें कि देश के सामाजिक-आर्थिक विकास की दिशा में वह अपना सक्रिय योगदान कर सके।

''अपने उद्देश्यों की पूर्ति में हमें कितनी सफलता मिली है। यह बहस का मुद्दा हो सकता है, लेकिन सरकार के साथ भी तो वही मानक लागू होने चाहिए। शासन के कर्णधार फिल्म और फिल्म उद्योग की समय-असमय जो आलोचना करते हैं, उसमें कितनी गहराई होती है? तत्सम्बन्ध में वह अपने उत्तरदायित्व के प्रति सजग है? हम लोग अपने लक्ष्य की ओर कम-से-कम बढ़ तो रहे हैं, काफी सीमा तक अपना रास्ता भी हमने तय कर लिया है? हमारा गन्तव्य भले ही हमसे काफी दूर हो, लेकिन हमारे कदम अब भी उसी दिशा में अग्रसर हैं—वह भी उस स्थिति में जब हमारे उद्योग की विकास यात्रा न कभी सुनियोजित रही है और न सुसंगठित। लेकिन सरकार? पंचवर्षीय योजनाओं का ढिंढोरा पीटनेवाली देश की सरकार हमारे सद्प्रयासों को पूरी तरह नकारते हुए निरन्तर हमारे उत्पीड़न में रत रही है। वह न यह चाहती है कि हम आगे बढ़ें, न यह कि हमारे पैर पीछे की ओर मुड़ें। ऐसी हालत में किसी सुधार की गुंजाइश ही कहाँ बच रहती है?

''अन्यान्य विधाओं की तरह फिल्म की विधा के भी कई पहलू हैं। फिल्में सार्थक भी होती हैं, और निरर्थक भी। ऐसी भी जो हमें नूतन प्रभात का संकेत दें, और वैसी भी जो रात की कालिख से हमारे मन-मस्तिष्क को पूरी तरह दूषित करती रहें। लेकिन इस धारणा में कतई कोई दम नहीं है जो फिल्में अपने निर्माताओं को धन-धान्य से परिपूर्ण करें उनको अच्छी फिल्मों के अन्तर्गत नहीं रखा जा सकता, और टिकट-खिड़की पर विफल रहनेवाली हर फिल्म हमेशा अच्छी ही होती है। पैसा कमानेवाली फिल्में भी सार्थक और सोद्देश्य हो सकती हैं, और नाकामयाब फिल्में अनिवार्य रूप से अच्छी ही होंगी, ऐसा कहना भी किसी के लिए मुमकिन नहीं।

''फिल्म की कला वस्तुतः एक व्यावसायिक कला है, और फिल्मों के

निर्माण में चूँकि अथाह धन का निवेश होता है, इससे सबसे पहले हमें उसकी वित्तीय समस्याओं का समाधान ढूँढ़ना पड़ेगा। उसमें निहित समस्याओं का निराकरण क्या मात्र राष्ट्रीयकरण के माध्यम से सम्भव है? दरअसल, सिनेमा उद्योग की निरन्तर बढ़ती हुई लोकप्रियता को देखकर सरकार किंचित भयग्रस्त होती जा रही है। इसी से वह चाहती है कि किसी न किसी प्रकार उस विधा पर उसका अंकुश बना रहे। लेकिन अंकुश के अर्थ आधिपत्य नहीं होते। अंकुश की सार्थकता समझी जा सकती है, लेकिन आधिपत्य की भावना का हर समझदार आदमी विरोध करेगा। और राष्ट्रीयकरण के मायने स्पष्ट शब्दों में आधिपत्य होते हैं—अंकुश नहीं। फिर राष्ट्रीयकरण की बात फिल्म निर्माण तक ही सीमित क्यों? वितरण और प्रदर्शन के व्यवसाय को उससे अलग क्यों रखा जाता है?

"किसी भी फिल्म से जो सकल आमदनी होती है, उसका मात्र आठ प्रतिशत भाग निर्माता तक पहुँच पाता है, शेष राशि वितरण और प्रदर्शन क्षेत्र के उसके सहभागी उदरस्थ कर जाते हैं। इस तथ्य के बावजूद किसी फिल्म के अपने थिएटर में प्रदर्शित करने के लिए थिएटर मालिक निर्माता से मनमाना किराया वसूल करते हैं। उनके इस कृत्य पर किसी का कोई अंकुश क्यों नहीं लगता?

"आज जरूरत इस बात की है कि तरह-तरह के टैक्सों के नाम पर सरकार हमसे जो धन वसूल करती है, उसे फिल्म-विधा से सम्बन्धित विकास कार्यों में ही व्यय किया जाए, दूसरी किसी मद में नहीं। उस राशि के एक भाग से वह अच्छे सिनेमाघरों का निर्माण करा सकती है, जहाँ *बदनाम बस्ती* जैसी सार्थक फिल्मों का प्रदर्शन सहज रूप से सम्भव हो सके और उन्हें डिब्बों में बन्द रखने की नौबत न आने पाए, लेकिन फिल्मों के प्रति सरकारी नुमाइन्दों में क्या इतनी दिलचस्पी है कि ऐसे कामों को वह गम्भीरता के साथ अंजाम दे सकें?"

मैं ठाकुर नहीं, टैगोर हूँ

पहले सामान्य चिट्ठी द्वारा नामांकन की सूचना भेजी जाती थी, फिर तार के माध्यम से उसे पुष्ट किया जाता था, तदुपरान्त पंजीकृत डाक से यह मालूम करने के प्रयास किये जाते थे कि उनको हमारा पुरस्कार स्वीकार है या नहीं। यही हमारी निर्धारित विधि थी। किसी भी नामांकन को हम तब तक अन्तिम रूप नहीं देते थे, जब तक

नामित व्यक्ति स्वयं अपने हस्ताक्षरों से उसे स्वीकार न कर ले। उसकी ओर से किसी अन्य व्यक्ति की स्वीकृति भी हमें मान्य नहीं थी। कुछ साल पहले देव आनन्द के साथ भी ऐसा ही हुआ था। *गाइड* के अभिनय के लिए जब हमने साल के सर्वश्रेष्ठ अभिनेता के रूप में उनका चयन किया तो उसकी स्वीकृति प्रदान की थी *नवकेतन* के किसी अधिकारी ने। हमने उस पत्र को पहली ही नजर में नामंजूर कर दिया था। बाद में जब देव आनन्द ने खुद अपने हस्ताक्षरों से युक्त स्वीकृतिपत्र भेजा, तभी उनका अवार्ड अन्तिम रूप धारण कर पाया। इसी तरह राजकुमार के साथ भी एक दुर्घटना हुई थी। नामांकन को औपचारिक रूप से स्वीकार करने के स्थान पर अपने जुनून में हमें मात्र एक तार भर भेजकर उन्होंने अपने कर्तव्य की इतिश्री समझ ली। फरमाया—"अनाउन्स माई एक्सेप्टेंस ऑफ बेस्ट ऐक्टर अवार्ड।" परिणामस्वरूप न केवल उस नामांकन से उन्हें पूरी तरह हाथ धोना पड़ गया, बल्कि ताजिन्दगी हमारे अवार्ड के लिए वह तरसते ही रह गये। राजेश ने भी शायद यही समझा होगा कि उनका अवार्ड तो तय हो ही चुका है, निरर्थक पत्र-व्यवहार की जरूरत भी क्या? अब तो उनको लखनऊ पहुँचना भर है, और फिर उस अवार्ड को उनकी मुट्ठी से कोई नहीं छीन सकता। इसी से हमारे किसी पत्र के औपचारिक प्रत्युत्तर की तो बात ही दरकिनार, उनकी अनौपचारिक प्राप्ति-स्वीकृति तक हमें नहीं मिल पायी। और अन्ततः अपने उसी अतिविश्वास—या भ्रान्ति—के फलस्वरूप हमारे समारोह में उनका सम्मिलित होना किंचित सम्भव नहीं हो पाया।

ऐसा नहीं कि उन्होंने आने की पहल न की हो। हैदराबाद में किसी फिल्म की शूटिंग कर रहे थे उन दिनों वे। साथ में थी, उनकी नयी-नवेली अंकशायिनी डिम्पल—डिम्पल कपाड़िया। कितनी आकर्षक तस्वीरें खींची होंगी राजेश ने अपनी पत्नी के सामने लखनऊ की। लखनऊ में यह होता है, वह होता है। वह ऐसी जगह है, वैसी जगह है। वहाँ के लोग ऐसे होते हैं, वैसे होते हैं। उनके द्वारा प्रस्तुत उन विवरणों को सुनकर कितनी मुदित, प्रमुदित हुई होगी डिम्पल भी। लखनऊ की वह पहली यात्रा थी उसकी, इसके पहले उसने लखनऊ का नाम भर सुना होगा। नवाबों का शहर, नवाबी माहौल और उसकी तहजीब से शहर का कूचा-कूचा सराबोर, नवाबकालीन व्यंजनों की महक से वहाँ के घर-आँगन चारों तरफ से गुलज़ार। कितना मजा आएगा वहाँ पहुँचकर, यही सोच रही होगी डिम्पल। राजेश उन दिनों हिन्दी फिल्मों के बेताज के बादशाह थे, स्टारों के स्टार। बिलकुल नम्बर एक। हर ओर उनकी तूती बोलती थी। कितने निर्माता उनकी कृपा के तलबगार रहते थे, कितने दर्शक उनकी एक झलक पाने के लिए बेकरार। क्या आन, बान और शान थी उन दिनों उनकी, और क्या रुतबा? खुद नरगिस ने मुझसे एक बार कहा था—"राजेश जैसा हरदिल अजीज अभिनेता अभी तक कोई दूसरा नहीं पैदा

हुआ। मुल्क के नौजवान तबके के बीच वह जितना लोकप्रिय है, उतना ही बच्चों और बूढ़ों के बीच भी। है कोई उस जैसा दूसरा हीरो, बोलो?''

लेकिन राजेश ने अपनी पत्नी को जो सपने दिखाये थे, वे पूरे नहीं हो पाये। सपनों की वह रंग-बिरंगी रेशम डोर दिल्ली पहुँचते ही टूटकर रह गयी, और फिर दोनों ऐसी हताशा और निराशा के बीच गोते लगाते रहे, जिसकी याद आज भी उनके दिल में कचोट पैदा कर सकती है। बड़ी उम्मीद से चले थे वह लखनऊ के लिए। प्रोड्यूसर ने बड़ी कोशिश की थी कि सिर्फ एक दिन के लिए वह लोकेशन पर और ठहर जाएँ, जिससे फिल्म के अन्तिम शॉट को पूरा किया जा सके। लेकिन राजेश तो लखनऊ की याद पर ही पूरी तरह फिदा थे—उनका वहाँ रुकना सम्भव भी कैसे हो सकता था? भले ही फिल्म निर्माताओं से उन्हें लाखों-करोड़ों मिलते हों, लेकिन वह राशि क्या उस पुरस्कार से बड़ी थी, जिसे प्राप्त करने के लिए वह लखनऊ जा रहे थे?

अपनी इन्हीं सतरंगी कल्पनाओं के सहारे राजेश और डिम्पल ने दिल्ली जानेवाले जहाज को पकड़ा, और पहुँच गये पालम। उसी समय बम्बई से छूटनेवाला एक जहाज भी वहाँ आया। उसमें से उतरे संजीव कुमार और शर्मिला टैगोर जैसे शीर्षस्थ कलाकारों के साथ निर्माता और निर्देशक एन.सी. सिप्पी, शिवेन्द्र सिन्हा, एन.एस. कबीर, ख्वाजा अहमद अब्बास और बासु भट्टाचार्य, अभिनेता दिनेश ठाकुर, ए.के. हंगल और गौतम सरीन, अभिनेत्रियाँ नाजनीन और उर्मिला भट्ट, संगीतकार जयदेव, गीतकार-संवाद लेखक कपिल कुमार और कला-निर्देशिका रिंकी भट्टाचार्य। उन सबका गन्तव्य लखनऊ था और लक्ष्य था—पुरस्कारों की प्राप्ति। शर्मिला लखनऊ जा रही है, इस बात का राजेश को पता था। *अमर-प्रेम* में प्रस्तुत अपने अभिनय के लिए उसे वर्ष की श्रेष्ठतम अभिनेत्री होने का अवार्ड मिला था। लेकिन संजीव कुमार? वह किस हैसियत से वहाँ जा रहे हैं आखिर?

राजेश से रहा नहीं गया। पूछ ही बैठे वह संजीव से—''हरीभाई, तुम यहाँ कैसे? किसी शूटिंग में जा रहे हो क्या?''

''नहीं जी, शूटिंग-वूटिंग क्या, हम सब जा रहे हैं लखनऊ अपने अवार्ड लेने के लिए। मुझे साल का बेस्ट ऐक्टर माना गया है न—*अनुभव* में निभाये गये अपने किरदार के लिए, और तुम्हारा कहाँ जाने का इरादा है?''

राजेश का दिमाग चक्कर खाकर रह गया। अगर संजीव को बेस्ट ऐक्टर अवार्ड मिला है तो वह खुद किस हैसियत से लखनऊ जा रहे हैं? उनको बताया तो यही गया था कि अमर प्रेम में प्रस्तुत शानदार अभिनय के लिए वर्ष के सर्वोत्तम अभिनेता का अवार्ड उनको दिया जा रहा है, फिर संजीव कुमार उसके लिए कैसे चुन लिये गये? यकीनन दाल में कुछ काला लगता है।

डिम्पल भी यह सब देखकर हैरान और परेशान नजर आ रही थी। एक म्यान में दो तलवारें कैसे समा सकती हैं, उसने सोचा, और फिर आँखों-ही-आँखों उसने राजेश से पूछ ही लिया—''यह सब क्या गोलमाल है, आखिर?''

राजेश खुद किंकर्तव्यविमूढ़ थे। बोले—''पहले होटल चलो, फिर इसके बारे में पता करेंगे।''

ओबरॉय होटल में ठहरे थे सब। वहाँ पहुँचकर राजेश ने किससे क्या बात की, इस बात का तो मुझे पता नहीं, लेकिन रात एक-डेढ़ बजे शर्मिला का एक टेलीफोन जरूर आया था मेरे पास। बोली—''काका (राजेश) बहुत परेशान लग रहा है। आप उससे फौरन बात कर लीजिए।''

कुछ ही देर पहले मोहम्मद बाग क्लब से मैं वापस लौटा था। शाम तक जो दूसरे पुरस्कार विजेता रेलगाड़ी या अन्यान्य साधनों द्वारा लखनऊ पहुँच चुके थे, उन्हें खिलाने-पिलाने और आमोद-प्रमोद कराने के उद्देश्य से हम कुछ लोग वहाँ गये थे। शर्मिला का सन्देश जब मुझे मिला तब तक मुझे खासी थकान आ चुकी थी और कमरे की सारी बत्तियों को बुझाकर मैं बिस्तर पर लेट चुका था। टेलीफोन के चोंगे को भी मैंने अँधेरे में ही उठाया था। लेटे-ही-लेटे मैंने शर्मिला से पूछने की कोशिश की थी—''काका को तो मैंने अपने फंक्शन में शामिल होने के लिए बुलाया था। वे दिल्ली पहुँच गये हैं, यह खुशी की बात है। लेकिन उनको परेशानी किस बात की है?''

''यह तो मुझे पता नहीं,'' शर्मिला ने जवाब दिया था—''लेकिन उससे कॉण्टैक्ट करने की फौरन जरूरत है। ओबरॉय होटल का टेलीफोन यह है और कमरे का नम्बर...''

मैं बीच में ही टोकते हुए बोल उठा—''उसका पता मुझे हैं।''

दिल्ली स्थित ओबरॉय होटल के टेलीफोन का नम्बर पाना कोई मुश्किल काम नहीं था। मेरी अपनी डायरी में उसका उल्लेख था। उसी नम्बर पर मैंने फौरन ओबरॉय से सम्पर्क स्थापित करने की कोशिश की। पता चला कि होटल का नम्बर बदल गया है। टेलीफोन इन्क्वायरी पहले तो मिली ही नहीं, और जब किसी ने वहाँ से जवाब भी दिया तो पता चला कि दिल्ली के बदले हुए नम्बरों की सूचना अभी तक उन लोगों को मिल नहीं पायी है। लाचार होकर जब दिल्ली एक्सचेंज टेलीफ़ोन किया तब जाकर उस नम्बर की जानकारी मिल पायी। इस सब पूछताछ में डेढ़-दो घण्टों का समय निकल गया था, और अन्ततः जब मुझे अपने प्रयत्नों में सफलता मिली, तब तक सुबह के चार बज चुके थे।

बड़ी मुश्किल से राजेश के साथ सम्पर्क स्थापित हो पाया। टेलीफोन लगते ही मैंने पूछा था उनसे—''सुबह सबके साथ लखनऊ पहुँच रहे हैं न? शर्मिला

का टेलीफोन पाकर मैं सचमुच बहुत परेशान हो गया हूँ। उसने बताया कि आपके दुश्मनों की तबीयत अचानक नासाज हो उठी है। क्या बात हो गयी?''

राजेश ने जवाब दिया—''कोई खास बात नहीं, भाईसाहब। चलते समय मुझे सिर्फ दिल्ली तक का कन्फर्म्ड टिकट मिल पाया। हैदराबाद में हालाँकि मुझे यह बताया गया था कि लखनऊ का टिकट दिल्ली में मुझे आसानी से मिल जाएगा, लेकिन यहाँ तो एक सीट भी खाली नहीं लगती। अब कैसे लखनऊ पहुँचूँ, यह समझ में नहीं आता। और अब तो पूरी टोली एयरपोर्ट के लिए निकल चुकी है, सिर्फ हम दोनों यहाँ अकेले बचे हैं। अपनी ओर से मैंने भरसक कोशिश की वहाँ पहुँचने की, लेकिन जब तकदीर ही न साथ दे तो किया भी क्या जा सकता है? मेरी मजबूरियों को ध्यान में रखते हुए मुझे मुआफी दीजिएगा। इसके अलावा और कुछ मैं कह भी क्या सकता हूँ...''

उसी जहाज से *दैनिक जागरण* के प्रबन्ध-निदेशक योगेन्द्र मोहन भी लखनऊ आये थे। उन्होंने मुझे बताया कि जहाज छूटने के एक मिनट पहले तक दिल्ली एयरपोर्ट पर बार-बार राजेश और डिम्पल के नाम पुकारे जा रहे थे, लेकिन उनका कहीं अता-पता ही नहीं मिल पाया। परिणामस्वरूप उनके नाम आरक्षित दोनों सीटें लखनऊ तक पूरी तरह खाली आयीं, उन पर कोई दूसरा व्यक्ति आसीन नहीं हुआ।

शक्ति सामन्त भी उनके साथ होते तो ऐसी कोई परिस्थिति निश्चित ही नहीं पैदा होती। उनको आना भी था, *अमर-प्रेम* को वर्ष के सर्वश्रेष्ठ चित्र के रूप में चयनित किया गया था और शक्ति समारोह में सम्मिलित होने की बाकायदा पुष्टि भी की थी। किसी काम से एक दिन पहले वे मद्रास गये हुए थे। शाम की फ्लाइट से वे दिल्ली के रास्ते लखनऊ के लिए उड़े भी, लेकिन आधे घण्टे के अन्दर ही उनके जहाज में कोई तकनीकी खराबी आ गयी और उसे वापस मद्रास लौटना पड़ा। दूसरी फ्लाइट अगली सुबह थी, और उससे समय पर लखनऊ पहुँच पाना किसी तरह मुमकिन नहीं था। इस तरह दुर्घटनाओं पर दुर्घटनाएँ होती रहीं, और लोग बेबस होकर एक-दूसरे की ओर देखते रह गये।

शक्ति फिल्म्स के प्रचार अधिकारी धीरेन्द्र किशन ने बाद में मुझे बताया—''एयरपोर्ट पर संजीव को देखकर काका इस कदर नाउम्मीद हो उठे थे कि फिर पूरी रात और अगले दिन का समय ह्विस्की की बोतलों के साथ ही उन्होंने गुजारा। फौरी तौर पर वह बम्बई वापस नहीं लौटना चाहते थे। किसी ने अवार्ड के बारे में उनसे कुछ पूछ लिया तो क्या जवाब देंगे?''

वैसे यह राजेश का स्वकल्पित भ्रममात्र था। संजीव के साथ पुरस्कार ग्रहण करने में आपत्ति की तो कोई बात ही नहीं थी। बहुत बार एक श्रेणी के पुरस्कार दो व्यक्तियों के बीच बँट जाते हैं। उस बार भी अभिनय विधा में शर्मिला के साथ

रेहाना सुल्तान पुरस्कृत हुई थी, और दोनों में से किसी को कोई एतराज नहीं हुआ। फिर अगर एतराज की कोई बात भी थी तो राजेश का पुरस्कार तो कहीं गया नहीं था। हम उन्हें अपना मुख्य अतिथि बना सकते थे, उन्हें अपने हाथों संजीव को पुरस्कार-प्रतिमा दिलवायी जा सकती थी, लेकिन जब किसी के मन में अकारण कोई गलतफहमी पैदा हो जाए तो उसकी दवा हकीम लुकमान के पास भी मिलना मुमकिन नहीं। वैसे उन दिनों राजेश अपनी लोकप्रियता के जिस शिख़र पर थे, उसमें ऐसी किसी बात को गम्भीरता से लेना उनके लिए समुचित नहीं था। वस्तुतः हमारी फिल्मी दुनिया शुरू से अब तक प्रतिस्पर्द्धा की जिस संकीर्ण मानसिकता से त्रस्त रही है, उसे ध्यान में रखते हुए ऐसी घटनाओं को नकारना आज भी शायद असम्भव होगा।

बम्बई तक इस घटना की प्रतिध्वनि न पहुँची हो, ऐसा भी नहीं। उन दिनों राजेश का पल-पल लाखों रुपयों का माना जाता था। कई घनिष्ठ फिल्मकार मित्रों ने उसके बारे में मुझसे पूछताछ भी की। इस बात पर उन्हें यकीन ही नहीं आ रहा था कि राजेश जैसे सर्वशक्तिमान व्यक्ति को हमारी वजह से अपने पूरे दो दिन असीम हताशा की स्थिति में बिताने पड़ सकते हैं। लोग समझते थे कि जब राजेश सोकर उठें, तभी सुबह होती है, और जब वह बिस्तर पर जाएँ, तभी रात का प्रारम्भ होता है। मोहन सहगल मेरी अन्तर्बाह्य दोनों स्थितियों से अवगत थे। मिलने पर उन्होंने कटाक्ष करते हुए कहा था, ''कलम और टाइपराइटर के जरिये रोजी-रोटी कमानेवाला तुम्हारे जैसा एक अदना-सा अखबारनवीस राजेश सरीखे सुपर स्टार को ऐसी दयनीय हालत तक पहुँचा दे, इसकी कल्पना फिल्मी दुनिया की हकीकत को जाननेवाला कोई भी आदमी नहीं कर सकता। फिर एक ऐसे शख़्स से पंगा लेने की तुम्हारी हिम्मत कैसे पड़ गयी, आखिर जो हरदम लाखों-करोड़ों से खेलता रहता है और जिसमें तुम जैसे हजारों ज़र्नलिस्टों को बायें हाथ से खरीदने की कूवत है?''

मैंने धीरे से जवाब दिया—''मोहन जी, लक्ष्मी और सरस्वती-अनुयायियों के द्वन्द्व में अक्सर लक्ष्मीभक्तों का खाता भी नहीं खुल पाता, इस चिरन्तन सत्य से आप अवगत हैं न?''

वैसे हमारा वह समारोह प्रारम्भ से ही सुयोग और दुर्योग के शतरंजी उतार-चढ़ाव से पूरी तरह ग्रस्त रहा था। राजेश खन्ना और डिम्पल को जिस तरह दिल्ली में रुकने के लिए बाध्य होना पड़ा, उसी तरह शक्ति सामन्त मद्रास से आगे बढ़ने में समर्थ नहीं हो पाये। *सवेरा* नामक समान्तर फिल्म में अपने सशक्त अभिनय के लिए पुरस्कृत रेहाना सुल्तान रेलगाड़ी से लखनऊ के लिए निकली थी। रेहाना के साथ थे उसके पिता फिल्म-निर्माता सुल्तान दुर्रानी और हेयर-ड्रेसर मीता यूसुफ़।

भोपाल के पास विदिशा के रेल-स्टेशन पर दस हजार से अधिक फिल्मप्रेमियों ने अचानक उसके डिब्बे को घेर लिया, और तब तक वहाँ से हटने के लिए तैयार नहीं हुए जब तक रेहाना को खुद अपनी आँखों वह निहार न लें। तीन घण्टों से अधिक की जद्दोजहद के बाद अन्ततः उनकी बोगी को काटकर प्लेटफॉर्म पर छोड़ दिया गया और गाड़ी अपने गन्तव्य की ओर रवाना हो गयी। सुबह एक बजे के आसपास उनको झाँसी जानेवाली एक टैक्सी मिली। झाँसी के आगे जाने का परमिट चूँकि उसके चालक के पास नहीं था, इससे झाँसी पहुँचकर कानपुर के लिए उन्हें एक दूसरी टैक्सी लेनी पड़ी, और कानपुर से लखनऊ वह तीसरी टैक्सी में आये। लखनऊ पहुँचने तक वह तीनों इस कदर धूलधूसरित हो चुके थे कि उनको पहचानना भी मुश्किल हो गया था। बेहद थकावट के कारण राज्यपाल की गार्डेन-पार्टी में शामिल होना भी उनके लिए सम्भव नहीं हो पाया।

उस साल हमारे समारोह में पूरे तीस पुरस्कार-विजेताओं का जमावड़ा हुआ था, जो सचमुच एक रेकार्डतोड़ उपलब्धि थी। इसके पहले कभी इतने लोग एक साथ किसी समारोह में शामिल नहीं हुए थे, औसतन पन्द्रह से लेकर बीस तक उनकी गिनती सीमित रही थी। अनेक बार तो उनका आँकड़ा आठ-दस को पार करने में भी सफल नहीं रह पाया। समारोह का कोई विशेष प्रचार भी नहीं हुआ था। *पॉयनियर* के अतिरिक्त किसी पत्र ने पुरस्कार पानेवालों की पूरी सूची भी शायद ही छापी हो। लेकिन सुबह जब हम लोग एयरपोर्ट पहुँचे तो हर ओर लोगों का हुजूम-ही-हुजूम नजर आ रहा था, हर सड़क, हर रास्ता, हर गली, हर पगडण्डी उन लोगों से भरी मिली जो दूरदराज के गाँवों तक से अपने चहेते सितारों की झलक मात्र पाने के लिए वहाँ एकत्र हो रहे थे। मेरे लिए यह स्थिति सर्वथा अप्रत्याशित ही नहीं, पूर्णतः अनपेक्षित भी थी। उतने बड़े सैलाब को सँभालना सचमुच मुझे बहुत मुश्किल लग रहा था, लेकिन उस काम से मुक्ति भी तो नहीं पायी जा सकती थी।

रवीन्द्रालय पहुँचने पर पाया कि प्रायः वे सभी लोग जिनको मैं प्रेक्षागृह में समायोजित करने का वचन दे आया था, वहाँ पहुँचकर मेरी प्रतीक्षा में रत हैं। कोई न्यायमूर्ति तो नहीं आया, लेकिन मन्त्री और अधिकारी अपने पूरे फौज-फाटे के साथ वहाँ मौजूद मिले। साथ ही कुछ ऐसे बनिया-महाजन भी आये थे, जिनको मैंने कभी अपने पास फटकने तक नहीं दिया था। लाचार होकर अपने उन परिचित-सहयोगियों को मुझे बॉलकनी में भेजना पड़ा, जो तब तक आरक्षित सीटों पर आसीन हो चुके थे। जिस अग्रिम पंक्ति को मैंने आगन्तुक पुरस्कार-विजेताओं के लिए पहले से इंगित कर रखा था, उसे भी उन नाजायज मेहमानों का समायोजन करने के लिए हमें खाली कराना पड़ा। परिणामस्वरूप बम्बई से आये हमारे

अतिथिगण प्रारम्भ से ही मंच पर बैठने के लिए विवश हो गये। उन रंगारंग कार्यक्रमों को भी पूरी तरह अस्त-व्यस्त होना पड़ गया जिनके रिहर्सल हफ्तों से चल रहे थे। नृत्यांगना पूर्णिमा पाण्डे (अब भातखण्डे डीम्ड संगीत यूनिवर्सिटी की वाइस-चांसलर—डॉ. पूर्णिमा पाण्डे) और पार्श्वगायिका सपना अवस्थी (तब वासवी उप्रेती) ने अवध के पारम्परिक लोकनृत्यों को तैयार करने में बड़ी कड़ी मेहनत की थी। लाचार होकर अतिथियों की तरफ पीठ करते हुए उस समस्त कार्यक्रम को मंचित करना पड़ा, जिससे प्रस्तुत नृत्यों की स्वाभाविक गरिमा तो नष्ट हुई ही, आगत अतिथियों के लिए कार्यक्रम का भली प्रकार अवलोकन करना भी किंचित सम्भव नहीं हो पाया।

यों प्रशस्ति समारोह सहज-स्वाभाविक रूप से सम्पन्न हुआ। शर्मिला का परिचय जब मैंने टैगोर के स्थान पर ठाकुर कहते हुए दिया तो उनकी भृकुटि हलकी-सी तन गयी थी। उन्होंने मंच पर ही टोक दिया था—"मैं ठाकुर नहीं, टैगोर हूँ—शर्मिला टैगोर।" लेकिन जब मैंने जवाब में बताया कि उनके प्रपितामह कविगुरु रवीन्द्रनाथ बंगभाषा में अपने को सदा-सर्वदा ठाकुर ही लिखते रहे थे, टैगोर नहीं, तब उनके चेहरे पर कुछ सहजता दिख पायी। बोली—"दोनों के मतलब एक हैं, लेकिन मैं खुद टैगोर कहलाना ज्यादा पसन्द करती हूँ।" स्मरणीय है कि हर मौके-बेमौके रवीन्द्रनाथ के साथ अपने नजदीकी रिश्तों का उल्लेख शर्मिला बहुलता से करती रहती थीं, और उस पर उन्हें गर्व भी था।

मुख्य अतिथि के रूप में राज्यपाल अकबर अली खाँ का सम्बोधन भी अवसर के अनुरूप था। उन्होंने इतनी बड़ी संख्या में पुरस्कृत फिल्मकारों के समारोह में शामिल होने पर आश्चर्यजनक प्रसन्नता व्यक्त की। बोले—"ऐसा तो अपने हैदराबाद में भी मुझे कभी देखने को नहीं मिला। हैदराबाद न सिर्फ फिल्म प्रोडक्शन का एक बड़ा मरकज़ है, बल्कि बम्बई से वहाँ आने-जाने के लिए डाइरेक्ट फ्लाइटों की भी कमी नहीं। वहाँ बड़े-बड़े फिल्म स्टूडियो हैं और स्टार तबके का वहाँ आना-जाना हमेशा लगा रहता है। लेकिन तब भी वहाँ का जर्नलिस्ट एसोसिएशन फिल्म स्टारों की इतनी बड़ी तादाद को एक साथ अपने शहर मदऊ करने में कभी कामयाब नहीं हो पाया। ऐसा क्यों है आखिर, कह बात मुझे अब तक समझ में नहीं आ पायी।"

जहाँगीराबाद-नरेश उन दिनों चूँकि अपनी वार्षिक विदेश-यात्रा पर निकले हुए थे, इसलिए उनके शाही भोज की व्यवस्था उस बार नहीं हो पायी थी। ऐसी अवस्था में हम कुछ मित्रों को खुद अपनी ओर से उसका इन्तजाम करना पड़ा था—होटल क्लार्क अवध में, जहाँ सब लोग ठहरे हुए थे, लेकिन वहाँ भी दुरवस्था का ही आलम मिला। मेहमानों के साथ अपनी तस्वीरें खिंचाने के लिए

वहाँ इतने अधिक लोगों की भीड़ एकत्र हो गयी थी कि खाने-पीने की बात दरकिनार, अच्छी तरह साँस लेने का मौका भी उनको नहीं मिल पा रहा था। विवश होकर उन सब लोगों को कुछ देर बाद अपने कमरों में वापस लौटना पड़ गया। मैंने सोचा था कि उनका खाना हम लोग कमरों में ही भिजवा देंगे, लेकिन जब तक मैं तत्सम्बन्ध में अपेक्षित व्यवस्था करूँ, तब तक होटल का किचन पूरी तरह खलास हो चुका था और दुबारा खाना तैयार करने में खासा समय लगने की आशंका थी। उस समय रात के बारह बज चुके थे, इससे किसी अन्य स्टार-रेस्तराँ से उसे मँगाने का सवाल भी पैदा नहीं होता था। लाचार होकर हमें चारबाग स्टेशन के पास स्थित नत्था ढाबे की ओर अपने आदमी दौड़ाने पड़े। वह ढाबा रात भर खुला रहता था और लोगों के बीच उसे खासी लोकप्रियता प्राप्त थी। आध-पौन घण्टे के अन्दर ही वह लोग विविध व्यंजनों को पैक कराके वापस भी लौट आये और मेहमानों ने बड़े शौक से उसे खाया। संजीव कुमार तो खान-पान के विशेषज्ञ माने जाते थे—कोनाइजर ऑफ क्युलिनरी। उन्होंने खाने के बाद टिप्पणी की थी—''लखनऊ के मामूली ढाबों में भी अगर इतना लजीज खाना मिल सकता है तो जहाँगीराबाद पैलेस में वह किस कदर जायकेदार होता होगा, इसका अन्दाज भी नहीं लगाया जा सकता।'' जमाल रसूल खाँ की दावतों के बारे में मैं पहले ही उन्हें पूरी जानकारी दे चुका था।

हमारा दूसरा दिन भी निर्विघ्न नहीं गुजरा। लखनऊ से दिल्ली की फ्लाइट अपराह्न तीन-चार बजे के आसपास जाती थी। दोपहर होटलवालों को एयरपोर्ट से किसी ने सूचित किया कि वह ढाई घण्टे लेट है। कुछ देर बाद जब मैंने खुद वहाँ की इन्क्वायरी से बात की तो पता चला कि पहलीवाली सूचना पूरी तरह निराधार है और जहाज अपने निर्धारित समय से आ रहा है। बाद में किसी ने बताया कि पिछली रात एयरपोर्ट स्टाफ के कतिपय कर्मियों को चूँकि हमने अपने समारोह के पास देकर उपकृत नहीं किया था, इससे वह हमें जानबूझकर भ्रमित करने की चेष्टा में थे। असलियत मालूम होने पर होटल से तत्काल एयरपोर्ट रवाना होने के अलावा हमारे पास कोई पर्याय नहीं बचा था। वहाँ पहुँचने पर देखा कि जहाज उड़ने के लिए पूरी तरह तैयार खड़ा है और एयरपोर्ट के बाहर जमा है हजारों की भीड़। अपने एक वरिष्ठ सहकर्मी, *इण्डियन पोस्ट* के सम्पादक प्रेम भाटिया को मैंने पहले ही स्थिति का जायजा लेने के लिए हवाई अड्डे भेज दिया था। उन्होंने बाहर से ही हमें सूचित किया कि सामान्य रास्ते से एयरपोर्ट के अन्दर पहुँचना नामुमकिन है, इससे अपनी गाड़ियाँ हम लोग सीधे जहाज के प्रवेशद्वार तक ले जाएँ, उन दिनों सिक्यूरिटी इतनी सख्त नहीं थी, जितनी कालान्तर में हुई। तब भी हमें सुरक्षा बैरियर तो तोड़ने ही पड़े और सीढ़ी हटने के कुछ ही सेकेण्ड

पहले यात्रियों को जहाज तक पहुँचाना सम्भव हो पाया। फिर सबको ताबड़तोड़ जहाज के अन्दर घुसना पड़ा था, लेकिन तब भी रेहाना और उसके साथ आये हुए दोनों लोगों का भाग्य उनका साथ नहीं दे पाया। मीता यूसुफ़ ने इस बात की कोशिश जरूर की थी कि कम-से-कम रेहाना जहाज के अन्दर पहुँच सके, लेकिन अपने सारे सामान के साथ उसे नीचे ढकेल दिया गया। जहाज रवाना होने के साथ ही हम सब भी सिक्यूरिटी स्टाफ के घेरे में ले लिये गये—खास तौर पर वे लोग जिन्होंने गाड़ियों का चालन किया था। आरोप था गैरकानूनी रूप से सुरक्षा बैरियर तोड़कर किसी सिक्यूरिटी चेक के बगैर लोगों को जहाज में घुसाना। अपराध निश्चित रूप से मामूली नहीं था। अगर हमारे विरुद्ध औपचारिक कार्रवाई की गयी होती तो महीनों हमें अदालत के चक्कर लगाने पड़ते और फिर बरसों जेल की हवा खानी पड़ती। उस दिन लगभग दो घण्टों तक हमें उनकी कड़ी गिरफ्त में रहना पड़ा था। संयोग से डॉ. कर्ण सिंह उस समय देश के विमानन मन्त्री थे और उनके साथ मेरा थोड़ा-बहुत परिचय था। बार-बार टेलीफोन करने के बावजूद उनसे मेरी बातचीत तो नहीं हो पायी, लेकिन एयरपोर्ट स्टाफ पर मेरे उन प्रयत्नों का कुछ-न-कुछ असर जरूर पड़ा। अन्ततः तीन-साढ़े तीन घण्टे लम्बी जद्दोजहद और फिर चेतावनीयुक्त प्रताड़ना ग्रहण करने के बाद हमें वहाँ से मुक्ति मिल पायी और हम अपने-अपने घरों को वापस लौट सके।

तीसरी कसम के हीरामन की तरह उस दिन मैंने भी अपने जीवन की पहली कसम खायी थी—अब कभी इतने लोगों को मैं अपने समारोह में आमन्त्रित नहीं करूँगा, जिनका भार उठाना मेरे लिए सम्भव न हो सके।

आश्चर्य की बात यह है कि उस वर्ष सम्पन्न हमारे परम्परागत सेमिनार में भी अपेक्षित जोश-खरोश नहीं आ पाया। लोगों को आशा थी कि संजीव और शर्मिला भी उसमें भाग लेंगे, लेकिन उन दोनों ने लखनऊ पहुँचते ही सूचित कर दिया था कि चूँकि पिछली पूरी रात उन्होंने जागते-जागते बितायी है, इससे विचार-गोष्ठी में सम्मिलित हो पाना उनके लिए कतई मुमकिन नहीं। वैसे अब्बास, बासु, लता अरोड़ा, दिनेश ठाकुर, एन.सी. सिप्पी, नाज़नीन, जयदेव, हंगल, कपिल कुमार, रिंकी भट्टाचार्य, शिवेन्द्र सिन्हा और उर्मिला भट्ट जैसे जाने-पहचाने चेहरों के साथ छायाकार ए. भट्टाचार्जी, फिल्म सम्पादक मोहन राठौड़, ध्वनि-संयोजक मीनू बाबा और प्रोडक्शन-एक्जीक्यूटिव अतहर सिराज सरीखे प्राविधिकों ने भी विचार विनिमय में अपना सार्थक योगदान किया और सभी ने फिल्मों का स्तर ऊँचा करने की दिशा में किये जानेवाले हमारे प्रयत्नों की भूरि-भूरि सराहना की। आतिथेयों की ओर से संगोष्ठी में भाग लिया था रंगकर्मी राज बिसारिया, वृत्तचित्र निर्देशक

सुरेश निगम, कवि ठाकुर प्रसाद सिंह, लेखिका शिवानी, *पॉयनियर* सम्पादक सुरेन्द्रनाथ घोष और प्रदेश सरकार के आला अफसर जर्नादन दत्त शुक्ल जैसे प्रतिनिधि फिल्म मर्मज्ञों ने फिल्म उद्योग की विभिन्न समस्याओं पर यह सब लोग खुलकर बोले भी, लेकिन तब भी सेमिनार में वह चमक नहीं आ पायी, जिसे गत कई बरसों से हम देखते रहे थे।

लेकिन पहले दिन की उस विचार-गोष्ठी में जिस बात का अभाव रह गया था, उसकी पूर्ति दूसरे दिन तब स्वत: हो गयी, जब उत्तर प्रदेश सरकार के सूचना एवं जनसम्पर्क मन्त्रालय ने एक विशेष सम्मेलन का आयोजन कर हमारे सभी अतिथियों को उसमें आमन्त्रित किया और उनसे औपचारिक रूप से राय माँगी कि प्रदेश में फिल्म उद्योग के समुचित विकास-विस्तार के लिए सरकारी स्तर पर क्या कुछ किया जा सकता है। वरिष्ठ आई.ए.एस. अधिकारी शिरोमणि शर्मा उन दिनों प्रदेश के सांस्कृतिक मन्त्रालय में प्रमुख सचिव होने के साथ ही सूचना एवं जनसम्पर्क विभाग के निदेशक भी थे। अपने पद पर आसीन होते ही उन्होंने सरकार की प्रस्तावित फिल्म-पॉलिसी के सम्बन्ध में एक प्रोजेक्ट रिपोर्ट भी तैयार कर ली थी। दरअसल, साल भर पहले सम्पन्न हमारे सेमिनार में राज कपूर और अन्य वक्ताओं ने फिल्मों के वितरण और प्रदर्शन सम्बन्धी क्षेत्रों का राष्ट्रीयकरण करने की जो माँग उठायी थी, उसमें तत्कालीन सूचना-निदेशक महेश प्रसाद को पर्याप्त तत्त्व नजर आया था। उसी समय से वह उसके सम्भावित कार्यान्वयन की दिशा में सक्रिय और सचेष्ट थे। उनकी योजना थी कि सार्थक फिल्मों को प्रोत्साहित करने के लिए सरकार स्वयं प्रदेश के प्रत्येक अंचल में ऐसे छोटे सिनेमाघरों का निर्माण करे, जहाँ अल्प-लागतवाली उन फिल्मों का प्रदर्शन आसानी से सम्भव हो सके, जिन्हें मुख्यधारा का वितरक खरीदने में कतराता है। महेश प्रसाद द्वारा प्रस्तुत उस परियोजना को कार्यरूप में परिणत करने का अवसर मिला उनके उत्तराधिकारी शिरोमणि शर्मा को, और वह उसे एक ठोस रूप प्रदान करने में जी-जान से जुट गये।

बहुत ही हिम्मत और मेहनत का काम था वह। इसके पहले किसी राजकीय संस्था ने उसकी कल्पना तक नहीं की होगी। अब्बास, बासु, शिवेन्द्र और सिप्पी जैसे मूर्द्धन्य फिल्मकारों ने उस परियोजना का न सिर्फ तहेदिल से समर्थन किया, बल्कि कई रचनात्मक सुझाव भी उन्होंने दिये। संजीव कुमार और शर्मिला भी चूँकि समान्तर फिल्मों के विकास के तीव्र पक्षधर थे, इससे उन्होंने भी प्रस्ताव को अपनी भरपूर सहमति प्रदान की। फिल्म उद्योग के इतने शीर्षस्थ व्यक्तियों द्वारा योजना का एक साथ अनुमोदन शिरोमणि शर्मा के लिए वरदान साबित हुआ और उन्होंने अपनी सम्पूर्ण प्रोजेक्ट रिपोर्ट सरकार को तत्काल सौंप दी। उसी रपट के

आधार पर कालान्तर में उत्तर प्रदेश चलचित्र निगम नामक स्वायत्त संस्था का गठन किया गया और वित्त मन्त्रालय ने एक अरब रुपये से अधिक की पूँजी उस काम के लिए निर्दिष्ट कर दी। यह निश्चित ही सरकार का एक ऐसा क्रान्तिकारी कदम था जिसके पार्श्व में हमारे अपने तत्सम्बन्धित प्रयत्न मुखर हो रहे थे। प्रदर्शन-विधा पर सरकारी अंकुश की बात अगर हमने नहीं चलायी होती तो शासन के लिए भी तत्सम्बन्ध में इतनी दृढ़ता के साथ आगे बढ़ना शायद सम्भव नहीं हो पाता।

चलचित्र निगम के प्रबन्ध-तन्त्र ने तीर-चार साल के अन्दर ही सौ से अधिक सिनेमाघरों के निर्माण कार्य को पूरा कर अपने मन्तव्य में रिकार्डतोड़ सफलता पायी। सभी सिनेमाघर आधुनिक सुख-सुविधाओं से परिपूर्ण थे, नये-नये संयन्त्रों से उन्हें सज्जित किया गया था और उनको देखकर किसी के लिए भी यह कहना मुश्किल था कि उनका निर्माण व्यावसायिक आधार पर नहीं किया गया है। इतनी अधिक मात्रा में ऐसे सिनेमाघरों की शृंखला तब तक देश के किसी भी अन्य वितरक के पास नहीं थी—ताराचन्द बड़जात्या जैसे मूर्द्धन्य लोगों के पास भी नहीं। सुनील दत्त और ओ.पी. रल्हन जैसे दिग्गज फिल्मकारों ने भी चलचित्र निगम के कतिपय सिनेमाघरों का अवलोकन कर उनकी निर्माण सम्बन्धी गुणवत्ता की भूरि-भूरि प्रशंसा की थी। उन सिनेमाघरों का उपयोग भी प्रारम्भ में लीक से अलग हटकर बनायी गयी फिल्मों के प्रदर्शन से ही हुआ, लेकिन जैसे-जैसे समय बीतता गया सरकार की नीयत में खोट आती गयी। फिर एक ऐसा भी वक्त आया, जब उछलकूद, मारकाट और रहस्य-रोमांस से परिपूर्ण फिल्मों को वहाँ वरीयता मिलने लगी और समान्तर फिल्मों का नाम लोग पूरी तरह भूल उठे। सार्वजनिक पूँजी से बने उन सिनेमाघरों को कालान्तर में बहुत कम कीमत पर निजी वितरकों के हाथ बेच देना पड़ा।

चलचित्र निगम द्वारा बनाये गये उन सिनेमाघरों के निर्माण का मूल उद्देश्य ऐसी फिल्मों को प्रदर्शन की सुविधा प्रदान करना था, जिन्हें सामान्यतः व्यावसायिक थिएटर नहीं मिल पाते। इस श्रेणी की फिल्मों के दर्शक भी ग्रामीण इलाकों में शून्य के समकक्ष होते हैं—नागर क्षेत्रों में ही उनका बाहुल्य होता है। इस दिशा में सरकार की आधारभूत गलती यह थी कि उसने अपने सारे-के-सारे सिनेमाघर छोटे कस्बों में ही बनवाये, किसी ऐसे महानगर में उनका निर्माण नहीं हुआ, जहाँ उनकी सुचारु रूप से देखभाल की जा सकती और प्रबुद्ध वर्ग के दर्शक वहाँ पहुँचकर अपनी मानसिक क्षुधा को तृप्त करते, और इस तरह उस अतिशय महत्त्वाकांक्षी योजना का दुःखद पटाक्षेप हुआ, जिसे अगर सफलता मिली होती तो अब तक हिन्दी फिल्मों का परिदृश्य ही पूरी तरह बदल चुका होता।

राखी के आने की कोई खबर?

हमारे बारहवें समारोह में भी न-न करते पन्द्रह लोग आ ही गये थे। पक्का वायदा करने के बावजूद जिन लोगों का आना सम्भव नहीं हो पाया, वे भी पहुँच गये होते तो यह गिनती काफी आगे बढ़ जाती।

उस समारोह के सम्पन्न होने के हफ्ते भर पहले ही मीर साहब का तबादला भुवनेश्वर के राजभवन में हो चुका था, और उनका स्थान ग्रहण किया था डॉ. एम. चन्ना रेड्डी ने। बड़े-बड़े अफसरों को भी उनके सम्मुख उपस्थित होने में पसीना आ जाता था। इसी से उनके बुलाने पर समारोह के सिलसिले में बात करने जब मैं राजभवन पहुँचा तो वहाँ का प्राय: पूरा स्टाफ यह सोचकर थर-थर काँप रहा था कि मेरे साथ आखिर वे क्या सुलूक करते हैं।

वैसे समारोह से सम्बन्धित सारी व्यवस्था खुद मीर अकबर अली खाँ कर गये थे। राजभवन में दी जानेवाली गार्डेन पार्टी से लेकर पुरस्कार-समर्पण के कार्यक्रम तक सभी को उनकी स्वीकृति मिल चुकी थी। उन प्रशस्तिपत्रों को भी उन्होंने मँगवा लिया था, जिन पर बतौर राज्यपाल उन्हें अपने हस्ताक्षर करने थे। यह परम्परा गोपाल रेड्डी के जमाने से चलती आयी थी, और मीर साहब ने भी बाखुशी उसका पालन किया था। वैसे भी राजभवन द्वारा जो कार्यक्रम स्वीकृत होते हैं उनकी पुष्टि आमतौर पर राज्यपाल के पदनाम से की जाती है—उनके व्यक्तिगत नाम से नहीं। तत्सम्बन्धित सारी औपचारिकताएँ चूँकि पहले ही पूरी हो चुकी थीं इससे मैं आश्वस्त था कि दोबारा उनके बारे में बात करने का कोई सवाल ही पैदा नहीं होता। राज्यपाल के अर्थ राज्यपाल होते हैं—गोपाल रेड्डी या अकबर अली खाँ या चन्ना रेड्डी नहीं। इसी से उनसे मिलने की उत्सुकता भी मुझे नहीं थी, लेकिन जब उनका बुलौव्वा आया तो मिलने जाना ही पड़ा।

चन्ना रेड्डी सामान्यत: तो मुझसे अच्छी ही तरह पेश आये। हमारी मुख-पत्रिका का उन्होंने दिलचस्पी के साथ अवलोकन किया, पिछले समारोहों के बारे में व्यापक पूछताछ की। उनका पहला सवाल था—"कौन-कौन शामिल हो रहा है समारोह में?" मैंने कुछ नाम बता दिये। बोले—"इस बात का क्या सबूत कि ये लोग यकीनी तौर पर आएँगे?" मैंने जवाब दिया—"इसकी गारण्टी लेना तो किसी के लिए भी मुमकिन नहीं हो सकता। बहुत लोग वादा करने के बाद भी नहीं आते, बहुत लोग बगैर किसी पूर्व सूचना पहुँच जाते हैं। आना-जाना तो पुरस्कार विजेताओं के हाथ में है, मन होता है तो चले जाते हैं, तबीयत नहीं होती तो अपने बने-बनाये कार्यक्रम को निरस्त भी कर देते हैं। ऐसी हालत में कम-

से-कम मेरे लिए यह बता पाना सम्भव नहीं कि कौन आएगा और कौन नहीं?''

''फिर अपनी मंजूरी मैं कैसे दे दूँ? अगर कोई नहीं आया, तो?''

मैं हँसते हुए बोला था, ''तो आप भी नहीं आइएगा, क्या परेशानी है? हम जबर्दस्ती तो आपको पकड़कर ले जाने से रहे।''

जिन लोगों ने समारोह में सम्मिलित होने का वादा किया था, उनमें गुलज़ार और राखी भी थे। उसी सुबह मुझे गुलजार का पत्र मिला था, जिसमें सपत्नीक लखनऊ पहुँचने की उन्होंने पुष्टि की थी। वह पत्र उस समय भी मेरी जेब में था। उसे निकालते हुए मैंने चन्ना रेड्डी से कहा, ''अब इसी खत को लीजिए। गुलज़ार ने इसमें इस बात की पक्के तौर पर ताईद की है कि राखी के साथ वह निश्चित रूप से हमारे फंक्शन में शरीक हो रहे हैं। मान लीजिए आखिरी वक्त बम्बई में उन्हें कोई ऐसा काम आ पड़ा, जिसकी वजह से वह लखनऊ के लिए नहीं निकल पाए तो उसमें हमारी किसी जिम्मेदारी का तो सवाल नहीं उठता, है न?''

लेकिन चन्ना रेड्डी ने मेरी उस बात पर कोई ध्यान नहीं दिया। हाँ, मेरे हाथ से गुलज़ार का वह खत उन्होंने जरूर छीन लिया और उसे पढ़ते ही उनके रूखे-सूखे चेहरे पर अचानक कुछ स्निग्धता आ गयी। बोले, ''राखी तो मेरी पसन्दीदा एक्ट्रेस है। उसकी कोई फिल्म मैंने अभी तक मिस नहीं की।''

''आप फिल्में भी देखते हैं?'' मैंने सवाल किया था।

''किसी जमाने में मैं मीनाकुमारी का शैदाई था, अब राखी पर फिदा हूँ।''

''बड़ी खुशी हुई आपके मुँह से यह सुनकर। अभी तक तो लोग यही बताते आये थे कि आप बड़े ड्राई किस्म के आदमी हैं।''

बातचीत के उसी क्रम में आवाज को बहुत हल्का करते हुए मैंने पूछने की कोशिश की—''तो फिर आप पीने-पिलाने...यानी पीने-वीने के भी शौकीन होंगे?''

मेरे इस सर्वथा अप्रत्याशित सवाल से आहत होकर उनके अन्दर का गवर्नर एक बार फिर जाग्रत हो उठा। भृकुटी भी कुछ तन गयी। बोले, ''खैर, राखी अगर आ रही है तो जरूर आपके फंक्शन में मैं शामिल होऊँगा, लेकिन अपनी फार्मल ऐक्सेप्टेंस तभी दे पाऊँगा, जब उसके आने की खबर मिल जाए।''

चन्ना रेड्डी की इन बातों को सुनकर मुझे पक्की तौर पर यकीन हो गया कि इस आदमी के दिमाग का कोई पेंच जरूर ही ढीला है। प्रस्तावित ऐट होम की बात भी मैंने बिलकुल नहीं चलायी। जब गवर्नर कार्यालय से उसकी स्वीकृति मुझे पहले ही मिल चुकी है तो भिड़ के छत्ते में हाथ डालने का फायदा ही क्या?

वैसे, उनका यह अभिनेत्री-प्रेम मुझे खला नहीं। यश चोपड़ा निर्मित *दाग* में प्रस्तुत राखी के उत्कृष्ट अभिनय के लिए हमने उसे अपने पुरस्कार के लिए नामांकित किया था। यश जी स्वयं भी उस अवसर पर लखनऊ आनेवाले थे,

लेकिन अचानक अस्वस्थ हो जाने के कारण ऐन वक्त पर उन्हें अपना कार्यक्रम रद्द करना पड़ गया।

राखी उन दिनों बम्बई में मेरे घर के बिलकुल पीछेवाली सड़क पर रहती थी, लेकिन उसके साथ कभी मेरा आमना-सामना नहीं हो पाया था। बकौल ब्रजेन्द्र गौड़ वह बेहद मूडी अभिनेत्री थी और सीधे मुँह किसी से बात करना उसे आता ही नहीं था। उधर अजय विश्वास के साथ उसके वैवाहिक सम्बन्ध तब तक पूरी तरह टूट चुके थे और एक बार फिर वह राखी विश्वास के स्थान पर राखी मजूमदार बन चुकी थी। 1970 में लखनऊ आने पर सन्ध्या रॉय और तरुण मजूमदार ने पूरे विस्तार के साथ उसके सम्बन्ध में मुझसे चर्चा की थी और कहा था कि अगली बार बम्बई जाने पर मैं उससे जरूर मिल लूँ। राखी किसी जमाने में सन्ध्या रॉय की निजी सहायक के रूप में काम कर चुकी थी, यह उन्हीं लोगों के माध्यम से मुझे पता चला। बम्बई जाने पर मैं उससे मिलने की योजना बना ही रहा था कि अकस्मात एक ऐसी घटना हो गयी जिसकी कल्पना भी मैं नहीं कर सकता था। उसी सुयोग या दुर्योग के बीच पहली बार राखी को देखने का मौका मुझे मिल पाया।

प्रेम कपूर जब *बदनाम बस्ती* बना रहे थे, तब अपनी यूनिट के लोगों को इधर-से-उधर पहुँचाने के लिए उन्होंने बहुत सस्ते दामों में एक सेकेण्ड-हैण्ड मोटरगाड़ी का क्रय किया था। स्टूडीबेकर या वॉक्सहॉल जैसी वह कोई भारी-भरकम गाड़ी थी, और उसका पेट्रोल कंजम्पशन भी अपने आकार के अनुरूप ही था—यानी एक लिटर में दो मील। फिल्म निर्माण पूरा होने के साथ ही उस गाड़ी की उपयोगिता भी समाप्त हो चुकी थी। फिर जब वह खटारा तीसरी बार कहीं नहीं बिक पाया तो अपने घर के आस-पास पार्किंग की कोई समुचित व्यवस्था न होने के कारण कपूर उसे *आनन्दकुंज* के कम्पाउण्ड में खड़ा कर गये। उन्हें उम्मीद थी कि मैं शायद उसका कोई ग्राहक जुटा सकूँगा। गाड़ी-चालन के कार्य में मैंने कभी अपने को माहिर नहीं समझा है। गाड़ी रखने का भी न कभी मुझे कोई शौक रहा है और न जरूरत। उसके बारे में मैंने जो कुछ सीखा-समझा था, वह राह चलते अपने मित्रों और सहयोगियों के माध्यम से ही, कार ड्राइविंग की विधिवत ट्रेनिंग मैंने कभी नहीं ली। लेकिन उस दिन पता नहीं क्या बात हो गयी कि उस पर अपने हाथ आजमाने के लिए मैं स्वत: आतुर हो उठा और अच्छी तरह सफाई-धुलाई करने के बाद उसकी स्टीयरिंग अन्तत: मैंने पकड़ ही ली।

उस शाम प्रेम चोपड़ा ने मुझे खान-पान के लिए आमन्त्रित किया था। पाली हिल की निभाना बिल्डिंग में अवस्थित प्रेम के फ्लैट की दूरी मेरे आवास से बहुत ज्यादा नहीं है। मामूली चहलकदमी करते हुए भी वहाँ जाने में पन्द्रह-बीस मिनट

से ज्यादा समय नहीं लगता, लेकिन तब भी अपने जुनून में मैंने वह गाड़ी स्टार्ट कर दी और पलक मारते ही पहुँच गया निभाना। प्रेम चोपड़ा अपने किसी जरूरतमन्द साथी की आर्थिक मदद करने में भले ही परले दर्जे का मक्खीचूस हो लेकिन खिलाने-पिलाने का उसे बेहद शौक है और उस दिशा में उसने कभी कोई कंजूसी नहीं बरती। महँगी-से-महँगी स्कॉच उसके यहाँ हमेशा उपलब्ध रहती है और दिल खोलकर वह उसका पान भी कराता है। पिछली बार हमारे समारोह में सम्मिलित होने जब वह लखनऊ आया था और विदाकाल में पृथ्वीराज तथा अन्य आगत अतिथि सूचना केन्द्र में आयोजित एक प्रेस-मीट को सम्बोधित करने में लगे हुए थे, तब दस मिनट की छुट्टी लेकर मैं उसे टुण्डे कबाबी के उस मशहूर ठेले पर ले गया था, जिसका नाम गिनीज बुक में भी दर्ज हो चुका है। टुण्डे के बनाये व्यंजनों को चखकर वह इतना प्रमुदित हो उठा था कि फिर घण्टों वह अपनी उँगलियाँ ही चाटता रह गया। इस बार भी खाते-पीते उसी की चर्चा-परिचर्चा में हम लोग निमग्न रहे और समय का एहसास मुझे तब हो पाया जब घड़ी से बारह की गजर सुनने को मिली।

जिन लोगों ने पाली हिल का इलाका देखा है, वे उसके भूगोल से निश्चित ही परिचित होंगे। निभाना बिल्डिंग से शुरू होकर जो छोटी-सी सड़क मेन पाली रोड की ओर जाती है वह इतनी दुर्गम है कि उस पर चलने से किसी अच्छे-भले आदमी की भी साँस फूलने लगे। फिर स्कॉच के आठ-दस पेगों ने मेरे दिमाग की हालत इतनी खस्ता कर रखी थी कि आगे-पीछे कुछ दिखाई ही नहीं पड़ता था। अपने उसी जुनून में मैंने गाड़ी को स्टार्ट कर दिया। जैसे ही वह मेन रोड के तिराहे पर पहुँची, उसका टकराव एक अपेक्षाकृत छोटी फिएट के साथ हो गया। टक्कर इस कदर जोरदार थी कि टकरानेवाली वह कार एकदम से चकरघिन्नी खाकर खार पाली के ढलाव की ओर गिरकर वहीं-की-वहीं खड़ी रह गयी। यह सब देखकर मेरा नशा तो अचानक पूरी तरह हिरन हो गया और मैं सोचने लगा कि आखिर यह क्या कर बैठा हूँ मैं। लेकिन सोचने-समझने का समय ही कहाँ बचा था मेरे पास? नजदीक ही पाली-नाके की पुलिस चौकी थी। उसके दो सिपाही उस दुर्घटना को देखते ही हमारे पास पहुँच गये। पलटी हुई गाड़ी को सीधा करने का प्रयत्न किया, चौकी पर पहुँचकर रोजनामचा भरने की रसम पूरी की और फिर एक सिपाही को मेरे साथ बैठाते हुए मुझे अपने पीछे चलने का आदेश दिया। मरता क्या न करता, मुझे उनके हुकम का पालन करना ही पड़ा। भिड़नेवाली उस गाड़ी में शोफर के अतिरिक्त मात्र एक महिला आसीन थी, जो बेहद उत्तेजना के स्वरों में कुछ-न-कुछ बोलती जा रही थी। अपने साथ बैठे हुए सिपाही से मैंने यह जानने की कोशिश भी की कि वह खातून आखिर कौन है, लेकिन वह

कुछ बताने में समर्थ नहीं हो पाया। दूसरी गाड़ी में उक्त महिला के साथ शायद दारोगा बैठा हुआ था। गाड़ी पाली ढाल से जब सान्ताक्रुज़ की ओर मुड़ी तो मुझे कुछ आश्चर्य हुआ। कायदे के हिसाब से तो उसे बान्द्रा थाने की ओर चलना चाहिए था। फिर जैसे ही सरोजिनी रोड स्थित *मुक्तांगन* नामक बँगले के सामने वह रुकी तो मुझे लगा जैसे उस स्थान को तो मैं अरसे से जानता हूँ। वह आवास राखी का था।

राखी तो गाड़ी से उतरते ही पता नहीं क्या कुछ बोलते-बोलते घर के अन्दर चली गयी थी। बैठकखाने में थे—अधेड़ उम्र के एक बंगाली सज्जन, जिन्होंने किन्हीं मजूमदार के रूप में मुझे अपना परिचय दिया। बाद में पता चला कि वे राखी के पिता थे। उनसे माफी माँगते हुए जब मैंने कहा कि गाड़ी की मरम्मत में जो खर्च आएगा, उसकी भरपाई करने का मैं पूरी तरह जिम्मेदार हूँ—उस दिशा में चिन्तित होने की उन्हें कोई आवश्यकता नहीं है—तो उन्होंने मेरा परिचय पूछा। जब मैंने उन्हें बताया कि उनके घर से दस कदम की दूरी पर ही मैं रहता हूँ, मूलरूप से लखनऊ का बाशिन्दा हूँ और पत्रकारिता मेरा व्यवसाय है तो अचानक वह मुझसे पूछ बैठे थे—''तब तो वहाँ के जर्नलिस्ट्स एसोसिएशन से भी आपका कुछ-न-कुछ ताल्लुक जरूर होगा। उन लोगों के पत्र अक्सर हमारे पास आते रहते हैं।''

मैं सोचने लगा कि आखिर कब कोई खत मैंने उनको सम्बोधित किया है। तभी याद आया कि *जीवन मृत्यु* और *शर्मीली* जैसी फिल्मों के लिए कुछ साल पहले हमने राखी को नामांकित किया था और तार के माध्यम से तत्सम्बन्धित प्राप्ति-स्वीकृति भी मुझे मिली थी—हालाँकि वह तार खुद राखी ने भेजे थे या उसके पिताश्री ने, इस बात का पता मुझे कभी नहीं लग पाया। इसी से मजूमदार महोदय का सवाल सुनते ही मैं उनसे कह बैठा था—''जी, मैं ही रामकृष्ण हूँ, एसोसिएशन का अध्यक्ष। मेरे ही पत्र आपको मिलते रहे होंगे।''

यह सुनते ही मजूमदार साहब ने अचानक मुझे अपनी बाँहों में भर लिया। फिर अपनी बाङ्ला-मिश्रित हिन्दी में वह मुझसे बोले—''जितने सुदर्शन आपके पत्र होते हैं उतने ही प्रियदर्शन आप स्वयं भी हैं। मुझे आपसे मिलकर हार्दिक प्रसन्नता हुई।''

तभी अपनी किसी सेविका को बुलाकर उन्होंने उससे कहा था—''राखी को बोल दो कि वह कुछ रसगुल्ले लेकर फौरन यहाँ आ जाए।'' उनके निर्देश पर रसगुल्ले तो तत्काल ही पहुँच गये, लेकिन राखी का दरस-परस फिर भी नहीं सुलभ हो पाया। सेविका ने बताया था कि वह अपने शयनकक्ष में जा चुकी है।

उन रसगुल्लों को ग्रहण करने के बाद मैं भी वहाँ से विदा हो गया और

साथ में आये पुलिसकर्मी भी। गाड़ी की मरम्मत का व्यय भी मुझे नहीं वहन करना पड़ा। लखनऊ के *पॉयनियर* ने इस अनोखे समाचार को अपने पहले पृष्ठ पर स्थान दिया था, बाद में अन्यान्य अखबारों ने भी वह खबर छापी। लेकिन मैं अभी तक इस बात का निर्णय नहीं कर पाया हूँ कि उस घटना को दुर्योग कहा जाएगा या सुयोग?

घटना गुलज़ार के साथ राखी के विवाह के कुल हफ्ते-डेढ़ हफ्ते पहले की है। उस समय भी राखी पाली हिल के दूसरे छोर पर *कोज़ीहोम* नामक भवन में अवस्थित गुलज़ार के फ्लैट से ही वापस लौट रही थी। मैं यह सोचकर अब भी काँप उठता हूँ कि उस घटना ने अगर वास्तव में दुर्घटना का रूप धारण कर लिया होता तो आज हमारी क्या स्थिति होती?

चन्ना रेड्डी का पर्याप्त उल्लेख पहले हो चुका है। उनको सिर्फ राखी में दिलचस्पी थी, हमारे समारोह में नहीं। जिस दिन पुरस्कार समर्पण सम्पन्न होना था, उस दिन भी वह राखी को भूल नहीं पाये। सुबह ही उनके ए.डी.सी. ने मुझसे पूछा था कि राखी का आना तय हुआ या नहीं?

दरअसल, राखी सचमुच नहीं आ रही थी। कुछ ही दिनों बाद मेघना का जन्म होना था और डॉक्टरों ने उसका हिलना-डुलना तक प्रतिबन्धित कर रखा था, बम्बई के बाहर कहीं आने-जाने का तो सवाल ही नहीं पैदा होता था। लेकिन चन्ना रेड्डी को जानबूझकर मैंने इस तथ्य से अवगत नहीं कराया। जब भी राजभवन से कोई पूछताछ होती, हम लोग यही जवाब देते कि उससे सम्पर्क स्थापित करने की कोशिश की जा रही है और जैसे ही कोई संवाद मिला, उसकी सूचना तुरन्त उन तक पहुँचा दी जाएगी।

दोपहर तक सुल्तान अहमद, राजेन्द्र भाटिया और कौसर हुसैन जैसे निर्माता, गजानन जागीरदार, कन्हैयालाल और अभिजित सेन जैसे अभिनेता, ज़ाहिदा और फ़रीदा आलम जैसी अभिनेत्रियाँ, जैनेन्द्र जैन और माया गोविन्द जैसे लेखनधर्मी, नरेन्द्र चंचल जैसे गायक, मदनमोहन जैसे संगीतकार और एल. शंकर जैसे वृत्तचित्र निर्देशक हमारे समारोह में भाग लेने लखनऊ पहुँच चुके थे। एक जहाज शाम को भी आता था, लेकिन उससे किसी के आने की सूचना हमें नहीं मिल पायी थी। आगत अतिथियों को उनके कार्यक्रम की जो तालिका दी गयी, उसमें राज्यपाल के उस प्रस्तावित ऐट होम का भी उल्लेख था, जिसकी पुष्टि राजभवन सचिवालय पहले ही कर चुका था। समय पर हमारे सहयोगी उनको राजभवन ले भी गये, लेकिन वहाँ से पूरी तरह निराश होकर उनको वापस लौटना पड़ा। राज्यपाल के स्टाफ ने बताया कि ऐसे किसी कार्यक्रम के सम्बन्ध में उन्हें कुछ भी नहीं मालूम।

बदतमीजी की इन्तहा थी यह। मुझे यह बात जब मालूम हुई तो मैं फौरन

भागा राजभवन। वहाँ पहले मुलाकात हुई राज्यपाल के सचिव, एन.एम. मजूमदार से। मजूमदार गुजरात कैडर से इण्डियन एडिमिनिस्ट्रेटिव सर्विस के वरिष्ठ अधिकारी थे और ऐट होम की पुष्टि करते हुए राज्यपाल सचिवालय से जिस पत्र की प्राप्ति हमें हुई थी, वह उन्हीं के हस्ताक्षरों के अन्तर्गत निर्गत किया गया था। उसका उल्लेख करने पर मजूमदार ने मुझे यह समझाने की कोशिश की कि वह चूँकि पूर्व राज्यपाल के निर्देशानुसार प्रेषित किया गया था, इससे अब उसकी कोई प्रासंगिकता नहीं रह गयी है। प्रत्युत्तर में इस तथ्य की ओर उनका ध्यान आकृष्ट करने का प्रयत्न जब मैंने किया कि आमन्त्रण राज्यपाल की ओर से जारी किया गया था, अकबर अली खाँ या चन्ना रेड्डी की ओर से नहीं, और अगर उसे रद्द भी किया गया था तो उसकी औपचारिक सूचना हमें मिलनी आवश्यक थी, मजूमदार ने मुझसे कहा कि इस सम्बन्ध में मैं सीधे राज्यपाल से बात कर लूँ तो ज्यादा अच्छा रहेगा। इस बीच चन्ना रेड्डी को वे मेरे आने की सूचना भी दे आये।

तब तक राजभवन के अधिकांश कर्मचारी हम दोनों की बातचीत सुनने के लिए राज्यपाल-कक्ष के बाहर जमा हो गये। एक परिचित ने मुझे यह समझाने की कोशिश भी की कि भिड़ के छत्ते में हाथ डालने से मेरा ही नुकसान होगा, एच.ई. (हिज एक्सेलेंसी) का नहीं। लेकिन उसकी सलाह सुनी-अनसुनी करते हुए मैं घुस गया, उस कमरे में जहाँ चन्ना रेड्डी बैठकर किसी फाइल का अवलोकन करने में संलग्न थे। मुझे अपने सामने पाकर पहले तो वह यही समझे कि राखी के पहुँचने की सूचना देने मैं उनके पास आया हूँ, लेकिन जब मैं उनसे बोला कि यू.पी. जैसे तहजीबयाफ्ता प्रदेश और लखनऊ जैसी संस्कृति नगरी में रहने का उन्हें कतई कोई हक नहीं है तो वे कुछ ठिठक-से गये, लेकिन तब भी उन्होंने मुझसे यही प्रश्न किया—''राखी जी आ गयी हैं न?''

मैंने जवाब दिया, ''राखी जी जब आएँगी तो उसकी पहली सूचना आपको ही दी जाएगी। फिलहाल मैं आपसे यह पूछने आया हूँ कि हमारे मेहमानों को राजभवन से वापस लौटाने की हिम्मत आपने कैसे की?''

''क्यों, क्या हो गया?''

जब मैंने उन्हें पूरी घटना बतायी तो वे बोले, ''मुझे तो उस प्रोग्राम के बारे में कुछ बताया नहीं गया था, लेकिन अगर सचमुच कोई ऐसी बात हुई है तो उसकी पूरी जिम्मेदारी मेरे स्टाफ की है। कुछ लोग यहाँ पहुँच भी गये थे तो उनका खैर-मखदम करना उनका फर्ज था। अब आप उन लोगों को फिर यहाँ ले आइए। चाय का इन्तजाम करना कोई मुश्किल बात नहीं है...हाँ, राखी के आने की कोई खबर मिली?''

''जी नहीं। लेकिन अपने अवार्डीज को दुबारा यहाँ लाना अब मेरे बस के

बाहर की बात है। आपका न्योता मैं जरूर उन तक पहुँचा दूँगा, लेकिन आने या न आने का फैसला करना अब उन्हीं को करना है, मुझे नहीं।''

यह कहते हुए मैं वहाँ से उठ खड़ा हुआ था, लेकिन वे बोलते ही जा रहे थे—''राखी के पहुँचते ही उसकी खबर मुझे देना...''

मजूमदार उस समय भी राज्यपाल के पीछे खड़े थे, लेकिन चन्ना रेड्डी ने न उनसे कुछ पूछा-जाँचा और न उनकी प्रताड़ना की। राज्यपाल की मर्जी के बगैर राजभवन का पत्ता तक नहीं हिल सकता, यह एक सर्वमान्य तथ्य है। इसके अर्थ क्या स्पष्ट रूप से यह नहीं कि पुरस्कृत फिल्मकारों को वापस लौटाने में स्वयं राज्यपाल की परोक्ष सहमति थी, और अब अपनी उस भूमिका पर वह चाहे जितनी लीपापोती कर लें, लेकिन उस कारगुजारी से मुक्त होना उनके लिए किंचित सम्भव नहीं।

मैंने सोचा था, फिल्मों के वरिष्ठतम अभिनेता के रूप में गजानन जागीरदार से हम समारोह की अध्यक्षता करा देंगे, और *पॉयनियर-सम्पादक* डॉ. घोष से पुरस्कार वितरण। दोनों ही इन कामों के अधिकारी थे, और दोनों ही मंच पर आसीन थे।

लेकिन समारोह को शुरू हुए बीस मिनट भी नहीं बीते होंगे कि रवीन्द्रालय के व्यवस्थापक टण्डन ने सूचित किया कि महामहिम का आगमन हो चुका है और उनका स्वागत करने मैं पोर्टिको में पहुँच जाऊँ। यह सुनकर मैं चन्ना रेड्डी की गाड़ी तक गया और उनको ससम्मान मंच तक ले आया।

चन्ना रेड्डी जब मंच पर पहुँचे उस समय संगीतकार मदनमोहन जन्नतमकानी बेगम अख्तर की याद में अपनी अकीदत पेश कर रहे थे। कुछ ही दिनों पहले बेगम साहिबा खुदा को प्यारी हुई थीं। मदनमोहन के साथ उनके पुराने घरेलू सम्बन्ध थे। किसी जमाने में दोनों ने एक साथ आकाशवाणी के लखनऊ केन्द्र में काम किया था।

फिर तो जब तक समारोह चलता रहा, चन्ना रेड्डी अपनी कुर्सी पर पूरी तरह काबिज रहे। एक बार भी उन्होंने इस बात का संकेत नहीं किया कि उन्हें वापस लौटने की जल्दी है, हालाँकि उनके साथ आये हुए ए.डी.सी. ने शुरू में ही मुझे बता दिया था कि आध घण्टे से ज्यादा रुकना उनके लिए सम्भव नहीं हो पाएगा।

नरेन्द्र चंचल ने राज कपूर की *बॉबी* में प्रस्तुत अपने मशहूर गीत—*मन्दिर-मस्जिद चाहे तोड़ो, दिल किसी का नहीं तोड़ना*—को गाना जब शुरू किया तो साथ ही राज्यपाल के पैर भी थिरकने लगे। फिर माया गोविन्द ने डॉ. भूपेन हज़ारिका की असमिया फिल्म के लिए लिखित अपने गीतों को जब स्वरव्यंजित किया तो उनकी हथेलियों में भी पूरी हरकत आ गयी। मेहमान कलाकार चन्ना रेड्डी

के इस कृत्य को देखकर गद्‌गद थे। बोले—"राज्यपाल सचमुच गुणों के गाहक हैं। ऐसा न होता अगर तो इतनी तल्लीनता के साथ वह हमारे कार्यक्रमों का अवलोकन कैसे करते?"

समारोह का समापन करते हुए अपनी हैदराबादी उर्दू में चन्ना रेड्डी क्या कुछ बोले, इसका मुझे पता नहीं। यह भी नहीं मालूम कि अपने सम्बोधन में उन्होंने राखी का जिक्र किया था या नहीं। बहरहाल राजभवन की गाड़ी पर जब मैंने उन्हें चढ़ाया तो वह अत्यधिक प्रसन्न नजर आ रहे थे। हाथ मिलाते हुए उन्होंने मुझसे कहा भी था—कभी-कभी मिलते रहा करो।

लेकिन मैंने तो कसम खा रखी थी—अब चन्ना रेड्डी जैसे लोगों के साथ कोई सम्बन्ध नहीं बनाने हैं।

रात्रि-भोज की व्यवस्था उस बार भी जहाँगीराबाद पैलेस में ही की गयी थी। तब तक जमाल रसूल खाँ अपनी विदेश यात्रा से वापस लौट चुके थे। सर्वथा नये उत्साह के साथ अपने राजमहल में उन्होंने हमारे अतिथियों का स्वागत किया। अतिथियों में अधिकांश ऐसे लोग थे जिन्होंने अवध के दस्तरख्वान का नाम भर सुना था, वह कितने विविध व्यंजनों से भरपूर होता है इसके बारे में उन्हें किंचित कोई जानकारी नहीं थी। चरित्र-अभिनेता कन्हैयालाल तो उन व्यंजनों का आस्वादन कर इतने गद्‌गद हो उठे कि साष्टांग दण्डवत होकर प्रमुख बावर्ची के चरणों का स्पर्श तक उन्होंने कर डाला। बोले—"आज पता चला कि जाने-आलम नवाब वाजिद अली शाह अपने कार्य-व्यवहार में इतने भावप्रवण कैसे थे। जिसे इतना लजीज भोजन खाने को मिलेगा उसमें तो स्वतः सारे गुण समाविष्ट हो जाएँगे।"

डिनर के साथ शेरो-शायरी का माहौल रहा। जमाल रसूल खाँ ने अपनी उस दावत में लखनऊ के कतिपय शायरों को भी आमन्त्रित कर रखा था और उन्होंने जिस मुखरता के साथ अपनी नज्में पेश कीं, उसे सुनकर श्रोता स्वतः ही वाह-वाह कर उठे। फिर माया गोविन्द ने जब अपनी कविताओं का सस्वर पाठ शुरू किया तो वह शायर भी हतप्रभ होकर उनकी ओर निहारते रह गये, जिन्हें अपने तरन्नुम पर गुमान था। माया की वाणी सचमुच इतनी मधुर और हृदयबेधी है कि कोई भी संवेदनशील प्राणी उसकी ओर सम्मोहित होने से अपने को बचा नहीं सकता।

सुमित्रानन्दन पन्त और फिल्म

तब तक उत्तर प्रदेश के मुख्यमन्त्री के रूप में हेमवतीनन्दन बहुगुणा शासन का कार्यभार सँभाल चुके थे। इलाहाबादवासी होने के नाते उन्हें निराला, महादेवी वर्मा और सुमित्रानन्दन पन्त जैसे साहित्यकारों के प्रति असीम अनुराग था, और उनकी कामना थी कि रुपहले परदे के माध्यम से उनकी स्मृति को सदा-सर्वदा अक्षुण्ण रखा जाए। इस कोटि के जिन साहित्यकारों पर वृत्तचित्र बनाने का निर्देश उन्होंने शासन के फिल्म प्रभाग को दिया, उनमें सुमित्रानन्दन पन्त का नाम सबसे ऊपर था और तत्सम्बन्धित फिल्म प्रभाग के निर्माण के लिए उन्होंने एक अच्छी-खासी धनराशि भी निर्धारित कर दी थी। फिल्म के कर्ताधर्ता उन दिनों सुरेश निगम थे, जो इसके पूर्व भी *ग्राम्या* और *गाँधी* जैसे पुरस्कार-विजयी वृत्तचित्रों का निर्देशन कर चुके थे। सुरेश का पालन-पोषण एक ऐसे ठेठ अँग्रेजीदाँ परिवार में हुआ था, जहाँ लोग सपने भी अँग्रेजी में देखते थे—बातचीत की तो बात ही दरकिनार। अपनी शिक्षा-दीक्षा भी पूर्णत: पाश्चात्य परिवेश में उन्होंने अर्जित की थी—उनके पिता अँग्रेजी शासनकाल में वरिष्ठ आई.सी.एस. हुक्काम रह चुके थे। ऐसी स्थिति में पन्त जी या उनके कृतित्व को गहराई से हृदयंगम करना निगम के लिए आसान काम नहीं था। इसके विपरीत मुझे साहित्य और साहित्यकारों में पर्याप्त रुचि थी और पन्त जी प्रभृति कृतिकारों को मैं व्यक्तिगत रूप से जानता-पहचानता था। ऐसी स्थिति में निगम ने न केवल मेरे अपेक्षित सहयोग की याचना की, बल्कि यह भी चाहा कि फिल्म-निर्माण की अवधि में मैं निरन्तर उनके साथ रहूँ।

पन्त जी को समझने का अभियान प्रारम्भ हुआ था, उनकी कृतियों के माध्यम से। फिल्म के पटकथाकार चन्द्रमोहन शर्मा स्वयं साहित्य के मर्मज्ञ थे और उन्होंने पन्त जी की अनेक रचनाओं के चयनित अंश हम लोगों को सुनाये। शुरू में, बहुत प्रयत्न करने पर भी, उनकी गहराई तक पहुँच पाना हमारे लिए सुगम नहीं हो पाया था, लेकिन जैसे-जैसे वह आगे बढ़ते गये हमें महसूस होता गया कि अगर कोई व्यक्ति इतिहास और दर्शन का अध्ययन करने के स्थान पर मात्र पन्त जी की कविताओं का अवलोकन करने में अपना समय लगा डाले, तो उसे जो कुछ मिलेगा उसकी उपलब्धि अन्यत्र कहीं नहीं हो सकती। इसी से हम लोगों ने तय किया कि पन्त जी से सम्बन्धित वह फिल्म पूरी तरह उनकी कृतियों पर आधारित होगी, उनके स्वयं के जीवनवृत्त पर नहीं। हमें लगा था कि उस महान कवि की अनुभूतियों—उसके रचनात्मक सृजन को परदे पर प्रस्तुत करना अगर सहज सम्भव हो पाया तो उस फिल्म से वह कहीं अधिक दर्शनीय और श्रवणीय बन सकेगी,

जिसमें उनके जन्म, उनके खानदान, उनकी शिक्षा-दीक्षा, उनके व्यापार-व्यवसाय की पिटी-पिटाई बातों का समावेश करने की कोशिश की गयी हो। और अपनी पसन्द की पटकथा तैयार कर एक दिन हम लोग सचमुच इलाहाबाद पहुँच गये—उसे पन्त जी को दिखाने और उनकी सहमति प्राप्त करने के लिए।

दोपहर होने के पहले हम तीनों पन्तजी के सम्मुख थे, टैगोर टाउन स्थित उनके कलात्मक आवास में। मर्मस्पर्शी आह्लाद के साथ उन्होंने हमारा स्वागत किया। फिल्म की निर्माण विधा से भी वह किंचित अपरिचित नहीं थे, उदयशंकर की बहुचर्चित फिल्म *कल्पना* की पटकथा उन्हीं के द्वारा लिपिबद्ध की गयी थी और फिल्म के निर्माण काल में अपना अधिकांश समय उन्होंने उसकी यूनिट के साथ ही व्यतीत किया था। इसीलिए हम लोगों द्वारा प्रस्तुत अपनी फिल्म का सिनारियो उन्होंने बहुत मनोवेग से देखा, पढ़ा और काफी देर तक वह उसी के बारे में सोचते रहे। फिर उन्होंने कहा था—''स्क्रिप्ट तो आप लोगों ने बहुत अच्छी बनायी है। निश्चित ही इस पर बहुत अच्छी फिल्म का निर्माण किया जा सकता है। लेकिन सवाल यह है कि आम दर्शक भी क्या उसे समझ पाएँगे?''

सुरेश ने बहुत विनम्रता से जवाब दिया था—''आपकी रचनाएँ भी जनसामान्य के लिए नहीं हैं पन्त जी, फिर अगर हमने भी फिल्म की परिकल्पना उस वर्ग को ध्यान में रखकर नहीं की तो क्या गुनाह कर दिया?''

बात निश्चित ही किंचित कटु थी, लेकिन पन्त जी ने उसे बहुत सहज-स्वाभाविक ढंग से स्वीकार किया। सुरेश की उस टिप्पणी को सुनकर पहले तो वह एकटक हम लोगों की ओर निहारते रह गये, बोले नहीं कुछ। फिर अपनी बात बढ़ाते हुए जब हमने पुनः उनसे यह जानने का प्रयत्न किया कि वह स्क्रिप्ट उनकी रचनात्मक अनुभूति, उनके सृजनात्मक संसार की अभिव्यक्ति को सही तरह से प्रस्तुत करती है या नहीं, तो उन्होंने जवाब दिया था—''स्क्रिप्ट तो करती ही है, फिल्म भी करेगी।'' कहने की जरूरत नहीं कि पन्त जी के इन शब्दों के पीछे हमारे प्रति उनका जो विश्वास था, उसका संकेत बाद के दिनों में भी पल-पल हमें मिलता रहा।

शूटिंग के दौरान अपना जो स्नेह और सहयोग पन्त जी ने हम लोगों को दिया, वह शायद ही कोई व्यावसायिक कलाकार अपने निर्देशकों को अब तक दे पाया हो। फिल्मांकन के उन शॉट्स की लाइटिंग करने में जिनमें उनका स्वयं का चित्रण होना था, कैमरा-ट्रॉली जैसे उपकरणों को यथास्थान संयोजित करने में तथा शॉट्स के कम्पोजीशन के अनुसार स्थान की रूपसज्जा करने में पन्त जी ने हमारी जो मदद की, वह आश्चर्यजनक ही नहीं उत्साहवर्द्धक भी थी। जरूरत पड़ने पर एक-एक शॉट के लिए उन्होंने सात-सात रिटेक दिये। उनके स्वास्थ्य

और उनकी आयु को ध्यान में रखते हुए हमने कई बार कोशिश की थी कि लाइटिंग का संयोजन किसी डमी के माध्यम से कर लिया जाए, लेकिन पन्त जी उसके लिए किंचित तैयार नहीं हुए। ऐसे हर मौके पर वह अपने हाथ में कागज-कलम लेकर बैठ जाते थे और जब हमारा शॉट टेक के लिए तैयार होता तो बड़े आह्लाद के साथ कहते थे—"इधर आप लोगों का शॉट तैयार हुआ और उधर मेरी एक कविता पूरी हो गयी। फिल्म के निर्माण के दौरान इस तरह कितनी रचनाओं का सृजन उन्होंने कर डाला होगा, यह वही जानते होंगे।"

इस बीच पन्त जी को लेकर हमें कालाकाँकर भी जाना पड़ा था। अपने युवाकाल में कुँवर सुरेश सिंह के आतिथ्य में पन्त जी ने वहाँ कई बरसों निवास किया था। वहाँ पहुँचने पर अचानक हमें महसूस हुआ, जैसे पन्त जी हमारे मेहमान नहीं, हमारी पूरी यूनिट उनकी मेहमान हो। हम लोगों के नाश्ता-पानी, खाने-पीने का जो स्नेहसम्पृक्त ध्यान पन्त जी ने वहाँ रखा, वह शायद किसी राजकीय बरात को भी नहीं मिल पाया होगा। जिस व्यक्ति के प्रति एक अनजाने डर के कारण बरसों से कतराने की कोशिश करते रहे थे सुरेश निगम, उसके साथ मिलजुलकर काम करने में उन्हें इतना आनन्द, इतना विश्वास, स्नेह और सुख प्राप्त हो सकेगा इसका अनुमान करना भी उनके लिए मुमकिन नहीं था।

फिल्म के ध्वन्यांकन के लिए पन्त जी को बम्बई की यात्रा भी करनी पड़ी थी। यों तो उनके सभी हितचिन्तकों ने उनको यही राय दी थी कि अपने स्वास्थ्य को ध्यान में रखते हुए अपने उस कार्यक्रम को वह स्थगित कर दें, लेकिन फिल्म की व्यापक हितचिंतना में पन्त जी ने उन सभी परामर्शों को सहज ही नजरअन्दाज कर दिया। बम्बई के एक सुप्रसिद्ध पंचतारा होटल के प्रिन्सेज सुइट में उनके ठहरने की व्यवस्था थी। उनके आगमन की खबर जैसे ही वहाँ फैली, भेंट करनेवालों का ताँता लग गया। पत्रकार, साहित्यकार, कलाकार और फिल्मकार, सभी किस्म के लोग उनसे मिलने के लिए उत्सुक थे। मुझे याद है, मेरी एक परिचित फिल्म अभिनेत्री जब उनसे मिलने आयी तो मैं मजाक-मजाक में उससे कह बैठा—*बाले तेरे बाल-जाल में, कैसे उलझा दूँ लोचन* जैसी कोई पंक्ति न दुहरानी पड़ जाए, पन्त जी को तुमसे मुक्ति पाने के लिए? उस समय उसकी वेणियाँ घुटनों के नीचे तक लटक रही थीं, और उन्हीं वेणियों को देखकर पन्त जी की इस उक्ति का स्मरण मुझे हो आया था। पन्त जी हँस पड़े थे मेरी इस बात को सुनकर। बोले—"वह तो पचास साल पहले की बात है। क्या पता, अब आई मे चेन्ज माई माइण्ड?" और उनकी इस बात को सुनकर हम सभी अविरल हँस पड़े थे।

कवि नरेन्द्र शर्मा के यहाँ लता मंगेशकर के साथ पन्त जी की मुलाकात हुई, तब की याद भूल पाना भी सहज-सम्भव नहीं। नरेन्द्र जी के यहाँ पन्त जी को

छोड़कर घण्टे-आध घण्टे के लिए हम लोग अपने किसी व्यक्तिगत काम से बाहर चले गये थे। लौटे तो पाया कि लता जी पन्त जी को अपना हाथ दिखा रही हैं। पन्त जी कुशल हस्तरेखा-विशेषज्ञ थे, यह बात सभी को मालूम होगी। उसी सिलसिले में लता से सुरेश ने पूछा था, "लता जी, दुनिया की सारी दौलत, शोहरत, प्रतिभा आपकी कदमबोसी कर रही हैं, दुनिया के बच्चे-बच्चे की जबान पर आपका नाम है, फिर आखिर किस खुशी में अपना हाथ आप पन्त जी को दिखा रही हैं ?"

लेकिन इसके पहले कि लता स्वयं अपनी मधुर वाणी में कोई जवाब देतीं, पन्त जी अपने स्वाभाविक विनोदपूर्ण अन्दाज में बोल उठे, "असल में इनकी शादी अभी तक नहीं हो पायी है न, इसी से उसके बारे में जानने की इन्हें उत्सुकता है ?"

हँसी के उसी दौर में अपनी बात को आगे बढ़ाते हुए सुरेश ने कहा, "इसकी भी कोई कमी है, लता जी ? जिधर नजर घुमा दें, वही राजी हो जाएगा।"

इस पर पन्त जी ने उनसे पूछा, "आप करेंगे ?"

सुरेश चिल्ला उठे थे, "फौरन, मैं तो इसी वक्त तैयार हूँ।"

लता जी संकुचित हो उठी थीं यह सब सुनकर। बोली थीं, *"हाउ काइण्ड ऑफ यू टु से सो, हाउ वेरी स्वीट ऑफ यू ?"*

सुरेश ने बाद में बताया कि पन्त जी के निकट-सान्निध्य में रहने के कारण ही वे ऐसी किसी बात को कहने की धृष्टता कर पाये थे लता मंगेशकर जैसी भुवनमोहिनी गायिका से। पन्त जी की अनुपस्थिति में इतनी ऊँची उड़ान भरने की हिम्मत भी कैसे हो पाती उनकी।

फिल्म का निर्माण सम्पन्न हो गया तो पन्त जी के समक्ष उसका प्रदर्शन कर तत्सम्बन्ध में उनकी प्रतिक्रिया जानने का परामर्श मिला सुरेश को। सम्बद्ध मन्त्री को फिल्म रुचिकर नहीं लग पायी थी। वह सूक्ष्म अनुभूतियों के स्थान पर ठोस कथावस्तु का चित्रण चाहते थे। इसी से खुद पन्त जी की सम्मति प्राप्त करने का निदेश उन्होंने पारित किया था।

उस दिन पहली बार पन्त जी के सम्मुख हम लोगों ने अपने को नर्वस पाया। प्रदर्शन कक्ष में घोर निस्तब्धता छायी हुई थी। फिल्म का अवलोकन करने के बाद भी पन्त जी के चेहरे पर कोई प्रतिक्रिया नहीं दिख पायी। हम लोग हताश ही हो रहे थे कि उन्होंने धीमे स्वर में कहा, "दुबारा फिल्म देखने को मिल सकती है ?"

हाल में एक बार फिर अँधेरा किया गया और फिल्म दूसरी बार चलायी गयी। अन्तिम दृश्य पन्त जी पर ही फिल्माया गया था— *जग के उर्वर आँगन में बरसो ज्योतिर्मय जीवन* की प्रार्थना के साथ। हम सबने देखा, दृश्य के खत्म होते-होते पन्त जी की आँखें आँसुओं से छलक उठी थीं। जेब से रूमाल निकालकर

धीमे से चश्मे के नीचे से अपने गालों को पोंछते हुए वह कह उठे थे—"इन सेवेण्टी-टू इयर्स ऑफ माई लाइफ, आई हैव नाट सीन सच ए ब्यूटीफुल पोएम—द्रुमों की मृदु छाया की इतनी सुन्दर कल्पना तो मैंने स्वयं भी नहीं की थी!"

हमें और चाहिए भी क्या था? लगता था, जैसे अचानक मुँहमाँगी मुराद मिल गयी हो।

आपातकाल में

1975 का साल हमारे लिए तीव्र चुनौतियों का साल साबित हुआ। उसी वर्ष देश में आपात-स्थिति लागू की गयी थी और जनसामान्य के मुँह को बन्द करते हुए उसके होठों पर एक वजनदार ताला लटका दिया गया था। भारत के सूचना-प्रसारण मन्त्री के रूप में पदस्थ होते ही विद्याचरण शुक्ल ने जिस तरह प्रेस ट्रस्ट और यू.एन.आई. जैसे स्वतन्त्र संगठनों का कत्लेआम करते हुए देश के अखबारों को इस बात के लिए बाध्य किया कि वे एकाधिकारयुक्त सरकारी संस्थान समाचार के माध्यम से ही संवाद-संकलन करें, उसी तरह अपने एक अन्य तुगलकी फरमान के जरिये उन्होंने उन संस्थाओं की गतिविधियों को भी पूरी तरह प्रतिबन्धित कर दिया, जो समय-समय पर फिल्मी हस्तियों को अपने पुरस्कारों से अलंकृत किया करती हैं। उनकी मान्यता थी कि किसी को प्रोत्साहित या हतोत्साहित करने का एकमेव अधिकार मात्र सरकार के पास सुरक्षित है, और किसी के द्वारा उस मानक का उल्लंघन राज्य के साथ विद्रोह माना जाएगा। उनके इस आदेश से विभिन्न संस्थाएँ इस कदर भयग्रस्त हो उठी थीं कि *फिल्मफेयर* जैसी समर्थ पत्रिका को भी उस साल अपने अवार्ड-समारोह को स्थगित करने के लिए मजबूर होना पड़ गया था।

ऐसी स्थिति में अनेक शुभचिन्तकों ने हमको यह समझाने की प्रचुर चेष्टा की थी कि मौका-माहौल की नजाकत को देखते हुए अपने पुरस्कार-वितरण के कार्यक्रम को फौरी तौर पर हमें भी रद्द कर देना चाहिए, लेकिन मुझे उनके इस सुझाव का औचित्य बिलकुल ही समझ में नहीं आ पाया। फिर उस समारोह की तैयारियाँ पिछले छः महीनों से की जा रही थीं और इतनी मेहनत के बाद उसे स्थगित करना किंचित तर्कसंगत नहीं था। बम्बई के लोगों ने तत्सम्बन्ध में जब मुझसे

पूछताछ की तो मैंने हर एक को यही जवाब दिया कि हमारे प्रोग्राम में कोई परिवर्तन नहीं आया है और वह निर्धारित समय पर ही सम्पन्न होगा। उसमें जिन फिल्मकारों ने शिरकत करने का वचन दिया था, उनमें अमिताभ बच्चन के अलावा साधु मेहर, गुलशन राय, देवेन्द्र गोयल, अरविन्द सेन, सुभाष सागर, देवेन वर्मा, रमण खन्ना, तारिक, नाज़नीन, जावेद अख़्तर, रवीन्द्र जैन, हसरत जयपुरी और महाराष्ट्र सरकार के फिल्म-निर्माण अधिकारी जे. के. निर्मल के नाम उल्लेखनीय हैं।

1975 में ही लखनऊ से दूरदर्शन प्रसारण की शुरुआत हुई थी, और हमारे समारोह की वहाँ के अधिकारी उत्सुकता से प्रतीक्षा कर रहे थे। उसी साल बम्बई से लखनऊ की पहली हवाई सेवा का समारम्भ हुआ, जिससे वहाँ से यहाँ आने-जाने के समय में पूरे तीन दिनों की बचत हो गयी। अब एक ही दिन में बम्बई से लखनऊ और फिर वापसी में लखनऊ से बम्बई की यात्रा को पूरा किया जा सकता था। यह व्यवस्था सभी के लिए बहुत अनुकूल और सुविधाजनक साबित हुई—हमारे अपने लिए भी, और यहाँ आनेवाले हमारे पुरस्कारविजेताओं के लिए भी। पहले अपने अतिथियों की देखभाल करने के लिए हमें जो भारी-भरकम इन्तजाम करने पड़ते थे उनमें एकदम से कमी आ गयी, और पुरस्कृत फिल्मकारों को भी यहाँ आने-जाने में जो समय लगाना पड़ता था वह एकबारगी तीन-चौथाई घट गया।

संयोग से जिस दिन हमारे समारोह को सम्पन्न होना था, वह राज कपूर का जन्म दिवस भी था—यानी 14 दिसम्बर। अमिताभ ने पहले ही मुझसे कह रखा था कि उसी शाम वह बम्बई वापस पहुँच जाना चाहते हैं। इस स्थिति के परिप्रेक्ष्य में समारोह के समय में भी हमको अपेक्षित परिवर्तन करने पड़े। इसके पूर्व जहाँ हम रात आठ बजे के आसपास अपने कार्यक्रम का समारम्भ करते थे वहीं इस बार दिन के ग्यारह बजे हमें उसका संयोजन करना पड़ा। समारोह की समाप्ति के साथ ही मध्याह्न भोज था, और उसके बाद विदाई। दोनों आयोजन हमने एक ही स्थल पर रखे थे—होटल क्लार्क अवध में—जिससे निरर्थक भागदौड़ से सभी को मुक्ति मिल सके। रवीन्द्रालय में ऐसा हो पाना सम्भव नहीं था।

पिछले सात-आठ बरसों से आमतौर पर हम प्रदेश के राज्यपाल को समारोह की अध्यक्षता करने के लिए बुलाते रहे थे। इस वर्ष हमने अपनी उस परम्परा में भी संशोधन करने का निश्चय कर डाला। वैसे भी एम. चन्ना रेड्डी से साल भर पहले मेरी जो झड़प हुई थी उसका विवरण मैं पहले दे चुका हूँ—राजभवन के अधिकारियों-कर्मचारियों के सम्मुख ही मैं उन्हें अच्छी-खासी फटकार लगा आया था। इससे अगर वह हमारे समारोह में शामिल होने के लिए राजी भी होते तब भी हमारे लिए उनको आमन्त्रित करना सम्भव नहीं था। उनके पर्याय के रूप में हमने श्रीमती महादेवी वर्मा को आमन्त्रित करने का निश्चय किया, और वह आने के लिए तैयार

भी हो गयीं।

समारोह अपने पूर्वनिर्धारित कार्यक्रम के अनुसार शान और बान से सम्पन्न हुआ और उसे अभूतपूर्व सफलता मिली। महादेवी जी ने, अँग्रेजी मुहावरे का इस्तेमाल करूँ तो सर्वथा पिनड्रॉप साइलेंस में लगभग डेढ़ घण्टे तक हिन्दी फिल्मों, उनकी खूबियों और खामियों पर सारगर्भित भाषण किया था, और उनके भाषण के मध्य कोलाहल या शोर-शराबे की तो बात ही क्या, किसी की जबान से हलकी-सी आवाज भी नहीं सुनाई दे पायी थी। मेरी याद में वह पहला ऐसा मौका था, जब बीस से अधिक जाने-माने और अपने समय के अत्यन्त लोकप्रिय फिल्म कलाकारों की मौजूदगी में किसी साहित्यकृती के विचारों को इतना मन्त्रमुग्ध होकर आम लोगों ने सुना हो। समारोह सम्पन्न होने के बाद सुप्रसिद्ध निर्माता-निर्देशक स्वर्गीय देवेन्द्र गोयल ने मुझसे कहा—''जब तुमने बताया कि आज की मुख्य-अतिथि महादेवी जी होनेवाली हैं तो समारोह की सफलता के प्रति मैं किंचित शंकालु हो उठा था। लेकिन अब मुझे लगता है कि उनसे ज्यादा अच्छा कोई आदमी तुम्हें इस काम के लिए मिल ही नहीं सकता था।''

समारोह के अन्तर्गत अमिताभ बच्चन ने महादेवी जी के हाथों प्रशस्ति-पत्र ग्रहण करने के बाद उनके चरणवन्दन की जो पहल की, उसका अनुसरण अन्यान्य पुरस्कार-विजेताओं ने भी किया। गुलशन राय और अरविन्द सेन जैसे बुजुर्ग फिल्मकार और जावेद अख्तर जैसे प्रगतिशील लेखनधर्मी भी उस दिशा में किंचित पीछे नहीं रहे। लगता था, देश की पुरातन सांस्कृतिक परम्परा उस समय जैसे अपनी पूरी आभा के साथ मुखर होकर दसों दिशाओं में व्याप्त हो रही हो। ऐसा मधुर वातावरण इसके पहले हमारे किसी भी समारोह में प्रतिध्वनित नहीं हुआ था।

कार्यक्रम की समाप्ति के कुछ ही देर पहले सथ्यु-निर्मित बहुचर्चित और बहुप्रशंसित फिल्म *गर्म हवा* में अपने जीवन का प्रथम और अन्तिम अभिनय करनेवाली अस्सी वर्षीया वृद्धा बदर बेगम को अप्रत्याशित रूप से अपने बीच पाकर हमें सुखद आश्चर्य हुआ। बदर बेगम अभिनेत्री नहीं, सामान्य गृहिणी थीं और ताजिन्दगी उन्हें कोई फिल्म देखने का मौका नहीं मिला था। हुआ यह कि सथ्यु की यूनिट गर्म हवा का फिल्मांकन करने जब आगरा पहुँची तो पता चला कि उसमें फ़ारुख शेख (या बलराज साहनी?) की माँ का अभिनय करनेवाली अभिनेत्री (शायद दीना पाठक) किसी कारणवश बम्बई से नहीं निकल पाएगी और निकट भविष्य में भी उसके आगरा पहुँचने की किंचित कोई सम्भावना नहीं। ऐसी स्थिति में खुद आगरा में किसी ऐसी मुस्लिम महिला की खोजबीन शुरू हुई, जो उस भूमिका को सही तरह से अंजाम दे सके। बहुत ढूँढ़ने के बाद बालूगंज मोहल्ले के एक टूटे-फूटे मकान में बदर बेगम के साथ सम्पर्क स्थापित हो पाया। पहले तो

उन्होंने अभिनय के प्रस्ताव को सरासर एक मजाक समझा और बोलीं कि उनको न किसी फिल्म में काम करने का शौक है और न उस काम को वे ठीक से कर पाएँगी। लेकिन जब खुद सथ्यु अपनी यूनिट के कतिपय बुजुर्ग सदस्यों के साथ बदर बेगम के पास पहुँचे और उन्हें आश्वस्त किया कि वह कोई मजाक नहीं, बल्कि हकीकत है तो उस फिल्म में उतरने के लिए किसी तरह उन्होंने अपनी मंजूरी दे दी। जिन लोगों ने *गर्म हवा* को देखा होगा, उन्हें अब तक वह दृश्य याद होंगे, जब पाकिस्तान-पलायन से बचने के लिए फ़ारुख शेख़ की माँ अपने घर में रखी हुई लकड़ियों के ढेर के अन्दर छिप जाती है और फिर बड़ी कोशिश करने के बाद लोग उसे वहाँ से निकालने में समर्थ होते हैं। सर्वथा निरक्षर बदर बेगम ने उस फिल्म में इतना सशक्त अभिनय किया था कि बड़े-बड़े फिल्मकार भी उसे देखकर दंग रह गये थे। गुलशन राय ने उनसे मिलने के बाद कहा भी—"अगर इतनी जोरदार भूमिका किसी ने हॉलीवुड की फिल्म में अभिनीत की होती तो ऑस्कर अवार्ड उसके हाथ से कहीं जा नहीं सकता था।"

गये साल महादेवी जैसी लब्धप्रतिष्ठ कवयित्री द्वारा पुरस्कार-समर्पण कराने की पहल का प्राय: सभी वर्ग के बुद्धिजीवियों ने स्वागत किया था। इसके पूर्व हमारे प्रथम समारोह में अमृतलाल नागर द्वारा वह कार्य सम्पन्न किया गया था, और भगवतीचरण वर्मा ने यदि हमारे अनुरोध को स्वीकार कर लिया होता तो वह परम्परा आगे भी चलती रहती। लेकिन अपने छद्म अहम् के वशीभूत होकर उन्होंने हमारी योजना को प्रश्रय देने से साफ इनकार कर दिया और धीरे-धीरे हम राजनेताओं को बुलाने के लिए विवश होते गये।

1976 में सम्पन्न हमारे चौदहवें समारोह तक आपातकाल समाप्त हो चुका था और केन्द्र में मोरारजी देसाई की सरकार पदस्थ हो चुकी थी, लेकिन चन्ना रेड्डी तब भी लखनऊ के राजभवन में ज्यों-के-त्यों डटे हुए थे। ऐसी स्थिति में एक बार हमें फिर इस बात का निर्णय करना था कि अपने समारोह के मुख्य अतिथि के रूप में हम किसे आमन्त्रित करें। हिन्दी के अन्तरराष्ट्रीय ख्याति-प्राप्त विद्वान आचार्य हजारीप्रसाद द्विवेदी उन दिनों लखनऊ में ही निवास करते थे। मैंने उनसे अनुरोध किया कि हमारे आसन्न समारोह को वे अपनी उपस्थिति से गौरवान्वित करें, और हमारी प्रार्थना उन्होंने स्वीकार भी कर ली। उसी अवसर पर हमने यह भी तय किया कि पिछले बरसों जिस तरह प्रदेश के राज्यपाल आगत फिल्मकारों के स्वागत में ऐट होम का आयोजन करते रहे थे, उसी तरह उनके सत्कार की परम्परा को किसी-न-किसी रूप में जारी रखा जाए। इस बात की चर्चा जब मैंने बेगम मोहसिना

किदवई से की, तो वे स्वयं एक सान्ध्य पार्टी देने के लिए तत्काल राजी हो गयीं। मोहसिना आपा उन दिनों उत्तर प्रदेश सरकार की उद्योगमन्त्री होने के साथ ही प्रादेशिक काँग्रेस की अध्यक्ष भी थीं।

जिस समय हमारा समारोह निर्धारित हुआ था, उसी दिन एक स्थानीय संस्था ने फिल्मस्टारों के क्रिकेट मैच के आयोजन की घोषणा कर डाली। कहने को तो वह संस्था पूरी तरह गैर-सरकारी थी, लेकिन उसकी कार्यसमिति में प्रदेश के मुख्य सचिव से लेकर पुलिस महानिरीक्षक और क्षेत्रीय आयुक्त से लेकर जिला के आला अफसरों तक सभी स्तर और प्रकार के अधिकारी सम्बद्ध थे। सरकारी स्तर पर उस संस्था को हजारों रुपयों का अनुदान भी मिलता था। कुछ ही समय पहले भारत के केन्द्रीय फिल्म सेंसर बोर्ड के पूर्व अध्यक्ष वी.डी. व्यास लखनऊ के सम्भागीय आयुक्त के रूप में पदस्थ हुए थे। बम्बई के उच्चतर फिल्म समुदाय के साथ उनके गहरे सम्बन्ध थे और मेरा भी उनसे पूर्व परिचय था। लखनऊ में अपना पद ग्रहण करते ही उन्होंने मुझसे भेंट करने की इच्छा व्यक्त की। उनके कार्यालय जब मैं पहुँचा तो बहुत तपाक से वे मुझे मिले और फिर अगली शाम अपने वासस्थान पर खाने की दावत भी दे डाली। व्यास बहुत सरल, सहज और सदय व्यक्ति थे, लेकिन लखनऊ की कल्चरल माफिया से तब तक उनका परिचय नहीं हो पाया था। उसी समय उन्होंने पहली बार मुझे बताया कि नगर के एक नवाब साहब मीनाकुमारी की स्मृति में फिल्म स्टारों के क्रिकेट मैच का आयोजन कर रहे हैं और हम भी उस दिशा में अपना सहयोग उन्हें दें।

दूसरी सुबह नवाब सुबह खुद मेरे घर पहुँच गये। बताया कि बीस से अधिक नामी-गिरामी फिल्म स्टार उनके मैच में हिस्सा लेने के लिए वचन दे चुके हैं, और अपने पुरस्कार समारोह में अगर हम उन सबको भी आमन्त्रित कर लें तो हमारी शान बगैर किसी हल्दी-चूना दोबाला हो जाएगी। उनके इस प्रस्ताव का मैंने हार्दिक स्वागत किया। फिर वह बोले—"लेकिन आपको भी हमारी कुछ मदद करनी होगी। वह इस तरह कि आपके फंक्शन में शामिल होने के लिए जो आर्टिस्ट यहाँ पहुँच रहे हैं उन्हें हमारे मैच में भी भिजवा दें। कमिश्नर साहब की भी यही मंशा है। उनसे आपकी बात हो गयी होगी।"

उनकी इस बात पर मैं एकबारगी चौंक उठा। हमारे पुरस्कार विजेता खासतौर पर हमारे समारोह में सम्मिलित होने के इरादे से लखनऊ आते हैं, फिर किसी व्यावसायिक कार्यक्रम में वह क्योंकर भाग लेंगे? नवाब साहब से मैंने स्पष्ट कह दिया—"ऐसा होना तो मुमकिन नहीं लगता। अपने मैच के लिए तो आप अब तक लाखों रुपये के टिकट बेच चुके हैं। ऐसी हालत में उसे बगैर किसी लागलपेट कमर्शियल प्रोग्राम माना जाएगा। हमारे कार्यक्रमों में न कोई टिकट लगाया जाता है

और न दूसरे जरियात से किसी तरह की आमदनी की जाती है। नहीं, नवाब साहब, आपकी बात को मानना हमारे लिए कतई मुमकिन नहीं—फिर चाहे कमिश्नर साहब ने ही उस काम के लिए आपको मेरे पास क्यों न भेजा हो।''

नवाब साहब ने अपने प्रस्ताव को मानने के लिए अधिक जोर नहीं दिया। सिर्फ यही बोले—''व्यास साहब से आप गुफ्तगू कर लीजिएगा।''

समारोहवाली सुबह जब हम लोग एयरपोर्ट पहुँचे तो देखा कि कपड़ों पर बेशकीमती रेशमी बिल्ले लगाये सैकड़ों नौजवान वहाँ पहले से ही मौजूद हैं। पता चला कि वह सब क्रिकेट मैच संगठन के कार्यकर्ता हैं। और हवाई अड्डे पहुँचनेवाले लोगों को नियन्त्रित करने के काम में लगे हुए हैं। मुझे भी कई लोगों ने अन्दर जाने से रोका। तभी नवाब साहब से मेरी टक्कर हो गयी। बोले—''मैच में हिस्सा लेनेवाले फनकारों की झलक पाने के लिए दरअसल यहाँ बहुत ज्यादा भीड़ इकट्ठा होने का खतरा पैदा हो गया है। ऐसी हालत में किसी तरह का हादसा न हो जाए, इसलिए इतना तगड़ा इन्तजाम करने की जरूरत पड़ गयी है। आपको अन्दर आने में अगर कोई दिक्कत महसूस हुई हो तो मुआफ कीजिएगा।'' फिर अपने स्वयंसेवकों को ताईद करते हुए उन्होंने कहा—''रामकिशन साहब भी हमारे अपने आदमी हैं। इन पर कोई रोक-टोक लागू न हो, इस बात का खासतौर पर खयाल रखना।''

जहाज नीचे आया तो उसमें से सिर्फ हमारे मेहमान उतरे, क्रिकेट मैच में हिस्सा लेनेवाले फनकारों का दूर-दूर तक कोई अता-पता नहीं था। बाद में पता चला कि नवाब साहब यह माजरा देखकर वहीं बैठे-के-बैठे रह गये। उनको शायद हार्ट अटैक हो गया था। बड़ी मुश्किलों से उन्हें घर तक पहुँचाया गया।

दोपहर के आसपास व्यास का टेलीफोन मेरे पास आया। बोले—''यह अब लखनऊ की इज्जत का सवाल है। आप अपने मेहमानों से गुजारिश कर दीजिए कि कुछ देर के लिए वह क्रिकेट के प्रोग्राम में भी शिरकत कर लें। अगर ऐसा नहीं हुआ तो हम सबकी नाक कट जाएगी।''

व्यास के नाम से अधिकांश फिल्मकार परिचित थे। जब उन्हें पता चला कि क्रिकेट-मैच से उनका भी कुछ ताल्लुक है तो ज्यादातर लोग उसमें शामिल होने के लिए तैयार हो गये—उत्पल दत्त को छोड़कर। उत्पल ने साफ कह दिया था कि उस तरह के किसी कार्यक्रम में भाग लेने का न कभी उनको शौक रहा है और न उसके ककहरे से वह परिचित हैं। राही मासूम रज़ा भी अपनी अपंगता के कारण उससे दूर ही रहे। हाँ, हंगल, देवेन वर्मा, कोमिला विर्क और दिलराज कौर जैसे लोगों ने उसमें बढ़-चढ़कर हिस्सा लिया, और अर्द्ध-सरकारी स्तर पर आयोजित उस प्रोग्राम की सम्भाव्य विफलता सहज ही आंशिक सफलता के रूप में परिणत हो गयी।

महादेवी वर्मा द्वारा सम्बोधित पिछले समारोह की तरह हमारा यह समारोह भी पिन-ड्राप साइलेंस के वातावरण में सम्पन्न हुआ था। उसकी एक वजह यह थी कि इस बार प्रेक्षागृह के प्रबन्धन का कार्यभार मैंने सौंपा था, सुप्रसिद्ध रंगकर्मी राज बिसारिया को, जिन्हें कालान्तर में पद्मश्री सम्मान से अलंकृत किया गया। बिसारिया लखनऊ विश्वविद्यालय में अँग्रेजी साहित्य के प्राध्यापक थे, लन्दन के विश्वविख्यात स्कूल ऑफ ड्रैमेटिक आर्ट्स में उन्होंने नाट्यकला का प्रशिक्षण प्राप्त किया था, *थिएटर आर्ट वर्कशॉप* नामक अपनी संस्था के माध्यम से उन्होंने लखनऊ में अँग्रेजी नाटकों की जमीन तैयार की थी, और अपने मर्यादित अनुशासन के लिए वह सुचर्चित थे। उनकी प्रस्तुतियों के शुरू होने के दो मिनट पहले प्रेक्षागृह के सारे द्वार बन्द कर दिये जाते थे और फिर राज्यपाल और मुख्यमन्त्री स्तर के लोगों को भी हाल के अन्दर घुसने की अनुमति नहीं दी जाती थी। इस तरह की चुस्त-दुरुस्त व्यवस्था अकेले बिरजू महाराज के कार्यक्रमों में मुझे तब तक देखने को मिली थी, दूसरे किसी आयोजन में नहीं। जाहिर है कि ऐसे प्रबन्धन में किसी शोरगुल या चिल्लपों का तो सवाल ही नहीं पैदा होता था।

आचार्य हजारीप्रसाद द्विवेदी ललित लेखन के लिए तो पहले से ही प्रसिद्ध थे, अपने समारोह में उनका ललित भाषण भी हमें सुनने को मिला। पूरे पौन घण्टे तक इस मनोवेग के साथ उन्होंने हिन्दी सिनेमा का विवेचन, निरीक्षण और परीक्षण किया कि प्रबुद्ध फिल्म मर्मज्ञों की तो बात ही क्या, आम दर्शक भी दत्तचित्त होकर उसका श्रवण करते रह गये। राही मासूम रज़ा उनके सम्बोधन को सुनने के बाद बोले—''बलराज साहनी ने जब मुझे बताया था कि द्विवेदी जी से अधिक प्रखर वक्ता आसानी से कहीं नहीं मिल सकता तो उनके कथन पर विश्वास करने की मेरी तबीयत नहीं होती थी। लेकिन आज जब मुजस्सिम रूप से उन्हें सुनने का मौका मुझे मिला है तो मैं दावे के साथ कह सकता हूँ कि उनके जैसे वक्ता के आसानी से मिलने का तो सवाल ही दरकिनार, मुश्किल से भी उनके जैसा वक्ता कहीं उपलब्ध नहीं हो सकता।''

स्मरणीय है कि हजारीप्रसाद द्विवेदी जिस जमाने में शान्तिनिकेतन स्थित विश्वभारती के हिन्दी भवन के अध्यक्ष थे, उसी जमाने में प्रवक्ता के रूप में बलराज साहनी की वहाँ नियुक्ति हुई थी। श्रीपतराय द्वारा सम्पादित *हंस* के रेखाचित्रांक में बलराज ने द्विवेदी जी के जिस नखचित्र का विस्तृत वर्णन प्रस्तुत किया था, उसको आज भी पाठकों के लिए विस्मृत करना सम्भव नहीं। स्वयं इन्दिरा गाँधी और शिवानी उनसे शिक्षा अर्जित कर गौरवान्वित हुई थीं।

दूसरी आजादी और फिल्म

लालकृष्ण आडवाणी के साथ मेरी पहली मुलाकात श्रीनगर में हुई थी। तब वह भारतीय जनसंघ के मुखपत्र *आर्गनाइजर* में सहायक सम्पादक के रूप में कार्यरत थे और उसके फिल्म स्तम्भ के लेखन में उन्होंने विशेष लोकप्रियता अर्जित की थी। पत्रकारों के हमारे दल में अक्षयकुमार जैन *(नवभारत टाइम्स)*, चपलाकान्त भट्टाचार्य *(जनसेवक)*, डॉ. सुरेन्द्रनाथ घोष *(पॉयनियर)*, पण्डित अमोलकराम *(ट्रिब्यून)*, राणा जंगबहादुर सिंह *(टाइम्स ऑफ़ इण्डिया)*, डॉ. सचिन सेन *(इण्डियन नेशन)* और पद्मकान्त त्रिपाठी *(दैनिक ट्रिब्यून)* जैसे देश के धुरन्धर सम्पादक सम्मिलित थे, और उन सबके बीच स्वभावतः आडवाणी का कोई विशेष महत्त्व नहीं बन पाया था। पत्रकारों के किसी दल के साथ उनकी वह पहली यात्रा थी। इसके पूर्व *आर्गनाइजर* का प्रतिनिधित्व हमेशा उसके सम्पादक के. आर. मलकानी करते रहे थे, और उन्हीं के साथ हम सबकी अन्तरंगता थी।

उस अवसर का एक चित्र अब भी मेरे पास सुरक्षित है। तस्वीर जम्मू और कश्मीर के तत्कालीन सदर-ए-रियासत महाराजा कर्ण सिंह के राजमहल में पिस्ते के एक पेड़ की छाया में खींची गयी थी। कर्ण सिंह ने हम सबको मध्याह्न भोज के लिए अपने वासस्थान पर आमन्त्रित किया था, जहाँ चाँदी के भारी-भरकम थालों और सोने की कटोरियों में हमें पहली बार भोजन करने का अवसर मिला। उदरपूजा करने के बाद एक ग्रुप फोटोग्राफ लेने की योजना बनी और हम सब लोग कर्ण सिंह को घेरकर उनके आजू-बाजू खड़े हो गये। कैमरा क्लिक होने के मिनट भर पहले मैंने देखा कि आडवाणी हम लोगों से काफी दूर एक निर्जन कोने में अकेले खड़े हुए हैं। मैंने वहीं से चिल्लाकर उनसे पूछा था—"आडवाणी, तस्वीर नहीं खिंचानी है क्या?" मेरे कहने के बाद ही वह उस स्थल पर पहुँचे, जहाँ हम लोग एकत्र हुए थे, लेकिन चूँकि ऐसी कोई जगह नहीं बच रही थी, जहाँ वे अपने को समायोजित कर सकते, इससे उन्हें चपला बाबू और राणा जंगबहादुर के बीच अपना स्थान बनाना पड़ा। चित्र में मात्र उनकी गर्दन दिखायी पड़ती है, जिसे देखकर लगता है, जैसे फिल्मस्टारों के मजमे में कोई एक्स्ट्रा जबर्दस्ती अपनी मौजूदगी दर्ज कराने की कोशिश कर रहा हो।

अपने उसी अल्प परिचय के आधार पर आडवाणी के सूचना-प्रसारण मन्त्री बनते ही मैंने सोचा कि पन्द्रहवें समारोह की सदारत करने के लिए उनको क्यों न आमन्त्रित किया जाए? निर्धारित तिथि के महीने-डेढ़ महीने तत्सम्बन्ध में उनको मैंने एक पत्र भी लिखा, और उसके जवाब में वे लखनऊ आने के लिए सहर्ष तैयार

हो गये। उनकी उस स्वीकृति का समुचित प्रचार और प्रकाशन भी कर दिया गया और जी.पी. सिप्पी जैसे वह लोग, जिन्हें आपातकाल में सरकारी प्रताड़नाओं का घोर शिकार बनना पड़ा था, हमारे समारोह के मध्य उनसे मिलने के लिए बेताब हो उठे।

लेकिन समारोह की तिथि के मात्र एक सप्ताह पूर्व आडवाणी ने मुझे सूचित किया कि किन्हीं अपरिहार्य कारणों से समारोह में उनका भाग लेना सम्भव नहीं हो पाएगा और हम कोई अन्य व्यवस्था कर लें। यह न केवल सर्वथा आश्चर्यजनक सन्देश था, बल्कि उसके अन्तर में कतिपय सन्देह भी निहित होते थे। समारोह में सम्मिलित होने की स्पष्ट स्वीकृति देने के बाद आखिर ऐसी क्या बात हो गयी, जिससे उन्हें अपने वचन का उल्लंघन करना पड़ रहा है ? आडवाणी नये-नये मन्त्री बने थे—वह भी केन्द्रीय मन्त्री। तब तक न उन्हें सरकारी अमलों की शतरंजी चालों का ज्ञान हो पाया था और न उनमें इतनी हिम्मत थी कि विभागीय सचिवों द्वारा दिग्दर्शित मर्यादाओं का पालन करने से वह इनकार कर दें।

आडवाणी का पत्र मिलते ही मैंने उनसे सम्पर्क स्थापित करने का प्रयत्न किया, लेकिन टेलीफोन पर वह तत्काल उपलब्ध नहीं हो पाये। उनके निजी सचिव से जब मैंने बात की तो मालूम हुआ कि उत्तर प्रदेश के मुख्यमन्त्री रामनरेश यादव की ओर से किसी अधिकारी ने सूचना-प्रसारण मन्त्रालय को सूचित किया था कि हमारे संगठन की गतिविधियाँ सन्देह से परे नहीं और आडवाणी जी ने तत्सम्बन्धित किसी कार्यक्रम में शामिल होने के लिए अपनी सहमति अगर प्रदान भी कर दी है तो उसे निरस्त कर दिया जाए। अधिकारी ने आगे लिखा था कि मुख्यमन्त्री यह नहीं चाहते कि सूचना-प्रसारण मन्त्री फिल्म पत्रकार संघ के किसी समारोह में अपना योगदान करें।

आडवाणी जी के सचिव ने हालाँकि उस अधिकारी का नाम बताने से इनकार कर दिया था, जिसने इस तरह के निर्देश दिये थे, लेकिन पर्याप्त खोजबीन करने के बाद पता चला कि सम्बद्ध पत्र स्वयं मुख्यमन्त्री के प्रमुख सचिव, एन.एम. मजूमदार के हस्ताक्षरों से निर्गत किया गया था। मजूमदार इसके पूर्व तत्कालीन राज्यपाल चन्ना रेड्डी के सचिव रह चुके थे, और 1974 में सम्पन्न हमारे समारोह के सन्दर्भ में उनके साथ मेरी जो कहासुनी हुई थी, उसका विस्तृत वर्णन पहले किया जा चुका है।

मजूमदार के उस पत्र की चर्चा सुनकर सभी को आश्चर्य हुआ था। वह शायद ऐसा पहला अवसर था, जब मुख्यमन्त्री स्तर के राजनेता द्वारा कार्यक्रम से विरत रहने की सलाह किसी केन्द्रीय मन्त्री को दी गयी हो। पूर्व मुख्यमन्त्री नारायणदत्त तिवारी ने तो यहाँ तक कह डाला कि इतना सफेद झूठ आपातकाल में भी कभी नहीं

बोला गया था। लेकिन चूँकि स्थानीय सरकार की औपचारिक सहमति के बगैर किसी समारोह में भाग लेना उन दिनों केन्द्रीय मन्त्रियों की आचार-संहिता के अन्तर्गत मान्य नहीं था, इसलिए आडवाणी को भी अपना पूर्वनिर्धारित कार्यक्रम रद्द करने के लिए विवश होना पड़ा, और उसी परिप्रेक्ष्य में उन्होंने अपनी अनुपस्थिति के लिए क्षमा-याचना की थी।

हमारे उस समारोह की सत्कार समिति के अध्यक्ष थे रामप्रकाश गुप्त, जो कालान्तर में स्वयं प्रदेश के मुख्यमन्त्री बने। इस प्रश्न को लेकर उन्होंने खुद आडवाणी से बात की, और आडवाणी ने उनसे भी यही कहा कि अपनी ओर से वे लखनऊ आने के लिए पूरी तरह तैयार बैठे हैं और समय के पूर्व उन्हें मुख्यमन्त्री की ओर से हरी झण्डी अगर मिल गयी तो समारोह की सुबह वह निश्चित रूप से लखनऊ में होंगे। रामनरेश यादव उन दिनों चूँकि अपने चुनाव अभियान में नगर के बाहर थे इससे उनके साथ तत्काल कोई सम्पर्क स्थापित नहीं हो पाया। बाद में पता चला कि अपने सचिव की उस कारगुजारी से वह भी पूरी तरह नावाकिफ थे, और उनके नाम की आड़ में मजूमदार ने स्वयं उस पत्र को सूचना-मन्त्रालय के नाम सम्बोधित किया था।

ऐसी स्थिति में एक बार हमें फिर प्रदेश के राज्यपाल से सहयोग की याचना करनी पड़ी। चन्ना रेड्डी तब तक यहाँ से विदा ले चुके थे और उनका स्थान ग्रहण किया था—गणपतराव देव जी तपासे ने। तपासे किसी जमाने में महाराष्ट्र के छोटे-मोटे काँग्रेसी नेता थे और स्वतन्त्रता प्राप्ति के बाद मोरारजी देसाई के नेतृत्व में संयुक्त बम्बई की जो सरकार गठित हुई थी, उसमें संसदीय सचिव के रूप में उन्होंने कुछ दिनों काम किया था। बड़े भोले और भले आदमी थे, पद का घमण्ड उनको छू तक नहीं पाया था। उन्होंने बताया भी कि राज्यपाल बनने की सूचना उन्हें तब मिली थी, जब वह अपने खेतों में हल चला रहे थे। दलित वर्ग से आये तपासे को शायद समुचित शिक्षा प्राप्त करने का कोई अवसर नहीं मिल पाया था, लेकिन तब भी वह पूरी तरह सदय और व्यवहार कुशल व्यक्ति थे। हमारे अतिथियों के सम्मान में उन्होंने जो ऐट-होम दिया था, उसमें किसी राज्यपाल द्वारा तब तक दी गयी दावत से कहीं अधिक स्वादिष्ट और सुस्वादु व्यंजन परोसे गये थे और उसकी व्यवस्था स्वयं श्रीमती तपासे ने की थी।

समारोह का समारम्भ करते हुए उन्होंने जो भाषण दिया वह भी अवसर के सर्वथा अनुकूल था। आगत पुरस्कार विजेताओं को सम्बोधित करते हुए उन्होंने कहा—"मनोरंजन के अन्य साधनों की तरह फिल्म-विधा का भी यह कर्तव्य है कि वह दिल-दिमाग को हल्का करनेवाली विशुद्ध और सात्त्विक मनोरंजनयुक्त फिल्मों के साथ कुछ ऐसे चित्र भी प्रस्तुत करने का प्रयत्न करे, जिससे आम दर्शक

का मन-मस्तिष्क सुसंस्कृत और परिष्कृत हो सकें।"

तपासे ने इस बात पर दु:ख प्रकट किया था कि हिन्दी में बननेवाली अधिकांश फिल्में इस कसौटी पर पूरी तरह खरी नहीं उतरतीं। उन्होंने कहा कि जिस देश में साहित्य और संस्कृति की अक्षय सम्पदा भरी हो, राम, कृष्ण, बुद्ध और गाँधी जैसी महिमामय विभूतियों ने जिस देश में जन्म लिया हो, वहाँ की फिल्में कथ्य और तथ्य की दृष्टि से इस कदर जर्जर हों यह चिन्ता का विषाय है। फिल्मों का उद्देश्य मनोरंजन के साथ ही दर्शकों की चेतना, उसके स्पन्दन, उसके मनोबल का विकास करना भी है। हमारे फिल्मकारों को चाहिए कि वह अपने दर्शकों को सही और गलत के बीच सीमारेखा खींचना सिखाएँ, सत्य, शिव और सुन्दर की परिकल्पना से उन्हें आवृत करें, और फिर उनकी आन्तरिक, आत्मिक और आध्यात्मिक मनोचेतना को विकसित कर इतना तेजोमय कर दें कि उसके प्रकाश में उनके लिए सत् और असत् की परिभाषा करना सम्भव हो सके।

राज्यपाल ने आगे कहा कि भारत जैसे देश में जहाँ मनोरंजन के अन्यान्य साधनों का सर्वथा अभाव है, फिल्म-विधा की प्रासंगिकता को नजरअन्दाज करना कतई मुमकिन नहीं। उसका समुचित उपयोग करना यदि हम सीख लें तो अपने समाज की तस्वीर बदलने में हम पूरी तरह सफल और समर्थ सिद्ध हो सकते हैं। फिर, देश के संचार साधनों में अग्रगण्य होने के साथ ही फिल्म चूँकि यहाँ के जनमानस को विकसित और परिष्कृत करने का सर्वाधिक महत्त्वपूर्ण माध्यम है, इसलिए यह जरूरी है कि हम अपनी पूरी बुद्धि और विवेक के साथ उसका संचालन और परिचालन करें।

प्रारम्भ में समारोह की सत्कार समिति के अध्यक्ष रामप्रकाश गुप्त ने प्रदेश की ओर से आगत फिल्मकारों का स्वागत किया। इस अवसर पर हमारे पुराने साथी और सहयोगी सुनील दत्त को भी संघ की मानद सदस्यता से अलंकृत किया गया। समारोह में जो अन्य प्रमुख फिल्मकार उपस्थित थे, उनमें फिल्म फैडरेशन ऑफ इण्डिया के अध्यक्ष एन.बी. कामथ, निर्देशकद्वय अरुणा और विकास, फिल्म-निर्माता ओ. पी. रल्हन, सत्येन्द्रपाल चौधरी, सुभाष सागर और एस.पी. महेन्द्र, फिल्म इंस्टीट्यूट द्वारा गोल्ड मेडल से सम्मानित नव-अभिनेता ध्रुव और संगीतकार रवीन्द्र जैन के नाम उल्लेखनीय हैं।

1978 में वर्ष के सर्वोत्तम अभिनेता का नामांकन प्राप्त हुआ था संजीव कुमार को—*विश्वासघात* में प्रयुक्त उनकी सशक्त भूमिका के लिए। हमारे युग के सम्भवत: सर्वाधिक प्रतिभावान अभिनेता थे वह—हालाँकि अपने काम को उन्होंने कभी

अपेक्षित गम्भीरता से नहीं लिया। यही वजह है शायद कि उनको लोकप्रियता भले ही मिली हो, लेकिन व्यावसायिक सफलता कभी नहीं मिल पायी। एक बार उन्होंने कहा भी—"अभिनय मेरा शौक है, पेशा नहीं। नम्बर-गेम में मैं न कभी रहा और न उस दौड़ में शामिल होने की मेरी कोई तमन्ना है। अपने आन्तरिक सुख के लिए मैं अभिनय करता हूँ, धन कमाने के लिए नहीं। पैसा पैदा करना ही अगर मेरा उद्देश्य होता तो अपने पारम्परिक धन्धे में ही क्या बुराई थी?"

सच बात कही थी संजीव ने। जब सपोर्टिंग कास्ट के अन्तर्गत उनके नाम का उल्लेख करने में भी निर्माताओं को झिझक होती थी, तब भी अपने अभिनय में वह एक सर्वथा अनोखी छाप छोड़ जाते थे। मुझे याद पड़ता है, *शिकारी* नामक फिल्म में उन्हें शायद मात्र एक पंक्ति का डॉयलाग बोलने का मौका मिला था, लेकिन उसमें भी—फिल्मी भाषा में कहूँ तो—अपने भावप्रवण अभिनय से उन्होंने मुख्य अभिनेता की छुट्टी कर दी थी। अपनी फिल्मी जिन्दगी में वह हमेशा खरामा-खरामा चले थे, दौड़कर किसी को पछाड़ने की उन्होंने कभी कोई कोशिश नहीं की। इसी से उनकी अभिनय प्रतिभा का विकास सहज-स्वाभाविक गति से हुआ था, उसमें कृत्रिमता नहीं आ पायी थी।

संजीव के साथ मेरी पहली मुलाकात माला सिन्हा की बेटी प्रतिभा की बर्थ-डे पार्टी में हुई थी। यह शायद सन् 1972 के अन्त की बात है। किन्हीं अपरिहार्य कारणों से उत्तर भारत की हड्डीतोड़ सर्दी से भागकर एकाएक मुझे बम्बई जैसी जगह पहुँचने के लिए विवश होना पड़ गया था जहाँ उस तरह की भीषण ठण्ड की कल्पना लोग अब भी नहीं कर सकते हैं। लखनऊ के रास्ते चूँकि मैं वहाँ नहीं गया था इसलिए गरमी में पहनने लायक कपड़े भी मेरे पास नहीं थे। लेकिन तब भी माला के आमन्त्रण पर मात्र लुंगी और लखनवी कुरती धारण कर मैं उसके 8, टर्नर रोड आवास पर पहुँच गया। वहाँ सौ से अधिक लोग एकत्र थे। रामानन्द सागर और ओ. पी. रल्हन से भी वहा मैं पहली बार मिला। लेकिन सबसे ज्यादा आश्चर्य मुझे बासु भट्टाचार्य और संजीव कुमार को सामने पाकर हुआ। उन दोनों ने भी मेरी तरह ही लुंगी के साथ कुरती पहनी हुई थी और बगैर किसी झिझक या संकोच लोगों से मिलभेंट रहे थे।

संजीव से मेरा परिचय बासु ने ही कराया था। बासु के *अनुभव* की शूटिंग उन दिनों अपने अन्तिम चरण में थी और संजीव उसमें मुख्य भूमिका अभिनीत कर रहे थे। पार्टी समाप्त होने के बाद हम तीनों बासु के बँगलानुमा फ्लैट पहुँच गये और फिर गपशप के बीच पूरी रात वहीं बितायी। कह सकता हूँ, अपनी उस पहली ही भेंट में संजीव मुझे बेहद मनभावन आदमी लगे थे और उनका सान्निध्य पाकर मुझे दिली खुशी हुई थी। किसी भी तरह के कॉम्प्लेक्स का पूरा अभाव था उनमें, एक

आदमी से किंचित भिन्न नहीं दिखे थे वह। अँग्रेजी मुहावरे का उपयोग करूँ तो बिलकुल ब्वॉय नेक्स्ट-डोर जैसा व्यवहार था उनका। न किसी तरह का आडम्बर, न कोई झूठी शान। बासु की पत्नी रिंकी उन दिनों किसी फिल्म-फेस्टिवल में भाग लेने यूरोप गयी हुई थी, इससे बासु ने संजीव को ही नाश्ता तैयार करने का निर्देश किया। वैसे हम तीनों ही पाककला में निपुण थे, लेकिन उस सुबह के इन्तजाम का पूरा भार मात्र संजीव पर डाला गया। और रसोईघर में पहुँचकर जो चीजें उन्होंने तैयार कीं उनका स्वाद भूलना आज भी मेरे लिए सम्भव नहीं। जिस तल्लीनता के साथ वह अभिनय करते थे, उतनी ही एकाग्रता के साथ उन्होंने नाश्ता तैयार किया—हालाँकि अपना काम पूरा करने में उन्हें पूरे दो घण्टे लग गये थे। और उसी थोड़े से समय में हम दोनों पूरी तरह स्नेहसम्पृक्त होकर आपस में इस कदर जुड़ उठे कि वे आप से तुम और मैं संजीव कुमार से हरी भाई पर पहुँच गया।

संजीव को अच्छा पहनने की आदत भले ही न रही हो, लेकिन अच्छा खाने का उन्हें बेहद शौक था। कालान्तर में उनके इस शौक ने उनके स्वास्थ्य पर भी विपरीत असर डाला, लेकिन वह न कभी उस शौक से विरत हुए और न विचलित। अपनी पिछली लखनऊ यात्रा के मध्य जिस तरह नत्था की बिरियानी खाकर वे अपनी उँगलियाँ चाटते रह गये थे, उसका वर्णन मैं पहले ही कर चुका हूँ। खाने-पीने का वही शौक हमारे समारोह की निर्धारित तिथि के दस दिन पहले उनको लखनऊ ले आया।

हुआ यह कि एक दिन सुबह-सवेरे संजीव का टेलीफोन मिला। बोले—"मैं फंक्शन के कुछ दिनों पहले लखनऊ आना चाहता हूँ। सोचता हूँ, वहाँ आठ-दस दिन आराम कर लूँ। यहाँ की भागदौड़ से पूरी तरह तंग आ चुका हूँ, कुछ समय खुद अपने साथ रहने की ख्वाहिश है। तुम्हारी क्या राय है?"

मैंने जवाब दिया—"यह तो हम सबके लिए बेहद खुशी की बात होगी, हरी भाई। ठहरने का इन्तजाम कार्लटन में हो जाएगा, क्लार्क के कबूतरखाने में तो बम्बई से बाहर रहने का एहसास ही नहीं हो पाता। शशि (कपूर) भी कार्लटन पर फिदा हैं। कहते हैं, इत्मीनान से आराम करने के लिए उससे बढ़िया कोई जगह समूची दुनिया में नहीं।"

"लेकिन उसे मेरे ही खाते में बुक कराना, अपने खर्चे से नहीं। और हाँ...इक़बाल साहब को भी मेरे पहुँचने की इत्तला दे देना। तुम दोनों के अलावा किसी तीसरे आदमी को यह बात नहीं मालूम होनी चाहिए कि मैं लखनऊ आया हुआ हूँ।"

इक़बाल मियाँ लखनऊ के पुश्तैनी बाशिन्दे थे, बड़े दानिशमन्द और दिलदार, अदबो-आदाब के शैदाई, अवध की गंगाजमुनी तहजीब की जीती-जागती मिसाल। नवाब वाजिद अली शाह और उनके पूर्वजों द्वारा संस्थापित विविध ट्रस्टों से तब भी

उनको भरपूर वसीका मिलता था। नगर के छावनी क्षेत्र में उनकी कुशादा कोठी थी और अपनी पुरानी ओपेल पर बैठकर वह शहर भर का चक्कर लगाया करते थे। संजीव कुमार से उनकी पहली मुलाकात *शतरंज के खिलाड़ी* के निर्माणकाल में हुई थी, फिर 1973 के अवार्ड फंक्शन में भी दोनों एक-दूसरे के पीछे छाया की तरह लगे रहे। हमारे संगठन से उनको अच्छा-खासा लगाव था और साल-दर-साल बतौर माली इमदाद मेरे हाथों में सौ रुपये का कड़क नोट पकड़ाने में उन्होंने कभी कोई कोताही नहीं की।

संजीव को लेने मैं एयरपोर्ट नहीं गया, उस काम को खुद इक़बाल साहब ने अंजाम दे दिया था। मुझे मालूम था कि संजीव मुझसे मिलने नहीं, बल्कि खासुल-खास इक़बाल साहब की मेहमाननवाजी का लुत्फ उठाने के मकसद से लखनऊ आये हैं। वैसे प्राय: हर शाम उनके साथ मेरी मुलाकात होती रही थी। एक दिन मैं अमृतलाल नागर से मिलाने के लिए उन्हें चौक की गलियों में भी ले गया था। वैसे संजीव नागर जी से पहले भी मिल चुके थे, *शतरंज के खिलाड़ी* के कई दृश्यों का छायांकन नागर जी की अपनी हवेली में किया गया था। रास्ते में बानवाली गली स्थित रामआसरे की मशहूर दूकान से मलाई की गिलौरियों का भी एक डिब्बा हम लोग लेते गये। नागर जी उन गिलौरियों के विशेष शौकीन थे। शाम तक हम लोग उन्हीं के पास जमे रहे और मन भरकर पिस्ता-बादामयुक्त केसरिया भंग का सेवन किया। संजीव को इतनी सुस्वादु भंग पहली बार पीने को मिली थी। उसका सुरूर जब चढ़ने लगा तब हम वहाँ से विदा हुए। फिर लोहिया पार्क पहुँचकर दीक्षित की मशहूर चाट के कई पत्ते हमने चट कर डाले, जिससे उस सुरूर में कुछ कमी आयी। इस पूरे समय संजीव कुमार मुझसे यही कहते रहे थे कि नागर जी जैसे कथाकार का गुजरात से अपहरण कर तुम लोगों ने अच्छा काम नहीं किया। मेरी तरह वे भी नागर जी की लेखनी के कायल थे, लेकिन उनको क्या पता कि पुश्त-दर-पुश्त नागर जी लखनऊ में ही रहते आये थे और गुजराती होते हुए भी भौतिक रूप से गुजरात से उनका कोई सम्बन्ध नहीं था।

चौक की सारी गलियों को हमने पैदल तय किया था। उन सँकरे रास्तों पर सवारी से जाने का कोई प्रश्न ही नहीं उठता था। आश्चर्य की बात यह कि कोई भी आदमी संजीव को पहचानने में पूरी तरह समर्थ नहीं रह पाया। एक दो नौजवान भले ही फुसफुसाते सुनाई पड़े हों कि यह आदमी तो बिलकुल संजीव कुमार जैसा नजर आता है, लेकिन उनके संगी-साथियों ने ही उनके उस शक को काटकर रख दिया था। बोले—"अरे घोंचू, हीरो कहीं पैदल घूमता है रे—अपने मगज में भरे भूसे को निकाल बाहर कर।"

अपना उस साल का समारोह भी हमें दिन-दोपहर आयोजित करने के लिए

बाध्य होना पड़ा था। संजीव को उसी शाम बम्बई वापस पहुँचना था, और इस बात की सूचना उन्होंने यहाँ आने के पहले ही हमें दे दी थी। पुरस्कृत फिल्म *घरौंदा* के निर्माता-निर्देशक भीमसेन और गायक अनूप जलोटा तो लखनऊ की ही उपज थे, इससे उनके कहीं बाहर से आने का सवाल ही नहीं पैदा होता था। अभिनेता साधु मेहर और गीतकार शैली शैलेन्द्र भी एक रात पहले पहुँच चुके थे, लेकिन संगीतकार रवीन्द्र जैन को यहाँ तक पहुँचने में काफी दिक्कत का सामना करना पड़ा। पहले तो उन्हें लखनऊ सीधा आनेवाला कोई हवाई जहाज नहीं मिल पाया, जिससे कानपुर जानेवाली फ्लाइट उनको पकड़नी पड़ी। कानपुर से लखनऊ तक का रास्ता उन्होंने टैक्सी द्वारा तय करने का प्रयत्न किया, लेकिन उन्नाव पहुँचने के पहले ही उसके टायर बर्स्ट हो गये जिसकी वजह से घण्टे-डेढ़ घण्टे का समय उनको बदलने में गँवाना पड़ा। पूरी तरह धूलधूसरित होकर जब वह रवीन्द्रालय पहुँचे तब तक समारोह अपने आखिरी चरण पर पहुँचने की तैयारी कर रहा था। तब भी दर्शकों के अनुरोध पर उन्होंने अपने कई गीत प्रस्तुत किये और दर्शकों ने अपनी भरपूर तालियों के साथ उनकी सराहना भी की। रवीन्द्र जैन को गाने के पहले कोई तैयारी नहीं करनी पड़ती थी। वे आशु-गायक थे।

इस बार अपना मुख्य अतिथि हमने बनाया था चन्द्रभानु गुप्त को। इसके पहले भी अनेक बार गुप्त जी हमारे समारोहों में सम्मिलित होते रहे थे लेकिन पुरस्कार-समर्पण का कार्य हमने उनसे कभी नहीं सम्पन्न कराया था। हमारे पहले समारोह में जिस उल्लास और उत्साबहुलता के साथ उन्होंने अपना सहयोग प्रदान किया था उसका वर्णन शुरू में ही कर चुका हूँ। वे नयी दृष्टि, नये संयोजन कें पक्षधर थे।

उस वर्ष की पुरस्कृत *घरौंदा* एक सर्वथा प्रयोगात्मक फिल्म थी, और उसका निर्माण-निर्देशन लखनऊ के ही एक युवा फिल्मकार द्वारा किया गया था। लीक से हटकर बननेवाले सिनेमा को हमने हमेशा वरीयता प्रदान की है—फिर वह चाहे अंकुर रहा हो या आकर्षण, गोदान रहा हो या गमन। वैसे हिन्दी में इन समान्तर फिल्मों का निर्माण शायद तब से हो रहा है, जब प्रयोगवाद का नाम भी लोग नहीं जानते थे। बल्कि लीक से हटकर बननेवाली फिल्मों की संख्या उस जमाने में कहीं अधिक थी जब हमारे दर्शक प्रयोगधर्मी फिल्मों से सर्वथा अनजान थे और व्यावसायिक सिनेमा के प्रति उनका उतना आग्रह नहीं था जितना वह आज है।

प्रारम्भ में किसी फिल्म की श्रेष्ठता टिकट-खिड़की की सफलता से नहीं आँकी जाती थी और न रजत या स्वर्ण जयन्तियों को उनकी कामयाबी का मापदण्ड

माना जाता था। बल्कि उन दिनों नामी-गिरामी सितारों की उपस्थिति या फिल्म के महँगे निर्माण मूल्यों के मुकाबले अच्छी कथावस्तु और अच्छे निर्देशन की ही ज्यादा इज्जत थी। इसी तरह उस जमाने में फिल्मकार का मुख्य उद्देश्य होता था—विषय-परक, गम्भीर कथानकों से युक्त फिल्मों का निर्माण, न कि फिल्मों के नाम पर नाटकीय तड़क-भड़क की प्रच्छन्न गतिमयता का प्रदर्शन जिसका प्रादुर्भाव बाद के बरसों में हुआ। प्रथमेश बरुआ, देवकी बोस और वी. शान्ताराम जैसे लोगों द्वारा निर्मित और निर्देशित अनेक फिल्में ऐसी हैं जिन्हें प्रयोगवाद की दृष्टि से आज भी मील का पत्थर माना जा सकता है। *रामशास्त्री, पड़ोसी, दुनिया न माने, आदमी, सीता* और *नया संसार* ऐसी ही फिल्में थीं जो दर्शक के दिल और दिमाग दोनों को एक साथ हिलाकर रख देती थीं।

द्वितीय महायुद्ध की नरसंहारी आग ने जैसे हमारी सभी परम्पराओं, विश्वास और मान्यताओं को अपने पैरों तले रौंदकर रख दिया था, उसी तरह हमारी फिल्में और उनके निर्मातागण भी पूरी तरह अस्तित्वहीन होकर रह गये थे। नौटंकीनुमा नाटकीय मनोरंजन को आम दर्शकों का वरदहस्त प्राप्त हो चुका था, और कुशल व्यापारियों की तरह हमारे फिल्म निर्माता उस माँग का पूरा फायदा उठाते हुए अपनी तिजोरियों को भरने में लग गये थे। नित्य निरन्तर बढ़ते हुए इस फिल्मी अन्धकार के मध्य ख्वाजा अहमद अब्बास और चेतन आनन्द अचानक ही आकाशदीप बनकर प्रकट हुए, और अपने अत्यन्त सीमित साधनों के बावजूद उन्होंने फिल्मों के इतिहास में एक नयी चेतना का समावेश किया। *धरती के लाल* और *नीचानगर* अपने तकनीकी मूल्यों में भले ही उल्लेखनीय चित्र न रहे हों, लेकिन इसमें सन्देह नहीं कि तत्कालीन भारतीय फिल्म निर्माण के प्रवाह को नयी दिशा देने में वह सर्वथा सक्षम रहे। इस दृष्टि से प्रयोगधर्मी फिल्मों के इतिहास में उनका अन्यतम योगदान है।

समान्तर आन्दोलन

अगर यह कहा जाए कि आज के जमाने में *तीसरी कसम* से लेकर *भुवन सोम, अंकुर, अनुभव* और *आविष्कार* तक फिल्मों का जो समान्तर आन्दोलन चला है, उसकी भित्ति में अब्बास और चेतन की यही दो चित्रकृतियाँ थीं तो अनुचित नहीं होगा। इन फिल्मों के माध्यम से बरसों बाद दर्शकों ने यथार्थवादी पृष्ठभूमि पर

आधारित कथावस्तु को देखा-परखा और उनकी सशक्त अभिव्यक्तियों से वह प्रभावित भी हुए। उन्हें लगा कि फिल्मों के नाम पर अब तक किरमिची होठों, ग्लैसरिनजन्य आँसुओं, वनस्पति-छाप मुस्कान और प्लास्टिक के चेहरों की जो भोंडी नुमाइश वह देखते आये थे वह मात्र एक छलावा थी, जिसकी नींव में अगर कुछ था भी तो सिर्फ वह कूड़ा-कचरा जिसको देखकर आदमी जबरन अपनी नाक को सिकोड़ने के लिए मजबूर हो जाए। *धरती के लाल* और *नीचानागर* के माध्यम से उन्हें दशकों बाद खुली हवा का स्पर्श मिला, धरती की सोंधी सुगन्ध उनकी नस-नथुनों में भरी, अपने मुल्क की गरीबी, जहालत, अन्याय और अन्य विभीषिकाओं के प्रति उनकी आँखें खुलीं, दोस्त और दुश्मन की पहचान करने का सलीका उनको आया और उछलकूद, नाचगानोंवाली सस्ती फिल्मों ने उनके सम्मुख यथार्थ से उन्मुख होने की जो भारी-भरकम दीवार खड़ी कर दी थी, वह एकबारगी ही गिरकर चकनाचूर हो गयी।

धरती के लाल और *नीचानगर* की तरह बिमल रॉय की *दो बीघा जमीन* भी समान्तर फिल्मों की पूर्वज कही जा सकती है। भारत के दलित-पददलित किसान-मजदूर का जितना सही चित्रण उस फिल्म में हुआ था, उतना शायद किसी दूसरी हिन्दी फिल्म में नहीं हो पाया। बिमल रॉय को फिल्म संसार का प्रेमचन्द कहा जाए तो किंचित अत्युक्ति नहीं होगी। बंगाल की कला को बम्बई के सामाजिक परिवेश में ढालकर ऐसे चित्रों का निर्माण जो पूरी तरह मनोरंजक भी हो और साथ ही कला के प्रति उनमें किंचित अन्याय न किया गया हो, निश्चित ही बहुत कठिन कार्य था—खासतौर पर उस युग में जब बिमल रॉय बम्बई आये। *देवदास, बन्दिनी, सुजाता* और *परख* जैसी उनकी सभी चित्रकृतियाँ उच्चकोटि की होने के बावजूद बॉक्स-ऑफिस की खिड़की पर भी पूरी तरह सफल रहीं। बिमल रॉय ने, निश्चित ही, फिल्मों के भारतीय इतिहास में एक नये युग का समारम्भ किया था। हृषिकेश मुखर्जी, बासुदेव भट्टाचार्य, गुलज़ार, सभी किसी-न-किसी जमाने में उनके सहयोगी-सहायक रह चुके थे, और जितना कुछ मान-अर्जन उन्होंने फिल्मी दुनिया में किया उसके पार्श्व में बिमल रॉय की ही तस्वीर पूरी तरह परिलक्षित है।

प्रयोगवाद के क्षेत्र में जिस *पर्सनल सिनेमा* की आज चर्चा की जाती है, उसके जनक गुरुदत्त थे। उन्होंने अपनी प्रत्येक फिल्म स्वान्तःसुखाय बनायी थी—दर्शक उसे पास करते हैं या नापास, इसकी चिन्ता ने उनको कभी नहीं सताया। *प्यासा, कागज के फूल, साहब, बीवी और गुलाम* ऐसी ही कृतियों के नाम हैं, जिनकी याद कभी फीकी नहीं पड़ सकती। राज कपूर भी किसी जमाने में *जागते रहो* जैसी प्रयोगवादी फिल्म का निर्माण कर चुके थे, लेकिन टिकट-खिड़की पर उसकी विफलता ने उनके उत्साह को पूरी तरह तोड़कर रख दिया। इसके विपरीत अपनी

असफलताओं से गुरुदत्त कभी विचलित नहीं हुए, और आर्थिक कठिनाइयों के बावजूद राज कपूर की तरह उन्होंने बॉक्स-ऑफिस के साथ कभी कोई समझौता नहीं किया।

साहब, बीबी और गुलाम के माध्यम से बंगला के उच्चस्तरीय कथा-साहित्य को अगर गुरुदत्त हिन्दी फिल्मों के परदे पर लाये, तो त्रिलोक जैतली को *गोदान* के निर्माता-निर्देशक के रूप में फिल्मों में हिन्दी साहित्य का सन्देशवाहक माना जा सकता है। किसी प्रकार के आर्थिक नुकसान का खयाल किये बिना प्रेमचन्द की आत्मा को जिस निष्ठा और ईमानदारी के साथ त्रिलोक जेतली ने अपनी उस फिल्म में जिन्दा रखा था, वह अपने प्रति उनके अदम्य विश्वास का प्रतीक था। सबसे ज्यादा खुशी की बात तो यह थी कि गोदान के माध्यम से प्रयोगवादी फिल्मों के निर्माण का रास्ता पूरी तरह हमारे लिए खुल सका था, और यह एक निश्चित तथ्य है कि इस नये स्कूल के मुख्य संयोजक के रूप में त्रिलोक जेतली का नाम काफी दिनों तक याद रखा जाएगा।

गोदान के बाद साहित्यिक कृतियों पर आधारित कई फिल्में हमारे सामने आयीं। फणीश्वरनाथ रेणु की बहुचर्चित कहानी *मारे गये गुलफाम* पर आधारित *तीसरी कसम* शुरू की इन फिल्मों में सर्वोपरि मानी जा सकती है। कहने की जरूरत नहीं कि अपनी विफलता के बावजूद *गोदान* ने साहित्यिक रचनाओं पर आधारित फिल्मों का जो सूत्रपात किया था, उसे *तीसरी कसम* ने एक पग आगे बढ़ाया। कमलेश्वर, मोहन राकेश, धर्मवीर भारती, रमेश बक्षी, मन्नू भण्डारी, राजेन्द्र यादव और जैनेन्द्र कुमार की कथाकृतियों पर जिन फिल्मों का निर्माण उस दौरान हुआ—अर्थात *फिर भी, बदनाम बस्ती, आषाढ़ का एक दिन, सूरज का सातवाँ घोड़ा, एक था चन्दर एक थी सुधा, सत्ताईस डाउन, रजनीगन्धा, सारा आकाश और त्यागपत्र*—उनकी सफलता क्या इस बता को सिद्ध नहीं करती कि *गोदान* को दर्शकों के साथ ही अगर समीक्षकों ने भी नापास कर दिया होता तो इनमें से शायद कोई भी फिल्म पर्दे का मुँह नहीं देख सकती थी।

इस दिशा में एक अन्य प्रयोगधर्मी फिल्म का उल्लेख भी करते चलें, जो अपनी तरह का सम्भवत: अकेला चित्र था। यह चित्र है—सुनील दत्त निर्मित-निर्देशित और अभिनीत *यादें*। उसके माध्यम से सुनील दत्त ने एक सर्वथा नया प्रयोग करने का सफल प्रयास किया था, इस बात में किंचित सन्देह नहीं। भारत ही नहीं, विश्व सिनेमा उद्योग के इतिहास में शायद वह पहली फिल्म थी, जिसमें प्रत्यक्ष रूप से मात्र एक व्यक्ति ने अभिनय किया हो। फिल्म के अन्तिम दृश्य में नरगिस की छाया का अवतरण लोगों को यह कहने का मौका जरूर दे जाता था कि वह एकल अभिनययुक्त फिल्म नहीं है, लेकिन उनकी इस शिकायत में ज्यादा दम

नहीं था, क्योंकि उस छोटे से दृश्य को फिल्म से अगर पूरी तरह निकाल भी दिया जाता, तब भी उसके कथानक अथवा प्रवाह पर कोई खास असर नहीं पड़ता।

सुनील दत्त की *यादें* के साथ ही हमें याद आ जाता है—सुरेश निगम का *अब्सट्रैक्ट* लघु चित्र, *साइकेडेली।* उसमें सिर्फ लकीरों के माध्यम से पूरी कथा कह दी गयी थी मुश्किल से एक मिनट में खतम हो जानेवाला यह लघुचित्र सम्भवतः विश्व का लघुतम चित्र था, जिसके कैमरे की आँखें किसी सजीव कथानक के स्थान पर ब्रश की रेखाओं का आकलन करती हैं। जिन विदेशी फिल्मकारों ने निगम की उस कलाकृति को देखा, उन्होंने प्रयोगवाद की सूक्ष्मतम अभिव्यक्ति के रूप में उसकी सराहना की। आनेवाले अणुयुग में इसी तरह की लघु फिल्मों को शायद सबसे ज्यादा महत्त्व मिले।

अगले दो साल हमने जिन फिल्मों को वर्ष की श्रेष्ठतम कृतियों के रूप में सम्मानित किया, वह भी पूरी तरह नव-सिनेमा का प्रतिनिधित्व करती थीं। मुजफ्फर अली की *गमन* और विनोद पाण्डे की *एक बार फिर* ऐसी ही फिल्में थीं जिनको लेकर वह दोनों पहली बार फिल्म-क्षेत्र में प्रविष्ट हुए थे। *एक बार फिर* जहाँ दीप्ति नवल की पहली फिल्म थी, वहीं *गमन* स्मिता पाटिल की सम्भवतः दूसरी। बहुत कम लागत से बनी ये दोनों फिल्में समीक्षकों का ध्यान आकृष्ट करने में भी सफल रही थीं और प्रबुद्ध दर्शकों का भी। दोनों का धरातल पूरी तरह यथार्थ पर आधारित था और दोनों ने ही वर्ग-विशेष के जीवन संघर्ष को सही रूप में प्रस्तुत करने की कोशिश की थी। उन फिल्मों के अधिकांश कलाकार और टेकनीशियन भी नये थे।

मुज़फ़्फ़र अली लखनऊ से बम्बई गये थे, जहाँ उन्होंने *एनीमेशन* फिल्मों के माध्यम से अपने सिनेमाई जीवन की शुरुआत की। उनके पिता लखीमपुर जिले में स्थित कोटवारा नामक रियासत के स्वामी थे और तस्वीरों को देखने से पता चलता है कि वहाँ अवस्थित उनका राजमहल राजस्थान के महलों को भी टक्कर देने में सक्षम था। अपनी फिल्म, गमन की अधिकांश शूटिंग उन्होंने उसी स्थल के आसपास की थी। मुज़फ़्फ़र की माँ उन दो टर्किश राजकुमारियों में थीं जिनमें से एक का विवाह प्रिन्स ऑफ बरार के साथ हुआ था। राजा साहब—मुज़फ़्फ़र के वालिद मरहूम—ने ब्रिटेन के मशहूर विश्वविद्यालयों में शिक्षा अर्जित की थी। कालान्तर में उन्होंने राजनीति में भी पदार्पण किया और कई बरस तक उत्तर प्रदेश (तब के संयुक्त प्रान्त) की विधान परिषद के अध्यक्ष रहे। उनको सम्पादकों के नाम पत्र लिखने का शौक था, तत्कालीन नेतृत्ववर्ग को भी वह समय-समय पर अपने सुझावों से अवगत कराते रहते थे।

गाँधीजी के सचिव प्यारेलाल ने *लास्ट फेज़ ऑफ़ महात्मा गाँधी* नामक जिस पुस्तक का प्रणयन किया था, उसके अन्तिम भाग में इत्तफाक से राजा साहब के हस्ताक्षर मुझे देखने को मिल गये। गाँधीजी अपने नाम आये पत्रों के खाली हिस्सों पर लिखा-पढ़ी का काम करने के लिए सुचर्चित थे। निधन के एक दिन पूर्व काँग्रेस के राजनीतिक स्वरूप को भंग कर उसे एक समाजसेवी संस्था के रूप में परिणत करने का जो मसविदा उन्होंने तैयार किया था उसका अधिकांश संयोग से राजा साहब के ही किसी पत्र के निचले हिस्सों में लिखा गया था और उससे उनके हस्ताक्षर स्पष्टतः झाँक रहे थे। मैंने इस तथ्य से राजा साहब को जब अवगत कराया तो फौरन ही वे मेरे घर चलने के लिए तैयार हो गये, पुस्तक को गम्भीरता से देखा-परखा, और फिर वापस करने का वादा करते हुए उसे अपने साथ ले गये। राजा साहब के लिए तो निश्चित ही वह एक महान उपलब्धि थी। बाद में उनके यहाँ जाने पर मैंने देखा कि ग्रन्थ में छपे उस भाग का एक बड़ा ब्लो-अप उनके ड्राइंगरूम की शोभा बढ़ा रहा है और मूल पुस्तक का कहीं अता-पता नहीं। अब भी वह एनलार्जमेण्ट उनकी बैठक में कहीं लटका होगा।

मुज़फ़्फ़र से मेरी पहली मुलाकात कैसरबाग स्थित कोटवारा हाउस में ही हुई थी, यद्यपि इसके पूर्व *पॉयनियर* में उनके बारे में काफी कुछ छाप चुका था। फिल्मी दुनिया के लोग तब तक उनके नाम से प्रायः अपरिचित थे।

गमन मुज़फ़्फ़र द्वारा निर्मित और निर्देशित पहला कथाचित्र था। स्मिता पाटिल, फ़ारुख शेख और जलाल आगा उसकी केन्द्रीय भूमिकाओं में थे। नाना पाटेकर की भी शायद वह पहली फिल्म थी, लेकिन उसकी याद को न नाना सँजोकर रख पाये और न स्वयं मुज़फ़्फ़र। फिल्म की क्रेडिट्स में भी नाना का कहीं नाम नहीं था। गायक हरिहरन को मुज़फ़्फ़र ने जरूर उस फिल्म में पहला चांस दिया था, और वह हमारे समारोह में सम्मिलित भी हुए थे।

समारोह सम्पन्न होने के कुल एक दिन पहले मैं भयंकर रूप से दुर्घटनाग्रस्त हो गया था। मेरी पीठ में इतनी अधिक चोट लगी थी कि हिलना-डुलना भी मेरे लिए दुष्कर लगता था। दुर्योग की बात यह कि मेरे एक प्रमुख सहयोगी भी उसी दिन लखनऊ की सड़कों पर जगह-जगह बने किसी उलटे-सीधे स्पीड-ब्रेकर से गाड़ी को टकराते हुए अपने दाहिने हाथ को तुड़वा बैठे, और जब उनसे मेरी मुलाकात हुई तब उस पूरे हाथ पर प्लास्टर चढ़ा हुआ था। इसी वजह से हम दोनों में से कोई एयरपोर्ट नहीं जा पाया और अन्यान्य सहकारियों को ही वहाँ पुरस्कृत फिल्मकारों की अगवानी करनी पड़ी। उन लोगों ने निश्चित ही आगत अतिथियों को वस्तुस्थिति से अवगत कराया होगा, क्योंकि एयरपोर्ट से मुझे देखने वह सीधे मेरे घर पहुँच गये। इतने लोगों को एक साथ अपने सम्मुख पाकर जितना आश्चर्य

मुझे हुआ, उतना ही अड़ोसी-पड़ोसियों को भी। आनेवाले लोगों में जिनके नाम मुझे अब तक याद हैं, उनमें निर्माता-निर्देशक विनोद पाण्डे और आशीष कुमार, अभिनेता प्रदीप वर्मा और जलाल आगा, छायाकार नदीम खाँ, संगीत-निर्देशक रघुनाथ सेठ और गायक हरिहरन प्रमुख थे। विनोद पाण्डे बरास्ता दिल्ली लन्दन से सीधे लखनऊ पहुँचे थे, जहाँ उन्होंने *एक बार फिर* के अधिकांश हिस्सों की शूटिंग की थी।

अधिकांश फिल्मकारों को राज्यपाल श्री चन्द्रेश्वर प्रसाद नारायण सिंह ने अपने हाथों पुरस्कार वितरित किये, लेकिन जलाल आगा के किंचित विलम्ब से पहुँचने के कारण उनको वह सुयोग हासिल नहीं हो पाया। अन्ततः राज्यपाल के ऐडवाइजर और हमारे पुराने खैरख्वाह डॉ. जनार्दनदत्त शुक्ल द्वारा उस कार्य-विशेष को सम्पन्न कराना पड़ा।

बाद में सूचना और संस्कृति निदेशालयों को आदेश देते हुए उन्होंने टिप्पणी की थी कि चूँकि हमारा संगठन उनको किंचित विश्वसनीय नहीं प्रतीत हुआ, अतः उसे पूरी तरह ब्लैक-लिस्ट करते हुए सरकार की ओर से हमें जो आर्थिक अनुदान मिलता है, उसे तात्कालिक प्रभाव से निरस्त कर दिया जाए। उन बेचारों को क्या मालूम कि प्रारम्भ से तब तक हमें एक पैसे की भी सरकारी सहायता नहीं मिली थी, हालाँकि अगर हमने उसकी याचना की होती तो हर विभाग के हर खजाने का हर द्वार हमारे लिए हमेशा पूरी तरह खुला हुआ था। लेकिन उस स्थिति में हमारा संगठन पत्रकारों का संगठन न होकर मात्र मौकापरस्तों के संगठन के रूप में जाना गया होता।

आज भी लखनऊ में कल्चरल माफिया द्वारा संचालित ऐसे संगठनों की कमी नहीं, जो ऊपर-नीचे-दायें-बायें हर ओर से हजारों-लाखों रुपयों की सरकारी धनराशि लूटकर अपनी घरेलू तिजोरियों को भरने में लगे हुए हैं, लेकिन उस विसंगति की ओर न किसी राज्यपाल का ध्यान आकृष्ट हो पाता है और न किसी मुख्यमन्त्री का। इसकी वजह शायद यह है कि वह लोग स्वयं उस दुरभिसन्धि के एक अविभाज्य अंश बन चुके हैं और उसमें निहित स्वार्थ से मुक्ति पाना अब उनके लिए किंचित सम्भव नहीं। चाहते तो हम भी एक सशक्त इकाई के रूप में उस माफिया के प्रभावशाली अंग बन सकते थे। लेकिन अपने अस्तित्व को दाँव पर लगाकर अगर हम वैसा करते भी तो हमारा आत्मगौरव पूरी तरह सरकार के हाथों बिक चुका होता और जिस समान स्तर पर खड़े होकर हम मन्त्रियों-सन्त्रियों के साथ तू-तड़ाक करते रहे हैं उसकी झलक भी किसी को नहीं मिल पाती।

स्टार सिस्टम का औचित्य

शेर-ए-कश्मीर के रूप में जाने-माने शेख अब्दुल्ला से मेरी दूर की जान-पहचान भी नहीं थी, निकट के परिचय का तो कोई सवाल ही नहीं उठता। बम्बई में एक-दो बार उनके कार्यक्रमों को कवर करने का मौका मुझे जरूर मिला था, लेकिन उसे मैं कोई महत्ता नहीं देता। पत्रकारों और राजनेताओं के मध्य इस तरह का संसर्ग चलता ही रहता है। उत्तर प्रदेश फिल्म पत्रकार संघ के बारे में निश्चित ही सरसरी तौर पर उनसे मैंने कुछ चर्चा की थी, लेकिन वह बातचीत ऐसी नहीं थी जिसे याद रखने की जरूरत हो। उन दिनों कश्मीर के मुख्यमन्त्रित्व से हालाँकि वह पदच्युत किये जा चुके थे लेकिन तब भी उनके राजनीतिक महत्त्व को नकारना किसी के लिए सम्भव नहीं था।

हमारे अठारहवें समारोह की जब तैयारियाँ हो रही थीं, तब तक वह पुन: जम्मू-कश्मीर के शासन का भार सँभाल चुके थे। समारोह के आमन्त्रण जब छपकर आये तो तफरीहन एक निमन्त्रण पत्र औपचारिक रूप से मैंने उनको भी प्रेषित कर दिया। मामूली बुकपोस्ट से वह भेजा गया था, और मुझे सपने में भी इस बात की कतई कोई उम्मीद नहीं थी कि उसकी ओर उनका किंचित ध्यान आकृष्ट हो पाएगा। लेकिन आठ-दस दिनों के अन्दर ही उसका प्रत्युत्तर जब मुझे मिला तो मैं उसे देखता ही रह गया। मुहरबन्द सरकारी लिफाफे में उनका व्यक्तिगत पत्र था और साथ ही कार्यक्रम के सम्बन्ध में एक सन्देश भी। औपचारिक रूप से निमन्त्रण की प्राप्ति स्वीकृति करते हुए उन्होंने मुझे सूचित किया था कि अत्यधिक कार्य व्यस्त होने के कारण हमारे समारोह में उनकी उपस्थिति यद्यपि सम्भव नहीं हो पाएगी लेकिन उनकी मंगलकामनाएँ सततरूप से हमारे साथ हैं।

वर्ष की सर्वश्रेष्ठ कथाकृति होने का पुरस्कार नया संसार द्वारा निर्मित *नक्सलाइट* नामक फिल्म को प्राप्त हुआ था। उसके सह-निर्माता मनमोहन साबिर को फिल्म से सम्बन्धित पुरस्कार-प्रतिमा इलाहाबाद उच्च न्यायालय के वरिष्ठ न्यायमूर्ति जस्टिस के. एस. वर्मा द्वारा समर्पित की गयी। *नक्सलाइट* के निर्देशन का पुरस्कार ख्वाजा अहमद अब्बास को प्रदेश के सुप्रसिद्ध रंगकर्मी और भारतेन्दु नाट्य अकादमी के निर्देशक राज बिसारिया द्वारा दिया गया। *इन्साफ का तराजू* की कथा, पटकथा और संवाद-लेखन के पुरस्कार अँग्रेजी साप्ताहिक फिल्म *इण्डस्ट्री* के सम्पादक शब्दकुमार को स्थानीय दैनिक *नवजीवन* के सम्पादक और सुपरिचित उपन्यासकार वीरेन्द्र पाण्डेय द्वारा अर्पित किये गये। वह पहला अवसर था जब लेखन-विधा के तीनों पुरस्कार किसी एक व्यक्ति को प्राप्त हुए हों। *पूनम* में प्रयुक्त वर्ष के श्रेष्ठ गीत-

लेखन का पुरस्कार हसरत जयपुरी को भारत और पाकिस्तान में कार्यरत लॉयन्स-क्लबों के गवर्नर सरदार भट्टी ने दिया। इस अवसर पर हसरत की मनमोहक शायरी से श्रोतागण पूरी तरह अभिभूत रहे।

फिल्म *लावारिस* में प्रस्तुत सुप्रसिद्ध लोकगीत, *मोरे अँगना में तुम्हारा क्या काम है,* के माध्यम से पार्श्व-गायन के क्षेत्र में प्रवेश करनेवाली अलका याज्ञिक सहज ही समारोह की मुख्य आकर्षण थी। उसको पुरस्कार प्रतिमा प्रदान की *इण्डियन पोस्ट* के सम्पादक प्रेम भाटिया ने। अलका द्वारा प्रयुक्त वह गीत उन दिनों देश के हर गली-कूचे में गुंजित और प्रतिध्वनित हो रहा था और श्रोताओं का ख्याल था जैसे एक नयी लता मंगेशकर हमारे बीच आने की तैयारी कर रही है।

दरअसल, अलका का हमारे समारोह में भाग लेने का कोई इरादा नहीं था। वह अपने किसी कार्यक्रम के सिलसिले में कलकत्ता गयी हुई थी और इस बात की कतई कोई सम्भावना नहीं थी कि समय पर उसका लखनऊ पहुँचना सम्भव हो पाएगा। लेकिन जब हम लोग अब्बास साहब और उनके साथियों को लेने स्टेशन गये तब अचानक उससे भेंट हो गयी। वह उसी समय कलकत्ते से आनेंवाली अमृतसर मेल से उतरी थी और अपनी बड़ी-बड़ी आँखों को फाड़कर किसी स्वागतकर्ता की तलाश में लगी हुई थी। पता चला कि कलकत्ता से चलने के पहले हमें लखनऊ पहुँचने की अग्रिम सूचना तार द्वारा उसने हमें भेजी भी थी, लेकिन वह तार समारोह समाप्त हो जाने के बाद ही हमें मिल पाया।

संगीतकारद्वय अनु मलिक और रवीन्द्र जैन को भी, पुरस्कार प्राप्ति के समय, तुमुल करतलध्वनि मिली। रवीन्द्र जैन को *इन्साफ का तराजू* और अनु मलिक को *पूनम* के संगीत-निर्देशन के लिए पुरस्कृत किया गया था। जैन को पुरस्कार प्रतिमा समर्पित की सुप्रसिद्ध गजल गायक इक़बाल सिद्दीकी ने, और अनु ने उसका अर्जन किया अन्तराष्ट्रीय-ख्याति प्राप्त फोटो जर्नलिस्ट कान्तिचन्द्र सोनरेक्सा के माध्यम से। रवीन्द्र जैन तो आशु-कवि भी हैं और आशु-गायक भी। अपनी मधुर धाराप्रवाह वाणी से उपस्थित श्रोताओं को रसविभोर करते हुए उन्होंने सदा की भाँति उनके मानव को परितृप्त भी किया, लेकिन अलका के बाद अपना संगीत कार्यक्रम पेश करने के लिए अनु मलिक को खासी से ज्यादा मशक्कत करनी पड़ी। जैसे ही अनु को इस बात का पता चला कि अलका आयी हुई है वह तत्काल उसके पास दौड़ पड़े और फिर पूरे दिन उनके कार्यक्रम का नियाज चलता रहा। यहाँ तक कि मध्याह्न भोज के समय भी—जिसका प्रबन्ध अवध जिमखाना में किया गया था—दोनों की तन्मयता में कोई कमी नहीं आयी और खाना-पीना भूलकर दोनों उसी से सम्बन्धित गुफ्तगू में संलग्न रहे।

जी. पी. सिप्पी द्वारा निर्मित *शान* में अपनी हृदयग्राही भूमिका के अविस्मरणीय

निर्वाह के लिए मज़हर खाँ सुपरिचित समाज-सेविका उषा शर्मा द्वारा पुरस्कृत किये गये, और हृषिकेश मुखर्जी-निर्देशित फिल्म *नरम-गरम* में प्रयुक्त अपने भावप्रवण अभिनय के लिए उसकी नायिका स्वरूप सम्पत को पुरस्कार प्रदान किया लोकप्रिय चिकित्सक डॉ. आर. एस. तिवारी ने। चरित्र अभिनेता ए. के. हंगल और नाना पलसीकर उन कलाकारों में अग्रतम थे, जिनके आसपास उनके प्रशंसकों की भारी भीड़ एकत्र थी। हंगल को शशि कपूर की फिल्म *कलयुग* में उनके प्रभावोत्पादक अभिनय के लिए पुरस्कृत किया गया था, और नाना पलसीकर को *नक्सलाइट* में प्रस्तुत उनकी सशक्त भूमिका के लिए। इस अभिनेताद्वय को सुप्रसिद्ध रंगकर्मी डॉ. अनिल रस्तोगी और लखनऊ आर्ट स्कूल के कुलगुरु रणवीर सिंह बिष्ट ने पुरस्कार प्रतिमाएँ समर्पित कीं।

समारोह के अन्तिम चरण में अलका याज्ञिक और अनु मलिक द्वारा जो संगीत-कार्यक्रम प्रस्तुत किया गया, वह मोहक था और श्रवणीय भी। दोनों ने अपनी आनेवाली फिल्मों में प्रयुक्त अनेक गीतों को स्वर-व्यंजित किया, और श्रोता उसे सुनकर झूम-झूम उठे। लेकिन यही सुयोग कुछ ही देर बाद हमारे लिए कुयोग भी साबित हुआ। अलका और अनु द्वारा पेश की गयी उस युगलबन्दी से पूरा प्रेक्षागृह इस कदर सम्मोहित हो चुका था कि जब ख्वाजा अहमद अब्बास अपने अध्यक्षीय भाषण के लिए माइक पर पहुँचे तो दर्शकों ने उन्हें हूट करना शुरू कर दिया और उनकी एक बात नहीं सुनी। गनीमत यह कि ए. के. हंगल के बीच-बचाव से स्थिति बहुत कुछ काबू में आ सकी, अन्यथा मैं तो इतना दिग्भ्रमित और किंकर्त्तव्यविमूढ़ हो चुका था कि मुझे समझ में ही नहीं आ रहा था कि उस अप्रिय प्रसंग को आखिर मैं कैसे समाप्त करूँ।

इसके पूर्व प्राय: प्रत्येक पुरस्कार-विजेता द्वारा उत्तर प्रदेश फिल्म पत्रकार संघ द्वारा सम्पन्न कार्यों की प्रशंसा और सराहना की गयी थी। कथाकार शब्दकुमार और अभिनेता हंगल ने कहा कि अठारह लम्बे बरसों तक बगैर किसी बाधा या व्यवधान इस प्रकार के समारोहों का सफलतापूर्वक संयोजन किंचित आसान काम नहीं, और उसके लिए पत्रकार संघ के कार्यकर्ताओं की जितनी भी प्रशंसा की जाए वह कम ही होगी। समारोह के अध्यक्ष के रूप में बोलते हुए ख्वाजा अहमद अब्बास ने भी संघ द्वारा अर्जित उपलब्धियों की पर्याप्त अभ्यर्थना की। उन्होंने कहा कि सार्थक और सुरुचिपूर्ण फिल्मों के निर्माण को प्रोत्साहन देने की दिशा में उत्तर प्रदेश फिल्म पत्रकार संघ द्वारा किये गये योगदान का ऐतिहासिक महत्त्व है।

रात के डिनर का प्रबन्ध मोहम्मद बाग क्लब में स्थानीय लॉयन्स क्लब ने किया था, लेकिन उसमें भी अव्यवस्था और अराजकता का पूरा बोलबाला रहा। क्लब के सदस्यों ने इतनी अधिक मात्रा में उसके आमन्त्रण बाँट रखे थे कि मेन हाल

में खड़े होने लायक जगह भी नहीं बच सकी थी और एक-एक पेग ह्विस्की पाने के लिए लोगों ने अपने आग्नेयास्त्रों तक का प्रदर्शन शुरू कर दिया था। उत्तर प्रदेश पुलिस के इन्स्पेक्टर-जनरल वर्मा भी पार्टी में मौजूद थे। उस दुरवस्था की ओर जब मैंने उनका ध्यान आकृष्ट करने की कोशिश की तो बड़े हलकेपन से वह बोले थे—"इस तरह के फंक्शनों में तो यह सब होता ही रहता है, घबड़ाने की कोई जरूरत नहीं।" फिर उसी इत्मीनान के साथ अपनी बात को आगे बढ़ाते हुए उन्होंने मुझे आश्वस्त किया था—"भरोसा रखिए, मेरी मौजूदगी में किसी को यह हिम्मत नहीं पड़ सकती कि वह कोई गोली-वोली चलाए।"

अब इस बात का जवाब उनको क्या दिया जा सकता था।

हमारी पारम्परिक विचारगोष्ठी भी संस्कृति निदेशालय के कान्फ्रेंस रूम में पूर्वाह्न सम्पन्न हुई थी। विषय था *स्टार सिस्टम* । निर्धारित विषय पर बहुत से वक्ताओं ने खुलकर अपने विचार प्रकट किये, लेकिन चूँकि स्टार-सिस्टम के पक्ष में बोलनेवाला एक भी व्यक्ति नहीं मिला, इससे वह संगोष्ठी एकतरफा गुफ्तगू होकर रह गयी। किसी भी बहस-मुबाहिसे में जब तक कम-से-कम दो पक्ष न हों तब तक न तो उसमें जान आ सकती है और न श्रोताओं का मनोरंजन हो सकता है।

स्टार-सिस्टम—अजीब, अनजाना-सा नाम लगता है न आपको ? डिक्शनरी में ढूँढ़ने की कोशिश कीजिए, तब भी इस शब्द के अर्थ नहीं मिल पाएँगे आपको। ऐसा इसलिए कि इस बीमारी का दायरा फिल्म उद्योग के अन्दर ही सीमित है, बाहर लोग उसका नाम तक नहीं जानते। लेकिन किसी भी फिल्मी प्राणी से मिलकर देखिए आप। लगेगा, जैसे उसके रोने-गाने-शिकवा-शिकायत का पूरा केन्द्र-बिन्दु स्टार-सिस्टम ही बन गया हो आज के दिन। स्टार-सिस्टम—यानी वह ढर्रा जिसमें किसी फिल्म की सफलता का पूरा दारोमदार सिर्फ उसमें काम करनेवाले अभिनेता-अभिनेत्रियों तक ही सीमित हो। यानी अगर आप रवीन्द्रनाथ, प्रेमचन्द या शरत् की किसी अच्छी-से-अच्छी कहानी को अनजाने, अनचीन्हे कलाकारों के साथ फिल्माना चाहते हैं तो कौड़ी के मोल भी नहीं बिक सकेगी वह इस फिल्मी दुनिया में। उसकी कामयाबी के लिए जरूरी है कि उसमें अभिनय करने के लिए सिर्फ ऐसे लोगों का चयन किया जाए जिन्हें हर कस्बे के हर कूचे का हर आदमी जानता-पहचानता हो—फिर भले ही कहानी के मूलतत्त्व से वह पूरी तरह बेखबर हों, अपनी भूमिका के प्रति एक प्रतिशत न्याय करना भी उनके लिए मुमकिन न हो पाए।

लेकिन इस बात से अधिक आश्चर्यचकित होने की कोई जरूरत नहीं। क्योंकि वह कलाकार भले ही अँगूठा-निशानी छाप हो लेकिन आपके सम्मुख वह

युग के सबसे बड़े कथाकार के रूप में ही अपने को प्रस्तुत करेगा। तब आप जानेंगे कि रवीन्द्र, शरत् या प्रेमचन्द ने जो कुछ लिखा था वह सब कूड़ा था—असली पते की बात तो उस स्टार की जबानी ही सुनायी पड़ रही है। और फिर दर्शक देखेंगे कि उस फिल्म में न रवीन्द्र रह गये हैं, न शरत् और न प्रेमचन्द—उसमें सिर्फ उन कलाकारों का ही बोलबाला है, जिनके नाम का सहारा लेकर वह फिल्म बेची गयी थी और जिनके आकर्षण से उसके हाउस फुल जा रहे हैं।

द्वितीय महायुद्ध के पूर्ववर्ती काल में, जब हिन्दी फिल्मों में आज जैसा बाजारूपन नहीं आ पाया था, सभी फिल्म निर्माण संस्थानों के निजी कलाकार हुआ करते थे और वह कला़कार सिर्फ उन्हीं फिल्मों में काम करते थे, जो उन निर्माण-संस्थाओं द्वारा निर्मित की जाती थीं। उदाहरण के लिए अशोक कुमार और देविका रानी बॉम्बे टाकीज से सम्बद्ध थे, माधुरी और डी. बिलिमोरिया का रणजीत स्टूडियो के साथ अनुबन्ध था, ई. बिलिमोरिया और सुलोचना इम्पीरियल फिल्म कम्पनी के लिए काम करते थे, मोतीलाल और सविता देवी का करार सागर मूवीटोन के साथ था, सरदार अख्तर और जयन्त प्रकाश स्टूडियो से सम्बन्धित थे, ज़ेबुन्निसा और मास्टर निसार सरोज फिल्म्स द्वारा निर्मित चित्रों में अभिनय करते थे, सहगल और काननबाला न्यू थिएटर्स के कलाकार थे और जयश्री, शान्ता आप्टे तथा चन्द्रमोहन के सम्बन्ध प्रभात सिनेटोन के साथ थे। तब लोग फिल्मों को इसलिए देखते थे कि वह न्यू थिएटर्स या बॉम्बे टाकीज की उपज है—इसलिए नहीं कि उसमें फलाँ-फलाँ कलाकार ने काम किया है। तब की फिल्में अपनी कहानी, अपने निर्देशक, अपनी निर्माण संस्था के नाम पर सफल या विफल होती थीं, अपने अभिनेता-अभिनेत्रियों की वजह से नहीं। फिल्मों की कथावस्तु में तब कलाकारों की झक मात्र पर उलटफेर नहीं की जाती थी और न उनमें सिर्फ इसलिए निरर्थक उछलकूद या नाच-गानों का बाहुल्य हुआ करता था कि उनके फ्रेम से व्यक्ति-विशेष का चेहरा बार-बार नजर आता रहे। लेकिन आज शायद ही कोई ऐसी फिल्म निर्माण संस्था बची होगी, जिसके अपने कलाकार हों और वह कलाकार दूसरों की फिल्मों में काम न करते हों।

उस जमाने की कोई भी फिल्म निर्माण संस्था साल में न दो-तीन से अधिक चित्रों का उत्पादन करती थी और न फिल्मों से सम्बन्धित प्रचार-पट्टिकाओं में अभिनेता-अभिनेत्रियों को वह महत्त्व दिया जाता था, जो आज उन्हें सहज ही प्राप्त है। जेमिनी के सर्वेसर्वा एस. एस. वासमन ने बाद में भी इस परम्परा को जारी रखा और उनकी फिल्मों को जो भी सफलता मिली उसके पार्श्व में हमेशा जेमिनी का नाम रहा, उन फिल्मों में काम करनेवाले कलाकारों का नहीं। सुलोचना ऐसी पहली अभिनेत्री थी जिसने विज्ञापनों में कलाकारों का समुचित उल्लेख करने के सवाल

पर जोर दिया और अपने मन्तव्य में उसे सफलता भी मिली। सुलोचना–अभिनीत *अनारकली* भारत की पहली फिल्म थी जिसकी प्रचार–पट्टिकाओं में उसके कलाकारों का समुचित उल्लेख किया गया था।

फ्रीलांसिंग अपनी मूलभावना में कोई गलत चीज है, इसे कोई भी समझदार आदमी नहीं मानेगा। हर आदमी को इस बात का मौलिक अधिकार प्राप्त है कि अपनी प्रतिभा का वह अधिकतम उपयोग करे, उसमें विकास और विस्तार लाये। लेकिन उस अधिकार का दुरुपयोग करते हुए जब आदमी स्वयं अपनी सीमाओं का उल्लंघन करने लगे, तो उसे क्या कहिएगा आप? और हिन्दी के फिल्म संसार में कुछ इसी प्रकार की स्थिति आज पैदा हो गयी है। आज काम नहीं चलता, सिर्फ नाम चलता है और उसी के माध्यम से दाम मिलता है। स्टार–सिस्टम से सम्बन्धित सबसे बड़ी यही त्रासदी है शायद। फिर चूँकि नाम के बल पर ही फिल्म–निर्माता या वितरक को आर्थिक सफलता प्राप्त होती है इससे कलाकार भी अपने काम के प्रति यदि असावधानी बरतना शुरू कर दें तो किसी का नुकसान भी क्या आखिर? फिल्म तो चलेगी ही, वह चलेगी तो उसमें काम करनेवाले लोगों का भाव भी बढ़ेगा और साथ ही उनकी तिजोरियाँ भी अपने आप भरी–पूरी होती जाएँगी। और इतना सब कुछ अगर मात्र नाम के बल पर हो सकता है तो काम करने की जरूरत भी क्या आखिर?

इसीलिए आज का फिल्म कलाकार कलाकार नहीं रह गया है, उसने पूरी तरह से अपनी तिजारत शुरू कर दी है। कलासाधना के लिए एकाग्रता की जरूरत होती है, और जो व्यक्ति एक साथ दर्जनों फिल्मों में काम कर रहा हो उसके एकाग्र होने का प्रश्न ही कैसे पैदा हो सकता है? आज के किसी शीर्षस्थ कलाकार के साथ दिन भर व्यतीत करके देखिए आप। आपको प्रतीत होगा जैसा उसका पलछिन पूरी तरह बिका हुआ है। जिन फिल्मों के लिए उसे काम करना है उनके नाम याद रख पाना भी जब उसके लिए सम्भव नहीं हो पाता तो उनके पात्रों के साथ एकात्मकता स्थापित करने की बात ही कहाँ पैदा होती है?

लेकिन पहले यह बात नहीं थी। आप तब के मोतीलाल को याद कीजिए, सहगल, अशोक कुमार, जमुना, नवाब, पहाड़ी सान्याल, देविकारानी, लीला चिटनीस, रेणुका, कानन, शान्ता आप्टे और साधना बोस की याद कीजिए। टेकनिकल विकास के अभाव में भी उनकी अभिनीत फिल्में क्या अब से ज्यादा जीवन्त और सहज–स्वाभाविक नहीं हुआ करती थीं? उन्हें देखकर क्या हमें इस बात का अनुभव नहीं होता था कि अपने काम के प्रति उन लोगों ने पूरी जिम्मेदारी बरती है, अपनी भूमिकाओं को आत्मसात करने का उन्होंने प्रयत्न किया है? लेकिन यह उस जमाने की बात है जब नाम नहीं, काम चलता था, स्टार नहीं अपनी कथावस्तु पर फिल्में

केन्द्रित रहती थीं और निर्माता-निर्देशक कलाकारों के गुलाम नहीं बल्कि उनके नियन्ता हुआ करते थे।

उन दिनों फिल्म-निर्माण का कार्य केवल उन्हीं व्यक्तियों तक सीमित था जिनके पास अपने स्टूडियो थे, लेकिन युद्धकाल में ऐसे अनेक व्यक्तियों का फिल्म-प्रवेश हुआ, जिनके पास निजी स्टूडियो के निर्माण के उपयुक्त आर्थिक साधनों की कमी थी, और उन्होंने किराये के निर्माणगृहों में अपनी फिल्मों को बनाना शुरू कर दिया। उन्हीं दिनों किराये के कलाकारों की भी शुरुआत हुई—ऐसे कलाकारों की जो किसी एक निर्माता की नौकरी न करते हुए हर किसी के साथ काम करने के लिए पूरी तरह स्वतन्त्र थे। आश्चर्य की बात यह है कि इस नयी व्यवस्था से उन्हें न केवल आर्थिक लाभ हुआ, बल्कि उनकी लोकप्रियता में भी असीम वृद्धि हुई। इसके साथ ही फिल्म निर्माण की अन्यान्य विधाओं में भी अनेक परिवर्तन हुए। तब तक निर्माता कुछ निश्चित व्यक्तियों से ही आर्थिक सहयोग लेते थे और उनकी फिल्में वितरकों तक तभी पहुँच पाती थीं, जब उनका निर्माणकार्य पूरा हो जाता था। लेकिन *किराये* की इस नयी प्रणाली के प्रचलन के साथ ही निर्माताओं ने वितरकों से भी वित्तीय सहायता लेनी शुरू कर दी और चित्र का निर्माण पूरा होने के पहले ही उनके वितरण का सौदा होने लग गया।

निर्माण क्षेत्र में वितरकों के इस पदार्पण का जो पहला प्रभाव पड़ा, वह यह था कि उन्होंने अब खुलकर उन चित्रों के निर्माण में दखलन्दाजी शुरू कर दी, जो उनकी आर्थिक सहायता से बनते थे। उनका यह हस्तक्षेप अस्वाभाविक भी नहीं था, क्योंकि टिकट-खिड़की पर किसी फिल्म की विफलता उन्हीं को सबसे अधिक प्रभावित करती थी। परिणाम यह हुआ कि उन्होंने कुछ इने-गिने लोकप्रिय कलाकारों द्वारा ही अपनी फिल्मों में काम करने पर जोर दिया, और चूँकि तब तक वह चित्र निर्माण की मुख्य धुरी बन चुके थे इससे किसी भी फिल्म निर्माता के लिए उनके प्रस्तावों की अनदेखी करना सम्भव नहीं रह गया था। इस दिशा में सर्वाधिक संकटपूर्ण स्थिति तब उत्पन्न हुई जब देश-विभाजन के बाद पाकिस्तान के कई फिल्म-निर्माता यहाँ आकर बस गये और इसके विपरीत अनेक भारतीय फिल्म निर्माताओं को पाकिस्तान पलायन करना पड़ गया।

इस प्रणाली की सबसे पहली शिकार स्वर्णलता थी। अवसर का लाभ उठते हुए उसने दस-बारह फिल्मों में एक साथ काम करना शुरू कर दिया था, जिसके परिणामस्वरूप वह अचानक बीमार हो गयी और फिर पूरे छः महीने तक उसे बिस्तर पर पड़े रहना पड़ा। नूरजहाँ, खुर्शीद, सुरैया सभी ने उस दिशा में स्वर्णलता की राह अपनायीं।

स्टार-सिस्टम का यह दूषित प्रभाव एक ओर जहाँ चित्र के स्तर पर पड़ता

है वहीं उसकी वजह से चित्र निर्माण की लागत में भी वृद्धि हो जाती है। यही नहीं, निर्माण की अवधि पर भी उसका व्यापक असर पड़ता है। फिर, कलाकारों द्वारा एक साथ अनेक चित्रों में काम करने की वजह से फिल्म के स्तर में भी गिरावट आ जाती है और उसका खमियाजा भुगतना पड़ता है दर्शकों को। एक स्टूडियो से दूसरे स्टूडियो की उनकी दिन भर की भागदौड़ के कारण फिल्मों में वह स्वाभाविकता भी नहीं आ पाती, जो किसी रचनात्मक विधा के लिए अनिवार्य है। इस प्रकार स्टार-सिस्टम जहाँ स्वयं कलाकारों के लिए पूरी तरह हानिकर है वहीं निर्माता भी उसके नुकसान से बच नहीं पाते। एक ही कलाकार को दर्शक अगर साल-दर-साल लगातार देखता रहे तो उसकी लोकप्रियता में निश्चित ही पर्याप्त कमी आ जाएगी, और परिणामस्वरूप उसके अभिनीत चित्र पैसे कमाने की दौड़ में भी काफी पीछे रह जाएँगे। फिर इस चक्रव्यूह का अन्त वहीं नहीं होगा। निर्माताओं के साथ उनकी फिल्मों में अग्रिम धन लगानेवाले वितरक भी बराबर नुकसान के भागी होते हैं, और इस तरह स्टार-सिस्टम की प्रणाली समग्र फिल्म उद्योग के लिए जहर का पर्याय साबित हो जाती है।

तो, स्टार-सिस्टम पर हमारा सेमिनार रंग-बिरंगा भले ही न बन पाया हो, लेकिन विषय से हटकर जो प्रसंग उठे उनमें जरूर लोगों ने रस लिया। उन प्रसंगों में एक था दूरदर्शन के निदेशक विलायत जाफ़री के साथ साहित्यकार मुद्राराक्षस का तीखा वाद-विवाद।

उन दिनों उत्तर प्रदेश में माण्डा नरेश विश्वनाथ प्रताप सिंह का शासन था। राजा साहब ने भारी-भरकम वेतन और उससे भी ज्यादा भारी-भरकम सुविधाएँ देकर उमाशंकर नामक एक बालसखा को अपनी सरकार के फिल्म-परामर्शदाता के रूप में नियुक्त किया था। उमाशंकर छुटभइए फिल्मकार थे और फिल्म विधा की एबीसीडी भी उनको नहीं आती थी। तक तब उन्होंने *आन्दोलन* नामक इकलौती फिल्म का निर्माण किया था जो मात्र एक-दो छोटे-मोटे केन्द्रों में प्रदर्शित होकर पहले ही दिन परदे से उतर गयी थी। बाद में सरकारी पैसों से उन्होंने काकोरी-काण्ड पर भी एक टी.वी. फिल्म बनायी जिसमें अशफ़ाकउल्ला और रामप्रसाद बिस्मिल जैसे क्रान्तिपुरुषों को खुले मुँह फाँसी के तख्ते पर चढ़ते हुए दिखाया गया था। जब लोगों ने उस अस्वाभाविक प्रसंग पर अपनी आपत्ति जाहिर करते हुए उनको बताया कि फाँसी पर चढ़ने के पहले तो अभियुक्त के मुँह को काले कपड़े से ढँक दिया जाता है, तो बड़ी मासूमियत से उन्होंने जवाब दिया—"उनके चेहरों को इसलिए मैंने खुला रखा है, जिससे देखनेवालों को यह मालूम हो सके कि वे कौन थे।"

उन्हीं दिनों उमाशंकर ने यह खबर उड़ा दी कि उनके द्वारा आयोजित किसी

समारोह में भाग लेने सत्यजित राय लखनऊ आ रहे हैं हालाँकि वह खबर पूरी तरह निराधार थी, लेकिन तब भी दोनों के मुखड़ों का प्रदर्शन करते हुए लखनऊ दूरदर्शन ने उस समाचार को प्रमुखता के साथ अपने परदे पर दिखाया और टिप्पणी की कि यह पहला मौका है, जब देश के दो धुरन्धर फिल्मकार एक साथ मंच पर दिखाई देंगे।

उसी सन्दर्भ में मुद्राराक्षस ने विलायत जाफ़री से पूछा था—"ऐसा करके आपने सत्यजित राय का मानहनन किया है या उमाशंकर का मानवर्द्धन?"

"उसका तो कोई सवाल ही नहीं उठता।" जाफ़री ने जवाब दिया था--"उमाशंकर फिल्म मीडियम के आला जानकार हैं, यह बात इसी से साबित हो जाती है कि खुद सरकार ने उनको इतना ऊँचा ओहदा प्रदान किया है। सत्यजित राय को तो सरकार ने अपनी कोई मामूली कुर्सी तक नहीं दी, फिर वह उमाशंकर से सीनियर कैसे मान लिये जाएँ? दोनों की अपनी-अपनी अहमियत है, और दोनों ही हमारे लिए इम्पॉर्टेण्ट हैं।"

मुद्राराक्षस ने अपनी जात को आगे बढ़ाते हुए कहा—"सरकारी कुर्सी तो आपने भी सँभाली हुई है, इसके अर्थ क्या यह लिये जाएँ कि आप अपने को भी सत्यजित राय के समकक्ष मानते हैं?"

"जहाँ तक दूरदर्शन का सवाल है, मैं उनके समकक्ष ही नहीं, बल्कि उनसे कहीं ऊँचा हूँ। दूरदर्शन के कार्यकलापों में हस्तक्षेप करने का राय बाबू को कोई अधिकार नहीं, जबकि उनकी बनायी हुई फिल्मों को दूरदर्शन पर दिखाने से मैं साफ इनकार कर सकता हूँ...हाँ, उमाशंकर जी के साथ यह बात लागू नहीं होती। वह सरकारी अफसर हैं, और उनके हुक्मों को तामील करना मेरा फर्ज है।" विलायत जाफ़री बोले थे।

इतना सुनना था कि संगोष्ठी के समस्त प्रतिभागी मधुमक्खियों की तरह जाफ़री के पीछे पड़ गये, और अन्ततः बीच में ही अपनी बात छोड़कर उन्हें त्वरित-पलायन के लिए विवश होना पड़ा।

दूरदर्शन हो या आकाशवाणी, दोनों विधाओं में विलायत जाफ़री जैसे लोगों की अब भी कोई कमी नहीं; बल्कि उनका तबका दिनोंदिन बढ़ता ही जा रहा है। इस कटु सत्य के बावजूद हमारे अधिकांश लेखक और पत्रकार उनकी पाद-प्रदक्षिणा कर अपमानबोध से ग्रस्त नहीं होते, यह बात जितनी दुःखद है उतनी ही आश्चर्यजनक भी।

इसकी मिसाल भी दूसरे ही दिन मिल गयी। लखनऊ के आकाशवाणी केन्द्र में उस पूर्वाह्न शब्दकुमार और अनु मलिक के इण्टरव्यू रेकार्ड होने थे। समय का भी निर्धारण हो चुका था। शब्द का इण्टरव्यू मुझे लेना था और अनु से भेंटवार्ता

करनी थी मेरे सहयोगी राकेश निगम को। किसी तरह लड़-झगड़कर शब्दकुमार का इण्टरव्यू तो मैंने रेकार्ड करवा दिया, लेकिन अनु की रेकार्डिंग इस तरह घपले में पड़ गयी कि उन्हें इण्टरव्यू के बगैर ही वहाँ से वापस लौट आना पड़ा। हुआ यह कि जो समय उनके लिए तय किया गया था उसी समय प्रदेश सरकार के एक आला हुक्काम भी अपनी रेकार्डिंग के लिए वहाँ पहुँच गये। अब अधिकारी स्तर के किसी व्यक्ति को इन्तजार कराना तो आकाशवाणी के लिए सम्भव नहीं था, इससे अनु को ही इस बात की सलाह दी गयी कि वह किसी दूसरे समय आकर अपने इण्टरव्यू की रेकार्डिंग करवा लें। अनु को आकाशवाणी का यह व्यवहार बहुत अपमानजनक प्रतीत हुआ और यह कहते हुए वह वहाँ से बाहर निकल आये—"एक वक्त ऐसा भी आनेवाला है जब आप लोग मेरे पीछे दौड़िएगा और मैं आपकी ओर देखूँगा तक नहीं।"

अनु की भविष्यवाणी निराधार नहीं थी। आज सचमुच आकाशवाणी के आका उनकी एक हलकी-सी कृपाकोर पाने के लिए बेसब्र और बेताब दिखाई पड़ते हैं, लेकिन उन लोगों की ओर आँखें घुमाने तक की फुरसत अनु को नहीं मिल पाती।

हिन्दी की फिल्में और फिल्मों में हिन्दी

सन् 1982 की सर्वश्रेष्ठ फिल्म होने का पुरस्कार हमने बासु भट्टाचार्य कृत *गृहप्रवेश* को दिया था। *अनुभव* और *आविष्कार* के बाद उनकी *ट्रॉयलाजी* की आखिरी कड़ी थी वह, और समय-समय पर हमने तीनों फिल्मों को सम्मानित किया था। बासु निर्माता, निर्देशक और पटकथाकार विनोद पाण्डे के साथ एक दिन पूर्व ही लखनऊ पहुँच गये थे, और इन दोनों के अतिरिक्त जिन अन्य फिल्मकारों को उस वर्ष हमने सम्मानित किया था, उनमें निर्माता गुल आनन्द, दक्षिण भारत के युवा निर्देशक काशीनाथ और गुलज़ार के सहयोग से *अंगूर* जैसी फिल्म प्रस्तुत करनेवाले जयसिंह, नव-अभिनेता राजा बुन्देला, सुरेन्द्रपाल और राकेश बेदी, कहानी-लेखिका अचला नागर, गीतकार शहरयार और माया गोविन्द, ध्वनि-संयोजक बी. के. चतुर्वेदी, संकलनकर्ता ओमप्रकाश मक्कड़ और वृत्तचित्र निर्देशिका विजय नरेश के नाम अग्रतम हैं। सुबह होनेवाले सेमिनार में इन सबने भाग लिया। विचार-विनिमय का

विषय था—हिन्दी की फिल्में और फिल्मों में हिन्दी।

बम्बई के किसी भी फिल्मी जन से भाषा के प्रश्न पर उससे गुफ्तगू करके देखे कोई—उसकी बातों से ऐसा ही मालूम पड़ेगा, जैसे हिन्दी के इतिहास से सम्बन्धित अपने महाग्रन्थ में आचार्य रामचन्द्र शुक्ल फिल्म का परिच्छेद लिखना पूरी तरह भूल गये हों। उस रुपहली दुनिया का अदना-से-अदना आदमी अपना सीना फुलाकर बता जाएगा आपको—हिन्दी फिल्मों ने हिन्दी की जो सेवा की है, उसके प्रचार-प्रसार में उसने जो योगदान किया है, उसे नजरअन्दाज करना किसी के लिए भी मुमकिन नहीं। देश के कोने-कोने में आज हिन्दी का जो विस्तार दिखाई पड़ रहा है उसके पीछे हमारी फिल्में ही हैं। न बनतीं हिन्दी में फिल्में, न दर्शक उनको देखते, और न हिन्दी की शब्दावली उनकी जबान पर चढ़ती।

अगर आप सचमुच हिन्दी के पक्षधर हैं, तो अपनी भाषा पर इस उपकार को करनेवाले ऐसे तबके के प्रति आपकी आभार भावना स्वत: आपके चेहरे पर झलक उठेगी। लगभग तीन सौ फिल्में हर साल बनती हैं यहाँ हिन्दी में, और उनके करोड़ों देखनेवाले हैं। उन दर्शकों के अन्तर्गत मात्र हिन्दी भाषा-भाषी नहीं बल्कि तमिल, तेलुगु और मराठी-गुजराती के दर्शकगण भी शामिल हैं। इतने अधिक दर्शकों को हिन्दी का पाठ न देवकीनन्दन खत्री पढ़ा पाये थे और न आचार्य महावीरप्रसाद द्विवेदी। ऐसी अवस्था में उनको हिन्दी सिखाने का श्रेय तो बस फिल्मवालों को ही मिलना चाहिए, और वह श्रेय उन्हें तब तक मिलता रहेगा जब तक फिल्मी दुनिया कुतूहल और आश्चर्य की विषय बनकर आपकी नजरों के आगे टिमटिमाती रहेगी।

लेकिन अगर इन फिल्मकारों और उनकी बनायी फिल्मों की हकीकत को आप नजदीक से देखना शुरू कर दें तो आपको सहसा इस बात का इल्म हो जाएगा कि फिल्मवालों की हिन्दी सेवा का यह दावा भी उतना ही खोखला और निराधार है जितना अपने दर्शकों को नैतिकता का पाठ पढ़ानेवाला उनका वह दावा। एक दिन हिन्दी के हिमायती एक ऐसे ही फिल्म निर्माता से मैं पूछ बैठा था—"हिन्दी सेवा का आपका दावा तो सचमुच बहुत अनूठा है और उसकी कदर भी की जानी चाहिए, लेकिन हिन्दी भाषा के इतने दर्शक अगर आपको नहीं मिलते, तब भी हिन्दी में ही अपनी फिल्मों का निर्माण करते क्या आप?"

मेरे इस सवाल को सुनकर मेरे फिल्मी दोस्त एकदम से तिलमिला उठे थे। आवेश में आकर जवाब दिया था उन्होंने—"आपको इस बात का पता नहीं है शायद कि फिल्मों की वजह से ही हिन्दी आज देश की आमफहम भाषा बन सकी है। आज हर आदमी हिन्दी फिल्मों को देखता है, समझता है और इसी से उस भाषा के प्रति उसके लगाव में वृद्धि होती जा रही है।"

हिन्दी के प्रति फिल्मवालों के इस कथित उपकार की बात ऊपरी तौर पर भले

ही आपको सच लगे , लेकिन वास्तविकता से उसका कुछ भी ताल्लुक नहीं है। अपने उद्‌भव के साथ ही फिल्म व्यवसाय का साधन बनी, और व्यापार के दृष्टिकोण से उन्हीं फिल्मों को सफलता मिल सकती थी जो हिन्दी में बनी हों। हिन्दी देश में तब से बोली जाती रही है जब फिल्मों का प्रादुर्भाव भी नहीं हो पाया था। हमारे अपने युग में हिन्दी के सबसे बड़े हिमायती महात्मा गाँधी थे, लेकिन उन्होंने हिन्दी की किसी भी फिल्म को आद्यन्त नहीं देखा था। तुलसीदास के रामचरित मानस के करोड़ों पाठक हैं, लेकिन फिल्मों को देखने के बाद उन्होंने हिन्दी सीखी, यह कोई मसखरा ही कह सकता है। तो क्या उन सन्तों और साहित्य-मनीषियों से भी अधिक प्रभावशाली हैं हमारी फिल्में।

वैसे भाषा के साथ फिल्मों का कोई खास सम्बन्ध भी नहीं है। हम लोग मगन होकर सत्यजित राय और मृणाल सेन की फिल्में देखते हैं, लेकिन वैसा करने से हम बंगभाषा में प्रवीण हो जाते हों ऐसी बात तो नहीं। अरब और अफ्रीका में बेहूदा से बेहूदा हिन्दी फिल्में भी लाखों रुपये कमाती हैं, लेकिन उन्हें देखकर उनका कोई दर्शक हिन्दीदाँ बन गया हो यह तो कभी सुनने में नहीं आया। और हमारे अपने देश में भी अँग्रेजी जिस तेजी के साथ अपना प्रभुत्व जमाती जा रही है, उसके पार्श्व में क्या अँग्रेजी फिल्में हैं ? सच बात तो यह है कि बड़े-बड़े अँग्रेजीदाँ भी अँग्रेजी फिल्मों को देखते ही ऊँघना शुरू कर देते हैं या फिर बगल की कुर्सी पर बैठे किसी दूसरे दर्शक का अनुसरण करते हुए अपनी खीसें निपोरने में उन्हें कोई झिझक नहीं होती। क्योंकि अँग्रेजी सीखने के बाद भी शायद ही ऐसी अँग्रेजी सीख पाएँगे हम, जो अँग्रेजी फिल्मों की रफ्तार से अँग्रेजी भाषा में हमें पारंगत कर सके। यही बात क्या हिन्दी फिल्मों के बारे में भी नहीं कही जा सकती ?

हिन्दी सेवा तो दूर की बात है, फिल्मवालों का बस अगर चलता तो हिन्दी बोली को भी अपने मुँह लगाने के लिए वह कभी तैयार नहीं होते। हिन्दी वह बोलते हैं तो वह भी मजबूरी से, और उससे मुक्ति पाना उनके लिए सम्भव नहीं हो पा रहा तो उसमें भी उनकी मजबूरी ही है। यही वजह है शायद कि दर्जा सात पास अभिनेता और अभिनेत्रियाँ भी फटाफट अँग्रेजी बूँकने का अभ्यास शुरू कर देते हैं फिल्मी दुनिया में पैर रखते ही, और चूँकि इतनी जल्दी उसमें पूरी तरह पारंगत होना उनके लिए सम्भव नहीं हो सकता इससे मौके-बेमौके कभी-कभार उन्हें हिन्दी भी बोलनी पड़ जाती है। फिल्मों में प्रयुक्त होनेवाले संवाद तक रोमन में लिखे जाते हैं, हिन्दी में नहीं, क्योंकि देवनागरी पढ़नी वहाँ किसी को भी नहीं आती। कथा, पटकथा, सिनारियो—सभी अँग्रेजी अक्षरों में लिपिबद्ध किये जाते हैं, क्रेडिट-टाइटिलों में भी अँग्रेजी का प्रयोग किया जाता है, प्रचार सामग्री अँग्रेजी में तैयार की जाती है और अगर मजबूरन उसमें कभी हिन्दी शब्दों का उपयोग किया भी जाता

है तो वह इतने भोंडे तौर-तरीके से कि कोई भी हिन्दीभाषी उसे पढ़कर पागल हो उठे। लेकिन तब भी हिन्दी-सेवा का श्रेय अगर किसी को मुफ्त में मिल रहा है तो उसे अंगीकार करने में झिझक की बात ही क्या?

हिन्दी की फिल्में और फिल्मों में हिन्दी पर केन्द्रित संगोष्ठी में इन्हीं समस्याओं पर विचार प्रकट किये गये और लोगों ने जमकर उसमें हिस्सा लिया। खुद अपनी ओर से हमने उसमें यह निर्णय लिया कि भविष्य में हमारे सदस्य किसी भी ऐसी फिल्म का प्रचार-प्रसार नहीं करेंगे जिसमें काम करनेवाले लोगों की नामावली अँग्रेजी में दी गयी हो। प्रसन्नता की बात है कि अनेक फिल्म निर्माताओं ने हमारे इस मन्तव्य को गम्भीरता से लिया और उनकी फिल्मों के टाइटल्स हिन्दी में दिये जाने लगे। ताराचन्द बड़जात्या के जीवनकाल में राजश्री-निर्मित प्रायः हर फिल्म में हिन्दी का ही पूरी तरह वर्चस्व रहा, और बासु चटर्जी ने एक भी फिल्म ऐसी नहीं बनायी जिसकी नामावली रोमन में लिपिबद्ध की गयी हो।

विचार-गोष्ठी का समापन करते हुए बासु भट्टाचार्य ने एक पते की बात कही थी। बोले—"हिन्दी का यह सौभाग्य है कि वह देश के कोने-कोने में बोली और समझी जाती है, लेकिन यह उसका दुर्भाग्य है कि भारत के किसी भी भूभाग के साथ वह अपनी आत्मीयता स्थापित करने में समर्थ नहीं रह पायी है। बंगाल में बाङ्ला का वर्चस्व है, उसे लोग अपनी भाषा मानते हैं। उसके विकास-विस्तार में वहाँ की सरकार भी मदद करती है और वहाँ का जनसामान्य भी। इसी तरह मराठी महाराष्ट्र की भाषा है, गुजराती गुजरात की, तमिल तमिलनाडु की, कन्नड़ कर्नाटक की, तेलुगु आन्ध्रप्रदेश की और मलयालम केरल की। लेकिन हिन्दी को किसी प्रदेश से सम्बद्ध किया जाएगा? वह तो गरीब की एक ऐसी जोरू बनकर रह गयी है जिसे भाभी तो सब कहते हैं, लेकिन उसकी देखरेख, उसके परिष्कार और परिमार्जन का जिम्मा कोई नहीं लेना चाहता। खुद वह सरकार जिसने उसे राष्ट्रभाषा का दर्जा दिया है उसके प्रति किंचित गम्भीर नहीं प्रतीत होती। इसी वजह से प्रादेशिक भाषाएँ जहाँ पूरी तरह फलफूल रही हैं, वहीं हिन्दी की ओर नजर उठाने की भी किसी को फुरसत नहीं। ऐसी अवस्था में उसे स्वयं अपने बल पर अपना विकास करना पड़ेगा—उसे न किसी से प्रश्रय की उम्मीद करनी चाहिए, न किसी के प्रोत्साहन की। अपने अस्तित्व और अस्मिता का महायुद्ध भी उसे खुद ही लड़ना पड़ेगा, किसी बाह्य सहायता की आशा उसके लिए अपेक्षित नहीं। मुझे मालूम है कि अन्ततः जीत उसी की होगी, लेकिन सम्प्रति जिस सार्वजनिक उपेक्षा का पात्र उसे बनना पड़ रहा है उससे निकट भविष्य में निजात पाना उसके लिए किंचित सम्भव नहीं—फिर हम लोग चाहे जितना चिल्लाते रहें।

समारोह में प्राण का आगमन अचानक हुआ था। वैसे वह हमारे पुरस्कार के

लिए बदस्तूर नामांकित किये गये थे और उस नामांकन को उन्होंने स्वीकार भी किया था। लेकिन प्राथमिक पत्राचार के बाद, अनेक स्मरणपत्र भेजने के बावजूद, उनके किसी कार्यक्रम की सूचना हमें नहीं मिल पायी। इस बेरूखे व्यवहार से यह समझने के लिए हम विवश हो गये थे कि वह शायद आने के मूड में नहीं हैं और अपने सम्भाव्य अतिथियों की सूची से, मन-ही-मन, मैंने उनका नाम पूरी तरह निकाल दिया था।

समारोह रात आठ बजे प्रारम्भ होना था। सात बजे के लगभग बासु भट्टाचार्य के साथ रवीन्द्रालय प्रेक्षागृह में पहुँचकर मैं वहाँ की व्यवस्था का जायजा लेने में लगा ही हुआ था कि एक सर्वथा अनजान आदमी ने हमें आकर बताया कि प्राण की शक्ल-सूरतवाले कोई सज्जन पोर्टिको में खड़े हुए हैं और मुझसे मिलना चाहते हैं। बाहर निकलकर देखा तो पाया कि प्राण सचमुच वहाँ मौजूद हैं और लोगों का एक लम्बा-चौड़ा हजूम उन्हें घेरकर उनके ऑटोग्राफ लेने में लगा हुआ है। मिलते ही बोले—''बड़े भले हैं तुम्हारे लखनऊ के बाशिन्दे। एयरपोर्ट पर जब मैं एक अजनबी-सा खड़ा था तो एक मेहरबान अपने आप ही मेरी मदद करने वहाँ पहुँच गये। मुझे तो तुम्हारे नाम और तुम्हारे फंक्शन के अलावा किसी भी चीज का अता-पता नहीं था। उन मेहरबान से मैंने कहा कि मैं एक अवार्ड फंक्शन में शामिल होने यहाँ आया हूँ, लेकिन मुझे यह पता नहीं कि वह कहाँ और किस जगह पर हो रहा है। इतना सुनते ही उन्होंने मुझे अपनी गाड़ी में लिफ्ट दे दी, और मैं यहाँ तक पहुँच गया। अब क्या प्रोग्राम है, यह बताओ।''

मैं यह कहने की कोशिश ही कर रहा था कि प्राण साहब, कम-से-कम मुझे इत्तिला तो दे दी होती कि आप यहाँ पहुँच रहे हैं, मैं खुद हवाई-अड्डे पर पहुँचकर आपकी अगवानी करता कि वे बोल उठे—''तुम्हारा दावतनामा पहुँचे और मैं न आऊँ, यह हो भी कैसे सकता था भला? यह बात जरूर है कि जरूरत से ज्यादा बिजी होने की वजह से तुम्हारे खतों का जवाब मैं नहीं दे पाया, लेकिन इसके मायने यह तो नहीं कि तुम समझ डालो कि प्राण नाम का कोई इन्सान ही नहीं है फ़िल्मी दुनिया में?''

यह प्राण की इन्सानियत ही है, जिसने उन्हें हर खासोआम का दिलबर बना रखा है। फिल्मी दुनिया में अनेकानेक अभिनेता हैं, आज तो कुकुरमुत्तों की तरह उनकी बाढ़ कुछ इस तरह फैल रही है कि कब कौन फूल खिला और कब वह सूखकर गिर पड़ा, इस बात का पता भी नहीं चल पाता। उनके लम्बे-चौड़े मजमे में प्राण को ऐसा अकेला अभिनेता कहा जाएगा, जिसका प्रभामण्डल पिछले पचास-पचपन बरसों की अवधि में एक क्षण के लिए भी धूमिल नहीं हो पाया। प्रशस्ति समारोह में औपचारिक रूप से प्राण का अभिनन्दन करते हुए अमृतलाल नागर ने कहा भी था—''प्राण किसी एक व्यक्ति या अभिनेता का नाम नहीं है। इस नाम के

पीछे हिन्दी सिनेमा का पूरा युग छिपा हुआ है, और उसके माध्यम से हम सहज ही अपनी फिल्मों में इतिहास की जीती-जागती, चलती-फिरती तस्वीर को देख सकते हैं। इस लम्बे अरसे में प्राण के बदनाम चरित्र का आलम यह रहा है कि एक ओर जहाँ कोई माँ-बाप अपने बेटे को प्राण का नाम तक देने का साहस नहीं कर पाते, वहीं अपने वास्तविक जीवन में वह इतना मीठा इन्सान है कि ऊपर-नीचे, आगे-पीछे दूरबीन से देखने पर भी उसमें खलनायकत्व की झलक तक पानी मुश्किल है।''

रात्रि-भोज हमने स्वयं अपनी ओर से दिया था, एक सर्वथा सामान्य होटल में लेकिन उसे किसी ने अन्यथा नहीं माना। फिर होटल कोहेनूर के तल में स्थित उस मामूली से डाइनिंग-हाल में शेरो-शायरी का जो दौर चला, वह दूसरी सुबह ही समाप्त हो पाया। प्राण को शेरो-शायरी का इतना ज्यादा शौक है, यह मुझे इसके पहले नहीं मालूम था। ग़ालिब, ज़ौक, जिगर और असग़र जैसे शायरों के पूरे दीवान उनको रटे हुए थे और उनका पाठ भी उन्होंने पूरे दिल से किया। बाद में माया गोविन्द के सुमधुर गीतों ने लोगों के मन को मोह डाला। तबीयत होती थी कि रात कभी खत्म न हो और हम उसी तरह सपनों के संसार में विचरण करते रहें। लेकिन वैसा होना सम्भव भी था क्या?

सस्पेंस चित्र *बेशक* के निर्माण के लिए काशीनाथ नामक एक युवा कन्नड़ फिल्मकार को भी हमने पुरस्कृत किया था। काशीनाथ की वह पहली कृति थी, इसके पहले उन्हें फिल्म निर्माण का कोई अनुभव नहीं था। सर्वथा सीधा-सादा आदमी, अहंकार की छाया तक नहीं। देखकर अनुमान भी नहीं लगाया जा सकता था कि कुछ ही बरसों में वह कन्नड़ का टॉप-स्टार बननेवाला है और उसके दरवाजे दिन-रात निर्माताओं की भीड़ जमा मिलेगी। काशीनाथ ने मुझे बताया कि उसके पिता एक मामूली पंसारी थे—टॉफी, लेमनड्रॉप, पापड़, बड़ी और ऐसी ही दूसरी चीजों की मामूली-सी दुकान थी उनकी। एक लघुचित्र बनाने के लिए काशीनाथ ने उनसे पन्द्रह हजार रुपयों का उधार लिया। पैसे मिल गये, फिल्म भी बन गयी और वितरकों ने उसे खरीद भी लिया। उससे जो आमदनी हुई उससे काशीनाथ ने पहले अपने उधार को चुकाया, और फिर कुछ मित्रों का आर्थिक सहयोग प्राप्त कर उन्होंने *बेशक* की शूटिंग सम्पन्न कर डाली। *बेशक* मूलतः कन्नड़ में बनी थी, बाद में उसका हिन्दी रूपान्तरण हुआ। फिर जहाँ भी उसका प्रदर्शन हुआ, वहीं उसे अतीव सफलता मिली। उस कालखण्ड में निर्मित शायद वह अकेली ऐसी रहस्यात्मक फिल्म थी जिसमें न नाच थे और न गाने, न किसी तरह की उछलकूद थी और न निरर्थक मारधाड़। बहुत सरल और सीधी गति से चलनेवाली फिल्म थी वह, और उसने कन्नड़ फिल्मों के इतिहास में सहसा एक नया आयाम पैदा कर दिया था। जब

काशीनाथ लखनऊ आये—और बंगलौर से लखनऊ तक की यात्रा उन्होंने दूसरे दर्जे के एक सर्वथा अनारक्षित डिब्बे में पूरी की थी—तब तक कन्नड़ के सिनेमा जगत में उनकी कुछ भी पहचान नहीं बन पायी थी। बाद में उन्होंने *अनुभव* के नाम से एक सार्थक कन्नड़ फिल्म बनायी और उसमें उन्होंने अभिनय भी किया। मुझे याद है, उस समय मेरे नाम सम्बोधित अपने एक पत्र में उन्होंने लिखा था—"अपनी इस फिल्म में मुख्य भूमिका अभिनीत कराने के उद्देश्य से मैं कन्नड़ के प्राय: हर बड़े स्टार से मिला, लेकिन किसी ने उसकी मंजूरी नहीं दी। हर ओर से हारने के बाद मैंने यही ठीक समझा कि खुद अपने आपको मैं उसका चांस दूँ। अब मैं इस फिल्म का निर्माता हूँ, निर्देशक भी और साथ ही नायक भी। देखना है कि अपने इन कामों में मुझे कितनी कामयाबी मिलती है।"

कुछ ही महीनों बाद *स्क्रीन* में छपी रिपोर्टों के माध्यम से मुझे पता चला कि *अनुभव* ने कर्नाटक में बेपनाह सफलता अर्जित की है, और उसके साथ ही काशीनाथ वहाँ के सबसे महँगे अभिनेता बन गये हैं। *स्क्रीन* ने अपना पूरा सेण्टर-स्प्रेड काशीनाथ की गाथा को दे डाला था, जिसमें वह तस्वीरें भी थीं जिनसे पता चलता था कि उन्हें अनुबन्धित करने के लिए कितने निर्माता उनकी ड्योढ़ी की परिक्रमा करने में रत हैं।

भाग्य इस तरह भी बदलता है।

फिल्म और साहित्य

दिसम्बर 1983 का प्रारम्भ। सर चन्द्रेश्वरप्रसाद नारायण सिंह तब भी उत्तर प्रदेश के राज्यपाल थे। एक सुबह उनके सचिव विनयकुमार सक्सेना (कालान्तर में प्रदेश के मुख्य सचिव) का टेलीफोन मेरे पास आया। बोले—"राज्यपाल आपसे मिलना चाहते हैं। आना मुमकिन हो पाएगा?"

पहले तो यही मन में आया कि साफ मना कर दूँ। जिस शख्स ने हमारे संगठन को काली-सूची में डालने के निर्देश दिये हों, उससे मिलने का सवाल ही क्या? लेकिन सक्सेना मेरे पूर्व परिचित थे, इससे उनसे सिर्फ इतना ही कहकर रह गया—"यह निश्चित ही मेरी खुशकिस्मती है कि इतने बरसों बाद साहब ने मुझे याद फरमाया, लेकिन आखिर काम क्या है?"

''अगले सण्डे आपका फंक्शन हो रहा है न। उसी के बारे में कुछ बात करनी है।''

''लेकिन आना कब है?'' मैंने पूछा था।

''वह आपके ऊपर है। इस वक्त भी आ सकते हैं, कल-परसों भी आ सकते हैं—लेकिन ग्यारह तारीख के पहले हर हालत में आपको आना है।''

ग्यारह दिसम्बर को हमारा समारोह था।

मैंने कहा, ''तो एक घण्टे के अन्दर आने की कोशिश करता हूँ। एच.ई. के लिए यह समय सुविधाजनक होगा क्या?''

''उनके लिए हर वक्त सुविधाजनक है। आप अपनी सहूलियत देखिए।''

चूँकि मिलने की अपेक्षा यह मालूम करने की उत्सुकता मुझे अधिक थी कि आखिर किस प्रयोजन से उन्होंने मुझे बुलाया है, इससे मैं फौरन ही राजभवन जाने के लिए तैयार हो गया। पहुँचने पर पोर्टिको में स्वयं सक्सेना से मेरी भेंट हुई, और उन्होंने तत्काल मुझे राज्यपाल के कक्ष में पहुँचा दिया।

बड़े तपाक से मिले सर चन्द्रेश्वर। पहले घर के बड़े-बूढ़ों की मानिन्द मेरी अपनी कुशलक्षेम पूछी, फिर पत्नी का हालचाल पूछा, हमारे संगठन की गतिविधियों के बारे में बातचीत करते रहे। इसके बाद बोले—''मुझे अखबारों से मालूम हुआ कि इतवार को आप लोग अवार्ड दे रहे हैं। उसमें शायद *नदिया के पार* के कुछ कलाकार भी शिरकत कर रहे हैं। फिल्म मैंने दो बार देखी है। अच्छी भी बहुत लगी। भोजपुरी समाज के रहन-सहन को उसने जीवन्त कर दिया है...''

''जी, इसलिए तो उसे पुरस्कृत किया है। लेकिन बम्बई में वह पूरी तरह फ्लॉप साबित हुई है।'' मैंने उनको बताया था।

थोड़ी देर हम लोग उसकी कुछ और बातें करते रहे। फिर अचानक ही उन्होंने पूछा, ''इस बार कौन प्रेसाइड कर रहा है तुम्हारा फंक्शन?''

''सुनील दत्त को बुलाया है। वे हमारे ऑनरेरी मेम्बर भी हैं, जैसे गोपाल रेड्डी साहब थे।''

फिर कुछ रुककर, कुछ हिचक का प्रदर्शन करते हुए मैं आगे बोला, ''मन्त्रियों-सन्त्रियों को अब हमने पूरी तरह ब्लैक-लिस्ट कर दिया है...''

''दरअसल मैं उन लोगों से मिलना चाहता था।'' संकोच से उन्होंने मुझसे कहा।

फिर अपनी वह बात उन्होंने आगे बढ़ायी थी। बोले—''कुछ देर के लिए अगर तुम उन लोगों को यहाँ ला सको तो अच्छा लगेगा।''

जवाब में मैं बोला—''अगर सिर्फ उस फिल्म से सम्बन्धित आर्टिस्टों से आपका मतलब है तो आप सक्सेना साहब से कहिए कि उनके पहुँचने के बाद वे उनसे सीधे सम्पर्क स्थापित कर लें। कौन ऐसा आदमी होगा, जो आप जैसे महामहिम

से मिलने का ख्वाहिशमन्द न हो। ऐसा होने से तो उनकी अपनी इज्जत में बढ़ोतरी होगी। आप कहें तो मैं उनके बम्बई के पते और टेलीफोन नम्बर भी दे दूँ। पहले से ही उनके साथ काण्टैक्ट कर लिया जाए तो उन्हें भी सहूलियत होगी और आपको भी।''

''नहीं, ऐसा करना तो मौजूँ नहीं लगता। किसी तरह तुम खुद उनके प्रोग्राम को फिक्स-अप नहीं कर सकते क्या?''

''दो-चार लोगों को अलग से यहाँ भिजवाना तो अच्छा नहीं लगेगा। हमारे नजरिये में तो सब लोग बराबर हैं...''

''तो अपने सभी अवार्डीज को यहाँ मदऊ कर लो न? कुछ देर गपशप करेंगे, फिर चाय-पानी हो जाएगी। उसके बाद उनको यहाँ से वापस ले जाना।''

बहुत संकोच के स्वरों में मैंने उनको जवाब दिया—''लेकिन, आप जानते हैं, फिल्मवाले समय के कतई पाबन्द नहीं होते। फिर हम लोगों को भी गाड़ी वगैरह मुहैया कराने में अक्सर देर लग जाती है। ऐसी हालत में उनको न बुलाया जाए तभी ठीक होगा। हम तो इस तरह की मजबूरियों के आदी हो चुके हैं। आपके स्टेटस के किसी शख्स के साथ अगर फिर वैसी कोई बात हुई तो हम तो कहीं अपना मुँह दिखाने के काबिल भी नहीं रहेंगे।''

अपने होठों पर कुछ स्निग्धता लाते हुए वह बोले—''उसकी फिक्र करने की जरूरत तुम्हें नहीं। और जहाँ तक गाड़ियों का सवाल है, गवर्नमेण्ट हाउस का पूरा गैरेज तुम्हारी खिदमत में है। जितनी कारें चाहो, यहाँ से निकलवा लो।''

''नहीं, उनकी कोई जरूरत नहीं। जिन गाड़ियों का वह सुबह से इस्तेमाल करेंगे, वही शाम को भी काम आ जाएँगी।''

मेरे इस आश्वासन को सुनकर वह सन्तुष्ट हो गये, और इस अयाचित अनुग्रह के लिए उनके प्रति अपने आभार व्यक्त करते हुए मैं वापस लौट आया।

मुझे यह बात बिलकुल समझ में नहीं आ पायी कि मात्र कुछ बरसों के अन्तराल में इतना अन्तर कैसे आ गया था सर चन्द्रेश्वर प्रसाद नारायण सिंह के कार्य-व्यवहार में। पहले का दर्प अब विनय में परिवर्तित हो गया था, और पहले की तुनकमिजाजी पारस्परिक आस्था और विश्वास में।

उस वर्ष हमारे सेमिनार का मुख्य विषय था—फिल्म और साहित्य। उसका आलेख मैंने स्वयं तैयार किया था।

कुछ ही दशक पहले की बात है। हिन्दी के एक शीर्षस्थ साहित्यकार बम्बई पधारे तो उनकी मुलाकात वहाँ के एक नामी-गिरामी फिल्मकार से हो गयी। संकेत के लिए बताता चलूँ कि साहित्यकार महोदय एक जमाने में खुद फिल्मी दुनिया से

सम्बद्ध रह चुके थे और उनके जिस उपन्यास का फिल्मीकरण उन दिनों हुआ था वह कागजी पन्नों पर ही नहीं रुपहले परदे पर भी अमर बनकर रह गया था तब। फिल्मकार महोदय के सम्बन्ध में इतना ही बताना पर्याप्त है कि अपने जीवन के प्रथम चरण में उन्होंने भी हिन्दी की एक औपन्यासिक कृति पर फिल्म-निर्माण किया था, लेकिन जब टिकट खिड़की पर वह अपेक्षित सफलता नहीं प्राप्त कर सकी तो निर्माता महोदय ने हर मौके-बेमौके यही कहना शुरू कर दिया कि हिन्दी कहानियों में प्लॉट नहीं होता और वह मात्र पर्सनल एस्से बनकर रह जाती हैं। इसी से उनको आधार बनाकर न फिल्मों का निर्माण सम्भव है और न ही ऐसे अधकचरे प्रयोग किसी प्रबुद्ध निर्माता को करने चाहिए।

लेकिन अपने-अपने क्षेत्रों के दो शीर्षस्थ व्यक्तियों का टकराव जब हो ही गया तो यह भी लाजिमी था कि औपचारिक रूप से ही सही उन दोनों के बीच कुछ व्यवसाय-वार्ता भी चलती। सो निर्माता महोदय ने उपन्यासकार बन्धु से फिल्माने योग्य उनकी कुछ कृतियों की माँग की तो प्रत्युत्तर में उपन्यासकार महोदय ने अपने सद्यः प्रकाशित दो उपन्यास उनकी मेज पर डाल दिये। लम्बे, चौड़े, मोटे उपन्यास। लेकिन उनकी ओर दृष्टिपात करते ही निर्माता महोदय अजीब पसोपेश में नजर आये। बोले—''भाई, इतनी भारी-भरकम चीजों को पढ़ने की फुरसत ही किसे है इस फिल्मी दुनिया में?''

उपन्यासकार महोदय ने जवाब में क्या कुछ कहा-सुना था, इस बात से बहरहाल हमें कोई मतलब नहीं, हालाँकि उन्होंने कोई नपा-तुला जवाब ही दिया होगा, यह तयशुदा बात है। कहा जाता है कि शुरू-शुरू में उक्त उपन्यासकार महोदय जब फिल्मों में आये थे तब उस जमाने की एक नामी-गिरामी निर्मात्री अपने फन्दे में पकड़ने का प्रयास करते हुए उनसे बोली थी—''गौर कीजिए, हमारी संस्था के साथ काम करते हुए आपकी कहानियों पर जो फिल्में बनेंगी, वह महीनों-बरसों नहीं उतर पाएँगी रुपहले परदे से—अपनी परम्परा ही ऐसी बन चुकी है। आपके लिए यह सौभाग्य का विषय नहीं होगा क्या?''

लेकिन इस प्रस्ताव पर उपन्यासकार महोदय हर्ष से गद्‌गद हो अपनी मुस्कान नहीं बिखेर पाये थे—निर्मात्री के श्रीचरणों पर—हालाँकि उस समय पैसों की उन्हें सख्त जरूरत थी। दो-टूक बात करते हुए उस निर्मात्री को उन्होंने जवाब दिया था—''आपका कहना बिलकुल दुरुस्त है मोहतरिमा, लेकिन इसका मैं क्या करूँ कि जो किताबें लिख चुका हूँ, अब तक मैं वह साल-दो साल नहीं, बल्कि सैकड़ों-हजारों साल तक गूँजती रहेंगी अपने पाठकों के दिल-दिमाग में। और ऐसी हालत में महीनों-बरसों चलनेवाली आपकी फिल्मों का कतई आकर्षण नहीं है मेरे सामने।''

इतने बरसों बाद इस नये निर्माताबन्धु से भी उन्होंने इसी तरह की कोई बात

कही होगी, इसमें सन्देह नहीं। हिन्दी का प्रत्येक प्रबुद्ध साहित्यकार इसी तरह की दो-टूक बात करने का आदी रहा है, हमेशा से फिल्म निर्माताओं के साथ, इसी से शायद उसकी जड़ें भी नहीं पनप सकीं कभी यहाँ की पथरीली-कंकरीली धरती पर।

वैसे निर्माता महोदय का कथन एक बार तो काबिले-तारीफ था ही। क्योंकि सच में इस फिल्मी दुनिया के आदमी के पास इतना समय कहाँ जो कहानियों को लेकर इतनी माथापच्ची कर पाए वह। कलाकारों के नखरे बर्दाश्त करने की फुरसत हो सकती है उसे, क्योंकि उनके बगैर उसकी फ़िल्म नहीं बिकेगी। ताज इन्टरकॉण्टीनेण्टल या सेण्टोर या सन-एन-सैण्ड में वातानुकूल कमरे आरक्षित कर स्टोरी-डिस्कशन के नाम पर अल्लम-ग़ल्लम ऐशो-आराम करने की भी फुरसत उसे है, क्योंकि आज की फिल्मी दुनिया का रवैया ही वह बन चुका है। कनिष्ठतम सरकारी अमलों के आने पर उनके स्वागत-सत्कार में अपने पलक-पाँवड़े बिछाकर उनके सम्मुख खीसें निपोरने का भी उसके पास समय है, क्योंकि उन्हीं के माध्यम से तो पद्मश्री और पद्मभूषण पाने के दरवाजे खुलेंगे उसके लिए। लेकिन कहानियों का अध्ययन-मनन—ना बाबा, कौन उस लफड़े में पड़े? अपन तो जुबली राइटर्स की ही चीजें लेते हैं, उन्हीं को पब्लिक पसन्द भी करती है। लिटरेरी चीजों को देखने-भालने की हमें फुरसत ही कहाँ है?

और ऐसा नहीं कि सामान्य श्रेणी के बम्बइया फिल्मकार ही ऐसी बातें कहते-सुनते हों। क्योंकि मुझे याद है कि *आवारा* के प्रदर्शन के बाद राज कपूर से भी एक पत्रकार ने इसी तरह की कुछ बातें पूछी थीं, और तब झटके के साथ अपनी आँखों की चमक उस प्रश्नकर्ता के चेहरे पर नत्थी करने की कोशिश करते हुए राज ने उसे जवाब दिया था—मेरा काम फिल्मों को बनाना है, जनाब, कथा बाँचना नहीं। उसके लिए बहुतेरे मुंशी हैं मेरे दफ्तर में। आबादी की रफ्तार से छपनेवाली इन् हिन्दी किताबों से अपनी कहानियाँ छाँटना शुरू कर दूँ मैं तो दूसरा कोई काम हो ही नहीं सकता। कम-से-कम मुझे इस बात की कतई फुरसत नहीं कि इस तरह के ऐरे-गैरे कामों में मैं अपना भेजा खराब करूँ और फिर जो फिल्म बनाऊँ उसे देखनेवाला सिर्फ वह साहित्यकार हो, जिसने उसकी कहानी लिखी है।

और तब मुझे लगा था, जैसे सिर्फ हिन्दी, बांग्ला, अँग्रेजी, फ्रेंच, इतालवी और जर्मन साहित्य की कृतियों को ही नहीं, देश-विदेश के उन सभी फिल्म-निर्माताओं को जलील करने की कोशिश कर डाली गयी हो, इस बयान के द्वारा जो अच्छी कहानियों को पढ़ते हैं, उनका चयन करते हैं, और फिर उन पर ऐसी फिल्मों का निर्माण करते हैं जो किसी देश या अंचल के चुन्ने-मुन्ने घेरे में ही नहीं, बल्कि अखिल विश्व के फिल्मी परदे पर प्रदर्शित होकर जनजन की प्रशंसा अर्जित करने में समर्थ रहती हैं।

मुझे लगा था—जैसे हॉलीवुड और ब्रिटेन और फ्रांस और रूस के वह फिल्म-निर्माता जिन्होंने हमेशा शेक्सपियर, ऑस्कर वाइल्ड, एमिल जोला, ज्याँ पाल सार्त्र, दैफ्नी द मारिया, हेमिंग्वे, समरसेट मॉम, पर्ल बक, ओ. हेनरी, दास्तावस्की, चेखब, गोर्की और टॉल्सटॉय जैसे कथाकारों की कृतियों को समादृत कर उन पर फिल्मों का निर्माण किया है, निहायत बेवकूफ और नाकारा आदमी थे, क्योंकि ऐसी कूढ़मग्ज बातों के लिए भी उन्हें फुरसत मिल जाती थी।

मुझे लगा था, रवीन्द्रनाथ, शरच्चन्द्र, ताराशंकर, प्रबोध कुमार सान्याल, विभूतिभूषण, अचिन्त्य कुमार सेन गुप्त, विमल मित्र और जरासन्ध की साहित्यिक कृतियों को अपनाकर बांग्ला फिल्म-निर्माताओं ने भी अपनी अकल को बेच खाया है—हालाँकि इसके बावजूद वह ऐसी फिल्म बनाने में अभी तक समर्थ नहीं हो पाये हैं, जिसे देखकर सिर्फ उसका लेखक सन्तोष प्राप्त करे। बांग्ला में अब तक जो भी फिल्में बनी हैं, वह पैसा पैदा करने में भी उतनी ही सफल रही हैं, जितना मान-सम्मान और प्रशंसा को अर्जित करने में।

फिर इन हिन्दी फिल्म निर्माताओं को ही अच्छी कथावस्तु के चयन-संकलन में इतनी हिचक क्यों होती है आखिर?

इस सन्दर्भ में कहीं यह तथ्य तो नहीं कि अँगूठा-निशानी लगा सही करनेवाले हिन्दी फिल्मों के अधिकांश निर्माता खुद अपने गँवारपन पर परदा डालने की कोशिश करते हों फुरसत न होने की बातों को दुहरा कर? और या उन्हें यह आधारभूत सत्य भी अब तक नहीं मालूम हो पाया है कि किसी फिल्मकृति की केन्द्रबिन्दु उसकी कथावस्तु ही हो सकती है, उसके सेटों की तड़क-भड़क, अभिनेताओं की उछलकूद या उनके माध्यम से प्रदर्शित होनेवाले ऐरोबिक नाचगाने नहीं?

कोई बात तो जरूर होगी इस परदे की ओट में, वरना जिस भाषा में यशपाल, जैनेन्द्र, भगवतीचरण वर्मा, अमृतलाल नागर, शिवानी, मोहन राकेश, राजेन्द्र यादव, धर्मवीर भारती, उपेन्द्रनाथ अश्क, उषा प्रियंवदा, श्रीलाल शुक्ल, नागार्जुन और मन्नू भण्डारी जैसे बीसियों नये और पुराने कथाकार ऐसी कृतियों का सृजन कर चुके हों जिन पर अच्छी-से-अच्छी फिल्मों का निर्माण हो सकता है, फिल्मी महाजनों द्वारा अछूते क्यों माने जाते अब तक?

वैसे वह अछूते ही रह जाएँगे अनादि काल तक अगर फिल्म संसार ने उन्हें सचमुच अपनाने की कोशिश नहीं की तो। अपनी गरिमा का उन्हें ज्ञान है और आत्मसम्मान को बाजार-हाट में बेचकर पेट भरने का मोह उन्हें नहीं सता पाया।

आलेख को मैंने जानबूझ कर आक्रामक रूप दे दिया था, जिससे उत्तेजित होकर

फिल्म जगत के प्रतिभागी अपने दिल की बात निस्संकोच उगल सकें। लेकिन मेरा मन्तव्य पूरा नहीं हो पाया। सभी ने पूरी तरह शान्तचित्त होकर उस आलेख को सुना, उस पर चिन्तन किया और फिर उतने ही सुकून के साथ तत्सम्बन्ध में अपनी टिप्पणियाँ प्रस्तुत कीं।

सुनील दत्त ने आलेख की भाषा पर ही नहीं, उसके कथ्य-तथ्य पर भी आपत्ति प्रकट की थी। कहा था उन्होंने—किसी भी निर्माण की सफलता-विफलता के अलग-अलग कारण होते हैं। इसकी क्या वजह है आखिर कि विमल दा जब गुलेरी जी द्वारा लिखित *उसने कहा था* के आधार पर अपनी फिल्म का निर्माण करते हैं तो उसे कामयाबी नहीं मिलती, और जरासन्ध की *बन्दिनी* पर बनी उनकी फिल्म नाम भी कमाती है और दाम भी ? या चोपड़ा साहब द्वारा चतुरसेन शास्त्री-रचित उपन्यास का जब फिल्मीकरण किया जाता है तो पहले ही हफ्ते टिकट खिड़की पर वह मात खा जाती है और साहित्य से अलग हटकर अपनी जिन फिल्मों का सृजन वह करते हैं, वह आशातीत रूप से कामयाब होती हैं ? या *तीसरी कसम* सरीखी लाजवाब फिल्म को बॉक्स-ऑफिस पर विफलता का सामना करना पड़ता है, जबकि वह फणीश्वरनाथ रेणु जैसे कालजयी साहित्यकार की लेखनी से प्रसूत हुई थी ?

तीसरी कसम की नाकामयाबी का कारण यह हर्गिज नहीं था कि वह एक साहित्यिक कृति थी या उसके निर्माण मूल्यों में कोई खोट थी। वह विफल इसलिए हुई कि उसके वितरण और प्रदर्शन में व्यावसायिक कौशल का अभाव था और उसकी रिलीज के पहले उसका नाम भी दर्शक नहीं जान पाये थे। इसी तरह *धर्मपुत्र* को अपनी कथावस्तु की वजह से नहीं बल्कि उसके दोषपूर्ण ट्रीटमेण्ट के कारण मुँह की खानी पड़ी। *उसने कहा था* विमल दा की प्रारम्भिक फिल्मों में थी। बंगाल से बम्बई आते ही खालिस पंजाब की पृष्ठभूमि पर आधारित उस कहानी का फिल्मांकन विमल दा ने कर डाला, जबकि वहाँ की सभ्यता और संस्कृति का ककहरा भी उनको नहीं आता था। *बन्दिनी* के साथ यह बात लागू नहीं थी। वह विशुद्ध बंग परिवेश की कहानी थी, उसका सृजन भी उनके अपने अंचल के एक ऐसे उपन्यासकार ने किया था, जिसके लेखन से वह पूरी तरह परिचित थे। इस तरह किसी निर्धारित फार्मूले को लेकर किसी फिल्म की कामयाबी या नाकामयाबी को आँकना सम्भव नहीं।

अभिनेता सईद जाफ़री जितना हिन्दी फिल्मों के बारे में जानते थे उतना ही पाश्चात्य फिल्मों के बारे में। उन्होंने स्पष्ट शब्दों में कहा—"अगर आप यह समझते हैं कि विदेश की हर फिल्म *ओ. हेनरी* या *ऑस्कर वाइल्ड* जैसे लेखकों की कृतियों पर ही आधारित होती है तो आपकी जानकारी में कोई दोष है। खुद ब्रिटेन में हर साल जितनी फिल्मों का निर्माण होता है, उनमें से नब्बे प्रतिशत ऐसी ही फिल्में होती

हैं, जिन्हें एक बार देखने के बाद उनकी याद भी किसी को नहीं आ पाती। और हॉलीवुड ? उसका हाल तो ब्रिटेन से भी बदतर है। यहाँ तो मारधाड़ का भी कोई औचित्य होता है, लेकिन वहाँ बन्दूक पहले चलती है और उसका कारण आपको बाद में बताया जाता है। सारी दुनिया का एक जैसा हाल है। ऐसी स्थिति में हिन्दी फिल्म के निर्माताओं पर दोषारोपण करना किंचित् न्यायसंगत नहीं।''

निर्माता-निर्देशक सावन कुमार भी सईद जाफ़री की बातों से सहमत थे। उस दिशा में ऐसे फिल्म-निर्माताओं का बखान उन्होंने किया, जो ईमानदारी के साथ साहित्यिक कृतियों पर फिल्म-निर्माण करना चाहते हैं, लेकिन स्वयं साहित्यकारों द्वारा उन्हें समुचित सहायता नहीं प्रदान की जाती। उन्होंने कहा—''उपन्यास-लेखन और फिल्म-लेखन की विधाओं में जमीन-आसमान का अन्तर है। बड़ा-से-बड़ा कोई लेखक भी अगर यह चाहता है कि उसकी लिखी हुई कहानी ज्यों-की-त्यों परदे पर उतार दी जाए तो उसे या तो फिल्म-क्रैफ्ट का ज्ञान नहीं है और या अपने छद्म अहम् के वशीभूत होकर वह फिल्म-निर्माण की जमीनी हकीकत को पूरी तरह दरकिनार कर देता है। फिल्मों की आधार बिन्दु आमतौर पर कहानी होती है, उपन्यास नहीं। प्लॉट-दर-प्लॉट का जमाना अब गया। हर उपन्यास में बीसियों प्लॉट होते हैं और सैकड़ों चरित्र। उन सबका फिल्मांकन कर पाना सर्वथा असम्भव है। ऐसी हालत में यह लेखक का कर्तव्य है कि उनकी अपेक्षित काँट-छाँट कर वह एक ऐसा सिनाप्सिस तैयार करे, जिसके आधार पर फिल्म की पटकथा लिखी जा सके। लेकिन ऐसा करने में हिन्दी का लेखक अपना अपमान समझता है। उसकी मान्यता है कि उपन्यास को लिपिबद्ध करने के बाद तत्सम्बन्ध में उसकी कोई जिम्मेदारी नहीं रह जाती। बांग्ला लेखकों के साथ यह बात लागू नहीं होती। *बन्दिनी* रही हो या *साहिब बीबी और गुलाम, जरासन्ध* और विमल मित्र को महीनों बम्बई आकर रहना पड़ा था, और तब उन फिल्मों की अन्तिम रूपरेखा तैयार हो पायी थी। हिन्दी का कोई प्रतिष्ठित लेखक ऐसा करने के लिए कभी तैयार नहीं होगा। हाँ, जब उसकी लिखी फिल्म टिकट-खिड़की पर पूरी तरह नाकाम हो जाएगी तो उसके निर्माता को कोसने के लिए वह हरदम तैयार मिलेगा। इस तरह से अच्छी फिल्मों का निर्माण नहीं हुआ करता है।''

आज के लोकप्रिय अभिनेता आमिर खाँ के पिता और स्वयमेव सुचर्चित निर्माता-निर्देशक ताहिर हुसैन ने कहा—''यह जरूरी नहीं कि हर फिल्मकार साहित्यिक कृतियों के मनन-अध्ययन में दिलचस्पी रखता हो। अन्यान्य विधाओं से सम्बद्ध लोगों के साथ भी यह बात पूरी तरह लागू होती है। बहुतेरे लोगों को कार्याधिक्य की वजह से अपनी बीवियों तक से प्रेमालाप करने की फुरसत नहीं मिल पाती, हजार-दो हजार पन्नों को पढ़ पाना तो दूर की बात है। ऐसी हालत में

सिर्फ इसलिए उनको अनपढ़ या गँवार कहना गलत होगा कि उनके पास किसी उपन्यास के आद्यन्त अवलोकन का समय नहीं। हर एक के अपने शौक होते हैं और अपनी दिलचस्पियाँ। किसी को सुस्वादु आहार का शौक है तो उससे यह तो नहीं कहा जा सकता कि वह उसे बनाना भी सीखे। फिल्मी दुनिया में हिन्दी साहित्यकारों को अपेक्षित कामयाबी तभी मिल सकती है, जब वे उसके तानेबाने का गम्भीरतापूर्वक अध्ययन करें। उसकी प्राप्ति के लिए उन्हें सब लोगों से मिलजुलकर रहना सीखना पड़ेगा, किसी द्वीप की तरह अलग-थलग रहने पर उनको सिर्फ अकेलापन मिलेगा, और कुछ नहीं''

नदिया के पार जैसी लोकप्रिय फिल्म में मुख्य भूमिकाओं का अभिनय करनेवाले इन्दर ठाकुर और साधना सिंह का कहना था कि उनकी फिल्म चूँकि स्वयं एक साहित्यिक कृति पर आधारित है, इससे यह कक्ष्ना न्यायोचित नहीं होगा कि फिल्म-जगत में साहित्य की कदर नहीं। सत्साहित्य के लेखक और सार्थक फिल्म-निर्माण के इच्छुक निर्माता अगर समान स्तर पर खड़े होकर एक-दूसरे का सहयोग करें तो फिल्म जगत में सहज ही एक अभूतपूर्व क्रान्ति लायी जा सकती है। लेकिन उसके लिए आवश्यक है कि दोनों पक्ष पूर्वाग्रह-मुक्त होकर एक-दूसरे की कठिनाइयों को समझें और उनका निराकरण करें।

नवोदित अभिनेता देवेन्द्र खण्डेलवाल ने, जो बासु भट्टाचार्य-निर्देशित फिल्म *मधुमालती* में शर्मिला टैगोर के साथ नायक की भूमिका अभिनीत कर अपनी प्रतिभा के झण्डे पहले ही गाड़ चुका था, कहा—''फिल्म और साहित्य का चोली-दामन का साथ रहा है। उन सम्बन्धों में अगर कोई व्यतिक्रम आ गया है तो उसकी जिम्मेदारी समान रूप से दोनों पर पड़ती है। उन्हें चाहिए कि अपनी खामियों को वह पहचानें और उनको दूर करने का प्रयत्न करें। जब तक ऐसा नहीं होता, तब तक न फिल्म संसार का कोई भला हो सकता है, और न साहित्यकारों का।''

संगीतकार रवीन्द्र जैन भी इन बातों से सहमत थे। उन्होंने कहा—''वह निश्चित ही फिल्म-उद्योग का स्वर्णकाल होगा जब हमारे फिल्मकार साहित्यकारों के साथ एकजुट होकर फिल्म निर्माण की दिशा में अपने कदम आगे बढ़ाएँगे। आज नहीं तो कल वह समय आने ही वाला है, उसके पथ को अवरुद्ध करना अब किसी के भी बस में नहीं।''

विचार-गोष्ठी में शेखर कपूर निर्देशित *मासूम* की बाल-कलाकार मिनी—बेबी आराधना—भी उपस्थित थी, लेकिन अपना पूरा समय उसने विविध फिल्मकारों के ऑटोग्राफ संकलित करने में ही व्यतीत किया। अभिनेताद्वय दीपक पाराशर और यूनुस परवेज़ कुछ नहीं बोले, हालाँकि सेमिनार में आने के पहले यूनुस ने बड़े दमखम के साथ ऐलान किया था—''पहुँचने तो दीजिए मुझे मजलिस में, फिल्म

के साथ इल्म के गठबन्धन की मैं इतने पुरजोर तरीके से हिमायत करूँगा कि लोग दंग रह जाएँगे।''

सन्ध्या-समय राजभवन के विशाल प्रांगण में राज्यपाल द्वारा आयोजित ऐट-होम भी स्मरणीय रहा। साधना सिंह की ओर राज्यपाल के परिवार की विशेष कृपादृष्टि थी। विविध व्यंजनों से आगत अतिथियों का स्वागत किया गया, राज्यपाल की ओर से उन्हें बहुमूल्य स्मृतिचिह्न अर्पित किये गये। रवीन्द्र जैन ने *नदिया के पार* के गीतों से उपस्थित समुदाय का मनोरंजन किया और साधना सिंह के साथ इन्दर ठाकुर ने फिल्म के अनेक हृदयस्पर्शी संवाद प्रस्तुत किये। किसी महामहिम के राजकीय आवास में बैठकर वह कार्यक्रम सम्पन्न हो रहे हैं, इसका आभास भी किसी को नहीं हो पाया। फिर सर चन्द्रेश्वर ने स्वयं पोर्टिको तक आकर सबको विदा दी, और हम लोग मुदितमन वहाँ से सीधे रवीन्द्रालय प्रेक्षागृह पहुँच गये।

प्रशस्ति समारोह हमेशा की तरह सोल्लास सम्पन्न हुआ। उस बार हमने दूरदर्शन से सम्बन्धित कलाकारों को भी अपने पुरस्कारों से सम्मानित किया था। *बीवी नातियोंवाली* दूरदर्शन का पहला सोप-ऑपेरा था, जिसे लखनऊ के दूरदर्शन केन्द्र ने प्रस्तुत किया था। उसके लेखक थे सुप्रसिद्ध व्यंग्यकार के. पी. सक्सेना, और उसमें मुख्य भूमिकाएँ अभिनीत की थीं सुपरिचित रंगकर्मी विश्वनाथ मिश्र और प्रमोदबाला ने। उन तीनों को भी हमने अपने प्रशस्तिपत्रों और पुरस्कार-प्रतिमाओं से अभिहित किया। समारोह के अध्यक्ष के रूप में सुनील दत्त ने हमारे उस कृत्य की भूरि-भूरि प्रशंसा की और विश्वास प्रकट किया कि उससे दूरदर्शन को अच्छे धारावाहिक बनाने की निरन्तर प्रेरणा मिलती रहेगी।

समारोह को सफल बनाने में निर्माता-निर्देशक सावन कुमार ताक का प्रमुख योगदान था। कार्यक्रम के मध्य में उन्होंने स्टेज के माइक को स्वयं अपने हाथों में ले लिया और फिर जिस कौशल के साथ उन्होंने उसका संचालन किया, उसे मैं अब तक नहीं भूल पाया हूँ। एक मँजे हुए कम्पेयर करनेवाले की तरह उन्होंने हर कलाकार को अपनी श्रेष्ठतम प्रतिभा को प्रदर्शित करने का अवसर प्रदान किया और श्रोता उससे अभिभूत भी हुए। साधना सिंह से उन्होंने *नदिया के पार* के ही नहीं, खुद अपनी फिल्मों के भी अनेकानेक गाने गवाये, रवीन्द्र जैन का संगीत साथ में था ही। इस तरह एक महासफल कार्यक्रम के रूप में समारोह का समापन हुआ और उत्फुल्ल मन लोग वहाँ से बाहर निकले।

विदा होना कोई पलायन नहीं

अगले साल, यानी 1984 में हम कोई समारोह आयोजित नहीं कर पाये। हमेशा की तरह उस वर्ष भी वह दिसम्बर के दूसरे रविवार के लिए तय किया गया था। अटल बिहारी वाजपेयी ने उसकी अध्यक्षता के लिए अपनी स्वीकृति भी प्रदान कर दी थी। लेकिन 31 अक्टूबर को अचानक इन्दिराजी के निधन के कारण उसे स्थगित कर देना पड़ा। समारोह 11 नवम्बर को होना था, और श्रीमती गाँधी के सरकारी सूतक की अवधि तीन दिन बाद समाप्त हो रही थी। हालाँकि सभी पुरस्कार विजेता उसमें भाग लेने के लिए वचनबद्ध हो चुके थे, लेकिन अटल जी ने टेलीफोन पर मुझे राय दी कि सम्प्रति कार्यक्रम को स्थगित करना ही अधिक उचित होगा। ऐसी अवस्था में जल्दी-से-जल्दी उसे कोई नयी तारीख देने की जरूरत थी। विलम्ब होने पर बहुत से कलाकार अनुपस्थित भी हो सकते थे, और अंशतः वैसा हुआ भी। लम्बे पत्राचार के बाद जो नयी तारीख तय हुई वह वर्ष 1985 की 11 मार्च थी, लेकिन अटल जी उस दिन उपलब्ध नहीं थे। जब मैंने उनसे बात की तो वह बोले कि लखनऊ तो उनका घर है, वहाँ वह किसी भी अवसर पर आ सकते हैं, अपना कार्यक्रम हमें आमन्त्रित कलाकारों की सुविधा को देखते हुए ही निर्धारित करना चाहिए। उनके परामर्श का समादर करते हुए हमने 11 मार्च की तारीख पक्की कर दी और अपने पुरस्कार विजेताओं को उस दिन उपस्थित होने के आमन्त्रण नये सिरे से दे डाले।

उस साल जिस फिल्म को हमने वर्ष की सर्वश्रेष्ठ कृति होने के लिए पुरस्कृत किया था, वह थी सुरेश जिन्दल कृत *कथा*। जिन्दल इसके पूर्व *शतरंज के खिलाड़ी* का निर्माण कर चुके थे, एटिनबेरो कृत *गाँधी* के वह सहनिर्माता थे, और एक प्रबुद्ध फिल्मकार के रूप में उन्हें विश्वख्याति मिल चुकी थी। भारतीय चलचित्र निर्माता संघ (इम्प्पा) के अध्यक्ष के रूप में भी उसी वर्ष उनका निर्वाचन हुआ था। इस परिप्रेक्ष्य में अटल जी के स्थान पर समारोह की अध्यक्षता करने के लिए उनसे ज्यादा उपयुक्त कोई व्यक्ति हमें मिल ही नहीं सकता था।

कथा हास्य-व्यंग्य से भरपूर एक सार्थक चित्र था, जिसमें फ़ारुख शेख़, नसीरुद्दीन शाह और दीप्ति नवल की मुख्य भूमिकाएँ थीं। सई परांजपे ने उसका निर्देशन किया था। हृषिकेश मुखर्जी और बासु चटर्जी की परम्परा में बना बीती सदी का शायद वह आखिरी ऐसा चित्र था जो विशुद्ध ललित हास्य पर आधारित था, उसके बाद उस श्रेणी के किसी चित्र का निर्माण नहीं हुआ। बासु भट्ट नामक जिस चरित्र का अभिनय फ़ारुख शेख़ ने उस फिल्म में किया था, उसके पीछे साफतौर पर बासु भट्टाचार्य की भाव-भंगिमा परिलक्षित हो रही थी, और जिस कौशल के

साथ उसे प्रस्तुत किया गया था वह निश्चित ही प्रशंसनीय है। स्वस्थ हास्य पर आधारित एक अन्य फिल्म, *जाने भी दो यारो,* भी उस वर्ष की हमारी पुरस्कार सूची में सम्मिलित थी। उसका निर्माण किया था, राष्ट्रीय फिल्म विकास निगम ने और निर्देशन था कुन्दन शाह का। निर्देशक और पटकथाकार कुन्दन शाह के साथ निगम की ओर से उसके महाप्रबन्धक रवि मलिक भी हमारे समारोह में सम्मिलित हुए थे। *कथा* का प्रतिनिधित्व किया था सुरेश जिन्दल तथा फ़ारुख शेख़ ने।

आज तो डेविड धवन छाप फूहड़ चित्रों का बोलबाला है, जिनमें न हास्य होता है और न व्यंग्य—सिर्फ उनकी पैरोडी होती है। लेकिन प्रारम्भ से ही यह बात रही हो, ऐसा नहीं। हिन्दी फिल्मों में हास्यरस का समावेश किया था दिवंगत देवकी बोस ने। आधी शती पूर्व उनके द्वारा निर्मित *सुनहरा संसार* नामक चित्र में मध्यवर्गीय समाज की बेकारी के प्रश्न को बड़े व्यंग्यात्मक ढंग से प्रस्तुत किया गया था, और उसके माध्यम से पहली बार हमें ललित हास्य की बानगी देखने को मिली थी। इसी तरह सागर मूवीटोन द्वारा निर्मित *गे-बर्ड्स* और रणजीत की *चार-चक्रम* नामक फिल्मों को उस काल की सफलतम कॉमेडीज के अन्तर्गत रखा जा सकता है। पाँचवें दशक में मोतीलाल और कन्हैयालाल अभिनीत *मिस्टर सम्पत* को प्रस्तुत कर एस. एस. वासन ने फिल्मी हास्य को एक नया आयाम दिया, लेकिन फिर काफी दिनों तक ऐसी कोई भी फिल्म देखने को नहीं मिली जिसे सार्थक हास्य का पर्याय माना जा सके। छठे दशक के अन्त या सातवें दशक के आरम्भ में चेतन आनन्द की फिल्म *फण्टूश* और मराठी कथानक पर आधारित *चचा चौधरी* ने हास्यचित्रों के निर्माण को निश्चित ही एक नयी गति दी, लेकिन दोनों में से किसी में *मिस्टर सम्पत* जैसे कटीले व्यंग्य का समावेश नहीं मिल पाया। कालान्तर में *चलती का नाम गाड़ी, पड़ोसन, प्यार किये जा* और उस तरह की दूसरी फिल्मों ने उस परम्परा को आगे बढ़ाने का प्रयास किया, लेकिन उनकी अप्रतिम सफलता के बावजूद अधिकांश निर्माता उनके प्रति निरपेक्ष ही बने रहे।

वर्तमान फिल्म निर्माता विदेशी फिल्मों की नकलबाजी करने में खुद एक-दूसरे को मात देने में लगे हुए हैं, लेकिन इस तथ्य के बावजूद वह हॉलीवुड के हास्य को हिन्दी में रूपान्तरित करने का प्रयत्न क्यों नहीं करते, यह बात सच ही समझ में नहीं आती। वैश्वीकरण के इस युग में नकलबाजी अच्छी चीज है या बुरी इससे सम्प्रति हमें मतलब नहीं, लेकिन जब उसका समारम्भ हो ही चुका है तो क्यों न विदेश के उत्कृष्ट निर्माण की नकल करने का प्रयास भी हम करें? पिछले पचास सालों में कारदार के *दास्तान* या पी. एन. अरोड़ा की *पगड़ी* के अतिरिक्त हमें कोई भी ऐसा चित्र देखने को नहीं मिला जो पाश्चात्य हास्य से प्रभावित रहा हो, जबकि चैपलिन या फ्रांक कैपरा की किसी भी फिल्म का भारतीयकरण अगर किया जाता तो उसे असीमित सफलता मिलती। इस दिशा में हृषिकेश मुखर्जी, बासु चटर्जी और

सई परांजपे की त्रिमूर्ति को निश्चित ही कुछ कामयाबी मिली थी—उनके *गोलमाल, शौकीन* और *चश्मेबद्दूर* जैसे चित्र उछलकूद, मारधाड़ और कसरती नाचगानों से भरपूर फिल्मों की मरुभूमि में नखलिस्तान की तरह जरूर उदित हुए थे, लेकिन धीरे-धीरे उनकी परम्परा भी निर्जीव होती गयी और *कथा* के बाद कोई भी हास्यचित्र ऐसा नहीं बन पाया जिसे याद रखना सम्भव हो।

हमारे उस समारोह का श्रीगणेश ही जब विषम परिस्थितियों में हुआ था तो उसका अन्त भी सुखकर कैसे होता ? पहले इन्दिराजी के दुःखद अवसान के कारण उसकी निर्धारित तिथि में परिवर्तन करना पड़ा, फिर अटल जी को हमारी नयी तारीख सुविधाजनक नहीं लग पायी, और अन्ततः उस तब्दीली के फलस्वरूप कई ऐसे पुरस्कार-विजेता हमारी झोली से निकल गये, जो मूलतः समारोह में सम्मिलित होने के लिए प्रतिबद्ध थे। ऐसे समारोहों में सबकी सुविधा का ध्यान रखते हुए किसी तिथि का निर्धारण करना सर्वाधिक कठिन कार्य होता है। पाँच-छः महीनों की अवधि तो लोगों से पत्राचार करने में ही लग जाती है, और तब भी हर पुरस्कार विजेता उसमें समायोजित हो सके, ऐसा सम्भव नहीं हो पाता। उस बार भी ऐसी ही दुरूह परिस्थितियों के बीच हमें अपनी राह बनानी पड़ी और उनसे जो अनुभव हमें मिले, वे निश्चित ही सुखद नहीं कहे जा सकते।

उस वर्ष जिन फिल्मकारों ने हमारे समारोह में शिरकत की थी, उनमें सुरेश जिन्दल, रवि मलिक, कुन्दन शाह और फ़ारुख शेख़ के अतिरिक्त दक्षिण-भारतीय फिल्म निर्माता ए. कृष्णमूर्ति, अभिनेता प्रदीप कुमार, निर्माता-निर्देशक ओ.पी. रल्हन, निर्मात्री-निर्देशिका और अभिनेत्री शीतल तथा छायाकार राजेन कोठारी प्रमुख थे। *मासूम* की चुन्नी-मुन्नी अभिनेत्री आराधना एक बार फिर अपना पुरस्कार लेने लखनऊ आयी थी, शायद *राम जाने* नामक फिल्म में प्रयुक्त अपनी भूमिका के लिए। मुज़फ्फ़र अली कृत *आगमन* के कथालेखन का पुरस्कार हमने दिया था वरिष्ठ आई. ए. एस अधिकारी रमेश नारायण त्रिवेदी को, जो उन दिनों लखनऊ में ही पदस्थापित थे। ए. कृष्णमूर्ति सपत्नीक आये थे, और वह उन दोनों की पहली लखनऊ यात्रा थी।

समारोह की पूर्वसन्ध्या तो हँसी-खुशी के वातावरण में व्यतीत हुई। रात्रिभोज हमने अपनी ओर से क्लार्क होटल में दिया था।

उसी रात मैंने मन-ही-मन तय कर लिया था—भविष्य में किसी फिल्म समारोह का आयोजन करना अब मेरे बस की बात नहीं लेकिन तत्काल अपने निर्णय को कार्यान्वित करना भी मेरे लिए सम्भव नहीं था। निराशा और हताशा के साये में मैदान छोड़ना तो कायरता की निशानी है, उसे पलायन के अलावा कोई

दूसरा नाम नहीं दिया जा सकता। पलायन पाप है और किसी भी सूरत में मैं उस पाप का भागी नहीं बनना चाहता था।

मुँह की लगी क्या इतनी आसानी से छूट सकती थी—वह भी तब जब पिछले तीस-पैंतीस बरसों की अवधि में वह तरह-तरह के षड्‌रसयुक्त काकटेलों को उदरस्थ करने का आदी हो चुका हो? कहते हैं, एक बार अगर कोई अखबार निकालने की पहल कर ले तो ताजिन्दगी उसकी स्याही की गन्ध उसके नथुनों से निकल नहीं पाती, जहाज के उड़ते पंछी की तरह बार-बार उसकी आँखों के सामने प्रेस की गैलियाँ घूमने लगती हैं। ऐसा ही कुछ मेरे साथ भी था। वस्तुतः पुरस्कार-समर्पण समारोहों की परम्परा को समाप्त करने के लिए मैं उतना उत्सुक नहीं था, जितना इसका कि धन्नासेठों के मकड़जाल से मैं अपने को मुक्त रख सकूँ। मेरी तमन्ना थी कि हमारे समारोह में सिर्फ ऐसे ही लोग सम्मिलित हों, जिनको फिल्म की विधा का सम्यक् ज्ञान है, जो उसके गुणदोषों को समझने की क्षमता रखते हैं, जिनका योगदान फिल्मों के सार्थक विकास में अप्रतिमरूप से सहायक सिद्ध हो सकता है। इसी से अपने पिछले समारोह के बाद मैंने पूरी तरह से तय कर लिया था कि सेठ-साहूकारों को अब अपने कार्यक्रमों में कभी नहीं घुसने दूँगा—किसी भी कीमत पर। 1986 से लेकर 1988 तक ऐसे लोगों ने भरपूर कोशिश की कि किसी तरह समारोह का आयोजन होता रहे, लेकिन मुझे मालूम था कि मेरी सहायता के बगैर वैसा कुछ हो पाना सहज-सम्भव नहीं है और उनके फन्दों से अपने को बचाने में मैं पूरी तरह कामयाब होता रहा। उन लोगों को दर्प था अपने पैसों का, अपनी सामाजिक प्रतिष्ठा का, अपने राजनीतिक प्रभाव का। हजार-दो-हजार फेंककर दाम के साथ अगर नाम भी कमाया जा सके तो उसमें हर्ज ही क्या? उन्हें अपनी कोशिशों में कभी-कभार थोड़ी-बहुत सफलता भी मिली थी, लेकिन मैं स्वयं अपने दिल-दिमाग में कभी उनको अपेक्षित महत्त्व नहीं दे पाया। हर बार मैं यह सोचता था कि इस बार किसी धन्नासेठ के पल्ले में पड़ने से अपने को मैं पूरी तरह बचा लूँगा, लेकिन किसी न किसी रूप में हर बार मुझे उनके मकड़जाल में फँसने के लिए मजबूर हो जाना पड़ता था।

दो-ढाई साल लम्बी इस अवधि में न जाने कितने लुभावने सन्देश मेरे पास आये, स्थानीय नगरसेठों के ही नहीं, स्वयं मुम्बई-स्थित फिल्मकारों के भी। सब यही चाहते थे कि अपने समारोहों का समापन हम हरगिज न करें। एक बार प्रदेश के तत्कालीन राज्यपाल ने भी—आरिफ़ उस्मान या उस्मान आरिफ़ जैसा कुछ नाम था उनका, *नक्शबन्द* के तखल्लुस से वह शायरी करते थे और मिर्ज़ा ब्रदर्स की किसी घिसी-पिटी फिल्म के गीतकार के रूप में उन्हीं दिनों उनका नाम भी उछला था—

हमारे अगले समारोह के बारे में सरसरी पूछताछ की थी, लेकिन ऐसे सभी प्रश्नों को गोलमोल तरीके से टालकर मैं सबको सन्तुष्ट करता रहा। इसी से अपनी हर कोशिश में विफल रहने के बाद अन्ततः जब महाजनों का मुझसे पूरी तरह मोह भंग हो गया, तब मैंने राहत की साँस ली। मुझे लगा कि अब मैं मन के मुताबिक अपनी राह पर चल सकता हूँ। हमारा मुखपत्र, द *फिल्म जर्नलिस्ट,* उन दिनों भी नियमित-अनियमित रूप से प्रकाशित होता रहा था। उसके माध्यम से सुनील दत्त, सुलतान अहमद, जे. ओमप्रकाश, एफ. सी. मेहरा, एल. वी. प्रसाद, ताहिर हुसैन, शक्ति सामन्त, मोहन कुमार, राकेश रोशन, यश चोपड़ा, मेहुल कुमार और जे. पी. दत्ता प्रभृत फिल्मकारों द्वारा अपेक्षित विज्ञापकीय सहयोग भी हमें निरन्तर मिलता रहा था, और आर्थिक दृष्टि से हम कमजोर नहीं थे।

तभी एक सुबह केन्द्रीय सैनिक कमान के जी. ओ. सी-इन-सी जनरल समीखाँ का टेलीफोन मुझे मिला। जनरल समीखाँ मेरे मित्र भले ही न रहे हों, लेकिन परिचित अवश्य थे। मूलतः लखनऊवासी होने के कारण न केवल उन्हें हमारी गतिविधियों में प्रगाढ़ रुचि थी, बल्कि हमारे पिछले कई समारोहों में एक सामान्य नागरिक की तरह वह सम्मिलित भी होते रहे थे। लखनऊ छावनी में स्थित सेना का अत्याधुनिक प्रेक्षागृह *सूर्य* उन्हीं के कार्यकाल में निर्मित हुआ था। वह चाहते थे कि हमारे ही किसी समारोह के माध्यम से उसका समारम्भ हो—वह भी एक महीने के अन्दर! उन्होंने आश्वासन दिया कि अपने लखनऊ-प्रवास में सभी आगत फिल्मकार सेना के अतिथि होंगे, उनके स्वागत-सत्कार, उनकी सुख-सुविधा, उनके खानपान की पूरी जिम्मेदारी सैनिक कमान की होगी, अपने फालतू समय में अगर वह लखनऊ के किन्हीं ऐतिहासिक स्थलों का भ्रमण करना चाहें तो सेना के अधिकारी उसकी व्यवस्था करने के लिए भी पूरी तरह चौकस और चौबन्द मिलेंगे। उन्होंने मुझे फिर-फिर आश्वस्त करने की कोशिश की कि इस तरह की छोटी-मोटी बातों के बारे में चिन्तित होने की हमें कतई कोई जरूरत नहीं है, लेकिन जब मैंने उनसे निवेदन किया कि हमारे स्तर के किसी समारोह का आयोजन करने में कम-से-कम छः महीने का समय लगता है और महीने भर के अन्दर उसका प्रबन्धन सर्वथा असम्भव है, तो मेरी दलील को भी सुनने के लिए वह तैयार नहीं हुए। अपनी वाणी में मिसरी जैसी मिठास घोलते हुए निहायत असैनिक अन्दाज में उन्होंने मुझे हिदायत दी थी—''यह फौजी इल्तिजा है, भाईसाहब, और फौजी स्तर पर ही उसे अंजाम देना है आपको।''

जनरल समीखाँ के इस दोस्ताना आदेश को नकारना मुझे किसी भी तरह सम्भव नहीं लग रहा था। इसी से पहले मैंने सोचा कि अपनी संस्था के तत्त्वावधान में किसी छोटे-मोटे रंगारंग कार्यक्रम का आयोजन कर उनको सन्तुष्ट करने का प्रयत्न करूँ, क्योंकि पुरस्कार समर्पण समारोह का प्रबन्ध करना न ही मुमकिन था

और न व्यावहारिक। उन्हीं दिनों मेरी भेंट लखनऊ विश्वविद्यालय के अंग्रेजी विभाग के अध्यक्ष प्रोफेसर अवधेश श्रीवास्तव से हुई। अवधेश कुछ ही समय पहले अमरीका से वापस लौटे थे। वहाँ उन्हें कनाडा के प्रवासी भारतीय नवयुवक तनवीर अहमद द्वारा निर्मित और निर्देशित *आकर्षण* नामक एक ऐसी हिन्दी फिल्म देखने का अवसर मिला था, जिसे वहाँ के हिन्दुस्तानी हलकों में अप्रतिम लोकप्रियता मिल रही थी। फिल्म की पूरी शूटिंग कनाडा में की गयी थी, और उसके कलाकारों में गिरीश कर्नाड के अलावा कोई भी जाना-पहचाना चेहरा नहीं था। अकबर खाँ और सोनू वालिया उसके प्रमुख पात्र थे, और उसकी कथा-पटकथा की संरचना की थी साधना स्वरूप नामक एक नवलेखिका ने। साधना मूलत: उत्तर प्रदेश की रहनेवाली थीं, और उनके पति गोविन्दस्वरूप उन दिनों महाराष्ट्र सरकार में एक आला अफसर थे। बाद में वे सरकार द्वारा संचालित एशिया के सबसे बड़े फिल्म स्टूडियो *फिल्मसिटी* के प्रबन्धन-प्रमुख भी रहे।

अवधेश ने मुझे राय दी कि चूँकि हमारा संगठन प्रारम्भ से ही लीक से अलग हटकर बननेवाली फिल्मों का पक्षधर रहा है, इससे क्यों न हम *आकर्षण* को अपनी प्रशस्ति से अलंकृत करने की पहल करें? मैंने जब उनके प्रस्ताव का स्वागत किया तो उन्होंने तत्काल साधना को टेलीफोन कर फिल्म के एक विशेष *प्रिव्यू* की व्यवस्था लखनऊ में कर दी। फिल्म की प्रिण्ट यहाँ आयी, और हम सभी लोगों ने उसका अवलोकन किया। फिल्म-निर्माण विधा के सर्वाधिक नये हस्ताक्षर के रूप में तनवीर का निर्देशन उसमें निश्चित ही सराहनीय था। सात-समुन्दर पार रहकर किसी भी तरह के आर्थिक लाभ की सम्भावना त्यागते हुए नवसिनेमावाद का इतना सुरुचिपूर्ण प्रस्तुतीकरण आसान बात नहीं थी, और उसने सहज ही हम सबका मन मोह लिया। जैसा तनवीर ने बाद में बताया भी, फिल्म का निर्माण उन्होंने *स्वान्त:सुखाय* किया था, और उसके माध्यम से व्यावसायिक क्षेत्र में आने का उनका कतई कोई इरादा नहीं था।

तनवीर से जब टेलीफोन पर बात हुई तो उन्होंने वादा किया कि उनकी फिल्म अगर पुरस्कारों की सूची में आती है तो अपनी यूनिट के साथ वे निस्सन्देह हमारे समारोह में सम्मिलित होंगे। अपने संकल्प को उन्होंने पूरी तरह निभाया भी। उनकी टोली की अगुवाई की थी स्वयं गोविन्दस्वरूप ने, जो उन दिनों महाराष्ट्र सरकार के संस्कृति सचिव थे और जिन्हें हमारे पुरस्कारों के महत्त्व का सम्यक् ज्ञान था। दरअसल, जबसे हमने वहाँ के शासन द्वारा निर्मित *सत्यम् शिवम् सुन्दरम्* नामक वृत्तचित्र को पुरस्कृत किया था और शासकीय-स्तर पर आयोजित एक विशेष समारोह में प्रदेश के तत्कालीन मुख्यमन्त्री एस. बी. चव्हाण ने पुरस्कार-प्रतिमा को स्वयं ग्रहण करते हुए हमारी भूरि-भूरि प्रशंसा की थी, तब से महाराष्ट्र सरकार के अधिकारियों के मध्य हम अनजाने नहीं रह गये थे। *आकर्षण* की यूनिट के अलावा

फिल्म विधा से सम्बद्ध दूसरे कई गायक-अभिनेताओं ने भी हमारे उस आयोजन में भाग लिया और प्रशस्ति समारोह के साथ ही एक विविध-रंगी कार्यक्रम के रूप में उसे प्रस्तुत करना हमारे लिए सहज सम्भव हो सका।

समारोह का समारम्भ हमने कराया था—आज़ाद हिन्द फौज के ख्याति प्राप्त गायक और वादक कैप्टन राम सिंह के द्वारा। कैप्टन राम सिंह नेताजी सुभाषचन्द्र बोस के दाहिने हाथ माने जाते थे और आई. एन. ए. के सुचर्चित राष्ट्रगान *शुभ सुख चैन की बरखा बरसे भारत भाग्य है जागा* का स्वर-संयोजन उन्हीं के द्वारा किया गया था। राम सिंह ने नेता जी से सम्बन्धित अपने संस्मरण जब सुनाने शुरू किये तो सारा प्रेक्षागृह तालियों से गूँज उठा। लगता था, जैसे सन् 40-42 का जमाना एक बार फिर हमारे सामने आ खड़ा हुआ है और नेता जी की उपलब्धियों को हम खुद अपनी आँखों निहार रहे हैं। अनूप जलोटा, इकबाल सिद्दीकी और लखनऊ दूरदर्शन की समाचार-वाचिका निर्मला कुमारी के गीत भी उस फ़िज़ा में ऐसे थिरक उठे, जैसे वह मात्र एक प्रशस्ति समारोह नहीं, बल्कि सर्वांगीण संगीत समारोह हो। आम दर्शकों की राय थी कि इतना सुसंयोजित, इतना सफल और इतना मनभावन कार्यक्रम उन्होंने पहली बार देखा है।

ज़ाहिर है कि समारोह में न कोई सेठ-साहूकार सम्मिलित हो पाया था और न कोई मन्त्री-सन्तरी—हालाँकि उसमें प्रवेश पाने के लिए उन्होंने कोई कोर-कसर नहीं रख छोड़ी थी। और उस दिन मुझे पहली बार *स्वान्त:सुखाय* के अर्थ मालूम हुए और लगा कि अब मैं सचमुच वयस्क हो गया हूँ।

और अपने अतिथियों को औपचारिक विदा देने के बाद अगली सुबह अपने पूरे होशो-हवास में, पूरे दुरुस्त दिमाग के साथ, बगैर किसी क्षोभ या आक्रोश, बगैर किसी कलुष या कुण्ठा, बगैर किसी आवेग या उद्वेग, बगैर किसी शिकवा या शिकायत, सर्वथा शान्त मन, शुद्ध हृदय और निर्विकार मस्तिष्क अन्तिम बार मैंने कसम खायी थी कि भविष्य में इस तरह के किसी खेल-तमाशे का प्रतिभागी मैं नहीं बनूँगा। आत्मसम्मान की रक्षा के लिए मैंने उन कार्यक्रमों का समारम्भ किया था, और आत्मसम्मान की रक्षा के लिए ही अब उनका समापन कर रहा हूँ। मुझे लगा कि दाँत रहें या झड़ें, लेकिन उनकी बत्तीसी से जीभ को मुक्ति दिलाने का समय अब आ चुका है, और यह सोचते ही अपनी जीभ को उस बत्तीसी से मैंने अलग कर लिया। अब दाँत चाहे जितना काटने की कोशिश करें, जीभ पर उसका कोई भी असर नहीं पड़नेवाला।

□□□